2022

中国农垦统计年鉴

CHINA STATE FARMS STATISTICAL YEARBOOK

中华人民共和国农业农村部农垦局
中国农垦经济发展中心 编

中国农业出版社
北 京

《2022中国农垦统计年鉴》编辑委员会

2022 ZHONGGUO NONGKEN TONGJI NIANJIAN BIANJI WEIYUANHUI

《2022中国农垦统计年鉴》编辑人员

2022 ZHONGGUO NONGKEN TONGJI NIANJIAN BIANJI RENYUAN

主　　编：王润雷

副 主 编：武新宇　王　进　程维歧　张若凡　罗菁菁

编辑人员(按垦区顺序排列)：

杜梦远　李少川　王　伟　高保萍　吕　红　韩　军
张　舒　张　斌　沈铁敏　端　静　宗四弟　米宇新
张　丽　彭　欢　段恩来　杨　琳　焉　潮　罗超意
湛　欣　李鸿轩　吴景霄　严　凌　熊召军　赵　颖
周　力　于智勇　张　程　杨文智　王　丽　蒋　伟
赵海涛　闫香国　赵云卿　周煜麟　王　泽　谭　畅
王翌翀

执 笔 人：张若凡　罗菁菁

编者说明

BIANZHE SHUOMING

一、《2022中国农垦统计年鉴》系统收录了全国农垦和各垦区2021年主要统计数据，是一部全面反映全国农垦系统经济和社会发展情况的资料性年刊。

二、本年鉴由农垦经济发展情况、主要经济与社会指标和附录组成，其中主要经济与社会指标分为5部分，即：1.综合情况；2.农业部分；3.工业部分；4.建运服部分；5.固定资产投资、外贸出口及科研情况。

三、本年鉴中涉及的历史数据，均以最新出版的本年鉴数据为准；本年鉴中部分数据合计数或相对数由于单位取舍不同而产生的计算误差，均未做机械调整。

四、本年鉴所涉及的全国农垦数据均包含西藏垦区数据。

五、符号使用说明：本年鉴各表中的“空格”表示无该项数据；“…”表示数据不足本表最小单位；“#”表示其中的主要项；“—”表示数据不可比。

编　者

2022年8月

目　　录

一、农垦经济发展情况

二、主要经济与社会指标

一

农垦经济发展情况

2021年全国农垦经济发展统计公报

农业农村部农垦局

2022年6月2日

2021年是“十四五”开局之年，也是“三农”工作重心转向全面推进乡村振兴的第一年。全国农垦系统立足新发展阶段、贯彻新发展理念、构建新发展格局，深入推进垦区集团化、农场企业化改革，全面提升农垦内生动力、发展活力和整体实力，推动经济高质量发展，农垦经济发展保持稳中向好态势，实现了“十四五”良好开局。

一、综合

全年农垦经济实现生产总值9 267.86亿元（图1），比上年增长11.9%。其中，第一产业增加值2 162.87亿元；第二产业增加值3 793.75亿元；第三产业增加值3 311.24亿元。第一、第二、第三产业增加值占农垦生产总值的比重分别为23.4%、40.9%和35.7%。人均生产总值67 443元，增长12.7%；人均可支配收入达到24 784元，增长13.1%（图2）。

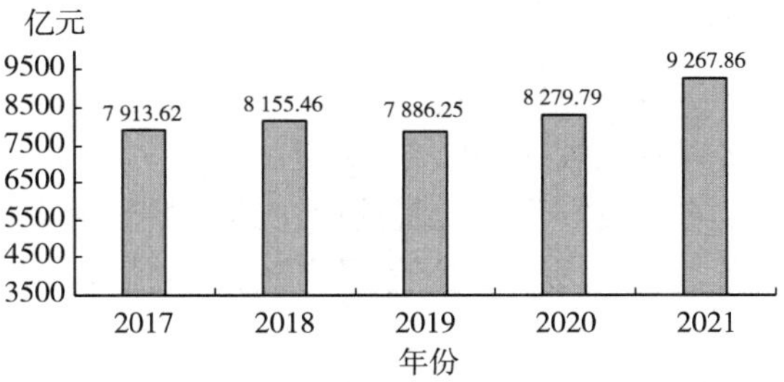

图1　2017—2021年农垦生产总值情况

图2　2017—2021年农垦人均指标情况

二、农业

全年实现农林牧渔业总产值4 634.76亿元，比上年增长9.6%。其中农业产值2 969.54亿元，林业产值103.13亿元，畜牧业产值999.77亿元，渔业产值302.50亿元，农林牧渔专业及辅助性活动产值259.83亿元。

全年农作物播种面积6 995.91千公顷，比上年增加145.16千公顷，增长2.1%。其中，粮食播种面积4 990.39千公顷，增加182.58千公顷，增长3.8%；棉花面积1 014.78千公顷，减少1.46千公顷，下降0.1%；油料面积276.51千公顷，减少30.33千公顷，下降9.9%；糖料面积81.66千公顷，减少13.33千公顷，下降14.0%。

粮食总产量3 874.55万吨，比上年增加311.81万吨，增长8.5%（图3）。主要农产品产量见表1。

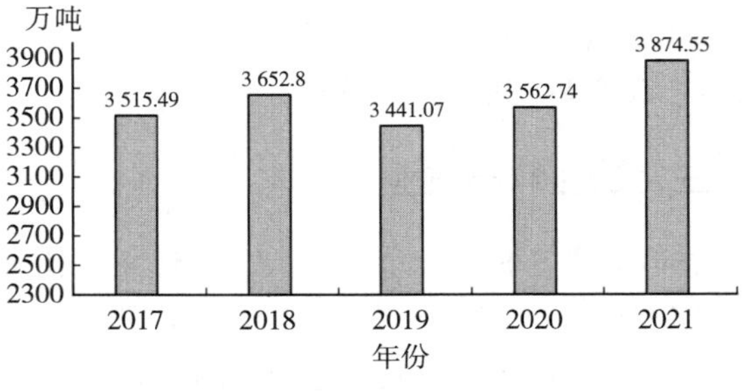

图3　2017—2021年农垦粮食总产量

畜牧业占农林牧渔业总产值比重21.6%，比上年减少1.3个百分点。牲畜年末存栏总数及主要畜产品产量见表2。

表 1　2021 年主要农产品产量

产品名称	产量（万吨）	比上年增长（%）
粮食	3 874.55	8.5
棉花	260.59	−0.5
油料	68.67	−6.6
糖料	613.19	−13.9
水果	831.23	1.7
茶叶	4.36	−6.2

表 2　2021 年牲畜年末存栏总数及主要畜产品产量

产品名称	计量单位	年末存栏数/年产量	比上年增长（%）
大牲畜	万头	344.96	11.3
其中：奶牛	万头	144.76	6.3
猪	万头	995.89	13.0
羊	万只	1 084.72	0.2
肉类	万吨	225.59	16.9
牛奶	万吨	466.96	7.3
禽蛋	万吨	47.68	−2.3

全年水产品产量 177.08 万吨，比上年增长 2.1%。其中，淡水产品产量 134.12 万吨，增长 1.7%；海水产品产量 42.96 万吨，增长 3.4%。对虾产量 5.82 万吨，增长 10.6%。

全年造林面积 127.34 千公顷，比上年增加 21.44 千公顷，增长 20.2%。

年末农业机械总动力 3 308.24 万千瓦，比上年增长 3.1%；大中型农用拖拉机 23.81 万台，增长 2.9%；小型及手扶拖拉机 28.05 万台，下降 0.4%；联合收获机 7.12 万台，增长 5.0%。

三、工业和建筑业

全年实现工业总产值 11 288.35 亿元，比上年增长 16.2%。产值前十名的垦区共实现工业总产值 10 321.53 亿元，占工业总产值的 91.4%，占比较上年提高了 0.7 个百分点；产值 100 亿元以上的农垦工业行业创产值 10 680.07 亿元，占工业总产值的 94.6%。产值前十位的行业是农副食品加工业 2 269.36 亿元、食品制造业 1 309.54 亿元、烟草制品业 751.48 亿元、非金属矿物制品业 668.28 亿元、有色金属冶炼和压延加工业 640.73 亿元、石油煤炭及其他燃料加工业 637.53 亿元、化学原料和化学制品制造业 533.83 亿元、纺织业 435.43 亿元、电力热力生产和供应业 430.91 亿元、医药制造业 391.78 亿元。

主要工业产品产量见表 3。

表 3　2021 年主要工业产品产量

产品名称	单位	产量	比上年增长（%）
混配合饲料	万吨	642.57	−13.2
食用植物油	万吨	299.32	−4.4
成品糖	万吨	349.51	−1.6
乳制品	万吨	467.60	7.4
其中：液体乳	万吨	441.15	7.9
饮料酒	万千升	187.28	−5.8
水泥	万吨	1 611.05	1.9
砖	亿块	57.51	32.7
发电量	亿千瓦时	1 117.76	15.9

年末建筑企业 3 044 个，从业人员 36.63 万人，全年实现总产值 2 744.95 亿元；年末固定资产原值 241.19 亿元；全年施工房屋建筑面积 19 736.76万米^2。

四、交通运输业、批发零售餐饮业、其他服务业及出口商品

全年共完成货运量 6.36 亿吨，客运量 0.18 亿人，实现营业收入 287.54 亿元。

年末批发零售业、餐饮业、其他服务业营业单位总数 17.64 万个，拥有固定资产原值 1 032.91 亿元，营业用房总面积 1 848.09 万米^2，从业人员 69.85 万人，全年完成商品销售额或营业收入 8 486.94亿元。

全年外贸出口供货商品总金额[3] 125.24 亿元，比上年下降 22.5%。出口供货商品金额超过 5 亿元的垦区有 4 个，其合计金额 97.41 亿元，占全国农垦出口供货商品总金额的 77.8%。

五、科技

年末全系统拥有科研单位[3] 131 个，职工 1.35 万人，其中科技人员 0.79 万人。全年科研经费 50.97 亿元，其中国家拨款 7.74 亿元，占科研经费

15.2%；企业自筹 42.25 亿元，占科研经费 82.9%。

六、固定资产投资

全年固定资产投资总额 3 782.57 亿元，比上年增加 288.90 亿元，增长 8.3%，其中，第一产业投资额 419.40 亿元，占投资总额的 11.1%；第二产业投资额 1 670.57 亿元，占投资总额的 44.2%；第三产业投资额 1 692.60 亿元，占投资总额的 44.7%。全年国有固定资产投资总额 1 362.37亿元，占投资总额的 36.0%。当年新增固定资产1 738.90亿元。

七、人口、就业和劳动工资

年末农垦系统总人口 1 406.20 万人，比上年增加 1.95 万人，增长 0.1%。

年末从业人员 602.38 万人。其中，第一产业 296.73 万人，第二产业 128.27 万人，第三产业 177.37 万人，分别占从业人员的 49.3%、21.3% 和 29.4%。全年从业人员工资总额 1 513.15 亿元。

职工年末人数 232.26 万人，其中，在岗职工 188.12 万人。全年职工工资总额 1 208.54 亿元，职工年平均工资 52 033 元，增长 7.9%；在岗职工年平均工资 55 682 元，增长 6.9%。

八、农业绿色发展

农垦系统高度重视绿色农业发展，扎实推进品种培优、品质提升、品牌打造和标准化生产工作。全年农垦系统种子生产量[3] 122.68 万吨，其中原种生产量 3.31 万吨，良种生产量 119.35 万吨。年末全系统共获得绿色食品、有机食品、农产品地理标志认证个数 1 980 个，比上年增加 246 个；认证产量 1 552.45 万吨，比上年增加 82.76 万吨；农产品地理标志产品认证面积 368.13 千公顷，占农作物播种面积的 5.3%，比上年提高了 0.1 个百分点。农垦系统优势产业基本实现标准化生产全覆盖，绿色食品原料标准化生产基地面积达到 634.10 千公顷，其中主要农作物 578.00 千公顷，水果 51.89 千公顷，茶叶 4.22 千公顷。打造“中国农垦”品牌，截至 2021 年年底，各垦区累计 350 个品牌纳入《中国农垦品牌目录》，其中垦区（集团）公共品牌 9 个，企业品牌 137 个，产品品牌 204 个。

注释：

[1] 本公报中数据均为初步统计数。部分数据因四舍五入的原因，存在总计与分项合计不等的情况。

[2] 生产总值、三次产业及相关行业增加值、人均生产总值、人均可支配收入绝对数和增长速度均按现价计算。

[3] 货运量、客运量、交通运输业营业总收入、外贸出口供货商品金额、科研单位、科技人员、科研经费、种子生产量、原种生产量、良种生产量数据均未包含新疆生产建设兵团，相关指标增速按可比口径计算。

北京农垦2021年经济发展统计公报

北京首农食品集团有限公司

2021年，是党和国家发展史上具有里程碑意义的一年，也是北京垦区（以北京首农食品集团有限公司为代表，以下简称“首农食品集团”）发展历程上不平凡的一年。这一年，我们与全国人民一道，喜迎党的百年华诞、致敬百年壮阔历程，在百年变局与世纪疫情叠加交织的复杂局面下，谋大局、应变局、开新局，以党的建设、改革发展的创新突破，实现“十四五”良好开局。在2021年“中国企业500强”榜单中，首农食品集团位列榜单第146位。荣登2021中国农业企业500强，位列第4位。

一、综合

2021年首农食品集团坚持聚焦主业，扶优汰劣，加快结构性调整，在优化产业上实现更大突破。这一年，首农食品集团编制实施集团“十四五”规划，出台国企改革3年行动实施方案，全面谋定改革布局。新组建首农发展、首农储备、首农味业等9个专业化子集团，国有资本投资公司分层管控框架基本形成，集团深化改革、战略落地、转型发展取得关键成果。完成353户全民所有制企业改革改制、53户劣势及不符合首都功能定位企业疏解退出、109户吊销企业清理，减少企业法人460户，集团产业更聚焦、主业更突出，瘦身健体、提质增效成效显著。本次农垦统计年报，以集团控股、实际控制、全资的企业为主，剔除部分参股企业数据，以便更准确地展现国有企业在北京垦区的实际发展状况。

2021年首农食品集团生产总值合计175.45亿元，较上年增加26.65%。其中，第一产业增加值22.94亿元，占比13.07%；第二产业增加值84.31亿元，占比48.05%；第三产业增加值68.21亿元，占比38.88%。

2021年年末土地总面积7 795.48公顷。其中，耕地面积1 569.79公顷，占土地总面积20.14%，较上年同期增长11.31%。

2021年年末农垦总人口6.22万人，其中农场人口10 003人。农垦年内平均人口5.92万人。年末职工人数4.44万人，其中在岗职工4.23万人。职工工资总额45.05亿元，其中在岗职工工资总额44.61亿元。

二、产业布局

（一）第一产业

1. 农林牧渔业总产值

2021年首农食品集团实现农林牧渔业总产值71.24亿元，其中农业产值3.68亿元，林业产值0.3亿元，牧业产值49.38亿元（占农林牧渔业总产值的69.31%），渔业产值2.36亿元，农林牧渔服务业产值15.51亿元；农林牧渔业商品总产值48.05亿元。

2. 农作物生产情况

（1）2021年农作物播种面积总计5 075.36公顷，比上年有所增加。谷物播种面积1 473.16公顷，主要为稻谷、小麦、玉米、高粱，较上年有所增加；蔬菜播种面积304.7公顷，基本与上年持平，总产量10 252吨；其他作物播种面积3 271.80公顷，其中青饲料3 271.8公顷，较上年大幅增加，主要是三元种业在本年增加了青贮种植。

（2）水果年末实有面积151.83公顷，比去年减少29公顷，主要为苹果、梨、桃、葡萄，其产量较上年相比有所下降。

3. 农牧业生产情况

（1）2021年，有大牲畜规模化养殖场34个；年末大牲畜总头数10.42万头，其中肉牛10 568头，良种及改良种乳牛65 664头；牛奶产量52万吨。

（2）2021年，有猪37.02万头，能繁殖的母猪3.51万头，规模化养殖场11个，规模化养殖量

33.19 万头。猪肉产量 402 137.46 吨，较去年猪肉产量大幅增加，主要是所属二商肉食集团积极面对行业发展困难，不断完善全产业链发展模式，本年新增多家养殖基地。

（3）2021 年年末，有家禽规模化养殖场 27 个，家禽存栏 341 万只，禽肉产量 107 777 吨，较上年大幅下降，主要是所属首农股份子企业峪口禽业该年未计入合并范围导致。

（4）2021 年年末，水产产品总产量 6 672 吨，全部为海洋鱼类产品。

（二）第二产业

（1）工业企业 93 家，全年完成工业总产值 784.28 亿元，较上年增加 60.11%。其中，农副食品加工企业 31 家，工业总产值 402.98 亿元，占工业总产值的 51.38%，与上年比较略有增加；食品制造企业 53 家，工业总产值 373.63 亿元，占工业总产值的 47.64%，较上年大幅增加，主要是受市场行情影响，猪牛羊肉市场保持高价的趋势，二商肉食集团所属屠宰类企业屠宰量较去年大幅增加；主要工业产品中以农副食品加工产品为主。

（2）建筑企业 2 家，年末从业人员 58 人，比上年减少 36 人，全年施工房屋建筑面积 2 000 余米^2，房屋建筑竣工面积 2 000 余米^2，建筑业总产值 19 638 万元。

（三）第三产业

（1）2021 年年末，有交通运输业企业 4 家，年末从业人员 1 736 人，年末拥有主要运输工具 1 651台，货运量 660.407 吨，客运量 447 万人，营业总收入 39 069.87 万元。

（2）2021 年末批发零售业企业 85 家，年末从业人员 4 281 人，年末营业用房面积 27.26 万米^2，全年实现营业收入 9 640 795.17 万元。

（3）2021 年年末，有餐饮业企业 6 家，年末从业人员 284 人，年末营业用房面积 4.47 万米^2，全年实现收入总额 10 961.16 万元。

（4）2021 年年末，有其他服务业企业 176 家，年末从业人员 11 018 人，营业网点个数 124 个，年末营业用房面积 98.54 万米^2，全年实现收入总额 1 649 715.04 万元。

（5）全年外贸出口供货商品金额 34 853.62 万元。其中，畜产品出口 23 441.49 万元，占比 67.26%；工业品出口 11 412.13 万元，占比 32.74%。

三、固定资产投资

2021 年全年完成固定资产投资总额 361 272.99万元。全年固定资产投资资金来源合计 354 689.32 万元，其中，自筹资金 317 181.36 万元，占比 89.43%；国家预算资金 23 156.67 万元，占比 6.53%；其他资金来源 14 351.29 万元，占比 4.04%。当年新增固定资产 229 174.95 万元。

投资总额中用于第一产业的投资为 208 890.95 万元，占投资总额的 57.82%，比上年减少 4.51%；用于第二产业的投资为 103 251.40 万元，占投资总额的 28.58%，主要由于本年二商肉食集团新增屠宰场等项目建设；用于第三产业的投资为 49 130.64 万元，占投资总额的 13.60%。

四、科研基本情况

2021 年，拥有科研单位 11 家，职工合计 539 人，科技人员 158 人，其中本科及以上 103 人。科研经费合计 19 269.38 万元，其中，企业自筹 19 234.38万元，占比 99.82%，政府拨款 35 万元，占比 0.18%。实验地面积 0.80 公顷。

天津农垦2021年经济发展统计公报

天津食品集团有限公司

2021年是我国“十四五”规划的开局之年，天津食品集团以习近平新时代中国特色社会主义思想为指导，在市委、市政府和市国资两委的正确领导下，以党的建设为统领，统筹推进疫情防控和企业改革发展，攻坚克难、锐意进取，较好地完成疫情防控、推进国企改革、对口帮扶等重点任务。天津食品集团聚焦天津食品产业优势资源，以民需为本，以市场为导向，重点以现代农牧业、食品加工业、商贸物流及房地产业为发展方向，承担全市及周边地区“菜篮子”、肉禽蛋奶、粮油等的供应，从源头保障食品品质，全力打造“从田间地头到餐桌”，纵贯一二三产业的食品全产业链和农工商科一体化的发展新模式，为大众提供健康、优质、安全、放心食品，成为政府信赖、百姓放心、保障有力的民心工程企业。

集团全力打造一批核心骨干企业，现代农牧业以嘉立荷牧业集团、渤海农业集团、津垦牧业集团等为基地，大力发展奶牛、肉羊、生猪、蛋鸡养殖，加快绿色有机果蔬种植和观光休闲农业建设；食品加工业以海河乳业、二商迎宾、利民调料、桂顺斋等企业为龙头，做优做强海河牛奶、迎宾放心肉、副食调料、桂顺斋糕点、山海关豆制品等主副食品，满足市场需求，扩大市场占有率；商贸物流及房地产业以商贸公司、壳牌石油、农垦房地产等商贸物流企业为核心，拓展农产品贸易，发展冷链物流和连锁零售终端建设，进一步做大石油零售业务规模和效益，发挥土地资源优势，做强房地产业。

2021年集团共有133个经营单位，其中农林牧渔业16个，工业31个，建筑业1个，商业28个，社会服务业及其他行业57个，分布在天津市郊区（县）和市内各区。2021年农垦总人口1.3万人，其中职工1.3万人，土地5 558.6公顷，其中耕地2 265.2公顷。2021年全体干部职工认真按照集团公司的工作思路和具体部署，认真履行岗位职责，在集团广大干部职工的齐心努力下完成了预期经济指标。

一、经济总量

2021年天津食品集团资产总额502.3亿元，负债297.9亿元，所有者权益204.4亿元。集团实现生产总值39.7亿元，第一产业6.5亿元，第二产业7.1亿元，第三产业26.1亿元。集团比上年生产总值（38.0亿元）增长了4.5%，其中第一产业比上年（4亿元）增长62.5%，第二产业比上年（5.6亿元）增长了26.8%，第三产业比上年（28.4亿元）下降了8.1%。2021年度食品集团累计实现营业收入302.51亿元，比上年同期的256.46亿元增加46.05亿元，同比增长17.95%，超额完成集团预算301.6亿元的目标。

二、农牧业生产

进一步推进农牧业结构优化调整。农垦年末耕地面积2 265.2公顷，由于调整种植结构，改善农田水利设施，采用优良品种和先进科学技术，加大农业设施建设投入，使种植业生产得以稳步发展。农作物总播种面积2 386.8公顷，比上年的2 334.4公顷增长了52.4公顷，其中粮食播种面积2 187.7公顷，比上年的2 025.6公顷增长了162.1公顷。果园面积141.5公顷，比上年的240.6公顷减少了99.1公顷，水果总产量678吨，比上年的1 360吨减少了682吨。

天津食品集团奶牛业不断发展壮大，年末奶牛存栏达到4.1万头，比上年的3.7万头增加了0.4万头，成母牛3.3万头，比上年的3.1万头增加了0.2万头，全年牛奶总产量23.4万吨，比上年的22.7万吨增加了0.7万吨，比上年增长3.1%。

水面养殖面积664.9公顷，水产品总产量4 552吨，其中海水水产品产量106吨，淡水水产品产量4 446吨。

三、工业情况

2021年集团实现工业总产值52.6亿元，比上年的43.3亿元，增加了9.3亿元。全年工业外贸出口额12 504.5万元，比上年的3 347万元增加了9 157.5万元。葡萄酒产量0.8万吨，中法合营王朝葡萄酿酒有限公司生产的葡萄酒仍为全国高品质的全汁高档葡萄酒，为保持葡萄酒生产优势，将继续增加投入，为更高、更大的跨越奠定坚实基础。集团乳品加工业在保障产品质量和开发新产品上下功夫，生产的乳制品在市场上深受消费者的欢迎，扩大了市场占有率。全年生产乳制品7.8万吨，包装业全年完成机制纸及纸板生产31 026吨、塑料包装3 812吨。

四、第三产业

集团第三产业实现生产总值26.1亿元，比上年的28.4亿元下降了2.3亿元，同比下降了8.1%。天津市第二商业学校和天津市经济贸易学校合并为天津市经济贸易学校后，在扩大招生的同时，不断加强学生思想和品质教育，使学员在德、智、体等方面得到良好的教育，为社会提供素质高、技能强的中等技术人才。食品集团旗下仓储库作为国家粮、肉、糖等物资的储备库，为国家和社会的物资供给提供了保障。

五、固定资产投资与职工收入

2021年集团完成固定资产投资23.2亿元。其中第一产业17.9亿元，第二产业4.3亿元，第三产业1.0亿元。

2021年年末，集团从业人员13 522人。年末从业人员比上年的12 641人增加了881人，增长了6.97%。全年从业人员人均年收入9.1万元。

河北农垦2021年经济发展统计公报

河北省农垦局

2021年，河北垦区在农业农村部和省委、省政府的正确领导下，以习近平新时代中国特色社会主义思想为统领，全面贯彻新发展理念，着力发挥农垦在农业现代化建设和经济社会发展全局中的战略支撑、示范引领、辐射带动与强基固本的重要作用，聚焦四个农业，深化农垦集团化、企业化改革，推进农垦转型升级发展，实现大基地、大企业、大产业协调共生、高质量发展的新格局，着力打造农业领域“航母”，推进农垦经济高质量发展。

一、综合

农垦经济平稳增长，经济总量又上新台阶。全年农垦经营规模达到583.35亿元，比上年增长7.55%。其中，第一产业增加值76.99亿元，增长2.57%；第二产业增加值323.87亿元，增长12.17%；第三产业增加值182.49亿元，增长2.15%。2021年人均国内生产总值（GDP）增加8 136元，达到136 404元，比上年增长6.34%。居民人均可支配收入24 717元，比上年增长7.76%（图1）。

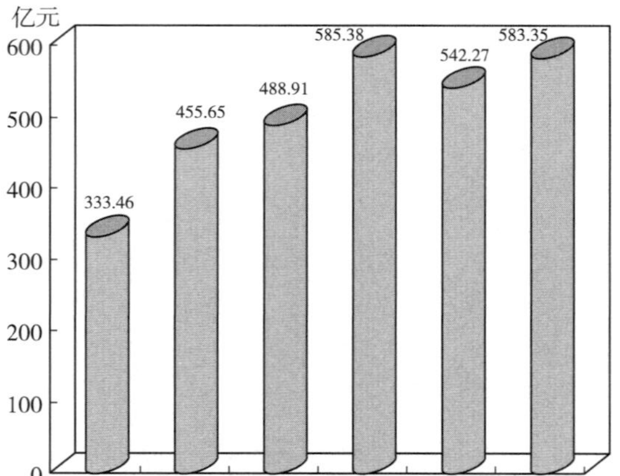

图1　农垦经营规模情况图

2021年各农场发挥自身优势，积极调整产业结构，特色主导产业对经济发展起到了龙头拉动作用。第一、第二、第三产业增加值在农垦生产总值中的比重分别为13%、56%、31%。

二、农业

2021年，垦区切实贯彻落实惠农强农政策，加快农业科技推广，加强现代农业建设，农业综合生产能力平稳增强。全年实现农林牧渔业总产值149.76亿元，比上年增长5.08%。其中，种植业产值29.60亿元，比上年下降11.43%；林业产值0.79亿元，下降50.86%；牧业产值51.02亿元，下降6.14%；渔业产值56.17亿元，增长33.5%；服务业产值12.17亿元，增长10.19%（图2）。

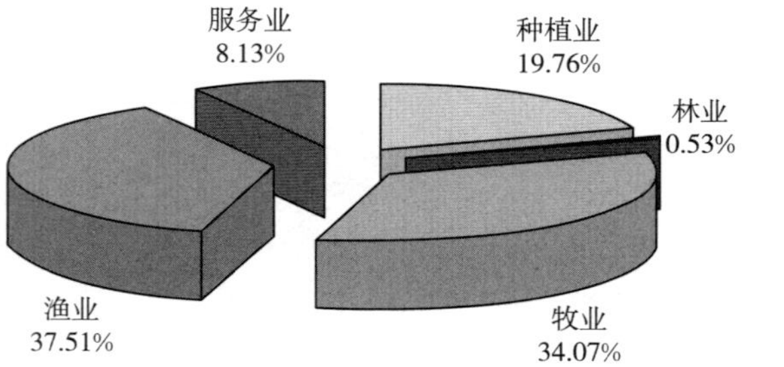

图2　农林牧渔业产值比例结构图

全年农作物总播种面积为90.63千公顷，比上年增加1.28千公顷，增长1.43%。其中，粮食作物播种面积76.98千公顷，比上年增加4.45千公顷，增长6.13%，占农作物总播种面积的84.94%；油料面积2.23千公顷，减少0.36千公顷，下降13.82%；蔬菜、瓜类面积4.51千公顷，减少0.78千公顷，下降14.84%；其他作物6.48千公顷，减少0.64千公顷，下降8.96%（表1）。

垦区全年农作物种子播种面积2 655公顷，其中，原种播种面积142公顷，良种播种面积2 408公顷。生产量合计12 789吨；加工厂7个，加工厂生产能力14 005吨；种子公司8个；年末从业人员87人，其中技术人员28人；种子质量检验室

6 个，种子检验人员 14 人。

2021 年粮食总产量 68.37 万吨，比上年增加 3.97 万吨，增长 6.16%（图 3）。

表 1　主要农产品产量

农作物名称	2021 年产量（吨）	比上年增长（%）
粮食	683 653	6.13
其中：稻谷	227 127	1.89
小麦	55 623	12.16
玉米	113 783	−2.90
油料	3 008	−14.53
其中：花生	648	12.29
油菜籽	1 746	−13.12
棉花	202	−89.90
糖料	15 719	−35.54
蔬菜、瓜类	274 588	−12.76

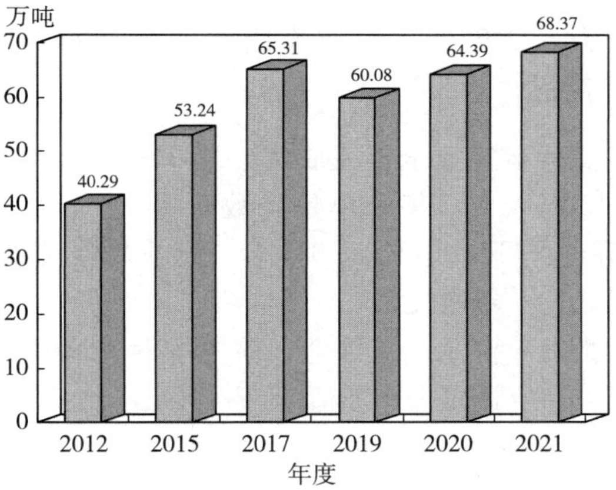

图 3　粮食产量

畜牧业保持健康发展。2021 年年末，大牲畜存栏 195 641 头。奶牛数量达到 160 717 头，比上年增加 8.45%；牛奶总产量 655 248 吨，增加 3 015吨，比上年增加 0.46%。察北、沽源两个农场牛奶产量分别达到 283 492 吨和 290 872 吨，占全垦区牛奶总产量的 87.66%（表 2、图 4）。

水产养殖业保持平稳发展。2021 年年末水产品养殖面积 16 521 公顷，比上年减少 2.04%。养殖面积中淡水 8 508 公顷，海水 8 013 公顷。全年水产品总产量 174 142 吨，比上年增加 3 375 吨，增长 1.98%。其中，淡水产品产量 93 717 吨，增加 1.17%；海水产品产量 80 426 吨，增加 2.93%。对虾产量 28 318 吨，比上年增长 10.61%。

表 2　牲畜年末存栏及畜产品产量

牲畜种类	计量单位	2021 年产量	比上年增长（%）
大牲畜总头数	头	195 641	7.23
其中：奶牛	头	160 717	8.46
猪存栏	头	296 931	16.22
羊存栏	只	65 529	3.87
其中：绵羊	只	62 752	3.54
家禽	只	2 990 489	−4.92
肉类总产量	吨	71 479	15.24
其中：猪肉	吨	43 320	17.28
禽肉	吨	21 651	12.15
牛奶	吨	655 248	0.46
禽蛋	吨	12 798	88.69

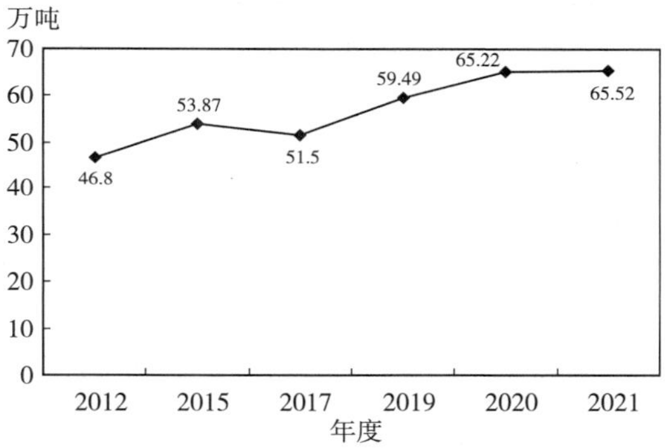

图 4　农垦牛奶产量

全年植树造林面积 2.02 千公顷，其中用材林 0.13 千公顷，经济林 0.53 千公顷，防护林 1.36 千公顷。年末林地面积 73.54 千公顷。

农业基础设施建设得到加强，农业生产机械化水平进一步提高。年末农业机械总动力 99.73 万千瓦，比上年增加 0.64%。农用排灌动力机械 12 317台，大中型农用拖拉机 3 993 台，小型拖拉机 14 981 台，联合收获机 774 台。当年机播面积 80.08 千公顷，占农作物总播种面积的比重达 88.36%，机械收获面积 77.85 千公顷，占农作物总播种面积的 85.89%。

三、工业和建筑业

工业保持平稳发展。2021 年工业企业总数为 1 263个，其中规模以上工业企业 265 个，销售产值 966.38 亿元，增长 21.22%。乳制品产量 32.04 万吨，比上年增长 4.89%，液体乳产量 28.78 万吨，比上年增长 8.40%。

2021 年，实现工业总产值 907.10 亿元，比上年增长 8.86%。国有工业总产值 245.96 亿元，增长 30.09%；战略性新兴工业产值 209.87 亿元，比上年增长 4.43%。主要工业行业总产值：农副食品加工业 51.66 亿元，增长 23.23%；食品制造业 38.22 亿元（主要为乳制品制造业），增长 7.57%；纺织业 4.76 亿元，增长 11.02%；纺织服装、服饰业 3.13 亿元，增长 2.79%；家具制造业 75.91 亿元，增长 21.94%；化学原料及化学制品制造业 17.41 亿元，增长 8.61%；金属制品业 35.59 亿元，增长 22.23%；交通运输设备制造业 66.63 亿元，增长 15.94%；石油、煤炭及其他燃料加工业 415.58 亿元，增长 2.02%。

表 3　2021 年主要工业产品产量

产品名称	绝对数（吨）	比上年增长（%）
原盐	28 800	−2.37
大米	341 997	66.09
混、配合饲料	374 298	16.38
乳制品	320 357	4.89
其中：液体乳	287 818	8.4
饮料酒（千升）	4 820	0.37
其中：白酒	4 820	0.37

建筑业稳步发展。建筑企业 667 个，年末从业人员 10 487 人。年末固定资产原值 5.96 亿元，全年施工房屋建筑面积 59.42 米^2，房屋竣工面积 20.15 万米^2。

四、固定资产投资

固定资产投资增速较快。固定资产投资对垦区经济持续增长起着较强推动作用。2021 年全垦区完成固定资产投资总额 418.91 亿元，比上年减少 13.45 亿元，下降 3.11%。国有固定资产投资 19.63 亿元，基本与比上年持平（图 5）。

第一产业投资 18.77 亿元，比上年减少 3.11%；第二产业投资 285.37 亿元，比上年减少 10.07%；第三产业投资 114.76 亿元，比上年增加 21.04%。第一、第二、第三产业在固定资产投资中比重为 4∶68∶28。

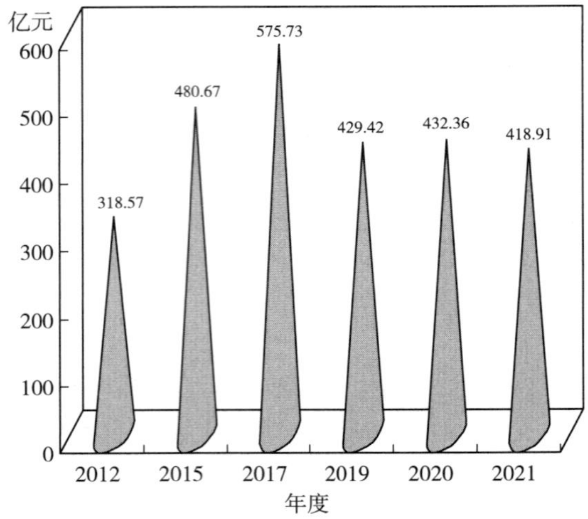

图 5　固定资产投资比较图

固定资产投资中，国家预算内资金 13.54 亿元，自筹资金 386.93 亿元，其他资金 6.43 亿元。当年新增固定资产 196.32 亿元。

五、运输业、批发零售贸易业、服务业及出口商品

交通运输业全年完成货运量 31 727 万吨，客运 315 万人次；年末单位个数 7 055 个，从业人 15 574人，运输工具 11 919 台；营业总收入 26.40 亿元，比上年增长 3.21%。

批发零售业、餐饮业、服务业年末单位个数 14 640 个，固定资产原值 37.78 亿元，比上年增长 0.88%，营业用房面积 113.05 万米^2，增长 0.90%；营业总收入 454.74 亿元，比上年减少 1.41%，其中批发零售业 358.58 亿元，比上年减少 1.69%；餐饮业 20.69 亿元，比上年减少 2.44%；服务业 75.47 亿元，比上年增长 0.22%；批发零售业、餐饮业、服务业营业网点数 17 175 个，年末从业人员 5.19 万人。

全年出口商品总金额 28.66 亿元，比上年增长 10.51%。其中，水产品 4 781 万元，增长 253.77%；工业品 281 817 万元，增长 9.23%。

六、科研

2021 年年末，全垦区拥有科研单位 3 个，从业人员 45 人，其中科技人员 33 人。科研经费 6 万元，企业自筹 6 万元，实验地面积 23 公顷。

七、人口、职工、收入与社会保障

2021年年末，垦区总人口42.76万人，年末全垦区从业人员25.62万人。其中，第一产业8.45万人，比上年减少1.38%；第二产业7.49万人，增长2.24%；第三产业9.68万人，增长1.40%。

职工生活水平稳步提高。2021年全垦区实现居民人均可支配收入24 717元，比上年增长7.76%。垦区危房改造工作自2011年开展以来，职工居住条件得到改善，年末职工实有住房面积1 655万米^2，人均住房面积39.18米^2。

八、绿色、有机食品

截至2021年年末，垦区认证了16个绿色、有机食品农产品。绿色食品认证7个，其中，种植业6个，含水稻3个、油料1个和其他2个，已认证的绿色食品产量8 785吨；认证有机食品个数9个，即水果（梨）1个，已认证有机食品产量350吨；畜牧业8个，均为羊肉。

九、其他

全垦区32个农牧场中，生产总值超过1亿元的有9个。这9个农牧场共有职工5.65万人，耕地87.99千公顷。2021年，实现生产总值485.72亿元，占垦区生产总值的83.26%。其中，农业增加值73.43亿元，工业增加值235.58亿元，利润总额24.39亿元。生产总值列前三位的是柏各庄农场、中捷农场、芦台农场，生产总值分别为205亿元、92亿元、83亿元。

2021年年末，全垦区拥有大中型工业企业17家，全年完成增加值185.35亿元，销售产值1 001.83亿元。年末资产总额561.05亿元，固定资产原值354.89亿元，年平均从业人员11 262人，实现利润总额48.05亿元。

龙头企业20家，全年完成总产值390.41亿元，销售产值386.03亿元。完成增加值39.49亿元。年末资产总额187.28亿元，固定资产原值96.83亿元，年平均从业人员19 924人，实现利润总额26.17亿元。

山西农垦2021年经济发展统计公报

山西省农业农村厅农垦与渔业渔政管理局

2021年，面对新冠肺炎疫情的严重冲击和市场环境的复杂变化，在省委、省政府的坚强领导下，山西垦区职工深入学习贯彻习近平总书记视察山西重要讲话重要指示，坚持稳中求进工作总基调，全力推动高质量发展，垦区整体经济运行平稳、持续向好。

一、基本情况

2021年，山西垦区现有国有农场23个，比上年减少2个，分布于9个市（县），全部属地管理。垦区土地总面积22 276.7公顷，其中，农用地面积19 331.72公顷，耕地面积6 301.92公顷，建设用地1 147.06公顷，其他用地面积1 797.92公顷。

垦区全年实现生产总值6.72亿万元。其中，第一产业增加值1.49万元，比上年减少2.61%；第二产业增加值2.85万元，比上年增长9.19%；第三产业增加值2.38万元，比上年增长4.39%。第一、第二、第三产业增加值占生产总值比重为22%、43%、35%。

2021年，垦区年末总人口27 464人，农场人口26 792人，期末从业人员12 809人（第一产业5 351人，第二产业2 363人，第三产业5 095人），从业人员工资总额17 394.6万元。垦区居民人均可支配收入11 647.09元，比上年减少1 717.91元，比上年减少12.83%，2021年，职工期末人数3 320人，其中在岗职工2 400人。职工工资总额8 846.94万元，职工人均工资收入26 702元，比上年增长9.93%。

二、农业

（1）农林牧渔业。全年实现农林牧渔业总产值31 702.37万元，比上年减少4.54%。其中，农业总产值12 998.02万元，比上年减少1.38%；牧业总产值15 250.15万元，比上年减少8.13%；林业总产值1 343.2万元，比上年减少3.66%；农林牧渔业专业及辅助性活动产值2 087万元，比上年增长2.5%。农林牧渔业商品总产值23 687.21万元，比上年减少4.72%，渔业产值24万元。

（2）种植业。2021年，全年农作物种植面积6 374.09公顷，比上年增加7.22公顷。其中，粮食种植面积5 127.99公顷，比上年增长2.99%。在粮食种植面积中，玉米种植面积4 426.72公顷，增加166.76公顷；小麦种植面积284.33公顷，减少39公顷。油料种植面积33.84公顷，增加3.04公顷。蔬菜种植面积632.73公顷，减少170.24公顷。果园面积137.41公顷，减少21.12公顷。

全年粮食产量36 781.19吨，比上年减少5.35%。其中，夏粮1 673万吨，减少25.38%；秋粮32 974.61吨，减少6.69%。

全年完成造林面积330.8公顷，比上年增长706.83%。

（3）畜牧业。2021年年末，大牲畜总头数13 528头，其中，肉牛2 052头，奶牛11 476头；猪5 405头；羊13 240头。全年猪、牛、羊、禽肉总产量2 723.36吨，比上年减少3.13%。其中，猪肉产量550.35吨，增长10.67%；牛肉产量641吨，减少4.77%；羊肉产量1 456.51吨，减少6.5%。牛奶产量33 373.5吨，增长4.55%。

（4）农业机械化、生产投入。年末农业生产机械化总动力29 402千瓦，同比下降2.24%。全年实现机械耕地面积5 428.34公顷，占年末耕地面积（6 301.92公顷）的86.14%；当年实际机械播种面积4 603.75公顷，占农作物播种面积（6 374.09公顷）的72.2%。农场用电量1 932.43万千瓦·时，农业用水量368.15万米^3。有效灌溉面积4 649.6公顷，同比下降1.17%，其中节水灌溉面积121.87公顷，同比增长5.65%。机电井291眼。

三、工业

2021年，全年实现工业总产值33 360.72万元，比上年增长4.75%。其中，农副食品加工业6 475.72万元，同比增长5.84%；酒、饮料和精制茶制造业864万元，同比减少20.73%；家具制造业1 298万元，同比增长93.73%；化学原料和化学制品制造业720万元，同比减少35.95%；非金属制造业14 090万元，同比增长1.15%；其他制造业4 006万元，同比增长25.11%。

主要工业产品产量：饲料2.1万吨，乳制品201吨，白酒6万千升，家具595件，化学农药260吨。

四、固定资产投资

全年固定资产投资总额1 566.49万元，比上年减少5.25%，投资构成：第一产业投资1 487.61万元，比上年增长24.61%，占总投资的94.96%；第二产业1.16万元，比上年减少99.65%；第三产业77.72万元，比上年减少37.78%。

五、运输业、批发零售业、住宿餐饮业、服务业情况

全年共完成货运量21.16吨，客运量5.45万人，实现营业总收入641万元。

年末垦区批发零售业、住宿餐饮业、服务业单位1 084个，从业人员3 950人，从业人员劳动报酬9 588.02万元，年末拥有固定资产原值5 833.42万元，全年完成商品销售总额或营业收入39.63亿元。

内蒙古农垦2021年经济发展统计公报

内蒙古自治区农牧区农垦局

2021年，内蒙古垦区积极贯彻落实中央、自治区有关决策部署和指示精神，稳妥推进全区农垦改革发展工作，确保垦区经济工作平稳健康运行。

一、综合情况

全年内蒙古垦区实现生产总值136.6亿元。其中，第一产业增加值86.4亿元；第二产业增加值33.6亿元；第三产业增加值16.6亿元。第一、第二、第三产业增加值占生产总值的比重分别为63%、25%、12%。居民人均可支配收入18 032元，同比增长5.2%。

二、农业

全年实现农林牧渔总产值151亿元（现行价，下同），同比增长8.2%。其中，农业产值87.9亿元，同比增长14.4%；林业产值1.1亿元；牧业产值57.8亿元，同比增长1.7%；渔业产值0.3亿元。

农作物播种面积675.7千公顷，与上年基本持平。其中，粮食作物播种面积495.4千公顷，同比增加14.26千公顷，占农作物播种面积的73%；油料作物播种面积115.6千公顷，同比减少5.5千公顷，占农作物播种面积的17.1%。

小麦播种面积114.1千公顷，与上年基本持平，占粮食播种面积的23%；玉米播种面积206千公顷，同比增加41.7千公顷，占粮食播种面积的42%；豆类播种面积101.2千公顷，同比减少34.6千公顷，占粮食播种面积的20%。

粮食产量268.5万吨，同比增长17.9%。主要农产品产量见表1。

年末大小畜存栏377.9万头（只），肉类产量7.9万吨。牛奶产量33.7万吨。禽蛋产量0.8万吨。牲畜年末存栏及主要产品产量见表2。

水产品产量为2 914吨，同比减少2 804吨，同比减少49%，水产品主要来自淡水鱼的养殖。

表1　2021年主要农产品产量

产品名称	产量（万吨）	同比增长（%）
粮食	268.5	17.9
其中：小麦	38.5	26.2
玉米	173.4	21.68
大豆	18.8	−24.9
油料作物	22.5	24.9

表2　2021年牲畜年末存栏及主要产品产量

产品名称	计量单位	产量与年末数	同比增长（%）
大牲畜	万头	70.48	39
其中：牛	万头	46.53	15
羊	万只	292.92	7
猪	万头	14.56	8
肉类总产量	万吨	7.91	4
其中：牛肉	万吨	2.18	19
羊肉	万吨	3.4	7
猪肉	万吨	1.34	−4
牛奶	万吨	33.66	11

农业生产条件进一步得到改善，综合机械化率为96.7%。年末机械总动力232.36万千瓦。有大中型拖拉机1.53万台，小型及手扶拖拉机4.8万台，联合收割机0.25万台。

农用化肥施用总量（折纯量）15.75万吨。有机肥施用量23.2万吨。测土配方施肥面积75.4千公顷。

有效灌溉面积237.64千公顷，同比增加6.4%。其中，喷灌面积98.77千公顷，滴灌面积26.35千公顷。节水灌溉面积137.97千公顷，同比增加19.12%。

高标准农田面积176.84千公顷，同比增长

37.6%，占耕地面积 24%，永久基本农田面积 537.59 千公顷，占耕地面积 71.6%。

三、工业和建筑业

2021 年，实现工业总产值（现行价）55.4 亿元，同比增长 31.98%。其中，煤炭开采和洗选业实现产值 36.39 亿元，农副食品加工业 5.33 亿元，非金属矿物制品业 4.64 亿元。主要工业产品产量见表 3。

表 3　2021 年主要工业产品产量

产品名称	计量单位	实际数量	同比增长（%）
原煤	万吨	1 483.52	3.76
小麦粉	万吨	1	持平
饲料	万吨	2.43	−3.23
发电量	万千瓦·时	12 931	持平

建筑业年末拥有建筑企业 20 个，从业人员 327 人，固定资产原值 1 175 万元。全年施工房屋建筑面积 4 300 米^2。

四、交通运输业批发零售业、餐饮业

交通运输业实现营业总收入 3.27 亿元，同比下降 7.38%。现有主要运输工具 1 243 台。全年完成客、货运输量分别为 62.12 万人和 552.97 万吨。

批发零售业有营业单位 2 311 个，减少 90 个，从业人员 5 618 人，减少 211 人，实现销售总额 23.12 亿元，同比增长 19.35%。年末拥有固定资产原值 7.32 亿元，营业用房 22.96 万米^2。

餐饮业有营业单位 1 114 个，从业人员 2 842 人，减少 97 人，营业收入 3.04 亿元，同比增长 4.13%。年末拥有固定资产原值 2.17 亿元，营业用房 11.57 万米^2。

其他服务业有营业单位 538 个，减少 23 个，从业人员 1 414 人，实现营业收入 5.83 亿元，基本持平。年末拥有固定资产原值 1.19 亿元，营业用房 4.35 万米^2。

五、科技

拥有科研单位 5 个，职工 80 人，其中科技人员 37 人。科研经费 721 万元。其中政府拨款占经费 50%，企业自筹占经费 50%。

六、固定资产投资

年末完成固定资产投资 34.89 亿元，同比增长 50%。总投资额中，用于第一产业的为 12.08 亿元，占投资总额的 34.62%；第二产业 20.06 亿元，占投资总额的 57.5%；第三产业 2.75 亿元，占投资总额的 7.88%。当年国有固定资产投资总额为 29.76 亿元，占投资总额的 85.3%。资金来源的比例：国家预算资金占资金来源 11%，自筹资金占资金来源的 85%，贷款资金占资金来源的 2%，其他资金占资金来源的 2%。

七、人口、职工、收入

年末内蒙古垦区总人口 44.56 万人，同比减少 1.81 万人，下降 3.9%。

年末全区农垦社会从业人员 17.18 万人，减少 7 101 人，下降 3.97%，其中，第一产业 14.64 万人，第二产业 0.69 万人，第三产业 1.85 万人。

八、绿色食品、有机食品生产情况

绿色食品、有机食品农林产品认证数有 46 个，已认证的绿色食品、有机食品农林产品产量为 22.69 万吨。其中，绿色食品认证的主要农作物 27 个，已认证的产量 21.14 万吨；有机食品认证的主要农作物 19 个，已认证的产量 1.5 万吨。绿色食品认证的水果 1 个，认证的产量 2.97 万吨。有机食品畜禽类产品 1 个，已认证的产量为 13 吨。

辽宁农垦2021年经济发展统计公报

辽宁省农业农村厅

2021年，辽宁农垦在农业农村部农垦局的关心支持下，在省委、省政府的正确领导下，深入贯彻推进农垦改革发展要求和省委、省政府的工作部署，以建党百年为契机，努力克服新冠肺炎疫情带来的不利影响，深入推进农垦改革，加快现代农业发展，继续扎实做好国有农场办社会职能改革工作，全面落实“一个衔接、两个覆盖”政策，巩固脱贫攻坚成果同乡村振兴有效衔接，垦区集团化、农场企业化改革取得新进展，民生建设得到进一步加强。

一、综合

2021年，全省农垦有国有农场（公司）104个，农垦区域性集团（公司）3个，基层统计单位共有107个，与上年度相同。

全年，垦区总人口85.03万人，农场人口74.03万人。从业人员40.43万人，其中第一产业25.53万人，第二产业5.89万人，第三产业9.01万人，各业人员所占比重分别为63∶15∶22。职工年末人数18.00万人，其中在岗职工13.32万人，职工工资总额为39.49亿元，其中在岗职工工资总额为29.65亿元。农垦小城镇39个，与上年相同，小城镇人口36.26万人，占总人口数的42.64%，小城镇占地面积1.91万公顷，占土地总面积的3.84%。

土地总面积49.74万公顷，其中，耕地16.16万公顷，占土地总面积32.49%，水田9.54万公顷，占耕地的59%；牧草地0.92万公顷，占土地总面积的1.8%；林地7.36万公顷，占15%；水面4.59万公顷，占9.23%；果园1.12万公顷，占2.25%；可垦荒地和宜林地0.67万公顷，占1.35%；居民点及工矿用地4.55万公顷，占9.15%，其他14.36万公顷，占28.87%。

全年，实现生产总值298.85亿元，比上年减少5.35%，其中第一产业94.76亿元，比上年增加1.44%，第二产业99.78亿元，比上年减少－6.63%，第三产业104.31亿元，比上年减少9.65%。第一、第二、第三产业比重为32∶33∶35。人均生产总值35 125元，比上年减少1 692元。在岗职工人均工资22 253元，比上年增加324元，增长1.48%，年末居民实有住房面积3 599万米^2，人均住房42.33米^2。

固定资产投资额为89.43亿元，增加1.06%。其中，国有4.66亿元，占总投资额的5%；非国有84.77亿元，占95%。按工程用途分，第一产业15.38亿元，比上年减少3.13%，第二产业36.82亿元，比上年增加14%，第三产业37.22亿元，比上年减少8%。第一、第二、第三产业投资比为17∶41∶42。按资金来源划分，国家预算内资金1.81亿元，占固定资产投资2%，比上年减少14%；国内贷款0.48亿元，占0.5%，比上年减少86%；自筹资金73.65亿元，占82%，比上年增加3%；其他资金13.49亿元，占15%，比上年增加14%。

外贸出口供货商品金额1.75亿元，比上年减少65%。出口额中，水产品0.81亿元，占46%，工业品0.94亿元，占54%。

实现生产总值超1亿元的农场36个，与上年相同，超1亿元农场实现生产总值287.36亿元，占全省农垦生产总值的96%。

二、农业

全年，实现农林牧渔业总产值198.21亿元，比上年增加10.62%。其中，种植业产值100.93亿元，比上年增加15.64%；林业产值2.52亿元，比上年增加0.38%；牧业产值35.78亿元，比上年增加1.40%；渔业产值51.69亿元，比上年增加10.22%；农林牧渔服务业产值7.29亿元，比上年增加1.03%。各业在农业总产值中的比重为51∶1∶18∶26∶4。农林牧渔业商品总产值为

129.18亿元，比上年增加6.81%，是农林牧渔业总产值的65%。

粮食总产量132.54万吨，比上年增加1.90%。粮食总产量中谷物合计量130.17万吨，其中水稻产量93.51万吨，占粮食总产量的70.55%，玉米34.90万吨，占粮食总产量的26.33%。豆类0.61万吨，占0.46%。薯类1.75万吨，占1.32%。油料1.95万吨，糖料0.05万吨，蔬菜、瓜类45.17万吨。农作物播种面积16.01万公顷，比上年减少0.11公顷，减少0.7%。其中，粮食作物播种面积14.39万公顷，比上年增加0.05公顷，占农作物总播种面积的89.88%；油料作物0.57万公顷，占3.56%；糖料0.001万公顷，占0.006%；蔬菜、瓜类0.97万公顷，占6.06%。在粮食作物中，水稻播种面积9.58万公顷，占粮食作物播种面积的66.57%；玉米4.11万公顷，占28.56%；高粱0.07万公顷，占0.49%；谷子0.30万公顷，占2.08%。

大牲畜存栏6.27万头，比上年减少0.58万头，比上年下降8.47%。其中牛4.64万头，比上年减少0.95万头。生猪存栏51.72万头，比上年增加3.22万头，比上年增长6.64%。家禽存栏997.49万只。肉类总产量15.52万吨，比上年增加0.22万吨，增长1.44%，其中猪肉5.81万吨，增加0.74万吨，增长14.6%；牛肉1.49万吨，比上年增加1.05万吨，增长239%，羊肉0.27万吨，比上年增加0.02万吨，增长8.0%，禽肉6.23万吨，比上年增加0.99万吨，增长18.89%，牛奶产量3.14万吨，比上年增加0.34万吨，增长12.14%，禽蛋3.76万吨，比上年增加0.52万吨，增长16.05%。水产总产量35.91万吨，比上年增加0.94万吨，增长2.7%。

水果种植面积0.91万公顷，其中，苹果种植面积0.50万公顷，占水果种植面积的54.95%；梨0.15万公顷，占水果种植面积的16.48%；桃0.11万公顷，占水果种植面积的12.09%；葡萄495公顷，占水果种植面积的5.44%；红枣5.66公顷，占0.06%；其他水果0.10万公顷，占水果种植面积的10.99%。水果总产量达到12.76万吨，比上年增加7.58%。水果总产量中，苹果8.11万吨，占水果总产量的64%；梨1.40万吨，占12%；桃1.46万吨，占11%；葡萄0.77万吨，占6%；红枣431吨，占0.3%；其他水果0.98万吨，占8%。

植树造林2 875公顷，比上年减少226公顷，下降7.29%，其中用材林692公顷，经济林331公顷，防护林1 852公顷。当年零星植树15.18万株，年末实有育苗面积391公顷，幼林抚育560公顷，成林抚育1 097公顷。

年末，农业机械总动力105.69万千瓦，比上年增加2.49千瓦，增长2.41%，其中，柴油机发动机动力83.90万千瓦，汽油发动机动力4.82万千瓦，电动机动力14.06万千瓦，其他机械动力2.90万千瓦。拥有大中型拖拉机5 981台，比上年增加192台，小型及手扶拖拉机8 415台，比上年增加77台。排灌动力机械1.39万台，联合收获机1 279台，农用飞机20架。当年实际机耕面积13.68万公顷，占粮食播种面积的95%，与上年相同，当年实际机播面积12.58万公顷，占粮食播种面积87%，与上年相同，当年机械收割面积11.53万公顷，占粮食播种面积80%，与上年相同。农业生产用电量5 043万千瓦·时，农业用水量27 610万吨。农药施用量2 305吨，比上年减少80吨。农用化肥施用折纯量7.58万吨，比上年增加0.19万吨。生物肥施用量6 040吨，比上年增加1 070吨，有机肥施用量5.14万吨，比上年减少0.9万吨，农业塑料薄膜使用量3 723吨，有效灌溉面积11.81万公顷，沼气池1 165个，机电井5 185眼。

绿色食品认证28个，有机食品认证4个，农产品地理标志认证15个。种子基地种子播种面积1 879公顷，种子生产量860吨，全部为良种，其中，水稻33吨，玉米677吨，大豆150吨。

三、工业

年末，垦区实现工业总产值263.12亿元，超10亿元的产业：农副食品加工业105.44亿元，石油、煤炭及其他燃料加工业43.67亿元，有色金属冶炼和压延加工业18.37亿元，其他制造业17.99亿元，化学原料和化学制品制造业13.56亿元，食品制造业11.42亿元。

主要工业产品中，大米52.50万吨，饲料17.20万吨，精制食用植物油21.48万吨，饮料酒5.29万吨，乳制品0.38万吨，服装114万件，水泥51万吨，砖7 723万块。

规模以上工业企业117个，比上年减少10个，实现工业总产值 213.18 亿元，实现主营业务收入 226.44 亿元，实现利润 10.66 亿元。

四、建筑、交通运输、批发零售业、餐饮业、服务业

年末，建筑企业 173 个，比上年减少 6 个，从业人员 0.87 万人，固定资产原值 4 亿元，年末拥有机械设备 846 台，全年施工房屋建筑面积 55.38 万米^2，竣工房屋面积 34.35 万米^2。

运输单位 3 011 个，比上年减少 26 个，从业人员 6 916 人，固定资产总值 4.56 亿元，主要运输工具 4 916 台，实现营业总收入 10 亿元，全年货运量 1 788 万吨。

批发零售业单位 6 880 个，比上年减少 254 个，从业人员 2.3 万人，从业人员劳动报酬 7.48 亿元，固定资产总值 9.02 亿元，年末营业用房面积 45.39 万米^2，销售额 38.87 亿元。

餐饮业 1 319 个，比上年减少 138 个，从业人员 1.26 万人，从业人员劳动报酬 2.48 亿元，固定资产总值 3.60 亿元，年末营业用房面积 10.59 万米^2，全年营业收入 6.86 亿元。

其他服务业单位 2 869 个，比上年增加 148 个，从业人员 1.20 万人，从业人员劳动报酬 5.63 亿元，固定资产原值 6.45 亿元，年末营业用房面积 11.84 万米^2，全年营业收入 8.62 亿元。

吉林农垦2021年经济发展统计公报

吉林省农垦局

土地总面积26.9万公顷。其中，耕地面积11.06万公顷，牧草地面积6.56万公顷，林地面积4.72万公顷，水面面积0.39万公顷，园地面积0.14万公顷，居民点及工矿用地1.46万公顷，其他面积2.36万公顷。

一、经济指标

全垦区实现第一、第二、第三产业增加值分别为26.4亿元、1.13亿元、2.61亿元，分别比2020年增长2.04%、0.89%、0.2%。

农林牧渔业总产值35.1亿元，农林牧渔商品产值为27.21亿元。工业总产值5.67亿元。

全年固定资产投资额4 012万元。其中，国有投入1 726万元，占总投资额的43%。第一、第二、第三产业投资额分别为3 757万元、180万元、75.5万元。在资金投入来源中，国家预算内资金1 370万元，自筹资金2 351万元，当年新增固定资产2 289万元。

二、农业

全年实现农林牧渔业总产值35.1亿元。其中，农业30亿元，牧业4.3亿元，林业与渔业分别为2 447万元、1 412万元，辅助性活动4 442万元。

全年农作物总播种面积为10.9万公顷，比2020年增加1.61%。其中，粮食播种面积10.41万公顷，占农作物总播种面积的95.5%；油料作物播种面积3 626公顷；药材320公顷；蔬菜、瓜果类242公顷，其他作物播种面积637公顷。全年粮食产量78.65万吨。年末大牲畜存栏3.56万头。其中，牛2.71万头，肉牛1.65万头，奶牛1.06万头。农业机械总动力62.02万千瓦，大中型拖拉机4 869台，小型及手扶拖拉机15 109台。当年实际机耕面积10.56万公顷，占年末耕地面积95.5%；实际机播面积10.27万公顷，占农作物播种面积94%；机械收获面积10.09万公顷，占农作物播种面积的93%。

2021年主要农产品产量表1、表2。

表1　2021年主要农作物产量一览表

农作物名称	产量（吨）
粮食	786 528
其中：稻谷	266 008
玉米	497 040
高粱	8 249
大豆	12 816
油料	13 497

表2　2021年主要畜产品产量一览表

种类	计量单位	产量
大牲畜总头数	万头	3.56
其中：牛	万头	2.71
猪存栏	万头	3.85
羊存栏	万只	18.91
家禽	万只	49.45
肉类总产量	吨	10 951
其中：猪肉	吨	4 007
禽肉	吨	3 279
牛肉	吨	1 817
牛奶	吨	8 918
禽蛋	吨	2 550

三、工业

工业总产值（现价）5.7亿元。农副产品加工业实现产值1.5亿元，非金属矿物制品业实现产值2.3亿元，皮革毛皮羽毛及其制品业实现产值0.9亿元，医药制造业实现产值6 500万元、主要黑色金属冶炼和压延加工业产值2 600万元。主要产品产量：大米 6.19 万吨，中成药 652 吨，水泥 63.39 万吨。建筑业年末单位个数 13 个，固定资产原值 746 万元，房屋建筑竣工面积 7 840 米^2，总产值 812 万元。

四、第三产业

交通运输业单位年末 103 个，从业人员 201 人，固定资产原值 1 778 万元，年末拥有主要运输工具 113 辆，全年货运量 6.24 万吨，客运量 3.5 万人，营业总收入 2 315 万元。批发零售业年末单位 743 个，年末从业人员 1 717 人，全年从业人员工资总额 3 395 万元，固定资产原值 7 374 万元，销售总额 7 225 万元。餐饮业年末单位 121 个，年末从业人员 419 人，全年从业人员工资总额 1 202 万元，固定资产原值 2 108 万元，全年营业收入 2 149万元。服务业年末单位 123 个，年末从业人员 286 人，全年从业人员工资总额 681 万元，固定资产原值 1 163 万元，全年营业收入 1 324 万元。

黑龙江农垦2021年经济发展统计公报

北大荒农垦集团有限公司

2021年是建党一百周年，也是“十四五”的开局之年，北大荒集团以习近平新时代中国特色社会主义思想为指导，深入贯彻落实习近平总书记两次“特指性”重要讲话精神和党的十九届六中全会精神，在省委、省政府、农业农村部和财政部正确领导下，面对国内外复杂多变的宏观经济形势，沉着应对，主动作为，统筹疫情防控和改革发展各项工作，着力加快推进“三大一航母”建设工程，构建新发展格局，迈出新步伐，高质量发展取得新成效，实现“十四五”开局之年圆满收官，以“经济快速发展、改革纵深推进、民生坚实保障”为党的百年华诞献礼。

一、经济发展稳中有进，经济实力显著增强

2021年，集团实现营业总收入1 703.7亿元，比上年增长19.7%；实现利润总额14.8亿元，比上年增长12.7%。初步核算，实现企业增加值567亿元，按可比价计算，同比增长8.6%；全员劳动生产率达到101 475元/人，按可比价计算，同比增长12.1%；职工家庭人均可支配收入达到30 055元，同比增长7.8%；位列中国企业500强第167位，“北大荒”品牌位列中国500最具价值品牌榜单第49位，亚洲品牌500强第85位，“世界品牌500强”第412位。

（一）农业基本盘巩固，粮食生产“十八连丰”

粮食生产跃上新台阶。2021年，集团农作物总播种面积299.1万公顷，比上年增长2.8%，粮食作物种植面积达297.2万公顷，比上年增长2.7%。粮食作物种植结构进一步调优，总体呈现“五增两减”的特点，水稻、玉米、大豆种植面积分别为155.1万公顷，70.8万公顷和66.4万公顷，占粮食作物面积的比重达98.4%。深入实施藏粮于地、藏粮于技战略，充分发挥组织化、机械化、智能化优势，突出备耕保农资、春播夺全苗、夏管促升级和抗灾保丰收，粮食作物综合单产达到7 791.5公斤/公顷，比上年增加416.1公斤/公顷，增长5.6%，粮食总产量达231.6亿公斤，比上年增加18.2亿公斤，增长8.5%，再创历史新高，占全国和黑龙江省粮食总产量的3.4%和29.4%。当年为国家提供商品粮220.0亿公斤，粮食商品率达95.0%。国家粮食安全保障能力进一步增强（图1、表1）。

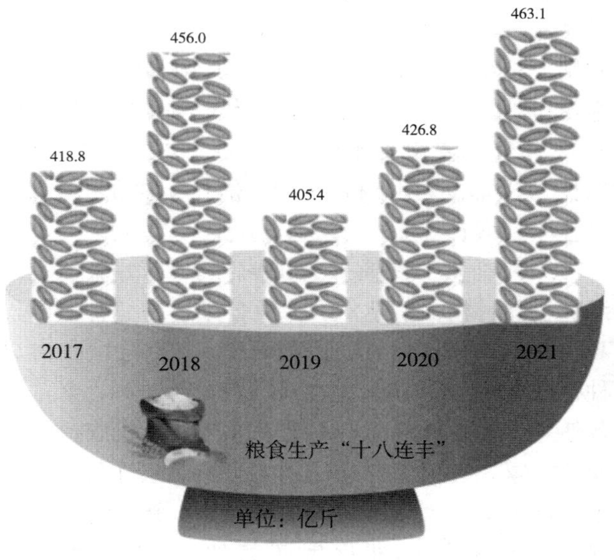

图1　2017—2021年粮食总产量

表1　2021年主要农产品产量

产品名称	产量（万吨）	比上年增长（%）
粮食	2 315.5	8.5
其中：水稻	1 433.4	3.4
小麦	4.2	167.7
玉米	685.3	30.9
大豆	173.9	−15.7
杂豆	3.3	13.1

（续）

产品名称	产量（万吨）	比上年增长（%）
马铃薯（折粮）	8.2	13.1
油料	0.3	81.2
亚麻	0.1	－68.5
蔬菜	7.5	20.7
瓜类	5.9	23.0
饲料作物	40.5	62.3

农业现代化水平不断提升。农业基础设施建设持续强化，2021年，集团完成新建高标准农田7.3万公顷，累计建成高标准农田190.5万公顷；有效灌溉面积达162.37万公顷，其中节水灌溉面积41万公顷。现有粮食处理中心369座，种子加工厂42个，水泥晒场4 089.9万米²，农用飞机场64处。农机装备水平持续提高。截至2021年年末，主要农作物耕种收综合机械化水平99.7%，农用机械总动力1 313.4万千瓦，比上年增长6.1%。农用大中型拖拉机9.69万台，其中100马力以上拖拉机18 497台，增加3 096台；机动水稻插秧机9.35万台，增长1.4%；联合收获机5.02万台，增长7.3%，农用飞机77架，航化作业面积192.1万公顷，增长8.95%。

绿色农业发展模式愈加成熟。2021年，集团绿色食品种植面积达128.8万公顷，占总种植面积43.33%；有机食品认证面积19.67万公顷，占总种植面积6.62%。绿色食品获证企业142家，有效使用绿色食品标志产品数346个；有机农产品企业249家，有机农产品达到457个。累计获得国家地理标志农产品（农业农村部）13个，创建全国绿色食品原料标准化生产基地38个，面积达57.33万公顷。

畜牧业发展步伐加快。年末垦区“两牛一猪一禽”存栏“两增两降”，黄牛9.8万头、奶牛9.7万头、生猪57.6万头和家禽852.1万只，分别比上年增长18.5%、－4.0%、－5.0%和10.7%；全年肉、蛋、奶产量分别为24.8万吨、2.8万吨和40.6万吨，分别比上年增长9.4%、0.8%和3.3%。积极推进“奶牛单产12吨提升行动”，重点集成应用胚胎移植技术、基因组检测、优质粗饲料加工、营养平衡调控、牧场信息化管理、粪污资源化利用等10项关键技术，扎实推进粮改饲试点建设，奶牛平均单产水平明显提高。

林下经济发展持续推进。全年完成造林绿化面积5 372公顷，经济林面积达到15 773公顷，林药种植面积5 553公顷，食用菌当年生产2 027万袋，林业总产值达6.1亿元。

渔业稳步发展。年末淡水养殖面积2.7万公顷，水产品产量2.25万吨，比上年增长5.3%。

（二）工业、建筑业平稳发展，质效持续提高

工业生产基本平稳（表2）。2021年，集团实现工业增加值47.0亿元，比上年增长13.6%。从行业分类看，制造业增加值43.2亿元，增长14%，占全部工业增加值的91.9%（以下所有占全部工业增加值的比重简称占比），其中食品加工及食品制造业增加值39.2亿元，占比83.4%；电力、热力、燃气及水的生产和供应业增加值3.8亿元，增长9.3%，占比为8.1%。

产业化经营水平稳步提升。截至2021年年末，集团拥有11户国家级和省级农业产业化龙头企业，其中，工业企业7户，贸易企业4户；国家级企业5户，省级企业6户。2021年集团粮食加工转化能力达到1 496万吨，处理鲜奶能力60.5万吨，综合达产率达到62.5%。

表2　2021年主要工业产品产量

产品名称	计量单位	产量	同比增长（%）
小麦粉	吨	9.7	219.4
大米	吨	27.5	－13.0
精制食用植物油	吨	154.5	－0.9
豆粕	吨	667.7	2.4
淀粉	吨	10.4	30.9
乳制品	吨	29.3	－0.8
其中：乳粉	吨	3.1	4.0
液体乳	吨	26.2	－1.2
软饮料	吨	4.7	23.5
发电量	万千瓦·时	34 109.0	2.1
热力	百亿千焦	1 566.6	9.4

工业企业经济效益提高。2021年，集团工业企业实现营业总收入670.4亿元，比上年增长21.1%。其中，产业化龙头企业实现营业收入650亿元，比上年增长20.2%；实现利润总额－3.4亿元，比上年减亏0.4亿元，增长10.5%，其中产业化龙头企业实现利润0.08亿元，比上年增长110.7%。

建筑业稳步发展。2021 年，集团实现建筑业总产值 44.8 亿元，比上年增长 22.9%，其中，在系统外完成产值 15.1 亿元，比上年下降 1.3%。当年新开工的单位工程施工个数 197 个，比上年增加 65 个。当年单位工程竣工个数 68 个，比上年减少 22 个。年内房屋建筑施工面积和竣工面积分别达到 276.1 万米^2 和 5 万米^2，分别比上年增长 442.1%和下降 88.8%。实现利税 2.5 亿元，下降 11.6%。资产总额 77.9 亿元，增长 6.4%。

（三）内外循环加快畅通，区域农服发力显著

内外贸易平稳增长。2021 年，集团国内大宗商品交易量达 2 352.1 万吨，比上年下降 6.8%，实现国内贸易额 720.6 亿元，增长 4.3%，其中粮食销售额 383.9 亿元，增长 2.9%；石油销售额 118.8 亿元，增长 14.4%；化肥销售额 47.6 亿元，增长 57.5%；种子销售额 14.9 亿元，增长 4.5%；其他商品销售额 155.4 亿元，下降 8.2%。实现对外贸易总额 43 亿美元，比上年增长 44.1%。出口总额 0.6 亿美元，下降 14.7%；进口总额 42.4 亿美元，增长 45.6%，其中大豆进口额比上年增长 43.8%。

招商引资和对外合作力度加大。全年签约合作项目 40 余个，引进外部投资约 53 亿元。持续推动与航天氢能公司合作的浩化项目，推进与厦门国贸、一拖集团、物美集团、国家电投集团、农投集团、中国移动、深圳排交等单位的合作。

境外业务稳中有降。2021 年，集团在俄罗斯、澳大利亚、泰国、老挝、美国、中国香港、新加坡 7 个国家和地区开展对外合作工作，对外投资主要集中在农业种植、土地租赁、农产品购销、农产品加工、贸易服务等领域。种植的农作物有大豆、玉米、水稻、大麦、小麦、油菜籽、羽扇豆 7 种，种植面积 3.1 万公顷，粮食产量 6.12 万吨。农产品加工主要为木薯和水稻两种作物，加工生产木薯淀粉 5.62 万吨、稻米 75 吨。

区域农服快速发展。大力推进“双控一服务”，2021 年度集团化肥统供率达 95.0%，比上年提高 40.1 个百分点；种子统供率达 92.2%，比上年提高 48.8 个百分点。集团统一经营粮食 466.5 万吨，比上年增加 346.1 万吨，增长 2.9 倍；统营率 22.2%，比上年度提高 16.4 个百分点。截至年末，已组建 12 家区域农服中心，其中垦区内 9 家，垦区外 3 家（安徽小岗区域农服中心、佳木斯区域农服中心、冀鲁豫区域农服中心）。12 个区域农服中心通过土地生产环节托管、农业新技术推广、农业投入品辐射销售、跨区作业等方式带动周边农村，农业生产托管达 72 万公顷，带动农民 10 万余户，每亩可为农户节本增收 50～70 元。

二、经济运行稳中提质，不断激发活力动能

（一）结构调整稳步推进，发展协调性逐步提高

产业结构保持稳定。2021 年，在集团企业增加值中，第一产业增加值 405.7 亿元，比上年增长 8.5%；第二产业增加值 52 亿元，比上年增长 11.3%；第三产业增加值 109.7 亿元，比上年增长 7.9%。第一、第二、第三产业结构为 71.5∶9.2∶19.3，其中第一产业比重下降 0.8 个百分点，第二产业比重与上年持平，第三产业比重上升 0.8 个百分点。

要素配置质效稳步提高。2021 年集团全要素生产率增长率为 4.1%，比 2020 年高出 1.9 个百分点，比“十三五”集团全要素生产率年均（0.9%）高出 3.2 个百分点；全要素生产率贡献率 47.6%，达历史最高，比 2020 年高出 9.7 个百分点，比“十三五”集团全要素生产率贡献率年均（24.5%）高出 23.2 个百分点（图 2）。

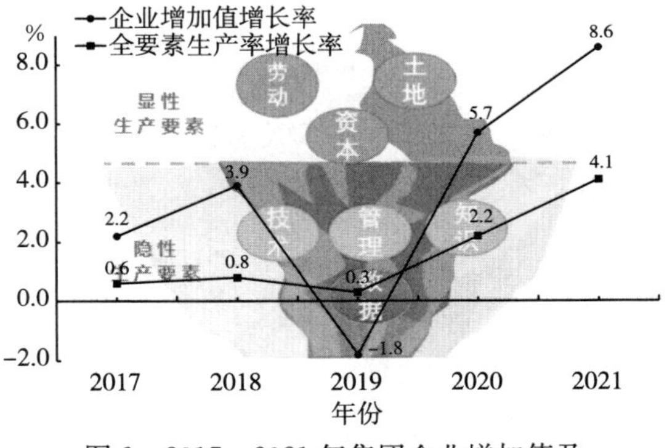

图 2　2017—2021 年集团企业增加值及全要素生产率增长情况

数字经济拉力不断提升。2021 年集团数字经济增加值达到 87.38 亿元，占集团企业增加值的 16.6%，比上年提高 1.23 个百分点。产业数字化增加值达到 86.22 亿元，其中农业数字经济渗透率达到 15.44%，工业数字经济渗透率达到 28.29%，服务业数字经济渗透率达到 15.52%。

（二）企业投资总体平稳，发展后劲持续蓄能

固定资产投资略有下降。2021 年，集团完成固定资产投资总额 92.1 亿元，同比减少 2.6%。

从产业投向上看，第一产业完成投资 44.5 亿元，减少 13.8%，占 48.3%；第二产业完成投资 14.1 亿元，增长 77.7%，占 15.3%，其中工业制造业完成投资 11.5 亿元，增长 66.3%，占 12.6%；第三产业完成投资 33.5 亿元，减少 4.3%，占 36.4%。从投资规模上看，500 万元及以上项目完成投资 53.3 亿元，同比减少 0.2%。北大荒（大湾区）生态产业城、北大荒绿色智慧厨房阿城项目、黑龙江农垦建三江粮库有限责任公司粮食现代物流项目等重点亿元投资项目有序落地（图 3）。

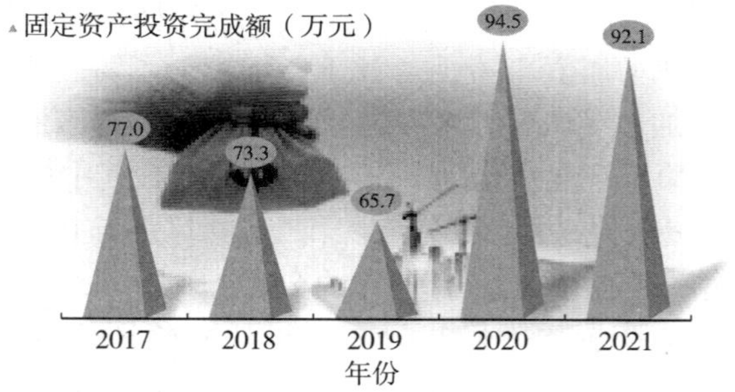

图 3　2017—2021 年集团固定资产投资情况

（三）营销体系不断强化，品牌竞争力进一步增强

营销大平台建设稳步铺开。截至 2021 年年末，食品集团全国总计终端网点 25 828 家，其中传统渠道 18 854 家，现代渠道 5 117 家，特通及餐饮渠道 1 857 家。阿城绿色智慧厨房产业园已签订合同的客户 22 家，洽谈储备客户 67 家。北大荒智慧厨房产品榜单包含绿色粮油、健康调味、饮料冲调、醇馥美酒、即食佳肴、特色山珍、营养生鲜、保健食品八大产品品类，榜单产品共计 1 317 款产品。

品牌价值持续提高。2021 年 6 月，集团五大品牌入选中国 500 最具价值品牌排行榜，“北大荒”品牌价值达到 1 439.85 亿元，排名第 49 位，比 2020 年增加 411.49 亿元，排名提升 1 位；旗下“九三”品牌价值 509.56 亿元，排名第 161 位，比 2020 年增加 85.8 亿元，排名提升 4 位；“完达山”品牌价值 462.87 亿元，排名第 171 位，比 2020 年增长 57.48 亿元，排名提升 2 位；“丰缘”品牌价值 112.58 亿元，排名第 420 位；“亲民食品”品牌价值 55.26 亿元，排名第 488 位。“北大荒”品牌位列亚洲品牌 500 强排行榜第 85 位，排名提升 5 位，继续领跑中国农业第一品牌，“九三”“完达山”分别位列第 347 位、第 360 位，排名分别提升 9 位、6 位（图 4）。

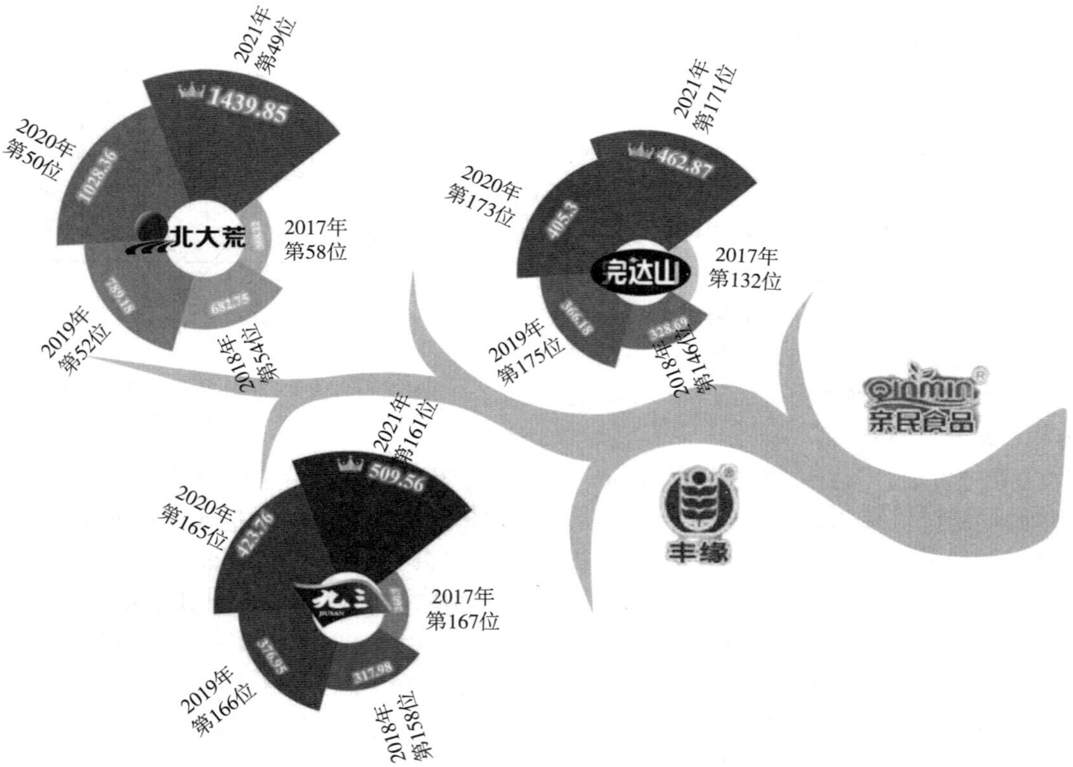

图 4　2017—2021 年集团品牌中国 500 最具价值品牌排名情况

三、新理念指导新实践，新发展担当新使命

（一）科技创新驱动增强，核心竞争力不断提高

基础设施夯实稳固。截至2021年年末，通信线路总长度约为23 093.5皮长公里，比去年减少1.9%，其中，光缆线路长度为22 988.2皮长公里，比去年增加2.1%；电缆线路长度为105.3皮长公里，比去年减少89.8%，集团分公司光缆线路敷设普及生产队1 010个，宽带普及生产队952个。互联网出口带宽542G，局用数字程控交换机容量153门，接入网语音设备容量303门，互联网固定宽带接入端口17 848个。其中xDSL端口34个，LAN端口4 464个，FTTH/O端口13 350个。垦网固定电话用户拥有量178 344户，比去年增加1 475户，垦网固定电话普及率达到12.03部/百人；垦网固定宽带用户163 846户，垦网宽带普及率达到32%，光纤接入占固定宽带用户总数的比重99%。固定宽带中100Mbps以上接入速率用户占总用户数的93.4%。北大荒云数据中心运行服务能力快速提升，拥有CPU3910核心、内存20.79T、存储625.52T。承载集团智能协同办公平台、财务管理平台、土地承包管理系统、数字农服平台等多项集团核心管理和生产信息化系统。网络安全达到等保2.0技术要求的安全合规体系。建立网络安全资源池，满足不同业务系统的差异化和按需服务的安全防护能力。

研发投入不断提高。全年研究试验与发展经费支出6.1亿元，比上年增长90.6%，集团研发投入强度达0.36%，比上年提高0.13个百分点。科技成果顺利转化，2021年，通过实施国家、省部级以及集团科技项目取得农作物新品种42个及专利20项、主要农作物机械化高产栽培技术规程10项和规模化奶牛、肉牛、生猪养殖技术规程4项，获批新机械6种，新品种和栽培技术试验示范推广面积13.33万公顷，粮食增产3 100万公斤，节本增效6 200万元。完达山乳业公司承担的“功能性液态奶的研制及产业化”课题实现16款产品的产业化，累计共鉴定科技成果45项，申请发明专利26项。其中，获得发明专利11项，外观设计专利2项，新型乳制品24种，科技成果转化成的产品自上市以来累计销售约70亿元。九三集团生物加工功能脂质高值化利用技术，成功突破婴幼儿奶粉用油基础油关键技术，实现成果产业化，累计加工食用油近8万吨。

数字农业快速发展。2021年，集团农业科技进步贡献率达77.07%。第一批北大荒数字农场试点项目10个，核心示范面积达1.8万公顷。建设七星、创业、二道河、红卫、勤得利、胜利6个规模化无人农场群，核心示范面积达2 333公顷。全年购置改装各类智能农机设备1.5万台（套），总保有量达4.1万台（套）。全年实现无人驾驶农机作业11 467公顷，辅助直行插秧面积22.4万公顷，轨道式水田运输辐射面积12.4万公顷，水稻智能侧深施肥面积2.44万公顷，卫星平地格田化改造面积12.1万公顷，电控排肥排种播种面积6.47万公顷，智能控制喷雾面积30.2万公顷，深松监控作业面积47.87万公顷，植保无人机作业面积101.5万公顷，旱田应用卫星导航作业项目和面积进一步提升。编制《无人驾驶农业机械作业功能评价技术规范》，包含10项企业标准，以标准引领和推动国内现代农业无人驾驶产业发展，填补国内外无人驾驶标准化建设空白。全力推进北大荒数字农服平台研发，形成垦区耕地、林草等自然资源“一张图”，生产经营主体基本信息等基础数据资源数据库。截至年末，土地承包系统一期软件已开发完成，实现垦区全覆盖，系统注册用户达50万人。

（二）民生保障坚实稳固，全面推进乡村振兴

人口呈净流失态势，与全省趋势一致。2021年，垦区年末总人口为141.3万人，与第六次人口普查数据（166.7万人）相比，减少25.5万人，下降15.3%。其中，农场人口118.3万人，占总人口的83.7%。年末垦区户籍人口147.0万人，比上年减少2.9万人。

职工工资水平持续增长。年末全部在岗职工24.6万人，比上年下降6.3%，其中，农林牧渔业在岗职工18.2万人，下降7.4%。在岗职工平均工资为42 263元，比上年增长7.1%，其中，农林牧渔业在岗职工平均工资32 605元，比上年增长10.4%。

职工群众生活水平稳步提高。职工家庭人均可支配收入增速连续6年保持在6%以上，2021年达到30 055元，比上年增长7.8%。其中，工资性收入6 905元，增长7.0%，经营性净收入15 303元，增长17.9%，财产性净收入530元，下降

1.5%，转移性净收入7 317元，下降7.7%。居民居住条件和环境进一步改善。年末，垦区居民住房面积达到4 862.3万米²，比上年增长3.8%，人均住房面积34.3米²，增长3.9%（图5）。

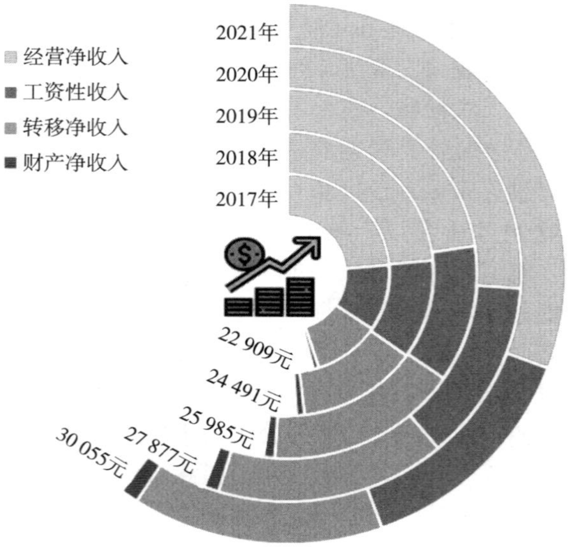

图5　2017—2021年农场职工人均可支配收入情况

教育事业健康发展。年末垦区共有各类职业学校8所。其中，高职院校2所，招生0.5万人，在校生1.7万人；成人高等院校1所；中等职业教育学校4所（3所全日制学校，1所成人农广校），招生0.07万人，在校生0.3万人；幼儿园107所。

医疗卫生保障体系不断完善。年末垦区共有医疗机构125家，其中，三级甲等医院4家，三级乙等医院3家，神经精神病防治院1家，二级医院11家，一级及未定级医疗机构106家，开放床位1.2万张，全力为职工群众以及属地居民提供优质的常见病、多发病等基本医疗服务和基本公共卫生服务。

公路交通保障巩固夯实。新开工危桥改造项目15座，345延米，公路建设项目7个总计99公里。积极落实“十四五”公路危旧桥改造行动方案，申报交通建设项目44个。完成第一次自然灾害综合风险公路承灾体普查工作，集团辖区普查任务里程15 026.216公里，其中高速公路370.996公里，国省道1 359.617公里，农村公路13 295.603公里，完成专用公路设施属性采集9 544.391公里。

社会保障平稳运行。截至2021年年末，垦区参加企业基本养老险95.4万人，其中参保缴费43.69万人，离退休人员51.75万人，全年养老保险基金支出171.49亿元，比上年增长9.69%；参加机关事业养老保险2.48万人，其中参保职工1.14万人，离退休人员1.34万人，全年养老保险基金支出8.98亿元；参加城乡居民社会养老保险1.36万人，其中享受待遇人数0.77万人；参加生育保险30万人，参加基本医疗保险132万人，其中参加职工医疗保险76万人，参加居民医疗保险56万人，全年医疗保险基金支出29.04亿元；参加失业保险26.19万人，全年失业基金支出5 550.18万元；参加工伤保险29.44万人，全年工伤保险基金支出7 541万元（图6）。

图6　2017—2021年黑龙江垦区养老保险支出情况

保险事业持续扩张。全年实现保费收入39.38亿元，同比增长3.92%。农业保险保费收入31.87亿元，同比增长1.86%，其中，种植险保费收入29.13亿元，同比减少0.70%；养殖险保费收入2.74亿元，同比增长74.24%；财险保费收入7.51亿元，同比增长13.64%。种植业保险承保面积10 337.80万亩（袋、盆），同比增长0.12%；养殖业保险承保数量6 091.73万头（只），同比减少5.25%。全年赔付金额26.71亿元，同比下降1.09%，其中，农业保险赔付金额21.48亿元，下降9.84%；受益农户户次77.98万户次。财产保险赔付金额5.23亿元，同比增长64.47%。

（三）资源保护持续加强，绿色发展步伐稳健

资源环境保护成效持续巩固。年末垦区现有各级各类自然保护地16个，总面积54.06万公顷，占垦区土地总面积的9.8%。持续加强农业生态保护和人居环境治理工作。截至2020年，垦区累计建成国家级生态文明建设示范区1个，国家级生态局9个，国家级生态场53个；省级生态文明示范区1个，省级生态场54个，基本构筑起国家商品粮和农产品生态安全基地。

扎实推进落实黑土地保护。新增规模化格田

12.8 万公顷，释放土地潜力 0.32 万公顷。完成秸秆还田面积 290.5 万公顷，秸秆还田率达到 96.9％。落实耕地轮作试点 23.5 万公顷，水稻休耕试点 0.67 万公顷。以有机肥示范场为引领，集成有机肥替代化肥模式，有机肥施用量达到 107.3 万吨，有机肥施用面积 18.87 万公顷。三江平原灌区近期工程新增地表水灌溉面积 16.88 万公顷，压减地下水开采量 18.15 亿米^3。

注释：

1. 集团企业增加值、各产业和行业企业增加值及其构成项目绝对数按现价计算，增长速度按可比价格计算。
2. 报告数据为初步统计数据，最终数据以《2022 年北大荒农垦集团统计年鉴》为准。

上海农垦2021年经济发展统计公报

光明食品（集团）有限公司

2021年，光明食品集团始终围绕“十四五”确定的“2+6+2”产业发展格局和年初的工作目标，坚持打基础、开新局、求发展，为打造更加牢固的城市食品供应底板功能，集团主责主业“十四五”高质量发展取得新成效。

一、综合

2021年，光明食品集团全年实现增加值242.7亿元，比上年下降1.1%。其中，第一产业增加值17.4亿元，比上年下降30.5%，占总增加值的7.2%；第二产业增加值115.8亿元，比上年增长36.8%，占总增加值的47.7%，第二产业的增加值中，工业增加值112.9亿元，建筑业增加值2.0亿元；第三产业增加值109.5亿元，比上年下降19.3%，占总增加值的45.1%。

2021年，光明食品集团工农业总产值（按现行价）445.9亿元，与上年基本持平。全年完成工农业出口商品额7.5亿元，比上年增长19%。其中，工业出口5.5亿元，与上年增长46.6%；农业出口2.1亿元，比上年下降20.7%。

2021年，光明食品集团固定资产投资完成额39.2亿元，比上年下降2.7%。

2021年，光明食品集团年末从业人员10.4万人，比上年下降7.9%。

二、第一产业

2021年，光明食品集团继续聚焦“殷实农场”和“高科技农业、高品质体验”要求，积极应对自然灾害与市场波动挑战，不断夯实农业基础，优化农业产业结构，扎实推进都市现代绿色高效农业发展。

2021年，完成农业总产值83.2亿元，比上年下降13%。其中，种植业17.4亿元，比去年下降4.9%；林业0.4亿元，与上年持平；畜牧业39亿元，比上年下降14.5%；渔业22.5亿元，比上年下降16.5%。

2021年，种植业生产情况：粮食播种面积30 630公顷，比上年增长7.9%，粮食总产量24万吨，比上年增长8.8%；蔬菜及食用菌产量23万吨，比上年下降3.2%；西、甜瓜产量3.1万吨，比上年下降41.5%；鲜切花734.3万枝；盆栽花卉1 712.9万盆；草坪销售量31.4万米^2。全年防护林面积3 479公顷。

2021年，畜牧业生产情况：生猪养殖受非洲猪瘟重创，禽蛋受市场影响，产量均有所下降，生奶保持稳定态势。全年牛奶产量45.7万吨，比上年增长2.8%；生猪上市量67.4万头，与上年下降9.2%；家禽上市量41.7万只，比上年下降36.3%；禽蛋产量0.7万吨，比上年下降3.8%；肉鸽上市量33.5万只，与上年持平。

全年水产品产量18万吨，比上年下降9.6%，其中，远洋捕捞15万吨，淡水养殖3万吨。

三、第二产业

2021年光明食品集团继续聚焦农副食品加工业发展，受新冠肺炎疫情影响，消费品类分化较大，乳制品与罐头产量上升较大。

2021年，全年完成工业总产值362.7亿元，比上年增长3.7%，工业销售产值为373.7亿元，产销率103%。大中型企业总产值294亿元，占81%；农副食品加工业、食品制造业和饮料制造业企业总产值为339.9亿元，占总产值的93.7%。

全年工业企业，亿元以上工业产值的主要食品产量见表1。

表1　亿元以上工业产值的主要食品产量

产品名称	计算单位	产量	比上年增减（%）
小麦粉	吨	290 852	11.3
大米	吨	159 804	−16.1

（续）

产品名称	计算单位	产量	比上年增减（%）
精制食用植物油	吨	74 233	−21.2
成品糖	吨	1 517 619	−2.5
鲜、冷藏肉	吨	133 287	70.6
冷冻水产品	吨	9 358	72.3
糖果	吨	30 704	13.0
乳制品	吨	1 365 142	11.4
其中：液体乳	吨	1 346 086	10.5
罐头	吨	62 381	−6.8
其中：畜肉类罐头	吨	39 968	32.7
蜂蜜营养制品	吨	10 122	−13.2
冷冻饮品	吨	20 505	13.4
饮料酒	千升	76 587	−10.4
软饮料	吨	98 521	−1.0

建筑业生产情况：全年完成建筑业施工产值15.8亿元；比上年增长6%。施工面积331.89万米^2；竣工面积12.6万米^2。

四、第三产业

2021年，新冠肺炎疫情对城市商业、餐饮等服务业的持续影响，使服务业恢复偏慢。光明食品集团的商业、住宿餐饮业、出租车营运等仍处于下跌趋势。房地产板块努力调整市场策略，积极参与城市保障运行，销售面积与销售额有所收窄。

2021年年末，批发零售贸易业的营业网点有2 389个，比上年下降19.6%，营业面积81.7米^2，比去年同期下降3.4%。

营运的出租车辆6 288辆，比上年下降17.9%。

全年房地产销售面积148.1万米^2，比上年下降5.2%；销售额20.1亿元，比上年下降1.9%。

五、固定资产投资

2021年，光明食品集团完成固定资产投资39.2亿元，比上年下降2.7%，其中本年完成投资5 000万元以上项目占40%，比上年下降28.5%。固定资产投资总额中，第一产业6.4亿元，比上年增长17.3%；第二产业16.2亿元，比上年增长47.5%；第三产业16.6亿元，比上年下降30.4%。第一、第二、第三产业的投资比重分别为16.3%、41.3%、42.4%。当年新增固定资产29.9亿元。

六、职工和工资

2021年，光明食品集团年末从业人员10.4万人，比上年下降7.9%。其中，第一产业1.2万人，第二产业4.1万人，第三产业5.1万人。第一、第二、第三产业的从业人员比重分别为11.5%、39.4%、49.1%。第三产业中批发和零售业的从业人员3.4万人，占全部从业人员的32.7%。

2021年，从业人员年平均报酬134 519元，比上年增长8.7%。

注释：

1. 公报中提到的增加值按现行价格计算。
2. 公报中的统计数据口径是集团控股企业财务合并、事业单位和控股财务不合并的单位。

江苏农垦2021年经济发展统计公报

江苏省农垦集团有限公司

2021年，面对新冠肺炎疫情防控常态化的复杂形势和激烈的市场竞争，集团上下坚持以习近平新时代中国特色社会主义思想为指导，坚决贯彻落实省委、省政府决策部署和省国资委工作要求，坚持以集团“十四五”战略规划为引领，全面落实集团党委决定和董事会决策，深入实施强核战略，以“三个一”体系建设为抓手，扎实推动集团改革发展稳定各项工作，圆满完成全年目标任务，实现“十四五”良好开局。

一、综合

2021年，垦区实现生产总值221.26亿元，比上年增长6.19%。其中，第一产业增加值27.11亿元，比上年增长7.32%；第二产业增加值136.4亿元，比上年增长5.72%；第三产业增加值57.75亿元，比上年增长6.80%。三次产业比重为12∶62∶26。人均生产总值净增加7 446元，达到120 594元，比上年增长6.58%。

集团全年实现营业收入399.1亿元，增长17.49%，利润总额68.83亿元，增长6.79%，归属集团公司净利润26.63亿元，增长14.21%，经济增加值42.17亿元，增长5.32%，净资产收益率16.67%。利润总额和归属集团公司净利润连续4年位居全国农垦首位和省属企业前列。截至2021年年末，集团资产总额591.7亿元（不含土地），资产负债率43.53%，主体信用保持AAA级。

核心主业实力迈上新台阶。经济指标再创新高。垦区现代农业板块实现营收129.15亿元，增长23.14%，利润11.22亿元，增长15.15%。其中，苏垦农发实现营收105.79亿元，增长22.73%，利润8.36亿元，增长9.18%，成功实现“百亿农发”目标；农场公司合计实现营收15.18亿元，增加0.87亿元，利润1.91亿元，增加0.5亿元；奶业、禽业、水产、林业实现总利润超过1亿元。

粮食产能稳中有升。实现粮食总产量24.77亿斤，麦、稻周年亩产2 392斤，比全省平均高出400斤左右，苏垦农发被农业农村部授予“全国粮食生产先进集体”。本部小麦平均亩产1 147斤，再创历史新高；本部水稻平均亩产1 245斤，保持高产水平。新洋分公司小麦高产攻关田亩产1 562.6斤，为全省实产验收最高产量。东坝头分公司创新稻麦超高产模式。新增拓展土地6.5万亩，其中，苏州苏垦实现规模化种植2.9万亩，与盐城银宝集团合作种植1.3万亩，东辛等7家分公司拓展2.3万亩。

农场公司多点发力。东辛水产鱼虾总产2.6万吨，实现利润2 600多万元；金鲤渔业实现利润2 000多万元，取得历史性突破，临海养殖区集体养殖规模扩大至3 500亩；白马湖、复兴圩农场公司积极探索特色水产养殖。东旺公司奶牛存栏9 250头，产鲜奶2.55万吨。东辛农场公司出栏肉鸡1 015万只，创历史新高。云台云水湾湿地公园入选江苏省重点推介100个乡村休闲旅游农业农耕实践基地名单，弶港农场公司积极谋划申报乡村旅游示范点、省级农业产业示范园。岗埠农场公司加快富民农业科技园建设，拓展花卉线上销售渠道。三河“如梅”品牌荣获第九届草莓文化节江苏“紫金杯”金奖，临海海棠文化旅游节影响力显著提升。新曹农场公司林下产业入选国家林业和草原局林下经济发展典型案例，宝应湖农场公司积极推进杜仲林下养殖。新洋农场公司重点打造容器苗基地，苗木种群结构不断完善。黄海、滨淮、淮海、临海等农场公司加快拓展苗木繁育、销售业务。海安农场公司建立高效农业园。主要农产品产量见表1、表2。

表 1　主要农作物产量

指标	计量单位	数量	比上年增长（%）
稻谷	万吨	64.72	−0.12
小麦	万吨	54.48	−1.91

表 2　牲畜年末存栏总数及主要畜产品产量

指标	计量单位	数量	比上年增长（%）
肉类总产量	万吨	4.7	16.34
猪牛羊肉	万吨	0.9	18.42
禽肉	万吨	3.8	15.85
生猪年末存栏	万头	6.74	−4.94
牛年末存栏	万头	1.25	26.26
羊年末存栏	万只	1.35	−12.34
家禽年末存栏	万只	377.37	9.86
肉猪出栏数	万头	9.33	23.41
禽蛋产量	吨	21 870	1.84
牛奶产量	吨	34 829	24.27

二、工业和建筑业

2021 年，垦区拥有工业企业 306 个，其中规模以上企业 61 个。全年实现工业总产值（现行价）356.22 亿元，比上年增长 11.82%。产品销售收入 324.34 亿元，比上年增长 2.75%。

金太阳粮油获批农业产业化国家重点龙头企业，葵王压榨葵花籽油入选 2021 年粮油产品企业标准“领跑者”名单。苏垦米业推出苏垦 1952 · 中国-欧盟双认证有机米等新产品。麦芽公司开展高端麦芽生产技术攻关和工艺优化，高端麦芽产量突破 5 万吨。制药企业多项创新药研发取得突破，正大天晴取得 11 个上市品种的 17 个注册批件，南京正大天晴获得 8 个新产品批件，正大丰海“素乾”“恬能”获国家注册批件和特医食品生产许可。勤奋药业积极谋划，通过战略合作扩大规模、提升实力，筹划北京证券交易所上市事宜。正大清江创新营销策略，产品销售状况积极向好。

建筑业平稳发展。2021 年建筑业实现产值 212 466 万元，比上年增长 5.82%；实现增加值 74 229万元，比上年增长 3.15%；实现利润总额 20 855 万元，比上年增长 3.75%；上缴税金 7 071 万元，比上年增长 4.4%。

三、第三产业

通宇公司实现收入 26.56 亿元，增长 91.62%，实现利润 9.85 亿元，增长 38.9%，在江北新区核心区分别拍下 2021G07 和 2021G22 地块。中山大厦促进线上线下融通融合，商贸、餐饮业务稳步增长，精品酒店运营势头向好。苏舜公司坚持聚焦主业、“强身健体”，转型升级初见成效。金属公司创新销售模式，业务拓展能力明显增强。物业公司坚持稳经营强品质，促进传统物业与现代物业融合发展，新业务不断拓展。大华种业入选全国种业十大领军型企业，销售各类农作物种子 45.9 万吨，省外 4 家公司销量均有突破。苏垦农服拓宽供货渠道、创新采购模式，高效完成内部保供和外部社会化服务。清能公司全面抓好现有项目运行管理和新项目申报。

2021 年，垦区第三产业完成营业收入 158.25 亿元，比上年增长 21.43%。其中，批发零售贸易业 98.51 亿元，比上年增长 15.65%；餐饮业 6.71 亿元，比上年增长 11.65%；服务业 53.03 亿元，比上年增长 35.49%。

四、固定资产投资

重大项目加速布局。与伊利集团合作计划投资 15 亿元的万头奶牛牧场项目开工建设，正在申报 2022 年省重大项目。与央企合作共同推进靖江龙威项目。投资 9 700 万元建设高标准农田 5.5 万亩。投资公司和疌泉农业基金分别出资 3 750 万元参与光明乳业定增。集团公司出资 10 亿元参与组建新新零售创新基金。金象传动“双转”项目有序推进。科技创新成果突出。苏垦农科院 15 个自主选育的农作物新品种通过国家或江苏省审定定名，研发的设备获得国家实用新型专利授权 1 项。

2021 年，完成固定资产投资 38.09 亿元，较上年增长下降 9.14%。在全部固定资产投资中，基本建设投资完成 27.69 亿元，占固定资产总投资的 72.7%。在整个固定资产投资中，生产性固定资产完成 32.04 亿元，占整个固定资产总投资的 84.12%。

在全部固定投资中，第一产业完成 5.73 亿元，第二产业投资完成 10.62 亿元，第三产业投资完成 21.74 亿元，分别占总投资的 15.04%、27.88%、57.08%。在全部固定资产投资中，国有固定资产投资完成36.44亿元，占整个固定投资的95.67%。

五、科技

2021年，全垦区共有各级各类科技专业技术人员1 947人。全年投入科研经费342 082万元。

六、人口和职工收入

2021年，全垦区总人口183 497人。其中，农场人口156 424人。全垦区人口出生率4.25‰，人口死亡率7.76‰，人口自然增长率为−3.5‰。2021年，全系统平均社会从业人员79 358人，其中，第一产业17 309人，第二产业31 097人，第三产业30 952人，分别占全部从业人数的22.81%、39.19%、39%。职工收入继续提高，2021年全垦区职工全年平均收入95 288元，比上年增长10.12%。2021年垦区农场居民人均纯收入37 565元，比上年增长6.5%。

七、非国有经济

2021年，全垦区非国有增加值755 260万元，比上年增长2.79%，其中，第一产业增加值126 237万元，比上年增长4.52%，第二产业增加值291 576万元，比上年增长0.7%，第三产业增加值337 447万元，比上年增长4.02%。三次产业比重为16.71∶38.61∶44.68。年末非国有经营单位14 233个。其中，私营企业1 104个，个体经济13 126个。从业人员54 592人，其中，第一产业10 642人，第二产业18 773人，第三产业25 177人。从业人员收入总额391 124万元。全年共实现利税254 623万元，其中，利润212 662万元。当年非国有经济完成固定资产投资额16 556万元。

浙江农垦2021年经济发展统计公报

浙江省国有农场管理总站

2021年，浙江垦区深入贯彻落实中央、省委农垦改革和发展相关文件精神，压实主体责任，强化推进举措，创新体制机制，按照浙江省打造国有农场“三个基地”（现代农业示范基地、农业科技试验基地、优质农产品生产基地）的要求，聚焦提升农场综合生产能力和改善农场民生，加快推进省级示范性现代国有农场创建，全省国有农场经济社会发展稳中有进，农场社区和谐稳定。

一、基本情况

截至2021年年底，全省共有定点国有农场87个，同比减少4个，4家农场因机构改革撤销退出。土地总面积14 935公顷，总人口3.9万人，期末从业人员3 168人，实现一二三产业增加值3.3亿元，其中，第一产业增加值2.2亿元，第二产业增加值0.5亿元，第三产业增加值0.6亿元。

二、第一产业

全年实现农林牧渔业总产值53 756万元，比上年降低8.2%。农业产值18 353万元，林业产值2 075万元，牧业产值25 046万元，渔业产值6 569万元，农林牧渔专业及辅助性活动产值1 713万元。

全年农作物播种面积3 356公顷，同比略增，其中粮食作物播种面积1 075公顷，总产量6 928吨，单产6 444公斤/公顷。蔬菜瓜果种植面积1 612公顷，产量45 164吨，水果种植面积466公顷，产量8 525吨；茶叶种植面积1 222公顷，产量3 283吨。

全年造林面积235公顷，主要为特种用材林180公顷。年末育苗面积32公顷，幼林抚育面积4公顷，成林辅育面积150公顷。

畜牧业养殖方面，生猪养殖规模大幅回升，年末生猪存栏6.93万头，同比减少59%，其中能繁母猪1.7万头。年内出栏18.9万头，猪肉产量1.6万吨。年末，有家禽9.6万只，禽肉产量206吨。

水产品总产量3 572吨，同比略有增长。其中，海水产品产量1 196吨，淡水产品产量2 376吨。

三、工业和第三产业

全年工业总产值2亿元，下降94.96%，主要由于萧山钱江农场列入开发区整体开发，原农场范围内非国有工业企业停产、转产。主要产品包括软饮料305吨、精制茶46吨、家具280件、塑料制品853吨等。

第三产业增加值主要来自租赁和商务服务业及批发零售业等。批发零售、餐饮、服务业全年实现销售总额4 163万元。

四、固定资产投资

全年完成固定资产投资7 054万元，其中61%来源于国有经济单位。第一产业是投资的主要方向，投资达6 988万元，资金主要来源是国家预算资金及自筹资金。

五、对外经济

全年出口供货商品总金额110万元，主要为茶叶（46吨）。

六、人民生活和社会保障情况

农场居民人均可支配收入达40 250元，比去年增长14.2%。年末从业人员人数3 168人，其中第一产业2 078人，第二产业466人，第三产业624人，职工平均工资6.5万元。

2021年，浙江垦区以示范样板建设为载体，推动国有农场改革发展。一是扎实推进示范农场创建。聚焦“三个基地”目标，择优选择10个国有农场列入首批浙江省重点国有农场，奋力打造示范样板，推动“小农场”融入“大产业”、对接“大市场”，在新时代彰显国有农场新担当、新作为。二是分类指导农场改革发展。坚持“三个一批”原则，因地制宜指导国有农场改革发展，完成公司制改革2家，退出省定点国有农场管理序列4家。目前全省国有农场总数87家，其中，企业场51家，事业场36家。三是巩固提升欠发达国有农场。持续推进脱贫攻坚成果与乡村振兴有效衔接，研究确定5家农场为“十四五”期间欠发达国有农场，积极争取中央财政补助资金，着力提升基础设施和综合能力。已落实资金1 856万元，组织实施巩固提升项目7个。四是聚焦耕地保护和种业振兴。开展国有农场土地资源保护、“两非”、种业发展调研。截至2021年年底，全省国有农场耕地面积3 479公顷，占农场土地总面积的23.3%，其中永久基本农田面积427公顷。2021年，共有16家国有农场承担种业区域试验、推广和繁育任务，完成区域试验品种1 214个，区试面积达1 328.27亩，繁育优良蚕种12.5万张，占全省蚕种的70%以上。

安徽农垦2021年经济发展统计公报

安徽省农垦集团有限公司

2021年是“十四五”开局之年，在省委、省政府和省国资委的正确领导下，农垦集团坚持以习近平新时代中国特色社会主义思想为指导，深入学习贯彻党的十九届六中全会精神、“七一”重要讲话精神、习近平总书记考察安徽重要讲话指示精神和两次在黑龙江农垦考察时的重要指示精神，深入学习贯彻省第十一次党代会议精神，全面落实省委、省政府及省国资委部署，苦干实干，争先争优，经济发展呈现稳中向好、稳中提质的态势，各类风险总体可控，垦区大局和谐稳定，实现了“十四五”良好开局。经过集团上下共同努力，农垦集团生产经营活动有效开展，现代农业提质增效，产业布局不断优化，国企改革蹄疾步稳，开放合作结出硕果，民生福祉日益增进，企业管理逐步完善，党的建设持续加强。集团公司实现营业收入51.61亿元，利润总额4.15亿元，均创历史新高，同比分别增长27.11%、16.85%，全面完成全年目标任务。

一、主要经济指标完成情况

具体数据见表1。

表1 主要经济指标完成情况

指标名称	2021年		2020年		增长（%）
	金额（亿元）	占比（%）	金额（亿元）	占比（%）	
农垦生产总值	33.27		30.26		9.94
第一产业增加值	14.68	44.12	13.94	46.07	5.31
第二产业增加值	5.87	17.64	5.44	17.98	7.90
第三产业增加值	12.72	38.24	10.88	35.95	16.91
工农业总产值	59.31		64.26		−7.70
其中：农业总产值	25.52	43.03	26.09	40.60	−2.18

二、第一产业主要指标

具体数据见表2。

农业生产在基本稳定粮食种植面积的同时，优化品种结构，大力发展现代农业、高效农业及养殖业。

表2 第一产业主要指标

指标名称	计量单位	2021年	2020年	增长（%）	指标名称	计量单位	2021年	2020年	增长（%）
粮食总产量	万吨	34.39	32.63	5.39	棉花播种面积	千公顷	0.03	0.04	−25.00
其中：小麦	万吨	13.75	14.49	−5.11	蔬菜瓜类	千公顷	1.85	1.00	85.00
水稻	万吨	17.70	15.62	13.32	干毛茶产量	万吨	1.41	1.38	2.17
大豆	万吨	1.59	1.46	8.90	茶园面积	千公顷	2.04	2.05	−0.49
粮食亩产	公斤	488.21	459.7	6.20	园林水果产量合计	万吨	4.34	4.16	4.33
农作物总播种面积	千公顷	49.98	50.17	−0.38	园林水果面积合计	千公顷	1.53	1.46	4.79
粮食播种面积	千公顷	46.96	47.32	−0.76	高标准农田	千公顷	17.11	17.06	0.29
油料播种面积	千公顷	0.46	0.54	−14.81	农业机械总动力	万千瓦	48.37	48.80	−0.88

畜牧业渔业方面，肉类总产量 12 281 吨，同比下降 11.22%；水产品产量 14 267 吨，同比上升 0.43%。

全年农业固定资产投资 4.56 亿元，同比上升 54.15%，其中国有投资 3.78 亿元，同比上升 43.89%，主要项目为现代农业、农业综合开发、农田水利基本建设、土地复垦、农机购置等。

三、第二产业主要指标

具体数据见表 3。

表 3　第二产业主要指标

指标名称	计量单位	2021 年	2020 年	增长（%）	指标名称	计量单位	2021 年	2020 年	增长（%）
工业企业个数	个	149	143	4.20	建筑企业个数	个	127	129	−1.55
工业总产值	亿元	33.79	38.17	−11.47	建筑业总产值	亿元	11.13	9.47	17.53
其中：国有部分	亿元	7.16	5.72	25.17	其中：国有部分	亿元	9.54	7.99	19.40

四、第三产业主要指标

具体数据见表 4。

表 4　第三产业主要指标

指标名称	计量单位	2021 年	2020 年	增长（%）	指标名称	计量单位	2021 年	2020 年	增长（%）
批发零售业营业收入	亿元	13.88	13.20	5.15	批发零售业企业个数	个	1 743.00	1 895.00	−8.02
其中：国有部分	亿元	0.92	0.27	240.74	其中：国有部分	个	6.00	6.00	0.00
餐饮业营业收入	亿元	2.71	2.33	16.31	餐饮业企业个数	个	526.00	573.00	−8.20
其中：国有部分	亿元	0.92	0.43	113.95	其中：国有部分	个	3.00	3.00	0.00
其他服务业营业收入	亿元	2.34	2.42	−3.31	其他服务业企业个数	个	770.00	844.00	−8.77
其中：国有部分	亿元	1.04	0.98	6.12	其中：国有部分	个	10.00	13.00	−23.08

批发零售业、住宿餐饮业主动适应市场消费变化，经营模式进一步创新，农产品公司加强营销推广，通过团购、企业合作、增加门店等多种途径积极拓展市场，营收实现突破，2021 年批发零售业国有部分营业收入增加 0.65 亿元。房地产业战略性调整取得积极成效，增强政策和市场的应对能力，积极主动拓展省内房地产区域市场。类金融业稳步发展，资本运营公司全力拓展“房抵贷”业务，强抓逾期项目清收，积极盘活存量资产。集团资本运作方面进一步提高集团信用评级，增加银行授信，积极拓展融资银行渠道，成功以低价发行超短期融资券和中期票据，有力保障了集团发展的资金需求。

五、固定资产投资

全社会固定资产投资总额 6.11 亿元，同比上升 29.67%；其中国有投资完成 4.99 亿元，同比增长 22.34%，非国有投资 1.12 亿元，同比增长 77.78%。

六、人口及从业人员情况

具体数据见表 5。

表 5　人口、从业人员主要指标

指标名称	计量单位	2021 年	2020 年	增长（%）	指标名称	计量单位	2021 年	2020 年	增长（%）
垦区年末总人口	万人	12.09	11.90	1.60	职工期末人数	万人	1.58	2.88	−45.11
年末社会从业人员	万人	5.05	5.27	−4.17	其中：在岗职工人数	万人	1.56	1.61	−3.11
其中：第一产业	万人	2.78	3.00	−7.23	职工工资总额	亿元	8.95	12.74	−29.75
第二产业	万人	1.04	1.02	1.96	其中：在岗职工工资总额	亿元	7.10	8.36	−15.07
第三产业	万人	1.24	1.27	−2.36					

福建农垦2021年经济发展统计公报

福建省农业农村厅农垦处

2021年福建农垦以习近平新时代中国特色社会主义思想为指导，全面贯彻党的十九大和十九届历次全会精神，按照党中央和省委、省政府以及部局和厅里的工作要求，结合福建农垦实际，发改联动、产业融合、多措并举，垦区发展质量稳步提升，农场职工生活福祉持续增进，各项社会事业全面发展，生态环境质量总体改善。

一、综合

福建垦区现有农场110个。土地总面积82.8千公顷，比上年增加2.19%，耕地面积6.94千公顷，比上年减少1.94%。

福建农垦总人口19.07万人，比上年减少0.31%。全垦区完成生产总值37.72亿元，同比减少4.4%（未扣除价格因素，下同）（图1）。其中第一产业增加值14.05亿元，下降10.61%，主要原因：

1. 福州福清市海口农场“两国双园”项目即将落地，原租户无法续签土地租赁合同，减少投产。

2. 福州长乐区文武砂农场滨海新城建设，农场全部被征迁。

3. 福州国营罗源综合农场亏损比上年多23 952.20元，系养老保险企业无减免，多缴纳24 960元。

4. 福州国营罗源叠石茶场亏损比上年多25 840.69元，系养老保险企业无减免，多缴纳6 000元，本年收入减少20 000元。

5. 厦门海沧农场核减第三产业收入。

6. 漳州诏安建设农场上年牧业数据有误。

7. 三明劳动力外流，新增旅游产业。

8. 莆田经济结构调整。

第二产业增加值14.16亿元，增加0.12%；第三产业增加值9.51亿元，下降0.92%。第一、第二、第三产业的比例为37∶38∶25，与去年相比，第一产业比例显著增加，第二产业比例有所下降，第三产业比例略下降。居民人均可支配收入17 753元，减少1.94%；住房面积743.62万米^2，下降7.59%，人均住房面积38.99米^2。

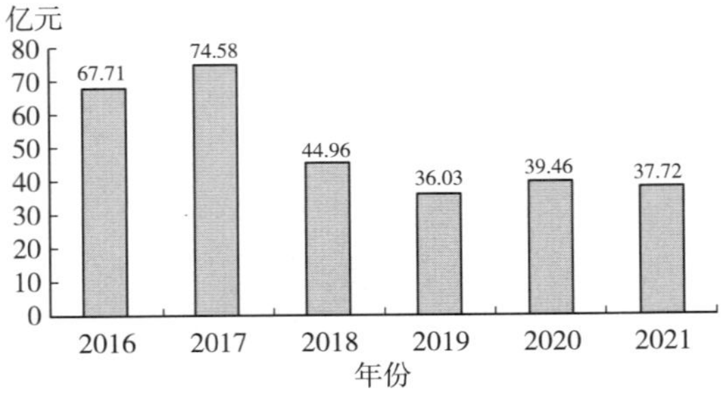

图1　2016—2021年福建垦区生产总值

二、农业

农业总产值25.29亿元，比上年增长2.39%。农、林、牧、渔结构为47∶5∶37∶11。农业产业结构有所改善，需进一步调整、优化农业结构，提高农业发展质量和效益。

全年农作物总播种面积12.77千公顷，减少4.08%。其中，粮食种植面积6.55千公顷，减少4.8%，产量3.72万吨，减少5.5%；油料面积1.02千公顷，减少2%，产量0.26万吨，减少2.35%；蔬菜、瓜类种植面积4.34千公顷，减少3.18%；产量7.81万吨，减少4.2%；茶叶种植面积6.64千公顷，减少2.06%；产量0.63万吨，减少4.26%；水果种植面积8.88千公顷，减少26.43%，产量13.67万吨，减少0.46%（表1）。

表1　2021年主要农产品面积产量

产品名称	播种面积（公顷）	比上年增长（%）	产量（吨）	比上年增长（%）
农作物播种面积总计	12 769.60	−4.08		
粮食作物	6 547.83	−5.36	37 225.73	−6.0
其中：稻谷	4 115.87	−8.05	28 047.88	−8.3

（续）

产品名称	播种面积（公顷）	比上年增长（%）	产量（吨）	比上年增长（%）
油料合计	1 022.10	−1.75	2 655.67	−2.13
其中：花生	880.71	−1.47	2 441.97	−2.09
蔬菜、瓜类	4 358.04	−3.18	78 064.02	−4.2
茶叶	6 637.7	−2.06	6 300	−4.26
水果	8 879.91	−26.43	136 651.2	−0.46

积极响应福建省生态文明先行示范区建设，切实抓好造林绿化和森林经营工作。全垦区现有林地总面积40.24千公顷，减少0.64%。森林覆盖率达50.95%，较上年变化较大原因是很多农场在2020年之前，提供的数据为年末森林覆盖率，未提供森林面积数据，而2021年数据包括年末森林面积数据，故调整了和土地面积相关的计算公式。2021年全垦区共完成造林面积1.52千公顷，减少9.42%。

2021年肉类总产量2.33万吨，增加6.39%。其中，猪肉产量1.70万吨，增加11.84%；禽肉产量0.51万吨，减少12.07%。蛋类产量0.41万吨，减少3.05%。

渔业生产方面，全年水产品总产量1.55万吨，增加0.21%，其中，淡水水产品产量1.46万吨，占全年总产量94.19%，比上年增产0.2%。养殖面积1.01千公顷，减少0.55%。

受农作物种植面积减少影响，年末全垦区拥有农业机械总动力3.1万千瓦，减少23.61%；其中柴油发动机动力1.80万千瓦，减少20.58%。垦区机耕面积4.50千公顷，减少0.14%。农药施用量572.6吨，增加13.47%；测土配方施肥面积207.3公顷，增加0.94%。

三、第二产业

工业方面，部分比重大的企业实施社企分离措施，企业和土地归入地方政府统一管理，对总体影响较大。全年工业企业数306个，总产值38.26亿元，增加3.95%。其中，非国有经济占70%以上，占决定性地位，主要原因：大力发展、完善工业园区、开发区建设，积极鼓励发展非公经济，新引进一批非公工业企业，迁入、新建一批企业，更新、改造产品，提高档次，以提高企业经济效益。规模以上工业企业全年实现产值27.33亿元，占71.43%，实现利润1.48亿元。主要产品产量见表2。

表2　2021年主要工业品产量

产品	计量单位	数量	比上年增长（%）
大米	吨	4 480	−69.09
饮料酒	千升	6 079	6.22
精制茶	吨	4 602	10.96
布	万米	1 250	−7.41
皮革鞋靴	万双	558	0.18
砖	万块	7 477	−0.34
发电量	万千瓦·时	9 417	−1.52
自来水生产量	万米^3	189	6.77

四、第三产业

第三产业全年增加值达9.51亿元，减少0.92%，占福建垦区生产总值比重达25%，与上年持平，与全省45.3%占比相比还有较大差距。

运输业发展基本与上年持平。全年营业总收入1.66亿元，增加2.99%。其中，货运及装卸收入1.48亿元，增加3.38%。年末拥有主要运输工具922台，比上年增加9台。

五、市场经济

农林牧渔业商品总产值、外贸出口供货商品金额均有所增长。农林牧渔业商品总产值达17.29亿元，增加7.8%，商品率达68.4%。

六、农场民生不断改善

（1）推进一批改革试点。持续推进垦区集团化企业化改革与发展，组织指导13家农场完成企业化改革，推进永春县、三元区、光泽县等集团化改革，新组建了光泽农垦集团。指导福安农垦集团开展土地资本化试点，土地评估作价，新增固定资产2.4亿元，促进集团当年盈利。

（2）打造一批产业亮点。重点围绕茶叶、水果、畜禽、水产等建设特色产业，指导福州种禽公司建设父母代蛋鸡种苗400万羽生产基地；扶持程溪农场扩容增效，实现年提供蛋品600多万公斤；指导福安农垦创新创造，建成首个5G智慧茶园。加强垦区整合、融合、联合发展，组织农场政策项目对接8个，争取资金848万元；培育发展了福安农垦集团、龙海程溪农场2家龙头企业；下达中央资金1 282万元，扶持6家欠发达农场产业发展；打造龙虎山茶场，使其成为茶产业研学基地，将大帽山农场打造为田园综合体；指导10个监测站点开展热带果树病虫害监测。福建垦地“三合发展”的做法被定为2021年全国农垦工作会议典型经验发言。

（3）保障一批民生热点。接续抓好2020年度486户危房改造项目建设竣工；推进2021年度84户危房改造项目，实现全部开工。督促指导垦区开展消防、老旧危房及22个农垦小型水库大坝安全隐患排查整治，筑牢安全防线。落实垦地联动机制，协同化解南平、漳州等农场职工养老、土地承包等5件信访问题，维护职工合法权益。

（4）解决一批堵点难点。扎实开展“再学习、再调研、再落实”活动，厅领导3次带队实地调研，现场推动解决翔安区、永春县、武夷山市等5家农场办社会职能改革等12个难点问题；深入开展“我为群众办实事”活动，通过9组次实地调研与协调解决，并对全省19个农场35个历史遗留问题发函限期整改，切实为群众解决“急难愁盼”问题。

江西农垦2021年经济发展统计公报

江西省农业农村厅农垦局

2021年，按照省委、省政府的决策部署，在省农业农村厅党委的坚强领导下，江西垦区积极谋发展、促改革、惠民生，扎实有序推进农垦各项工作。以深化垦区集团化、农场企业化改革为主线，推进经营管理体系创新；以建设现代农业示范区为目标，推进产业优化升级；以垦区危房改造为抓手，推进民生改善；以政治建设为统领，推进干部能力提升，为推动农垦全面振兴开好局起好步。

一、基本情况

农垦年末总人口141.22万人，同比减少0.37%；土地总面积68.91万公顷，同比减少0.06%，其中，耕地面积7.9万公顷，同比减少0.59%；拥有现代化农业园区24个，占地面积1.02万公顷。

1. 主要经济指标平稳发展（表1）。

表1　主要经济指标

指标名称	计量单位	2021年实际	2020年实际	比上年增长（%）
生产总值	万元	2 907 819.96	2 807 676.32	3.57
其中：第一产业增加值	万元	373 416.62	363 861.48	2.63
第二产业增加值	万元	1 669 861.99	1 604 727.89	4.06
第三产业增加值	万元	864 541.35	839 086.95	3.03
工农业总产值	万元	7 986 969.80	7 753 166.77	3.02
其中：工业产值	万元	7 637 910.03	7 409 319.90	3.09
农业产值	万元	349 059.77	343 846.87	1.52
全垦区固定资产总投入	万元	2 702 000.38	2 616 246.80	3.28
居民人均可支配收入	元/年	16 378.00	17 558.00	−6.72

2. 农场按工农业总产值大小排序。2021年农垦工农业总产值达到上亿元的场（企业集团、厂）46家，比去年减少2家。按工农业总产值大小顺序排列见表2。

表2　按工农业总产值大小顺序排列

排序	农场名称	工农业总产值（万元）	居民人均可支配收入［元/（人·年）］
1	江西省共青垦殖场	4 807 797	29 480
2	江西云山集团有限责任公司	419 880	26 046
3	国营乐平市梅岩综合垦殖场	265 681	19 679
4	九江市国营芙蓉农场	198 758	14 600
5	江西恒丰企业集团公司	189 941	18 150
6	江西大茅山集团有限责任公司	154 477	17 966
7	德兴市新岗山镇人民政府	146 788	13 070
8	上高县墨山垦殖场	116 996	14 375

（续）

排序	农场名称	工农业总产值（万元）	居民人均可支配收入［元/（人·年）］
9	江西桑海集团有限责任公司	116 015	19 850
10	江西黄岗山垦殖场	114 367	14 844
11	新干县洋峰垦殖场	102 036	10 845
12	罗家垦殖场	98 223	22 416
13	樟树市阁山垦殖场	86 002	15 711
14	新余市渝水区国营南英综合垦殖场	75 733	16 545
15	国营弋阳县花亭综合垦殖场	74 398	11 920
16	国营萍乡市鸡冠山垦殖场	72 467	15 320
17	国营彭泽县上十岭综合垦殖场	64 920	18 560
18	国营分宜县介桥垦殖场	58 620	20 265
19	江西红星企业集团公司	55 292	21 432
20	九江市国营赛湖农场	47 253	20 018
21	新余市仙女湖区九龙山垦殖场九龙农场	44 563	16 900
22	国营弋阳县旭光综合垦殖场	35 540	12 200
23	国营萍乡市五陂下垦殖场	34 360	18 540
24	国营上饶市铅山县武夷山综合垦殖场	30 977	16 351
25	国营萍乡市万龙山垦殖场	30 192	11 897
26	安义县国营万埠综合垦殖场	27 699	22 369
27	上饶市广信区五府山林场	21 511	18 200
28	奉新县干洲垦殖场	20 441	13 245
29	国营南昌扬子洲农场	19 960	19 500
30	江西省国营恒湖综合垦殖场	19 107	14 161
31	鹰潭市余江区刘家站垦殖场	18 877	16 089
32	奉新县东风垦殖场	16 338	12 316
33	玉山县怀玉山垦殖场	16 112	13 850
34	国营萍乡市广寒寨垦殖场	15 808	17 450
35	江西国营金平华侨农场	14 904	15 296
36	永修县八角岭垦殖场	14 478	21 700
37	湖口县武山垦殖场	13 871	15 000
38	鄱阳县饶丰垦殖场	12 523	14 500
39	国营南昌市五星垦殖场	11 755	18 200
40	余干县康山垦殖场	11 736	12 960
41	鄱阳县鸦鹊湖垦殖场	11 455	12 500
42	宜丰县石花尖垦殖场	10 904	15 721
43	乐平市科山国营综合垦殖场	10 537	22 290
44	国营九江县新洲垦殖场	10 450	12 375
45	临川区七里岗垦殖场	10 419	12 093
46	景德镇市荷塘垦殖场	10 128	19 935

二、工业方面

2021年，江西垦区实现工业产值763.79亿元，同比增长3.09%。其中规模较大的上5亿元的行业有25个，累计完成工业产值741.77亿元，占工业总产值97.1%。其中，纺织服装、服饰业产值220亿元，比上年增加6.6%；纺织业产值78.02亿元，比上年增长4.93%；非金属矿物制品业产值55.60亿元，比上年增加3.16%；通用设备制造业产值37.71亿元，比上年增加4.35%（表3）。

表3　产值5亿元以上的行业合计

序号	指标名称	企业数（个）	工业产值（现价）（万元）	占工业总产值（%）
1	纺织服装、服饰业	131	2 199 858	29
2	纺织业	48	780 195	10
3	非金属矿物制品业	60	555 957	7
4	通用设备制造业	8	377 149	5
5	化学原料和化学制品制造业	51	354 651	5
6	农副食品加工业	89	317 245	4
7	计算机、通信和其他电子设备制造业	14	314 435	4
8	印刷和记录媒介复制业	11	259 647	3
9	食品制造业	33	250 396	3
10	木材加工和木、竹、藤、棕、草制品业	87	224 842	3
11	医药制造业	21	216 081	3
12	电气机械和器材制造业	11	196 817	3
13	酒、饮料和精制茶制造业	39	176 997	2
14	其他制造业	45	136 112	2
15	家具制造业	24	123 513	2
16	铁路、船舶、航空航天和其他运输设备制造业	2	120 183	2
17	皮革、毛皮、羽毛及其制品和制鞋业	9	119 857	2
18	造纸和纸制品业	15	116 803	2
19	有色金属冶炼和压延加工业	6	112 644	1
20	文教、工美、体育和娱乐用品制造业	4	103 010	1
21	煤炭开采和洗选业	8	83 417	1
22	金属制品业	15	81 408	1
23	橡胶和塑料制品业	18	70 645	1
24	专用设备制造业	12	64 967	1
25	有色金属矿采选业	2	60 874	1

主要工业产品产量：原煤75.32万吨，大米18.85万吨，饮料酒104 625千升，纱4.62万吨，机制纸及纸板8.65万吨，中成药1.69万吨，发电量6.18亿千瓦·时。

三、农业方面

江西垦区将农垦资源禀赋、特色优势与实施乡村振兴战略相结合，指导推动垦区现代农业高质量发展。

1. 加强现代农业示范。做好恒湖稻米、庐山茶叶企业质量提升示范项目，加强质量追溯体系建设，组织实施农垦农业技术试验示范专项和农垦农业技术推广专项，推广水稻绿色优质高效技术模式，增强农垦优质农产品供给能力。积极谋划示范创建工作，制定示范农垦场创建工作方案，引导垦区创新经营管理体制，促进农垦企业做大做强，推动示范农垦场创建项目纳入江西省“十四五”农业农村现代化规划。

2. 协调实施产业项目。充分发挥厅农垦事业发展领导小组作用，将农垦作为承接农业农村政策项目的重要载体，在产业发展、基础设施、人才建设等方面加强沟通协调，推动各项支持措施落实到位。新增优质稻产业6.2万亩、1个休闲农业和乡村旅游项目、1个农业产业示范强镇。协调对接指导2个垦殖场整建制，推进主要农作物生产全程机械化。依托新型农民培训开展农垦产业融合带头人培训，共培训200人。

3. 巩固拓展农垦脱贫攻坚成果。全面完成"十三五"期间12家贫困农场脱贫退出工作。与财政部门紧密配合，拟定"十四五"时期欠发达国有农场名单并上报农业农村部。做好2021年欠发达国有农场巩固提升项目，加强资金使用和项目实施的监管。分配下达2021年中央财政资金3 032万元。开展2022—2025年欠发达国有农场项目储备库建设，完成2022年提前下达2 027万元资金的分配安排。开展衔接推进乡村振兴补助资金绩效评价及考核。

4. 推进农垦品牌建设。通过深入调研摸底，制定省农垦品牌建设工作方案。推动庐山云雾茶入选中国农垦品牌目录，实现零突破。先后组织农垦企业和产品多次参加省级以上展示展销活动，扩大省农垦品牌的市场影响力和品牌市场占有率。

农业相关具体数据见表4～表7。

表4　农作物情况

指标	播种面积（公顷）		比上年增长（%）	产量（吨）		比上年增长（%）
	2021年	2020年		2021年	2020年	
农作物合计	139 901.89	139 200.93	0.50	—	—	—
粮食作物	108 949.85	108 925.96	0.02	716 122.22	698 964.31	2.45
油料	13 500.21	12 950.15	4.25	30 449.54	29 623.83	2.79
棉花	983.09	1 006.35	−2.31	2 480.84	2 687.36	−7.68
糖料合计	297.86	295.55	0.78	10 299.09	9 493.52	8.49
烟叶合计	88.00	100.00	−12	130.82	151.82	−13.83
蔬菜、瓜类	12 068.66	11 905.02	1.37	242 504.86	235 171.44	3.12

表5　畜牧业情况

指标	计量单位	2021年	2020年	比上年增长（%）
大牲畜存栏	万头	3.35	4.04	−17.08
其中：奶牛	万头	0.17	0.1	70.00
生猪出栏	万头	33.73	37.85	−10.89
生羊出栏	万只	1.94	1.91	1.57
肉类总产量	万吨	6.08	5.89	3.23

表6　土地总面积情况

指标	2021年（公顷）	占土地总面积（%）	2020年（公顷）	占土地总面积（%）
土地总面积	689 136.64	—	689 550.43	—
其中：耕地	78 996.10	11.46	79 461.66	11.52
林地	481 202.03	69.82	480 890.86	69.73
水面	30 132.84	4.37	30 142.01	4.37
宜林地	10 263.83	1.48	10 423.04	1.51
可垦荒地面积	6 957.10	1.00	6 974.89	1.00
居民点及工矿用地面积	29 544.64	4.28	29 594.93	4.30

表 7　造林面积情况

指标	2021 年（公顷）	占造林总面积（%）	2020 年（公顷）	占造林总面积（%）
当年造林面积合计	5 025.63	—	4 969.55	—
其中：用材林	2 594.79	51.63	2 571.50	51.74
经济林	1 580.03	31.44	1 705.55	34.32
防护林	515.20	10.25	444.40	8.94
薪炭林	0	0	2.00	0.04
特种用材林	335.61	6.67	246.10	4.95
年末森林面积	476 547.07	—	456 326.49	—
当年幼林抚育面积	10 740.48	—	11 949.63	—

四、固定资产投资方面

2021 年，江西垦区共完成固定资产投资总额 270.2 亿元，较上年增加 3.28%，其中，第一产业 7.1 亿元，占投资总额的 2.64%；第二产业 188 亿元，占投资总额的 69.58%；第三产业 75.1 亿元，占投资在投资总额的 27.78%。

五、科研方面

2021 年，全垦区科研单位 3 个，职工合计 178 人，其中科技人员 117 人，占职工人数的 65.73%，科研经费合计 2 293 万元。

六、劳动工资与人口方面

2021 年，农垦年末总人口 141.22 万人，职工期末人数 22.05 万人，其中在岗职工人数 19.11 万人。职工工资总额 46.87 亿元，其中在岗职工工资总额 39.05 亿元。

山东农垦2021年经济发展统计公报

山东省农业农村厅农垦局

2021年，山东农垦在农业农村部农垦局的关心指导和省委、省政府的领导下，切实履行农业“国家队”历史使命，持续深化农垦改革，努力加快转变经济发展方式，积极推进现代农业高质量发展，不断巩固提升农垦脱贫攻坚成果，着力增强农场内生动力和发展活力，垦区经济社会发展取得新成效。

一、综合

山东垦区现有国有农场12个，分布于7个市11个县（市、区），全部实行属地管理。其中符合农垦企业属性并纳入农垦综合统计调查范围的农场有10个。垦区土地总面积9 714.75公顷，其中耕地面积5 680.61公顷。年末总人口8 630人，从业人员1 996人，职工2 111人。居民人均可支配收入23 964.7元，较2020年19 772.7万元，同比增长21%。

2021年，垦区经济运行保持平稳。全年实现第一产业增加值11 704.74万元，同比增长3.01%；第二产业增加值200.18万元，较上年增长62.51%；第三产业增加值3 032.24万元，较上年降低41.07%。第二、第三产业增加值变化较大，主要是近两年济宁南阳湖农场房地产业和农林牧渔专业及辅助性活动在建工程转固定资产折旧增加。

二、第一产业

农业生产稳中有升。全年垦区农作物播种面积7 631.05公顷，其中粮食播种面积7 417.55公顷，粮食总产量51 374.25吨。小麦、水稻、玉米的播种面积分别为3 594.67公顷、528公顷、2 972.55公顷，产量分别达到24 587.25吨、4 730吨、21 196吨。大豆播种面积36.33公顷，总产量60吨，较上年分别降低86.03%和85.8%。济宁南阳湖农场、郯南农场调整种植业结构，调减大豆种植面积，改种其他作物导致大豆数据变化较大。高粱播种面积271公顷，总产量596吨，较上年分别增加17.83%和19.20%。主要是寿光清水泊农场增加高粱播种面积。花生播种面积42公顷，总产量110.25吨，较上年分别增加88.09%、42.02%。棉花播种面积17.13公顷，总产量38.55吨，较上年分别降低15.74%和15.27%。主要是寿光清水泊农场、菏泽市东新农场调减棉花种植面积。蔬菜、瓜果播种面积153.5公顷，产量7 529.6吨，较上年分别降低41.75%、34.44%。主要是菏泽市东新农场大幅调减瓜果种植面积。

畜牧养殖业健康发展。生猪年末存栏3 500头，能繁母猪390头，比上年增加72头。肉类总产量386.9吨，比上年增长24.56%。受生猪价格回落影响，济宁南阳湖农场延长生猪存栏周期，猪肉产量有所增加。其中当年猪出栏4 018头，与上年基本持平。

农机化水平保持稳定。全年拥有农业机械总动力24 737千瓦。大中型拖拉机185台，小型及手扶拖拉机514台，排灌动力机械739台，联合收获机51台。当年实际机耕面积5 538.1公顷，实际机播面积达到6 988.4公顷，机械收割面积6 673.4公顷。

农药化肥施用量持续减少。2021年，农药施用量103.43吨，农用化肥施用总量6 178.35吨，有机肥施用量377吨。

节水灌溉面积稳步提高。全年有效灌溉面积4 033.76公顷，其中，节水灌溉面积992.74公顷。

全年完成农林牧渔业总产值16 492.09万元。其中，农业总产值12 086.13万元，林业总产值1 993.26万元，牧业总产值1 283万元，渔业总产值593.4万元，农林牧渔专业及辅助性活动产值536.3万元。农林牧渔业商品总产值6 399万元。

三、第二产业

2021年，垦区有工业企业2个，实现工业总产值（现价）200.18万元，较上年增长54.68%，主要是济宁南阳湖农场所属企业往年工程款结余。全年垦区工业生产原盐2 400吨。2021年，垦区无建筑业。原济宁南阳湖农场建筑公司因处于采煤塌陷区现已停产，职工已转岗安置。

四、第三产业

2021年，垦区有批发零售业单位12个，从业人员36人，全年从业人员报酬172.3万元，营业收入2 338.3万元。餐饮业单位1个，从业人员22人，全年从业人员报酬98.36万元，较上年增长68.42%，营业收入557.8万元，较上年增长142.45%。主要是济宁南阳湖农场所属汉庭酒店于2020年6月开始营业，2020年统计数据为半年工资总额和营业收入。其他服务业单位2个，从业人员3人，全年从业人员报酬15万元，营业收入38万元。

五、固定资产投资

固定资产投资降幅较大。全年固定资产投资总额1 808.44万元。其中，第一产业投资额1 352.44万元，第二产业投资额456万元。国有固定资产投资总额1 352.44万元，当年新增固定资产1 735.44万元。

六、农垦科研基本情况

山东垦区有科研单位1个，职工17人，其中，科技人员10人，本科以上3人。全年投入科研经费12.7万元。实验地面积6.7公顷。

七、从业人员、职工数及收入

2021年，垦区从业人员总数1 996人。其中，第一产业从业人数1 800人，第二产业92人，第三产业104人，分别占从业人员总数的90.2%、4.6%和5.2%。年末，职工人数2 111人，工资总额6 547.4万元；在岗职工人数1 839人，在岗职工工资总额6 341.4万元。

河南农垦2021年经济发展统计公报

河南省农垦发展服务中心

2021年，河南农垦按照中央和农业农村部农垦局、省委、省政府和省厅的工作部署，结合河南农垦的实际情况，进一步深化农垦改革发展成果，继续推进本垦区集团化农场企业化改革，积极推进基层农场农业供给侧结构性改革，围绕提高发展质量和效益为中心，求真务实，开拓创新，垦区经济和社会发展和谐稳定。

一、综合

2021年全年实现生产总值99 110万元，其中，第一产业增加值50 770万元，第二产业增加值24 388万元，第三产业增加值23 952万元。第一、第二、第三产业增加值在生产总值中的比重分别为51.2%、24.6%、24.2%。居民人均可支配收入22 000元，职工群众生活水平逐步提高。

二、农业

全年实现农林牧渔业总产值131 046万元，比2020年的146 633万元下降10.6%。其中，农业产值89 112万元，林业产值695万元，牧业产值32 404万元，渔业产值4 636万元，农林牧渔服务业产值4 199万元。

全年农作物播种面积39 317公顷，比2020年的39 803公顷减少486公顷，下降1.22%。其中粮食播种面积33 923公顷，比2020年的34 324公顷减少401公顷，下降1.17%，占农作物播种面积的86.3%；蔬菜瓜类面积967公顷，比2020年的1 130公顷减少163公顷，减少14.42%；油料面积4 269公顷，比2020年的4 252公顷增加17公顷，减少0.4%；棉花面积55公顷；药材类面积102公顷。

2021年7月下旬河南大部分区域受到降水影响，农田积水严重，农作物受损严重，产量大幅下降。其中，粮食总产量241 302吨，比2020年的266 956吨减少25 654吨，下降9.61%。小麦总产量145 663吨，比2020年的147 610吨减少1 947吨，下降1.32%；玉米总产量80 498吨，比2020年的102 385吨减少21 887吨，下降21.38%；大豆2021年总产量4 818吨，比2020年的7 771吨减少2 953吨，下降38%。主要农产品产量见表1。

表1 主要农产品产量

产品名称	2021年（吨）	比2020年增长（%）
粮食	241 302	−9.6
大豆	4 818	−38.0
玉米	80 498	−21.4
油料	15 842	−5.5
水果	26 229	−15.2

肉类总产量8 149吨，比2020年的8 976吨减少827吨，下降9.2%。其中，猪肉产量7 566吨，比2020年的8 214吨减少648吨，下降7.9%，主要是受生猪市场行情及疫情影响，对生产基础母猪群进行压群缩减，生猪养殖减少；禽肉产量253吨，比2020年的546吨减少293吨，另外禽蛋产量1 387吨，比2020年的2 336吨减少949吨，减少40.6%。牲畜年末存栏总数及主要畜产品产量见表2。

表2 牲畜年末存栏总数及主要畜产品产量

产品名称	2021年	计量单位	比2020年增长（%）
大牲畜存栏	0.58	万头	−59
奶牛	0.46	万头	−0.15
猪年末存栏	8.13	万头	−24.7
猪年末出栏	9.68	万头	−12.58
肉类总产量	0.81	万吨	−9.22
牛奶	13 883	吨	−0.59
水产品	3 095	吨	11.25

农业生产机械化程度继续提高，年末农业机械总动力23.1万千瓦，比2020年的22.9万千瓦增加0.87%。其中，大中型农用拖拉机911台，比2020年的894台增加17台，增加1.9%；农用小型及手扶拖拉机5 848台，比2020年的5 835台增

加13台，增加0.22%。当年实际机耕面积22 498公顷，当年实际机播面积31 927公顷，当年实际机收面积31 758公顷。

三、工业和建筑业

2021年垦区工业发展平稳，河南农垦现有工业企业14个，全年实现工业总产值26.4亿元，比2020年的28.9亿元减少2.5亿元，下降8.7%。国有及国有控股工业企业总产值9.2亿元，占工业总产值的35%。工业总产值前三位的行业是：酒、饮料和精制茶制造业13.2亿元，食品制造业8.6亿元，农副食品加工业和医学制造业各2亿元。主要工业企业的主要产品保持稳步增长，产品产量见表3。

表3　主要工业产品产量

产品名称	计量单位	2021年	比2020年增长（%）
混配合饲料	吨	200 000	−13.04
饮料酒	千升	2 010	−0.5
乳制品	吨	20 324	40.68

年末建筑企业3个，从业人员340人，全年实现总产值5 601万元；年末固定资产原值872万元；全年施工房屋建筑面积5 300米^2。

四、第三产业

垦区从业人员自主创业积极性和能力提高，经营领域不断拓宽，服务水平进一步提高，有批发零售业单位183个，从业人员854人，营业收入20 617万元；餐饮业单位31个，从业人员237人，营业收入5 823万元；服务业单位23个，从业人员417人，营业收入21 392万元。

五、人口、就业和劳动工资

2021年年末总人口70 279人，比2020年的71 157人减少878人，下降1.23%。年末从业人员36 351人，其中，第一产业28 430人，第二产业4 375人，第三产业3 546人，分别占年末从业人员总数的78.2%、12%和9.8%。在岗职工工资总额4.6亿元，居民人均可支配收入22 000元。

湖北农垦2021年经济发展统计公报

湖北省农业农村厅农垦处

2021年，面对错综复杂的内外部环境，艰苦繁重的改革发展稳定任务，以及新冠肺炎疫情的严重冲击，湖北垦区深入学习习近平总书记关于“三农”工作系列重要论述，认真贯彻党的十九届历次全会和省委十一届九次、十次全会精神，坚决落实党中央、国务院和省委、省政府关于新时期农垦改革发展决策部署，在农业农村部农垦局和省农业农村厅党组的正确领导下，聚焦垦区集团化、农场企业化改革，巩固拓展脱贫攻坚成果，现代农业高质量发展等重点任务，主动担当、锐意创新、真抓实干，在推进农业产业强省、实施乡村振兴战略中发挥示范引领作用，湖北垦区经济运行呈现全面恢复、快速增长、质效提升、稳中向好态势，经济社会发展取得了新进展和新成效。

一、综合

2021年，湖北垦区65个国有农场，年末农垦总人口149.46万人，其中农场人口131.06万人；年末农垦从业人员95.95万人，从事第一产业33.33万人，从事第二产业33.17万人，从事第三产业29.45万人；年末农垦职工人数37.45万人。

全年完成农垦生产总值2 046.73亿元，比上年的1 781.38亿元，增加265.35亿元，增长14.9%。其中，第一产业完成增加值124.38亿元，比上年的118.63亿元增长4.84%；第二产业完成增加值1 099.54亿元，比上年的1 009.56亿元增长8.91%；第三产业完成增加值822.81亿元，比上年的653.18亿元增长25.97%。产业结构中，第二产业优势进一步巩固，第三产业快速发展。

2021年，垦区居民人均可支配收入28 896.97元，较上年的26 723元增加2 173.97元，增长8.14%；实现工农业总产值3 349.22亿元，比上年的3 019.85亿元增加329.37亿元，同比增长10.90%；实现国有经济利税238.26亿元，同比增长19.23%。

2021年，农垦生产总值超过1亿元的农场有40多家，排名前三位的垦区和农场：东西湖垦区、汉南垦区、武湖农场。生产总值超过10亿元的农场：武湖农场、后湖农场、总口农场、龙感湖农场、运粮湖农场。

2021年年末，全垦区拥有国土面积37.18万公顷，比上年37.05万公顷略增0.13万公顷。其中，全垦区耕地面积14.44万公顷。

二、农业

2021年，湖北垦区实现农林牧渔业总产值261.86亿元，较上年增长7.27%。其中，农业产值120.23亿元，渔业产值83.94亿元，牧业产值44.63亿元，林业产值5.28亿元，农林牧渔服务业产值7.79亿元，分别较上年增长4.24%、9.63%、5.54%、62.51%。

全年农作物播种总面积23.74万公顷，比上年的24.39万公顷略有减少，下降0.17%。其中，粮食作物种植面积13.99万公顷，比上年增长3.76%，粮食总产量91万吨，比上年增长5.11%；棉花种植面积0.48万公顷，比上年减少11.89%，棉花总产量0.61万吨；油料种植面积2.43万公顷，比上年增长1.1%，油料产量9.74万吨；蔬菜、瓜类种植面积5.79万公顷，比上年减少8.13%。

全年肉类总产量9.89万吨，比上年增长3.13%。年内肥猪出栏65.63万头，同比减少14.56%，受环保限制和市场因素双重影响，农场养猪持续走低；禽蛋总产量4.67万吨，同比减少14.27%；水产品产量达到51.54万吨，较上年增长5.73%（表1）。

2021年年末，全垦区拥有农业机械总动力173.25万千瓦，同比下降1.33%。其中，大中型农用拖拉机8.44万台，小型拖拉机4.66万台，排灌机械2.22万台，农机数量略有下降。农业用电

表 1　2020 年全省垦区主要农产品产量

产品名称	2020 年产量（万吨）	2021 年产量（万吨）	比上年增长（%）
粮　食	86.58	91.00	5.11
棉　花	0.72	0.61	−15.28
油　料	9.42	9.74	3.40
肉　类	9.59	9.89	3.13
水产品	48.75	51.54	5.72
水　果	14.91	17.51	17.44
蔬　菜	173.10	175.13	1.17

量 1.42 亿千瓦·时，农业化肥施用折纯量 11.51 万吨，同比下降 11.18%；当年机械播种面积 8.17 万公顷，机械收割面积 12.48 万公顷。

三、工业和建筑业

2021 年，湖北垦区呈工业恢复性增长。全垦区有 2 351 个工业企业，工业总产值（现价）3 087.36亿元，工业增加值 1 099.54 亿元，从业人员 33.17 万人（表 2）。

表 2　2021 年全省垦区主要工业产品产量

产品名称	计量单位	产量
小麦粉	吨	117 299
大米	吨	1 096 623
饲料	吨	1 422 022
精制食用植物油	吨	336 841
鲜冷藏肉	吨	92 735
乳制品	吨	638 723
精制茶	吨	1 337
棉纱	吨	150 566
布	万米	46 862
家具	件	719 358
服装	万件	1 925

2021 年，全垦区建筑企业总产值 1 241.64 亿元，同比增长 18.48%；年末拥有各类建筑单位 667 个，同比减少 5.39%；从业人员 14.21 万人；年末固定资产原值 66.97 亿元；各类机械总台数 4.05 万台；全年施工建筑面积 144 795 392 米^2。由于东西湖和汉南两个垦区的统计部门没有获得国有及国有控股企业的相关统计数据，导致此项统计数据有较大回落。

四、第三产业

2021 年，湖北垦区第三产业得到恢复性发展，经营领域不断拓宽，结构更趋合理，服务水平进一步提高。全垦区拥有批发零售贸易单位 7.41 万个，从业人员 12.89 万人，营业收入 1 155.57 亿元；住宿餐饮业单位 1.15 万个，从业人员 3.68 万人，营业收入 34.7 亿元；运输业单位 1.29 万个，主要运输工具 4.14 万台，全年运输总收入 1 422.47 亿元。

湖北垦区第三产业增加值增长较快，较上年增长 169 亿元，增长 25%。尤其是东西湖垦区的第三产业增加值增幅达到 29%，主要原因是受 2020 年疫情影响，东西湖垦区企业停工停产、歇业数量较多，一部分服务企业倒闭，即使 4 月解封后服务业也较难恢复，导致 2020 年东西湖垦区第三产业的产值基数偏低。2021 年，东西湖垦区生产和消费恢复正常，第三产业中批发零售业、快递物流业、运输业、社区服务和网络购物等超常发展，加之区域内商品房销售回暖，使 2021 年第三产业产值较 2020 年大幅度增加。

五、固定资产投资

2021 年，湖北垦区完成固定资产投入 906.51 亿元，比上年增长 6.76%。其中，第一产业 49.16 亿元，第二产业 451.85 亿元，第三产业 405.50 亿元。全年新增固定资产 393.21 亿元，固定资产投资超过 1 亿元的农场超过 40 家。

六、对外贸易

2021 年，湖北垦区外贸出口供货商品金额为 17.04 亿元，比上年减少 63.45%。造成统计数据大幅下降的原因是东西湖垦区的外贸数据缺失。

七、农垦科研

2021 年，湖北垦区科研机构持续萎缩，由上年的 7 个减少到 5 个；现有职工 816 人，比上年减少 2.28%；科研经费 2.3 亿元，其中财政拨款占 2/3，农场自身科研能力持续下降，农业技术方面主要依赖大专院校和专业科研机构。

湖南农垦2021年经济发展统计公报

湖南省农业农村厅农田建设与农垦处

2021年，全省农垦系统在农业农村部农垦局和湖南省农业农村厅的正确领导和各级部门的大力支持下，坚持转变发展方式，团结一致，攻坚克难，奋斗拼搏，赢得了经济社会的全面发展。2021年，湖南农垦综合经济实力得到了显著提高，民生得到了进一步改善，农垦的凝聚力得到了增强，实现了全省农垦经济社会稳定健康发展。

一、综合

2021年，3个农场退出农垦序列，由原来62个农场变为59个农场。农垦年末总人口为768 243人，比去年减少23 324人，同比减少2.95%。农垦平均人口684 461人，比去年减少23 470人，同比减少3.32%。从业人员期末人数275 826人，比去年增加4 192人，同比增长1.54%。土地面积为169 374.67公顷，比去年增加2 374.52公顷，同比增加1.42%，耕地面积为79 705公顷，比去年增加1 633公顷，同比增加2.09%。现代化工业园区比去年增加4个，占地面积为525公顷。高标准农田面积为23 951公顷，比去年增加1 310公顷，同比增长5.79%。

经济平稳保持正常发展。2021年，全垦区年末总人口数为76.82万人，农场人口58.31万人。居民人均可支配收入为17 563元，比上年增加1 328元，增幅8.18%。实现国民生产总值为336.02亿元，比上年增加20.4亿元，增幅6.46%。其中，第一产业增加值为58.6亿元，比上年增加1.5亿元，增幅为2.62%；第二产业增加值为143.54元，比上年增加8.4亿元，增幅6.22%；第三产业增加值133.88亿元，比上年增加10.5亿元，增幅8.5%。

二、农业

农业生产稳中有升。2021年，全省农作物播种面积168 261公顷，比去年增加3 877公顷，增长2.36%。其中，粮食播种面积94 774公顷，比去年增加2 216公顷，增长2.4%；粮食产量801 496吨，比去年增加36 273吨，增长4.74%。谷物播种面积90 622公顷，比去年增加2 216公顷，增长2.5%；谷物产量774 593吨，比去年增加30 322吨，增长4.07%。其中，稻谷75 643公顷，比去年增加2 224公顷，增长3.03%；稻谷产量692 325吨，比去年增加14 506吨，增长2.14%。豆类种植面积2 728公顷，比去年增加29公顷，增长1.08%；豆类产量为11 756吨，比去年增加5 763吨。油料种植面积30 390公顷，增加686公顷，增长2.3%；油料产量50 417吨，比去年增加803吨，增长1.62%。棉花种植面积9 454公顷，比去年减少90.6公顷，下降0.95%；棉花产量52 194吨，比去年减少2 185吨，下降4.02%。蔬菜种植面积27 829公顷，增加808公顷，增长2.99%；产量为997 723吨，比去年增加18 204吨，增长1.86%。

渔、牧、林业持续稳定发展。当年植树造林3 919公顷，比去年增加302公顷，增长8.3%；森林覆盖率达25.5%。本年牛存栏4.97万头，比去年增加0.49万头，增长10.94%，其中，肉牛4.8万头，奶牛0.016万头。由于农业机械增加，机械化取代牛耕，导致肉牛、奶牛增加，耕牛减少，这是养殖业的发展趋势。2021年猪肉价格持续低迷，饲料价格居高不下，导致赢利不高，当年生猪出栏83.26万头，比去年增加1.05万头，增长1.28%，当年猪肉产量7.98万吨，同比去年增加7 077吨，增长9.7%。当年牛出栏1.96万头，牛肉产量4 163吨，比去年增加316吨，增长8.21%。当年山羊出栏40 805只，与去年基本持平，羊肉产量为717.22吨，同比增长4.2%。肉类总产量为11.8万吨，比去年增加0.85万吨，增长7.7%。水产品产量为143 336吨，增量为3 481吨，同比增长2.49%，其中鱼类为105 557吨，增量为1 853吨，同比增长1.79%；由于湖区水域要净化达标，对鱼类养殖进行了控制，增加了水草和蟹类，以便净化水质。农林牧渔业总产值为177.83亿元，比去年增加3.99亿元，增长率为2.29%。其中，农业产值为121.36亿元；同比增长2.28%，林业产值为2.61亿元，同比增长2.58%；牧业产值为28.23亿元，增长1.22%；渔业产值为19.32亿元，同比增长3.32%；农林牧渔服务业产值为63.32亿元，同比增加2.57%。

农业机械及使用情况。农业机械总动力为151.13万千瓦，其中，柴油发动机动力111.57千瓦，汽油发动机动力12.22万千瓦，电动机动力21.4千瓦，其他机械动力5.9千瓦。大中型拖拉机5 372台，小型及手握拖拉机5 893台，排灌动力机械28 256台，联合收获机3 504台，农用飞机52架。当年实际机耕面积为132 832公顷，同比增长2.26%；当年实际机播面积为61 404公顷，比去年增加1 313公顷，同比增长2.19%。当年机械收割面积为109 925公顷，比去年增加2 835公顷，同比增长2.65%。当年飞机播种面积为4 360公顷，比去年增加160公顷，同比增长3.81%。农用塑料薄膜使用量2 600吨，比去年增加28.68吨，同比增长1.12%。地膜使用量1 957吨，比去年增加23.63吨，同比增长1.22%，地膜覆盖面积为23 187公顷，比去年增加280公顷。有效灌溉面积63 560公顷，比去年增加1 115公顷，同比增长1.79%。

三、工业和建筑业

工业生产进入稳定期。工业企业560个，比去年增加6个，增长1.08%。工业总产值为（现价）5 661 118万元，比去年增长1.94%。其中，国有及国有控股18个，比去年增加2个，增长12.5%。农副食品加工企业135个，比去年增加3个，同期增长2.27%，加工总产值为216 022万元，比去年同期增长3.65%。食品制造企业46个，与去年持平，加工总产值94 245万元，比去年同期减少10.97%。酒、饮料和精制茶制造企业62个，与去年持平，产值略有减少。规模以上工业企业166个，比去年减少13个，同比减少7.26%。工业总产值为（现价）3 295 523万元（其中，国有181 220万元），比去年增加22 579万元，增长0.69%，工业销售产值（现价）3 230 893万元（其中国有181 220万元），增加35 407万元，增长1.11%；从业人员年末人数33 866人，利润总额115 070万元，比去年减少2 595万元，减幅为2.21%。固定资产净值400 826万元，其中国有350万元，比去年减少38 672万元，同比减少8.8%。

建筑业稳步发展。全垦区建筑企业59个，比上年增加2个。年末从业人数12 577人，比上年增加464人，增长3.83%。年末固定资产原值26 307万元，比上年增长615万元，同比增长2.39%。全年施工房屋建筑面积106.6万米^2，房屋建筑竣工面积72.6万米^2，建筑业总产值20.66亿元。

四、固定资产投资

固定资产投资总量有所增加。受国家宏观经济影响，在国家经济刺激政策的影响下，2021年全省农垦固定资产投资83.18亿元，比上年增加33.56亿元，增长67.6%。第一产业固定资产投资5.89亿元，其中国有0.68亿元，比上年增长0.7%。第二产业54.2亿元，其中国有11.96亿元，比上年增长655.4%，第三产业23.09亿元，其中国有11.91，比上年增加42.9%。当年新增固定资产63.64亿元，比去年增加19.96亿元，增长45.7%。

五、科学技术和教育

年末垦区拥有各类科研单位4家，与去年持平，科研人员和技术工人人数保持稳定，总人数为84人，比上年增长6.3%。因贯彻省里相关文件精神，对农场办教育、医疗卫生等职能进行了剥离，相关单位逐步移交地方政府。

六、资源与环境保护

2021年垦区继续把粮食生产放在重要位置，确保粮食生产不动摇。全年未出现建设违规占用耕地的现象，耕地面积减少的势头进一步趋缓。农工环保意识得到加强，全年未发生重大面源污染事件，全年新增造林面积1 366公顷，新增果树定植73公顷，少砍伐树木2 069米^3，荒山变了青山，生态环境得到明显改善。

七、人口与社会保障

2021年年末，全省农垦总人口为76.82万人，由于郴州市2个农场退出农垦序列，1个农场合并，导致总人口比去年减少2.3万人。其中，农场人口58.31万人，农垦年平均人口68.45万人，小城镇化进程得到发展，人口进一步集中。

广东农垦2021年经济发展统计公报

广东省农垦集团公司

2021年是党和国家具有里程碑意义的一年，也是广东农垦历史上不平凡的一年。一年来，垦区各级认真贯彻落实习近平总书记、党中央和省委、省政府决策部署，坚持“聚焦主业、稳中求进、防控风险”工作基调和“市场导向、效益优先、品质至上、绿色发展”经营方针，努力克服新冠肺炎疫情冲击和外部环境复杂严峻等不利因素影响，推动高质量发展取得新成效，实现“十四五”良好开局。

一、综合

2021年，广东农垦实现生产总值192.04亿元，比上年增长6.46%。其中，第一产业增加值67.27亿元，增加6.62%；第二产业增加值65.99亿元，增长7.27%；第三产业增加值58.78亿元，增长5.38%；三次产业结构由上年的34.97∶34.11∶30.92变为35.03∶34.36∶30.61。人均农垦生产总值达49 447元，增长7.09%。国有在岗职工年均纯收入73 299元，增长10.52%，垦区居民人均可支配收入29 251元，增长5.97%。全年国有企业营业收入240.34亿元，利润3.87亿元，资产总额425.80亿元，净资产169.28亿元（图1）。

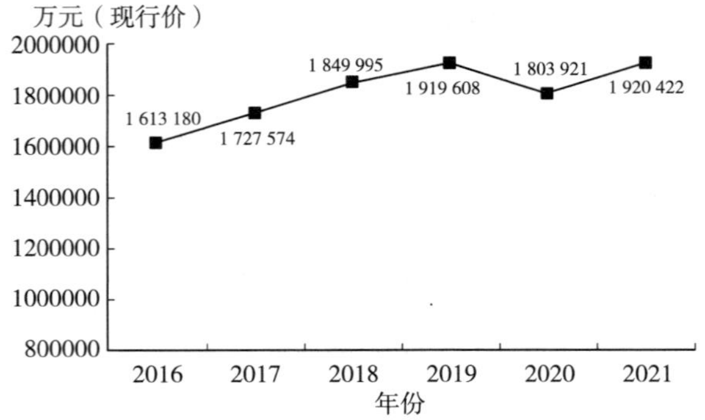

图1　2016—2021年广东农垦生产总值

二、农业

2021年，广东农垦实现第一产业增加值67.27亿元，增长6.62%。农林牧渔业总产值（按现行价计算）121.75亿元，同比增长8.00%，农林牧渔业商品产值为108.59亿元，农业商品率为89.19%。

2021年，实现农作物总播种面积4.38万公顷，下降2.86%。其中，粮食播种面积0.79万公顷，增加0.23%；糖蔗种植面积2.22万公顷，下降7.33%；油料播种面积2 039公顷，增长10.78%；蔬菜播种面积0.72万公顷，减少1.26%。

垦区国内外橡胶年末实有面积7.22万公顷，其中，国内基地橡胶年末实有面积4.74万公顷，减少0.69%；水果年末实有面积3.56万公顷，增长1.01%；剑麻3 284公顷，减少4.49%；茶叶751公顷，增长8.11%。

全年生猪饲养量145.75万头，增长34.44%，其中年末存栏72.72万头；牛年末存栏4.65万头，其中奶牛3.9万头；全年水产养殖面积3 817公顷。

全年粮食产量4.09万吨，减少13.11%；糖蔗产量171.41万吨，下降2.20%；油料产量0.61万吨，增长18.72%；蔬菜产量18.23万吨，增长0.71%；干胶产量85.45万吨（包含海外、海南和云南），增长7.18%；水果产量94.41万吨，增加7.26%；剑麻直纤维产量5 118吨，增加25.49%；茶叶产量589.98吨，增加10.88%。

全年肉类总产量10.99万吨，增长44.11%，其中，猪肉产量6.82万吨，增长49.83%；禽肉产量2.21万吨，减少23.27%，禽蛋产量3 082吨，减少20.20%。全年水产品产量4.31万吨，增长0.92%，其中，海水养殖1.20万吨，淡水养殖3.11万吨。鲜牛奶产量7.99万吨，增长13.95%。

全年农业固定资产投入12.96亿元，增长33.68%。年末农业机械总动力为47.98万千瓦，增长 0.70%。全年农用化肥施用量（折纯）6.01 万吨，减少 1.68%；农用塑料薄膜用量 756.25 吨，减少 6.66%；农药施用量 4 166 吨，减少 3.15%；有效灌溉面积达 2.82 万公顷，增加 2.03%。

三、工业和建筑业

2021 年，实现工业增加值 56.52 亿元，增长 6.33%，占生产总值的 29.43%。

2021 年，垦区各类工业企业 632 家，其中，规模以上工业企业 62 家，垦区各类工业企业全年实现工业总产值（按现行价计算，下同）241.82 亿元，增长 9.90%，规模以上工业总产值 216.57 亿元，占工业总产值的 89.56%，工业产品销售率为 95.35%，全年实现工业利润是 19.32 亿元，应交税金 4.48 亿元。

2021 年垦区二十三大类工业产品中，产值排前 10 位的行业：化学原料和化学制品制造业产值 96.37 亿元，占 39.85%；其他制造业产值 48.48 亿元，占 20.05%；农副食品加工业产值 24.31 亿元，占 10.05%；食品制造业 21.85 亿元，占 9.04%；橡胶和塑料制品业 10.92 亿元，占 4.52%；金属制品业 10.00 亿元，占 4.13%；家具制造业产值 6.10 亿元，占 2.52%；电力、热力生产和供应业 3.63 亿元，占 1.50%；纺织服装、服饰业 3.33 亿元，占 1.38%；木材加工和木、竹、藤、棕、草制品业 3.30 亿元，占 1.36%。这十大产业总产值 228.29 亿元，占工业总产值的 94.40%（表 1）。

表 1　2021 年垦区工业主要产品产量及其增减情况

产品名称	计量单位	产量	比上年增长（%）
机制糖	吨	270 054	−2.54
罐头	吨	1 217	−20.55
酒精	吨	863	−67.14
乳制品	吨	219 186	14.53
食用油	吨	24 790	−27.49
有机复混肥	吨	32 107	−23.78
饲料	吨	111 087	107.97
水泥	吨	131 185	16.56
家具	万件	205	−8.98
发电量	万千瓦·时	80 138	110.09

2021 年，全年完成建筑业产值 23.16 亿元，增加 7.67%，房屋施工面积 56.23 万米²，房屋竣工面积 50.63 万米²。建筑业增加值达 9.47 亿元，增加 13.28%。

四、固定资产投资

2021 年，全年全社会固定资产投资总额 51.92 亿元，增长 54.45%，其中，国有固定资产投资完成 18.44 亿元，减少 0.93%，非国有投资完成 33.48 亿元，增加 123.14%。

分三次产业看，第一产业投资 12.96 亿元，增长 33.68%。第二产业投资 26.52 亿元，增长 126.09%。第三产业投资 12.44 亿元，增长 2.02%（图 2）。

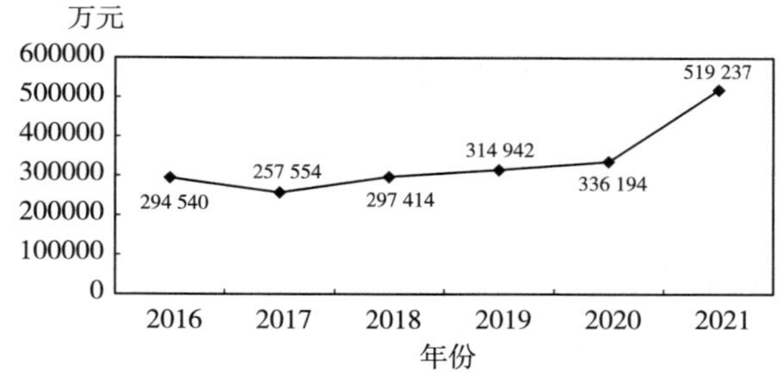

图 2　2016—2021 年广东农垦固定资产投资

五、交通运输业、批零贸易业、餐饮业、服务业及出口商品

2021 年，现有主要运输工具 2 607 台，全年货运量 578.96 万吨；客运量 973.17 万人，营业总收入 7.17 亿元。

2021 年年末，批零贸易业、餐饮业、其他服务业营业单位总数达 5 990 个，营业网点 6 388 个，从业人员 31 343 人，年末固定资产原值 57.46 亿元，营业用房 163.39 万米²，销售和营业总额 185.49 亿元。

2021 年，出口商品总金额达到 44.18 亿元，下降 10.46%。其中，工业品出口 39.22 亿元，占出口总额的 88.77%（图 3）。

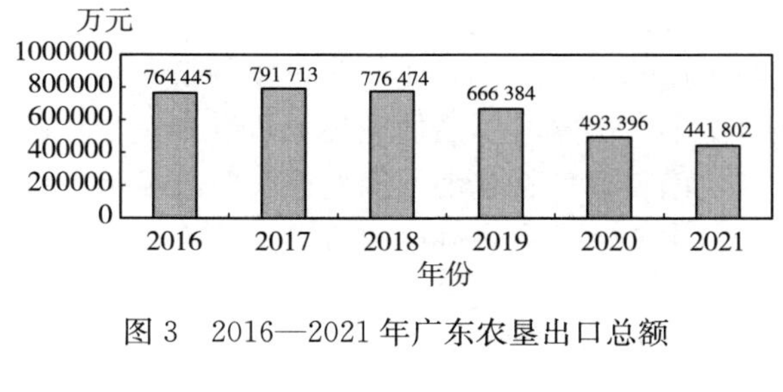

图 3　2016—2021 年广东农垦出口总额

六、科技生产、土地

2021年，垦区现有科研机构7家，科技人员440人，垦区科研经费合计8 969万元，垦区主要农作物耕种收综合机械化水平和良种覆盖率分别达到75.4%和100%。

科技创新与成果。2021年垦区印发《关于加强垦区科技创新工作的意见》，启动了国家级双创示范基地（融通创新方向）建设。特种胶研制取得新突破，相关产品通过高速列车减振的初步验证，并成功试制了国产某型飞机航空轮胎；燕塘乳业通过CNAS国家实验室认证，参与"中国乳业国家创新中心"筹建，荣获省"十三五"农业科技创新企业称号；广垦研究院围绕垦区主产业和特色优势产业，开展红江橙网室栽培等技术研究，取得了阶段性进展；湛江农垦开展橙汁和菠萝、百香果和芒果复合果汁等新产品研发，并进行了试产。垦区全年共获得2020年度省技推广奖8项，获得中国热带农业科学院等单位授予的科技奖10项，获得专利98项，获得软件著作权26项，制（修）订标准8项，发布论文87篇。

科技推广与服务。2021年，举办各类科技培训班，累计培训科技人员518人次，培训胶工3 258人次。推广林下经济种植面积7 884亩，推广甘蔗生产全程机械化面积37 100亩，推广油茶低产改造面积4 800亩，推广剑麻抗病种苗5 727亩。垦区继续推进天然橡胶割胶制度改革，全年共推广超低频割制（六天一刀以上割制）627.52万株，推广率77.2%，胶工人均干胶产量6.1吨，较上年提高16.9%。推广甘蔗病虫害监测与统防统治，全年累计开展飞防18.7万亩次，甘蔗虫节率比上年降低11.5个百分点。垦区加强垦区农产品的品牌建设和质量安全监管，强化基地标准化建设，大力实施农产品质量追溯，全年共开展定期快检6 333样次，定量检测605样次，分别增长5.3%、64.6%。

科技体系建设与合作交流。2021年垦区先后创建了广州国家现代农业产业科技创新中心广东农垦分中心、国家乳制品加工技术研发专业中心、广东省岭南特色植物基因资源挖掘与精准编辑工程技术研究中心、畜禽育种国家重点实验室粤西分中心等科技平台，有力地带动垦区产业高质量发展。先后与高校院企合作开展高性能橡胶研制、橡胶飞防技术示范、智能割胶试点建设、南药种质资源库（圃）建设、南药产业化种植基地建设、白僵蚕中试等工作，相关工作已取得初步成效。

2021年，垦区年末土地总面积222 907公顷，其中，耕地47 039公顷，林地36 477公顷，园地85 393公顷，水面面积6 038公顷，居民及工矿用地面积11 026公顷。广东农垦省级及5个二级垦区国土空间专项规划项目已进入实质性编写阶段。

加强垦区土地资源规划管理。垦区配合广东省"三区三线"统筹划定工作专班，积极推进广东省"三区三线"统筹划定试点工作，严守生态保护红线、永久基本农田、城镇开发边界3条控制线。2021年8月，省农垦总局联合省农业农村厅编制印发《国有农场拆旧复垦广东农垦所得收益使用管理规定（试行）》（粤农农〔2021〕209号）；9月，经全面摸查，省自然资源部门审核并报省政府立项批复，垦区落实拆旧复垦项目总面积12 806.12亩，涉及32个农场，总投资64 030.65万元，编制印发《广东农垦拆旧复垦项目管理办法》和《广东农垦拆旧复垦项目资金管理办法》（粤垦函〔2021〕415号），规范垦区国有农场建设用地拆旧复垦项目和资金管理；11月，完成建设用地拆旧复垦项目设计、施工、监理等的招投标工作。

加强垦区耕地保护力度。垦区认真落实耕地保护管理目标责任制，加快推进农田整治提升行动，扎实推进补充耕地工作。2021年6月，省农垦集团公司（农垦总局）会同省农业农村厅、发展改革委、财政厅、自然资源厅、水利厅联合印发了《广东省农田整治提升行动方案（2021—2025年）》；12月，广东省自然资源厅牵头成立广东省耕地保护协会，省农垦集团公司（农垦总局）当选为会长单位，省农垦集团公司（农垦总局）党委委员、副总经理（副局长）莫仕文当选协会首任会长。

"三旧"改造及留用地开发项目稳步推进。广垦观云大厦、广垦观成大楼开始预售；湛江农垦第一机械厂"三旧"改造项目已签订合同，并完成项目开发方案编制，同步处理职工安置、房改房住户问题；六联公司"三旧"改造项目按进度推进。留用地开发项目落地并实现收益。茂名农垦54亩（3.6公顷）留用地高州广垦华府项目已完成工程竣工验收，住宅去化近八成；建设农场54亩（3.6公顷）留用地项目处于前期报建设计阶段，已准备动工一期土方；火星农场17.8亩（约1.19公顷）

留用地项目准备开工建设；阳江平岗农场421亩（约28.07公顷）留用地（广垦海泉城）项目开发方案已编制完成，并通过集团公司审批，准备土方施工。

农光互补产业发展路径逐步规范。2021年垦区签署9宗农光互补战略合作框架协议，批复约2 633.33公顷光伏项目用地。2021年11月，省农垦集团公司印发《广东农垦光伏农业发展操作指引》；12月，广东能源葵潭农场光伏复合项目成功并网发电，作为目前广东最大的平价上网光伏复合项目和单体容量最大的光伏发电站，年均可提供清洁电量超5亿千瓦·时，年可节约标煤超16万吨，减排二氧化碳近45万吨、二氧化硫9 742吨、氮氧化物8 119吨。

有效推行广东农垦国资电子交易平台。通过该平台进一步推动垦区国有资源交易公开、公平、公正，同时提高农垦经营收益。全年完成土地、物业交易2 709宗，增长36.5%，总交易额10.1亿元，增长101%，总溢价2.03亿元，溢价率25.2%。广东农垦国土资源管理平台系统已完成主体系统功能开发（包括系统工作台、土地管理、发包管理、合同管理、统计分析、流程管理、系统管理等功能模块），根据使用需求初步完成OA系统、土地巡查系统、财务系统及国资电子交易平台系统、合同网签系统和超图系统的对接，并在试点农场（平岗农场）投入试运行。

七、教育和卫生

教育事业。2021年，垦区有普通高等学校1所，在校学生19 880人，当年新招生人数6 402人，当年毕业生6 669人；中专1所，在校学生4 464人，当年毕业生1 396人；技工学校2所，在校学生1 379人，当年毕业生300人。2021年垦区共有5位教师获得“南粤优秀教师”称号。完成红英小学移交地方政府管理工作。

垦区职业教育稳步发展。农工商学院统筹推进“创新强校”“申报省域双高”等重大项目。其中，2021年度“创新强校工程”考核结果全省第一名，首次攀升到全省榜首。学院成功承办全国职业院校技能大赛智能财税赛项，首次承办国家级赛项。农工商学院国家奖学金获奖人数全国排名2020年一跃登顶，2021年继续排名第一。获奖人数从2019年的46人，增加到2021年82人。广东省农工商职业技术学校入选“广东省高水平中职学校建设单位”。湛江农工商学校承接省乡村振兴职业技能大赛“农机修理工”“餐厅服务员”实施保障工作，获农机修理工竞赛项目职工组和学生组金牌，并被选送至广东队，代表广东参加全国乡村振兴职业技能大赛，其中教师组获得优胜奖。

高素质农民培训持续发力，全年举办覆盖全垦区和重点产业集团的高素质农民培训班21期，培训各类人员1 856人。首次开展大规模胶工培训并取得显著成效，在2021年10月28日举办的第四届农业行业职业技能大赛橡胶割胶工技能竞赛中，农广校培训学员大放光彩，胡忠华、杨秀文分别获得全国第二、第三名，被授予“全国技术能手”证书；熊朝云、尤郁澄、黄仕获得全国第四、第六、第八名，被授予“全国农业技术能手”证书；另有10名学员进入全国前50名，获得“优秀选手”证书。来自茂名垦区胜利农场的学员夏显辉被推荐为“全国百优扶贫先锋”。

医疗卫生事业。2021年，各级医疗机构积极响应属地号召，支援属地同心抗疫，为全社会抗疫贡献农垦力量。全年累计开展新冠疫苗接种65万多剂（次），开展核酸检测采样37.3万人次；省农垦中心医院累计派出医护人员2 015人次支援湛江市集中疫苗接种；燕岭医院、茂名农垦医院分别派员支援白云机场、隔离酒店、街道社区等地的核酸采样工作。垦区医疗机构勇当垦区疫情防控排头兵，严格落实预检分诊制度，有效应对多起“红码”“黄码”及密接、次密接人员等突发疫情事件，配合疾控部门、农场社区落实各项防控措施，有力保障垦区39万名干部职工和社区居民实现疫情“零扩散”目标。

后疫情时代，垦区医疗卫生事业平稳发展，稳中求进。垦区医疗卫生机构全年完成总收入18.83亿元，同比增长3.6%；业务收入16.95亿元，同比增长6.8%。省农垦中心医院7.4万米^{2}的门诊综合楼项目完成年度进度，“三甲”复审前置工作有序开展。茂名农垦医疗健康有限公司组建工作稳步推进，资源整合能力进一步优化。铜锣湖农场职工医院正式恢复公立运营，首批来自垦区龙头医院12名专家帮扶援建。湖光医院、团结医院、新华医院、铜锣湖农场职工医院4家单位精神卫生大楼年度项目完工，胜利农场医院康养楼完成改建提升，垦区疾控中心信息管理系统进一步升级优化。

广前医院、火炬医院、建设医院老年康复科提档升级，全垦区康养床位突破700张。

截至2021年年末，垦区有医疗单位46个，其中，综合性三级甲等医院1家，综合性二级甲等医院3家，疾病预防控制中心（含卫生防疫站）2家，实际开放病床数8 042张，医疗系统职工总数4 504人。

八、人口、职工与垦区居民收入

2021年全垦区年末总人口38.94万人。

国有单位从业人员年末总数5.28万人，其中，国有在岗职工为3.28万人。全年国有在岗职工纯收入合计23.92亿元，国有在岗职工年均纯收入73 299元，增长10.52%。

2021年年末，有从业人员123 042人，其中，从事第一产业56 301人，占从业人员总数的45.76%；从事第二产业30 959人，占从业人员总数的25.16%；从事第三产业35 782人，占从业人员总数的29.08%。从业人员年平均纯收入48 624元，增长5.57%。2021年垦区居民人均纯收入29 251元，增长5.97%。

九、高标准农田、农业产业化重点龙头企业和境外企业基本情况

2021—2022年，计划投入财政资金7 903万元用于高标准农田建设项目，建设高标准农田7.7万亩。其中，1 056万元用于广前糖业发展有限公司建设高标准农田10 000亩，2 029万元用于丰收糖业发展有限公司建设高标准农田20 000亩，4 818万元用于友好农场建设高标准农田47 000亩。2021年，完成农业龙头企业的申报和监测工作，新增广东广垦华粮米业有限公司为省级农业龙头企业，至2021年年末，垦区共有18家省级以上龙头企业，其中3家为国家级重点龙头企业。2021年年末，垦区境外企业达19家，境外企业全年总收入77.62亿元，利润总额1.40亿元。

十、财务状况

资产负债情况：由于畜牧、粮油等产业的迅速发展，垦区国有资产规模进一步扩大。2021年年末垦区资产总额为425.80亿元，比年初数增加17.69亿元，负债总额256.51亿元，比年初增加14.28亿元，资产负债率为60.24%。

所有者权益增减变动情况：2021年年末所有者权益169.28亿元（其中，归属于母公司的所有者权益为146.99亿元），比年初增加3.40亿元，增加的主要原因是经营积累增加。

资产运营效率及债务风险情况：广东垦区2021年资产负债率为60.24%，总体债务风险可控；流动比率100.75%，比上年增加了1.41个百分点；资产现金回收率4.49%，同比上年下降1.88%个百分点，经营活动现金流量净流入18.71亿元；净资产利润率和总资产报酬率分别为0.23%和1.64%，企业资产的运营效率较好。

国有营业总收入、利润情况：2021年垦区实现营业收入240.34亿元，比上年增加了25.23亿元，增幅11.73%；实现利润总额3.87亿元，比上年增加了0.98亿元，增幅33.91%。税金缴纳情况：垦区2021年共实现各项税费6.99亿元（图4）。

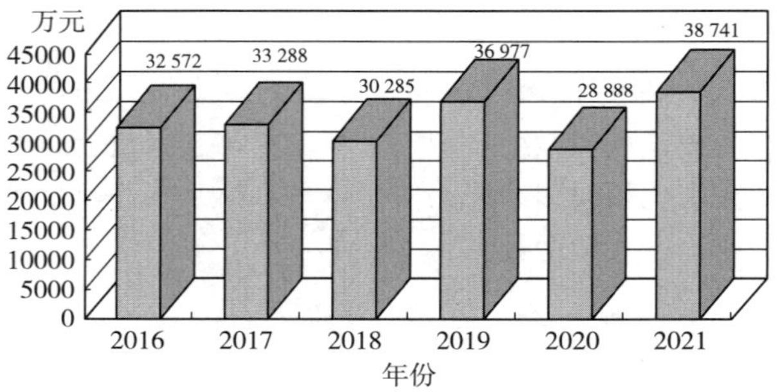

图4　2016—2021年广东农垦国有营业利润

十一、非国有经济

2021年，垦区实现非国有经济生产总值92.73亿元，增加7.15%，占垦区经济总量的48.29%。其中第一产业增加值15.83亿元，第二产业增加值40.14亿元，第三产业增加值36.76亿元，各产业占非国有经济总量的比重分别为17.08%、43.28%、39.64%。

广西农垦2021年经济发展统计公报

广西农垦集团有限责任公司

2021年是广西农垦正式由“14＋1”政企混合体制转为企业体制，入列自治区国资委监管企业序列的第一年。一年来，集团认真贯彻落实自治区党委、政府和国资委的决策部署，以“起步就要提速，开局就要争先”“加油进档、全程冲刺”的奋斗姿态，加快改革转型，全面加强管理，狠抓提质增效，不断做大集团经济规模，实现“十四五”良好开局，垦区经济稳中有进，集团主要经济指标保持了近年来逐年同比有较大增长的良好势头，全年集团实现营业收入202.35亿元，同比增长20.98%，实现利润7.49亿元，同比增长20.53%。

一、综合

全年垦区实现地区生产总值[1] 192.16亿元，按可比价[2]计算同比增长5.3%。其中，第一产业增加值52.94亿元，增长5.47%；第二产业增加值84.38亿元，增长6.98%；第三产业增加值54.84亿元，增长2.61%。第一、第二、第三产业增加值占地区生产总值的比重分别为27.55%、43.91%、28.54%。

表1　2021年广西农垦主要经济指标与2005年对比

指标名称	计量单位	2005年	2021年	2005—2021年平均递增（%）
地区生产总值	亿元	43.5	192.2	9.7
农业总产值	亿元	18.9	84.9	9.8
工业总产值	亿元	49.9	214.0	9.5
工业增加值	亿元	21.1	74.9	8.2
全社会固定资产投资	亿元	11.7	48.1	9.2
在岗职工人均纯收入	元/（人·年）	11 854	76 102	12.3
居民人均纯收入	元/（人·年）	6 799	27 741	9.2

图1　2014—2011年广西农垦地区生产总值及其增长速度

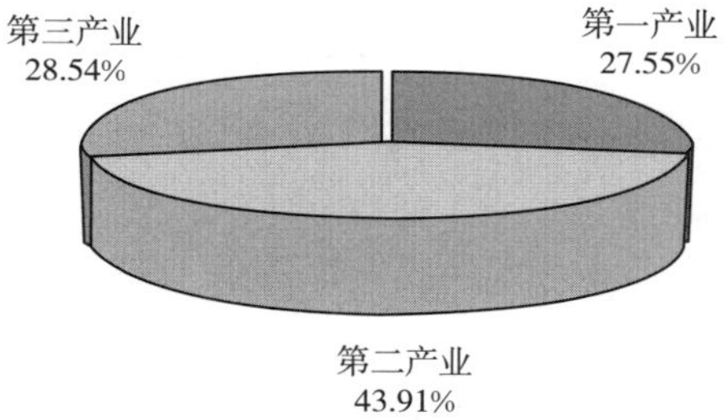

图2　2021年广西农垦地区生产总值构成

二、农业

农业经济呈现出健康发展的良好势头，农林牧渔各业均呈稳步增长态势。全年垦区农林牧渔业总产值84.9亿元，同比增长5.8%。其中，种植业产值36.81亿元，增长4.99%；林业产值2.06亿元，增长30.66%；牧业产值42.40亿元，增长4.56%；渔业产值2.26亿元，增长9.54%。当年牧业产值对农林牧渔业总产值增长的贡献率为39.8%，拉动农林牧渔业总产值增长2.3个百分点。

2021年，广西农垦拥有自治区级现代特色农业示范区23个，核心示范区面积达6 874公顷；农垦年末耕地面积34 815公顷，其中，高标准农田面积达15 129公顷，占43.5%。2021年年末，农业机械总动力33.1万千瓦，同比增长10.9%，农田有效灌溉面积1.5万公顷，同比增长9.5%，其中，节水灌溉面积1.1万公顷，同比增长10.5%。

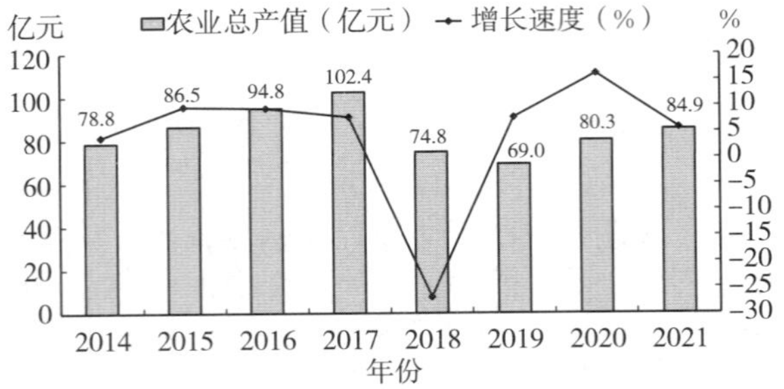

图3　2014—2021年广西农垦农业总产值及其增长速度

2021年，垦区甘蔗种植面积20 457公顷，同比减少1 268公顷；剑麻种植面积2 229公顷，减少572公顷；茶叶种植面积654公顷，增加42公顷；水果种植面积10 753公顷，减少1 049公顷，其中，柑橙面积4 762公顷，减少667公顷；蔬菜种植面积3 794公顷，增加1 010公顷（表2）。

表2　2021年广西农垦主要农作物种植面积情况

指标名称	年末种植面积（公顷）	同比增长（%）
甘蔗	20 457	−5.8
剑麻	2 229	−20.4
茶叶	654	6.9
水果	10 753	−8.9
其中：柑橙	4 762	−12.3
蔬菜	3 794	36.3

全年垦区甘蔗产量189.1万吨，同比下降14.1%；剑麻纤维产量0.8万吨，下降24.8%；干毛茶产量571吨，增长5.0%；水果产量29.7万吨，下降15.2%；蔬菜产量16.5万吨，增长13.3%。全年垦区肉类总产量9.4万吨，同比增长21.0%。生猪出栏88.7万头，增长30.9%。水产品产量1.3万吨，减少3.03%（表3）。

桂垦牧业公司2021年生猪饲养量179.3万头，同比增加56.3万头，增长45.8%。其中，生猪年末存栏85.19万头，增加30.4万头，增长55.5%；肉猪出栏69.72万头，增加34.2万头，增长96.3%；出售仔猪12.3万头，增加5.7万头，增长86.4%；出售种猪12.1万头，减少0.9万头，下降6.9%。

表3　2021年广西农垦主要农产品产量情况

指标名称	计量单位	产量	同比增长（%）
甘蔗	万吨	189.1	−14.1
剑麻纤维	万吨	0.8	−24.8
干毛茶	吨	571.0	5.0
水果	万吨	29.7	−15.2
蔬菜	万吨	16.5	13.3
肉类总产量	万吨	9.4	21.0
生猪出栏头数	万头	88.7	30.9
水产品	万吨	1.3	−3.0

三、工业

工业经济呈恢复性增长态势。全年，垦区全部工业实现工业总产值214.0亿元，比上年增长10.7%，实现工业增加值74.9亿元，增长14.7%（图4、图5）。

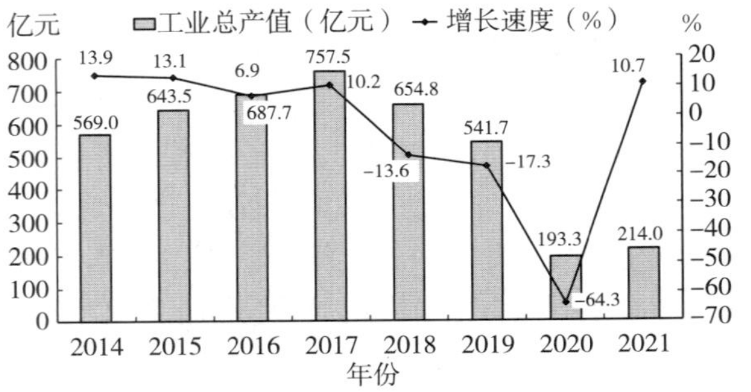

图4　2014—2021年广西农垦工业总产值及其增长速度

图5　2014—2021年广西农垦工业增加值及其增长速度

从规模以上工业看，垦区规模以上工业企业年末个数为177个，同比减少3个。全年垦区规模以上工业[3]销售总产值200.8亿元，同比增长

13.1%；规模以上工业增加值 70.6 亿元，同比增长 17.9%；规模以上工业利润总额 5.6 亿元，同比增长 63.6%；规模以上工业税金总额 3.5 亿元，同比下降 20.0%；规模以上工业企业产销率为 99.5%（图 6）。

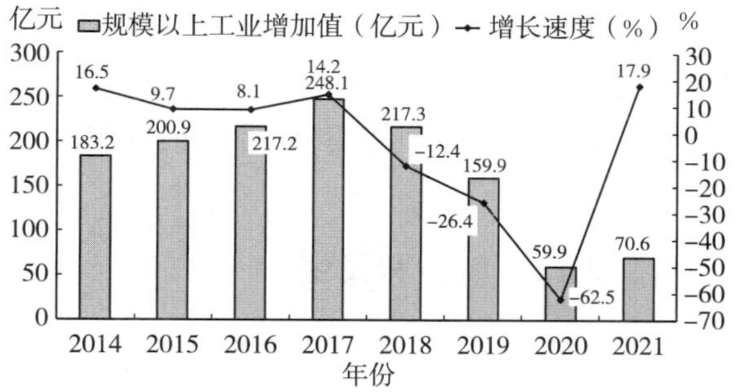

图 6　2014—2021 年广西农垦规模以上工业增加值及其增长速度

从经济类型看，国有及国有控股工业企业实现工业总产值 87.2 亿元，比上年增长 20.6%，实现增加值 30.5 亿元，增长 11.0%；民营工业实现工业总产值 126.8 亿元，比上年增长 4.8%，实现增加值 44.4 亿元，增长 1.7%。

从产品产量看，机制糖产量 114.3 万吨，同比下降 0.7%；剑麻制品产量 1.1 万吨，下降 40.9%；成品茶产量 641 吨，下降 5.2%；淀粉产量 20.2 万吨，增长 7.7%；软饮料产量 11.8 万吨，下降 0.3%；乳制品产量 4 220 吨，增长 21.5%；人造板产量 215.1 万米³，增长 24.1%；水泥产量 7.0 万吨，下降 26.1%；砖产量 5.5 亿块，下降 12.4%（表 4）。

从工业行业类别看，垦区工业企业归属于 33 个行业大类，其中，排前 5 位的行业及工业产值分别：农副食品加工业 88.5 亿元，木材加工和木、竹、藤、棕、草制品业 61.9 亿元，非金属矿物制品业 9.9 亿元，造纸和纸制品业 9.0 亿元，金属制品业 6.7 亿元。农副食品加工业产值，木材加工和木、竹、藤、棕、草制品业的产值分别占垦区工业总产值的 41.3%、28.9%。

表 4　2021 年广西农垦主要工业产品产量情况

指标名称	计量单位	产量	同比增长（%）
机制糖	万吨	114.3	−0.7
剑麻制品	万吨	1.1	−40.9
成品茶	吨	641.0	−5.2
淀粉	万吨	20.2	7.7
软饮料	万吨	11.8	−0.3
乳制品	吨	4 220.0	21.5
人造板	万米³	215.1	24.1
水泥	万吨	7.0	−26.1
砖	亿块	5.5	−12.4

从集团国有工业看，糖业板块——广西糖业集团营业收入 91.5 亿元，同比增加 21.4 亿元，增长 30.5%；利润 1.25 亿元，同比增加 0.96 亿元，增长 334.2%，主要原因是销量增加，同时控制成本，毛利同比增加 2.54 亿元。淀粉板块——明阳生化集团营业收入 19.8 亿元，同比增长 3.1 亿元，增长 18.6%；实现利润−1.5 亿元，同比减亏 1.7 亿元，减亏主要原因是明阳淀粉公司变性淀粉销售业务收入增加，同比增收 2.17 亿元，主营业务收入实现较快增长，开展生产成本行动，降低直接生产成本约 1 300 万元。剑麻板块——剑麻集团营业收入 6.29 亿元，同比增加 1.83 亿元，增长 40.9%；实现利润 356 万元，同比减少 1 155 万元，下降 76.6%。茶业板块——茶业集团营业收入 2.37 亿元，同比减少 3 207 万元，下降 12%。实现利润 144 万元，同比增加 21 万元，下降 88.7%（表 5）。

表 5　2021 年广西农垦集团国有工业经济指标完成情况

板块名称	营业收入		利润总额		资产总额		负债总额	
	绝对值（万元）	同比增长（%）	绝对值（万元）	同比增长（%）	绝对值（万元）	同比增长（%）	绝对值（万元）	同比增长（%）
糖业板块	915 183	30.5	12 507	334.2	823 578	−4.88	676 398	−7.5
淀粉板块	198 270	18.6	−15 148	减亏 1.7 亿元	638 494	−3.6	702 759	4.2
剑麻板块	62 886	40.9	356	−76.6	79 015	−0.28	50 971	−9.8
茶业板块	23 679	−12.0	144	17.5	43 048	7.41	36 482	11.3

四、固定资产投资

垦区全年完成固定资产投资额合计 48.1 亿元，同比下降 44.0%。其中，第一产业完成投资 18.0 亿元，增长 172.3%；第二产业完成投资 7.8 亿元，下降 57.3%；第三产业完成投资 22.3 亿元，下降 63.5%。在全年完成的固定资产投资额中，国有投资 35.0 亿元，下降 29.4%。主要是受房地产宏观环境的影响，健康文旅板块投资有所放缓，投资主要集中在续建项目的续建投资，新增拿地、项目建设的投资较少（图 7）。

全年完成固定资产投资额分单位看，悦桂文旅公司完成 9.9 亿元，九曲湾农场公司完成 8.1 亿元，明阳农场公司完成 2.0 亿元，剑麻集团完成 4.2 亿元，桂垦牧业公司完成 17.1 亿元，其他二级公司合计完成 6.8 亿元。

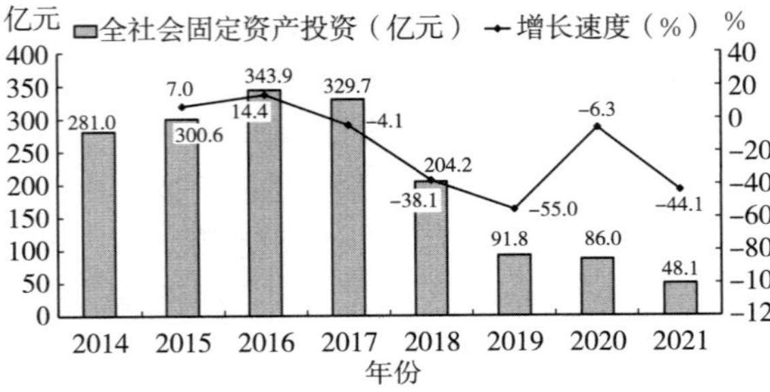

图 7　2014—2021 年广西农垦全社会固定资产投资及其增长速度

五、对外开放

2021 年年末，垦区实有境外投资企业 3 家，分别是中国·印尼经贸合作区有限公司、俄罗斯十万大山物流加工中心、广西明阳（越南）有限责任公司。上述 3 家公司 2021 年合计营业收入 2.3 亿元，盈利 2 020 万元。其中，中国·印尼经贸合作区有限公司营业收入 6 446.7 万元，盈利 2 176.3 万元；俄罗斯十万大山物流加工中心营业收入 154.5 万元，亏损 51.3 万元；广西明阳（越南）有限责任公司营业收入 1.6 亿元，亏损 105 万元。至 2021 年年末，中国·印尼经贸合作区共引进中国、日本、法国、新西兰、芬兰、印度尼西亚等国家和地区的 62 家企业入园，其中 36 家企业已建成投产，涉及农产品加工、食品加工、机械制造、变压器、汽车装备、仓储物流等产业。广西明阳（越南）有限责任公司 2021 年全年生产木薯变性淀粉 2.7 万吨。

年内，垦区共有 6 家企业有产品出口，全年出口总额 3.5 亿元，同比下降 7.9%。在出口总额中，农业产品出口总额 2.47 亿元，下降 8.5%；工业品出口总额 1.04 亿元，同比下降 10.52%。2021 年，桂垦牧业公司出口生猪 9.6 万头，出口额 2.47 亿元；明阳生化集团出口淀粉 9 100 吨，出口额 4 103 万元；剑麻集团出口剑麻制品 575 吨，出口额 1 087 万元。

六、人口、就业和民生

年末，垦区总人口 29.5 万人，同比下降 3.4%。社会从业人员 11.4 万人，下降 2.0%，其中外来就业 9.6 万人，下降 30.1%；农垦在册职工 2.2 万人，增长 2.3%。离退休职工在 2018 年年底前全面完成移交工作，由社区实行属地管理。2021 年，垦区居民人均纯收入 27 741 元，同比增加 720 元，增长 2.7%；在岗职工人均纯收入 76 102元，同比增加 9 697 元，增长 14.6%。年末垦区居民人均住房面积为 41.7 米^2（图 8、图 9）。

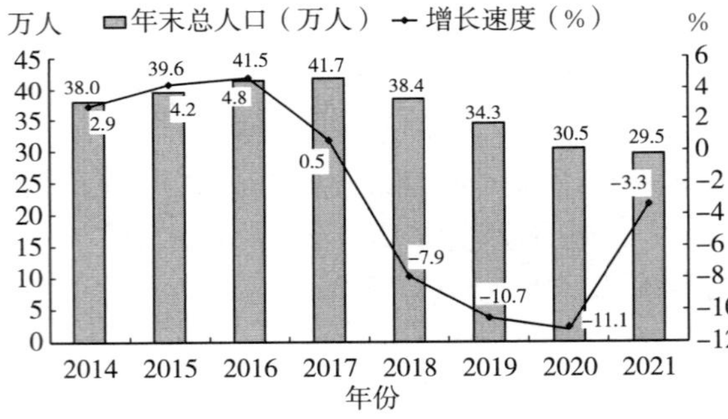

图 8　2014—2021 年广西农垦总人口及其增长速度

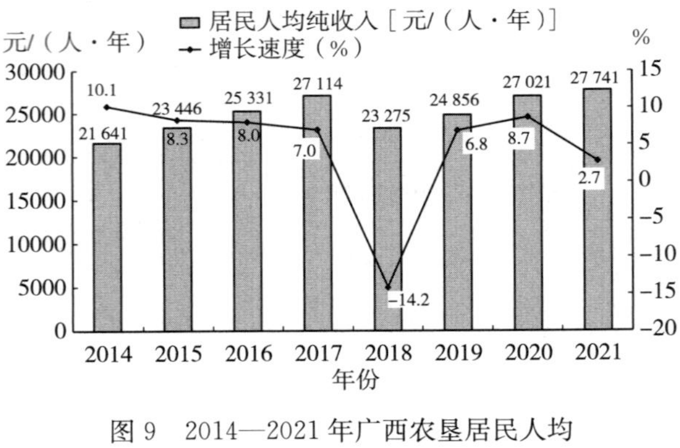

图 9　2014—2021 年广西农垦居民人均纯收入及其增长速度

注释：

[1] 地区生产总值（GDP）：是指一个国家（地区）所有常住单位在一定时期内生产活动的最终成果。本公报按收入法计算，地区生产总值等于劳动者报酬、生产税净额、固定资产折旧和营业盈余之和。

[2] 本公报中，地区生产总值、各产业增加值绝对数按现价计算，增长速度按不变价格计算。

[3] 本公报中，规模以上工业的统计口径为“年主营业务收入2 000万元及以上的工业法人企业”。

海南农垦2021年经济发展统计公报

海南省农垦投资控股集团有限公司

2021年，是伟大的中国共产党成立100周年，也是“十四五”规划的开局之年。在省委、省政府的关心和支持下，在集团党委的坚强领导下，垦区上下认真落实党的十九届六中全会和习近平总书记重要讲话精神，坚决贯彻国企改革三年行动方案，继续深化农垦改革，勇于应对各种挑战，锐意开拓进取，在向第二个百年奋斗目标进军的新征程和自贸港建设中，实现农垦经济和社会的高质量稳定发展。

一、综合及主要指标

（1）农垦系统经营总收入411.56亿元，增长0.32%（与上年对比，下同)，其中，农垦集团公司的营业总收入253.77亿元，增长4.17%；农垦自营经济总收入157.79亿元，下降2.4%。

（2）工农业总产值（当年价）203.73亿元，按可比价计算增长8.3%。

（3）固定资产投资63.06亿元，下降9.3%。

（4）社会消费品零售总额113.08亿元，下降5.8%。

（5）天然橡胶干胶总产128 970吨，增长2.8%。

（6）农垦劳动者人均报酬8.2万元，增长10%；农垦人均纯收入1.81万元，增长2.3%。

二、农林牧渔业

全年完成农林牧渔业总产值（现价）153.47亿元，按可比价计算，增长1.1%。产值构成：农业97.78亿元，林业20.33亿元，畜牧业32.65亿元，渔业2.7亿元。

主要农产品产量见表1。

全年天然橡胶当年新定值和更新定值面积3.34万亩，增长29.5%；胡椒种植面积0万亩，下降100%；槟榔种植面积1.34万亩，增长34%；水果种植面积1.08万亩，下降78.4%（表2)。

表1　主要农产品产量及增长情况

项　目	计量单位	产量	比上年增长（%）
粮食	万吨	8.56	-2.67
糖料	万吨	9.41	-27.7
蔬菜	万吨	22.49	1.9
水果	万吨	69.90	-1.3
其中：荔枝	万吨	7.78	1.7
龙眼	万吨	2.34	-6.0
芒果	万吨	32.39	3.4
香蕉	万吨	9.00	-13.2
柑橘橙柚	万吨	2.05	-7.5
橡胶干胶	万吨	12.90	2.8
胡椒	万吨	1.05	-9.8
槟榔干果	万吨	3.95	-3.4
椰子	万个	608.57	-46.8
干毛茶	吨	509.00	24.1
肉类总产量	万吨	8.37	20.23
其中：猪牛羊	万吨	6.24	35.1
禽肉	万吨	2.12	-2.3
禽蛋	万吨	0.98	181.0
水产品总产值	万吨	2.5	-27.5

表2　主要农业作物年末到达面积及增长情况

项　目	面积（万亩）	比上年增长（%）
天然橡胶	326.92	-2.2
热带作物	58.06	1.6
其中：胡椒	8.15	-13.1
槟榔	38.26	3.4
椰子	7.85	34.0
茶叶	2.06	-7.8
水果	66.84	-0.5
其中：荔枝	10.29	-3.3
芒果	30.04	-0.1

（续）

项　目	面积（万亩）	比上年增长（%）
香蕉	4.49	−7.3
林地（含自然林）	205.98	−0.5
其中：人造林	109.32	−0.9
水产品养殖	5.07	−0.8
农作物播种	44.24	−3.0
其中：粮食	23.52	−2.7
糖料	2.17	−26.0
瓜菜	15.16	12.2

三、工业及建筑业

全年完成工业总产值（当年价）49.62 亿元，按可比价计算，增长 36.4%。分轻、重工业看，轻工业产值 5.83 亿元，增长 65.7%；重工业产值 43.79 亿元，增长 32.9%。

具体情况见表 3。

表 3　主要工业产品产量及增长情况

项　目	计量单位	产量	比上年增长（%）
发电量	万千瓦・时	18 884.00	6.7
水泥	万吨	70.00	−3.6
成品糖	万吨	0.46	1.4
人造板	万米^3	1.57	16.3
锯材	万米^3	4.90	−17.1
木制家具	万件	0.50	持平
塑料制品	吨	163.00	−34.8
汽车大中修	辆	135.00	0.7
橡胶初加工设备	台	1 258.00	100.0
花岗石板材	万米^3	0.00	持平

全年建筑业完成产值 50.61 亿元，按可比价计算，下降 0.1%。全年房屋施工面积 97.23 万米^2，下降 20.5%；房屋竣工面积 50.64 万米^2，增长 1.1%，其中住宅面积 23.74 万米^2，下降 2%。

四、社会消费品零售总额

全年社会消费品零售总额 113.08 亿元，下降 5.8%。其中，批发零售业 106.69 亿元，餐饮业 5.97 亿元，分别下降 5.4%、6.2%。

五、交通运输业

全年完成运营收入 7.10 亿元，增长 0.6%；货物量 10 163 192.00 吨，下降 5.1%，客运量 4 572 548.00人，下降 12.7%。

六、固定资产投资

全年完成固定资产投资总额 63.06 亿元，下降 9.3%。投资构成：第一产业投资 9.28 亿元，下降 19%；第二产业投资 2.69 亿元，下降 37.2%；第三产业投资 51.09 亿元，下降 5%。资金来源：国家投资 1.34 亿元，下降 45.3%；国内贷款 5.84 亿元，下降 4.7%；企事业单位自筹 13.67 亿元，下降 9.6%；其他资金 41.78 亿元，下降 8.8%。

七、职工群众收入

全年劳动者报酬总额 98.79 亿元，增长 5.3%。其中，在岗职工工资 21.82 亿元，增长 4.7%；自营经济纯收入 73.79 亿元，增长 3.3%。劳动者人均报酬 31 130 元，增长 12%，其中在岗职工平均工资 58 961 元，增长 15.6%。农垦人均可支配收入 1.81 万元，增长 2.3%。

八、人口与职工

农垦户籍总人口 84.02 万人，下降 2%。农垦常住总人口 80.65 万人，下降 3.1%，其中，农场场部人口 28.29 万人。全部职工人数 4.16 万人，下降 11.1%，其中，在岗职工 3.7 万人，下降 9.4%。离退休及病退人员 23.42 万人，下降 1.8%。

重庆农垦2021年经济发展统计公报

重庆市农业投资集团有限公司

2021年，重庆农垦上下坚持以习近平新时代中国特色社会主义思想为指导，深入学习贯彻党的十九届六中全会精神，增强“四个意识”、坚定“四个自信”、做到“两个维护”，深入贯彻落实习近平总书记关于国资国企改革、“三农”工作的重要论述，牢记习近平总书记对重庆的殷殷嘱托，按照市委、市政府的决策部署和市国资委的工作要求，立足新发展阶段，贯彻新发展理念，服务新发展格局，全面深化党的建设，统筹常态化疫情防控和经营生产工作，高质量推动集团党建经营各项工作迈上新台阶，重要经营指标呈现“四增四减”良性发展趋势，实现了“十四五”良好开局。

一、垦区综合情况

（一）经济总量稳中有升

垦区全年实现生产总值22.79亿元，比上年增长1.97%。按产业划分，第一产业增加值2.52亿元，比上年增长5.4%；第二产业增加值14.56亿元，同比增长5.3%；第三产业增加值5.72亿元，同比减少6.8%，三次产业结构比为11.05∶63.89∶25.10（图1）。

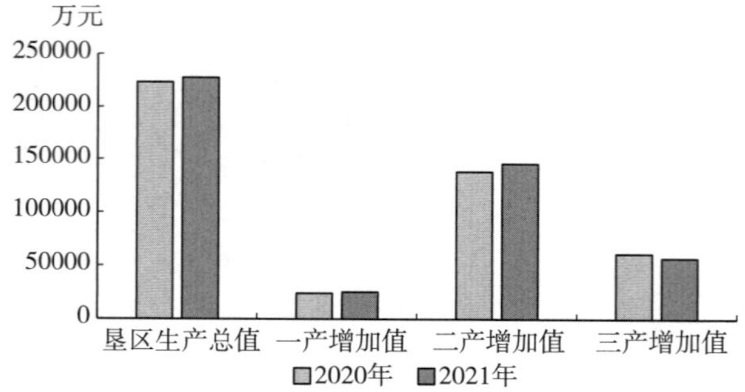

图1　重庆垦区全年生产总值

（二）经济质量保持稳定稳中求进

截至2021年年底，重庆农投集团资产总额达到153.5亿元，其中，控股企业达到142.5亿元。营业收入实现88.5亿元，其中，控股企业实现营业收入65.3亿元，与上年基本持平。利润总额实现7.3亿元，其中，控股企业实现6.3亿元，较上年增长16%。归属于母公司的净利润为2.77亿元，较上年同期略有增长。

（三）职工收入稳定

2021年，重庆农投集团年末从业人员9 752人，因产业结构调整，从业人员降幅较大。其中，第一产业983人，第二产业7 690人，第三产业1 079人，第一、第二、第三产业的从业人员比重分别为10.08∶78.86∶11.06。2021年，集团控股企业职工人均工资8.23万元，较上年增长3.1%。

二、第一产业

2021年，垦区实现农林牧渔业总产值13.24亿元，较上年减少11.4%。其中，畜牧业产值12.84亿元，同比增长3.51%，占农业总产值的96.98%；渔业产值4 030万元，同比减少10.28%，占农业总产值的3.04%。垦区年末存栏奶牛3.47万头，牛奶产量18.97万吨，同比增长5.1%；年末生猪存栏18.08万头，全年猪肉产量2.99万吨；年末家禽存栏123.05万只，禽蛋产量16 652吨，同比增长3.1%；鱼类产量800吨，与上年持平（图2）。

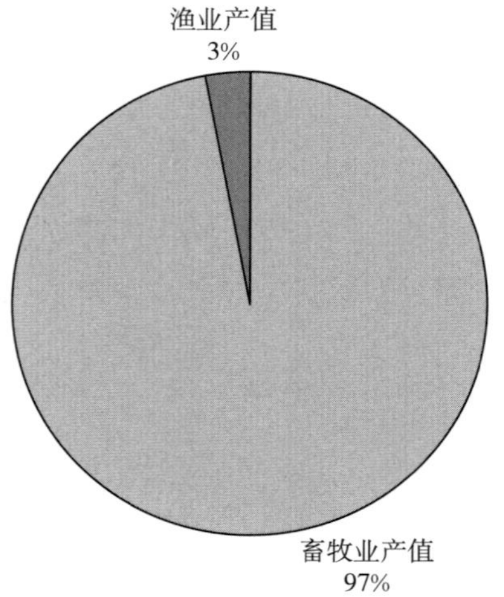

图2　农林牧渔产值比例结构

三、第二产业

2021年年末，垦区实现工业总产值83.63亿元，产业结构调整，退出劣势产业，工业总产值较上年减少18.5%，全年实现工业利润总额3.05亿元，较上年增加10.62%；产品销售收入75.4亿元，产销率达到94%。

四、第三产业

2021年，垦区第三产业增加值5.72亿元，同比上年减少6.8%。其中，交通运输业收入1.81万元，同比上年增长3.4%；金融业2.1亿元，与上年同期基本持平。

五、固定资产投资情况

全年固定资产投资总额4.59亿元，其中，第一产业固定投资5 720万元，第二产业固定资产投资2.68亿元，第三产业固定资产投资1.34亿元。主要投资第一产业畜牧业发展，第二产业工业加工基地建设、技术改造，第三产业存量资产盘活。

六、创新突围效果初显

创新投入持续增长，较去年同期增长10%。从项目创新扩展到管理创新、技术创新、产品创新、市场营销创新、商业模式创新等，通过系列创新举措，产品市场份额有较明显提升，创新成果转换成生产力初显成效。

七、转型升级，高质量发展力求新突破

按照《中华人民共和国国民经济和社会发展第十四个五年规划和2035年远景目标纲要》，以及市委、市政府要求，集团发展进一步聚焦主业、调整结构、转型升级，提升治理效能，开拓高质量发展的重要动力源和新的增长极。

集团产业结构重组重构发生重大变革，过去以“现代农业＋商业地产”为利润拉动，未来发展以聚焦现代农业，从原结构性增长转向新结构质量型发展，从单纯的要素数量型增长迈向高质量发展。下一步，集团乳业产业打造“智慧乳业产业园”，肉业产业建设“智能养殖生态圈”，渔业产业布局“蓝色粮仓”，物流产业构建“城市冰箱和重庆厨房”，对农产品、食品产业链进行转型升级，提升市场竞争力。

贵州农垦2021年经济发展统计公报

贵州省农业农村厅园区农垦管理处

2021年，贵州农垦继续深化垦区集团化、农场企业化改革，强化推动创新驱动，深耕农垦品牌拓展，构建现代农业经营体系，做实主导产业基础，激活农垦内生活力、市场竞争力和影响力，保持了经济增长的良好势头，人均收入水平稳步提高，农场竞争力逐步提升，垦区经济和社会发展和谐稳定。

一、综合

贵州垦区2021年实现生产总值8.16亿元，较上年增加51.96%。其中，第一产业增加值2.31亿元，较上年增长11.59%；第二产业增加值4.76亿元，较上年增长185.03%；第三产业增加值1.09亿元，较上年减少32.72%。人均可支配收入持续增长，达到13 657元，较上年增长12.79%（图1、图2）。

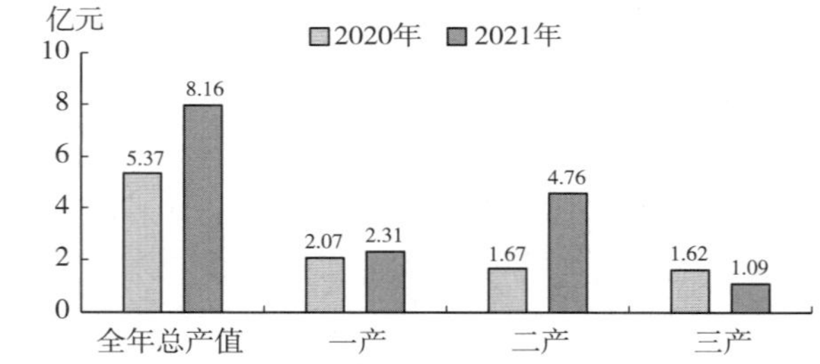

图1　2021年贵州垦区产业增长值情况

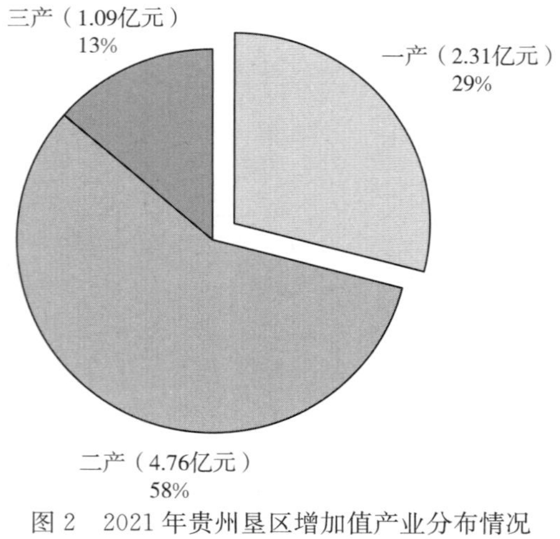

图2　2021年贵州垦区增加值产业分布情况

二、农业

（一）农林牧渔总产值

2021年完成农林牧渔总产值6.64亿元（现价）。其中，农业产值1.56亿元，牧业产值4.85亿元，林业渔业产值0.2亿元，其他辅助性活动产值0.03亿元（图3）。

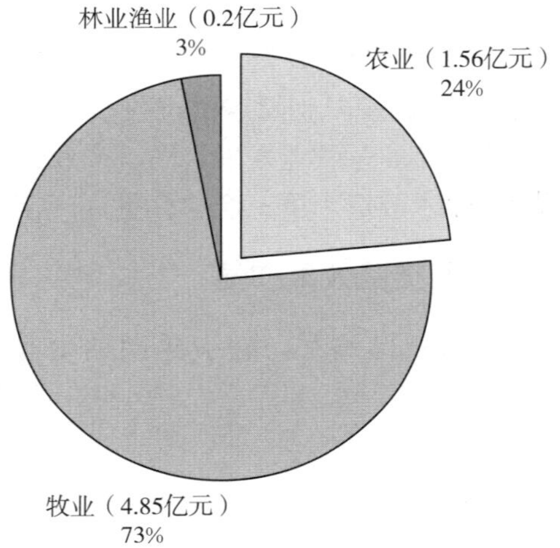

图3　2021年贵州垦区农业产值分布情况

（二）种植业

全年粮油作物播种面积190.7公顷，其中，粮食作物100.8公顷，产量455.6吨；蔬菜瓜类64.53公顷，产量1 099吨；茶叶1 307.79公顷，产量2 349.58吨；水果741.44公顷，产量14 193.9吨（图4）。

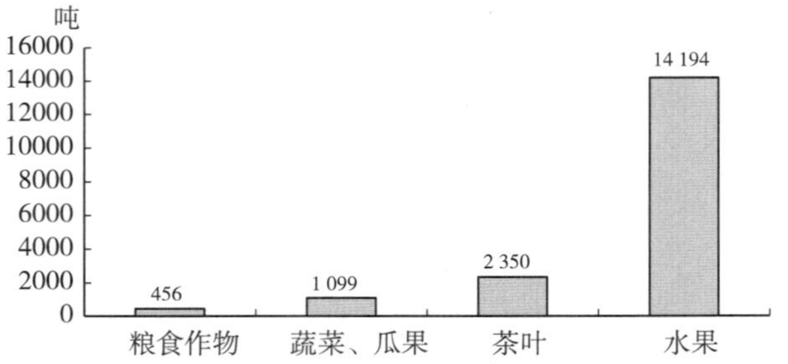

图4　2021年贵州垦区主要农产品产量

（三）养殖业

大牲畜年末存栏总数 5 399 头，全部为牛；猪存栏 13 000 头；家禽 18 000 只；全年水产品以淡水鱼类为主，产量 1 196 吨，养殖面积 90.67 公顷（图 5）。

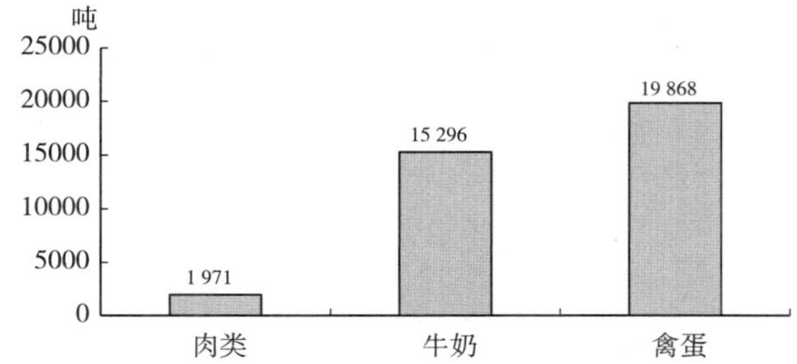

图 5　2021 年贵州垦区主要畜产品产量

三、工业

（一）工业总产值

全年完成工业总产值 18.19 亿元（现价），较上年增长 35.02%。其中，农副食品加工业 4.32 亿元，增长 83.18%；食品制造业 13.76 亿元，较上年增长 24.13%；酒、饮料和精制茶制造业 0.03 亿元；其他制造业 0.08 亿元（图 6）。

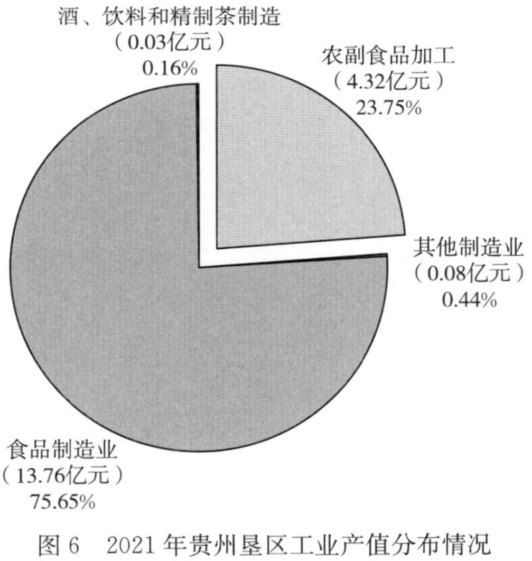

图 6　2021 年贵州垦区工业产值分布情况

（二）主要工业产品产量

1. 乳制品全年产量 13.83 万吨，增长 15.35%，主要为贵州南方乳业有限公司生产线升级改造，产能提升。

2. 配合饲料产量 9.33 万吨，增长 65.51%，主要为贵州省红枫湖畜禽水产有限公司新建饲料厂投产，产能提升（图 7）。

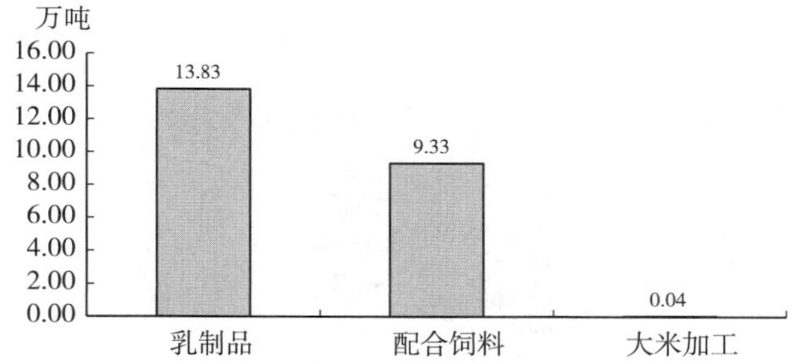

图 7　2021 年贵州垦区主要工业产品产量

四、固定资产投资

（一）固定资产投资总额

全年固定资产投资总额 4.09 亿元，较上年增长 852.3%，其中：

1. 第一产业投资 2.98 亿元，较上年增长 1 066.78%，主要为贵州省红枫湖畜禽水产有限公司投建渔业养殖基地。

2. 第二产业投资 0.57 亿元，较上年增长 502.93%，主要为贵州南方乳业投建乳制品加工分厂。

3. 第三产业投资 0.54 亿元，较上年增长 576.8%，主要为贵阳三联乳业有限公司产业划转后，由第一产业转型为第三产业，新增固定资产计入第三产业（图 8）。

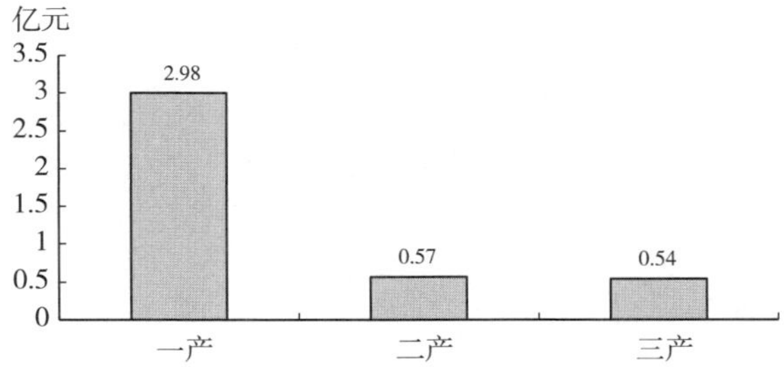

图 8　2021 年贵州垦区产业固定资产投资情况

（二）资金来源

资金合计来源合计 4.08 亿元，其中，国内贷款 1.56 亿元（红枫公司项目贷款），其他资金 1.96 亿元（红枫公司“农业现代化基金”1.2 亿元），企业自筹 0.54 亿元（图 9）。

五、人口就业民生

2021 年全垦区年末总人口 20 595 人，比上年末减少 5 368 人。

年末从业人员 6 030 人，比上年下降 7.73%。

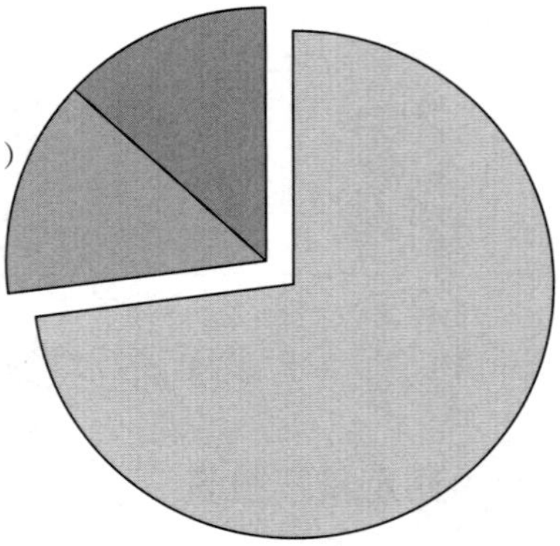

图 9　2021 年贵州垦区固定资产投资规模

其中，第一产业 4 525 人，第二产业 1 269 人，第三产业 236 人（表 1）。

年末职工 3 496 人，比上年减少 14.86%。其中，在岗职工 2 209 人。全年职工工资总额 15 762.21 万元，垦区居民人均可支配收入 13 657元。

表 1　2020 年贵州垦区从业人员情况

类型	数量（人）
全垦区年末从业人员	6 030
其中：一产	4 525
二产	1 269
三产	236

云南农垦2021年经济发展统计公报

云南省农垦局

2021年，在省委、省政府的坚强领导下，在农业农村部、农业农村厅的关心支持下，云南垦区各级、各单位坚持以习近平新时代中国特色社会主义思想为指导，深入学习贯彻党的十九大和十九届二中、三中、四中、五中、六中全会精神，认真对照习近平总书记关于农垦改革发展重要指示精神和考察云南重要讲话精神，坚决落实党中央、国务院决策部署和省委、省政府工作要求，紧扣垦区集团化、农场企业化改革主线，统筹抓好各项工作落实，在做好科学统筹疫情防控的同时，抓生产、促发展、保民生，圆满完成了年度各项工作任务。垦区经济保持增长、社会和谐稳定。

一、垦区总体经济情况

垦区经济总量持续增长，第一、第二产业增长迅速，第三产业受疫情影响有所下降。2021年云南农垦实现生产总值85.59亿元，增长6.71%。其中，第一产业43.76亿元，增长12.08%；第二产业增加值8.20亿元，增长11.46%；第三产业33.63亿元，下降0.52%。垦区人均生产总值22 612元，增长7.03%（表1）。

产业结构由上年的48.7∶9.2∶42.1变为51.1∶9.6∶39.3。非公及管区生产总值43.36亿元，比上年增长1.45%，占垦区生产总值比重为50.66%，比上年下降2.6个百分点。全年共完成工农业总产值107.75亿元，其中工业总产值30.16亿元，农业总产值77.59亿元。增速分别为14.88%、11.39%、16.30%。

表1　云南农垦2021年产值

指标名称	计量单位	2021年度	2020年度	增减量	增长（%）
垦区生产总值	万元	855 862	802 021	53 841	6.71
第一产业	万元	437 588	390 412	47 176	12.08
第二产业	万元	82 013	73 581	8 432	11.46
其中：工业	万元	75 973	67 623	8 350	12.35
第三产业	万元	336 261	338 028	−1 767	−0.52
第一产业比重	%	51.1	48.7	2.4	4.93
第二产业比重	%	9.6	9.2	0.4	4.35
第三产业比重	%	39.3	42.1	−3.1	−7.35
垦区人均生产总值	元	22 612	21 126	1 486	7.03
非公及管区经济生产总值	万元	433 562	427 346	6 216	1.45
工农业总产值	万元	1 077 509	937 918	139 591	14.88
工业总产值	万元	301 594	270 743	30 851	11.39
农业总产值	万元	775 915	667 175	108 740	16.30

二、第一产业

农业整体上保持增长态势，橡胶、粮食、肉类产量不同程度增长。2021 年垦区农林牧渔业总产值（农业总产值）77.59 亿元，增长 16.30%。农业各行业均不同程度增长，其中农业（种植业）产值 24.31 亿元，增长 10.45%；林业产值 16.51 亿元，增长 18.51%，其中，橡胶（种植）产值 14.60 亿元，增长 18.28%；牧业产值 5.88 亿元，增长 5.18%；渔业产值 2.47 亿元，增长 18.58%，农林牧渔专业及辅助活动产值 28.42 亿元，增长 23.02%，其中，橡胶初加工产值 28.05 亿元，增长 26.30%（表 2）。

表 2　云南农垦 2021 年度农业产值

指标名称	2021 年度（万元）	2020 年度（万元）	增减量（万元）	增长（%）
农林牧渔业总产值	775 915	667 175	108 740	16.30
按农业行业分类				
一、种植业（农业）产值	243 144	220 142	23 002	10.45
1. 粮食产值	24 572	19 286	5 286	27.41
2. 油料产值	90	63	27	42.86
3. 糖料（甘蔗）产值	18 493	18 989	−496	−2.61
4. 烤烟产值	651	1 007	−356	−35.35
5. 药材产值	899	131	768	586.26
6. 蔬菜、瓜果	50 795	41 875	8 920	21.30
7. 其他短期作物产值	4 113	1 623	2 490	153.42
8. 茶叶产值	19 771	19 099	672	3.52
9. 水果产值	108 091	107 817	274	0.25
10. 热带亚热带作物产值	15 669	10 341	5 328	51.52
二、林业产值	165 126	139 333	25 793	18.51
其中：橡胶产值	146 013	123 449	22 564	18.28
三、牧业产值	58 758	55 866	2 892	5.18
内：肉类产值	52 010	48 371	3 639	7.52
四、渔业产值	24 731	20 856	3 875	18.58
五、农林牧渔业辅助活动	284 156	230 978	53 178	23.02
其中：橡胶初加工	280 520	222 103	58 417	26.30
按经济类型分类				
公有经济	449 138	367 840	81 298	22.10
非公及管区经济	326 776	299 425	27 351	9.13

面对天然橡胶因灾减产及长期价格低迷的严峻形势，垦区各级、各单位大力推进主产业天然橡胶提质增效，积极调整优化农业产业结构，调整产品和品种结构，特色热作农业产业持续发展，特色农业产业发展质量提升，蔬菜瓜果、热带水果、畜牧业、渔业等特色产业呈现良好的发展态势，保障职工收入增加，产业结构调整效益持续显现。

1. 橡胶种植面积下降、投产面积增加，产量增长。

截至 2021 年年末，垦区橡胶面积 135 034 公顷（202.6 万亩，含农垦非公经济及农垦控制的境外胶园面积 44.7 万亩），下降 1.43%。其中公有橡胶 108 343 公顷（162.5 万亩），下降 1.51%。橡胶平均开割面积 99 988 公顷（149.98 万亩），增长 3.74%。

生产橡胶 12.30 万吨，比上年增加 0.85 万吨，增长 7.42%，其中公有橡胶产量 9.66 万吨，增长 11.98%。全垦区橡胶平均亩产 82.0 公斤，平均株产 3.84 公斤，分别增长 3.55%、1.59%（表 3）。

表 3　云南农垦 2021 年度橡胶生产情况

指标名称	计量单位	2021 年度	2020 年度	增减量	增长（%）
年末橡胶面积	公顷	135 034	136 999	－1 965	－1.43
	亩	2 025 511	2 054 986	－29 475	－1.43
其中：公有橡胶	公顷	108 343	110 002	－1 659	－1.51
	亩	1 625 142	1 650 023	－24 881	－1.51
年末橡胶株数	万株	4 905.50	4 985.79	－80.29	－1.61
其中：公有橡胶	万株	3 764.10	3 872.76	－108.66	－2.81
平均开割面积	公顷	99 988	96 383	3 605	3.74
	亩	1 499 814	1 445 742	54 072	3.74
平均开割株数	万株	3 207.51	3 028.90	178.61	5.90
橡胶总产量	吨	123 048	114 549	8 499	7.42
其中：公有橡胶	吨	96 617	86 283	10 334	11.98
橡胶平均亩产	公斤	82.04	79.23	2.81	3.55
橡胶平均株产	公斤	3.84	3.78	0.06	1.59
收购加工橡胶	吨	226 021	196 119	29 902	15.25
橡胶综合产值（含收购加工）	万元	426 533	345 552	80 981	23.44
橡胶产值占农业总产值比重	%	54.97	51.79	3.18	6.14

全年收购加工橡胶 22.60 万吨，增长 15.25%。橡胶生产成本依旧居高不下，垦区橡胶生产成本为 1.4 万～1.5 万元/吨，远高于年均销售价格。

自 2013 年以来，橡胶销售价格总体呈下跌态势，从 2013 年的 18 300 元/吨跌至 2021 年的 12 033 元/吨。

橡胶产值 14.60 亿元，比上年增长 18.28%，橡胶初加工产值 28.05 亿元，比上年增长 26.30%。

2. 茶叶种植面积、产量下降，产值增长。

茶叶种植面积 4 296 公顷（6.44 万亩），下降 6.12%，干毛茶产量 8 442 吨，下降 4.63%，产值 1.98 亿元，增长 3.52%。

3. 水果种植面积、产量下降，产值基本持平。

水果种植面积 16 006 公顷（24.01 万亩），比上年减少 695 公顷（1.04 万亩）下降 4.16%；产量 25.22 万吨，下降 5.96%；产值 10.81 亿元，增长 0.25%。

4. 甘蔗种植面积、产量、产值不同程度下降。

2020—2021 年，榨季种植甘蔗 4 061 公顷（6.09 万亩），下降 5.36%；产量 41.39 万吨，下降 9.07%；产值 1.85 亿元，下降 2.62%。

5. 蔬菜瓜果种植面积、产量、产值不同程度增长。

蔬菜瓜果种植面积 4 584 公顷（6.88 万亩），增长 27.55%；产量 10.35 万吨，增长 18.62%；产值 5.08 亿元，增长 21.30%。

6. 粮食种植面积、产量、产值不同程度增长。

粮食种植面积 9 737 公顷（14.61 万亩），增长 9.02%；产量 6.15 万吨，增长 12.24%；产值 1.93 亿元，增长 27.41%。

7. 畜牧业产量、产值不同程度增长。

肉类总产量为 1.22 万吨，增长 18.16%，其中猪肉产量 0.64 万吨，增长 22.32%，产值 5.88 亿元，增长 5.18%。

8. 渔业产量、产值不同程度增长。

全年生产水产品 1.53 万吨，增长 11.77%，实现产值 2.47 亿元，增长 18.58%（表 4）。

表 4　云南农垦 2021 年度非胶农业生产情况

指标名称	计量单位	2021 年度	2020 年度	增减量	增长（%）
粮食作物播种	公顷	9 737	8 931	806	9.02
产量	吨	61 508	54 799	6 709	12.24
产值	万元	24 572	19 286	5 286	27.41
甘蔗播种面积	公顷	4 061	4 291	−230	−5.36
产量	吨	413 893	455 165	−41 272	−9.07
产值	万元	18 493	18 989	−497	−2.62
蔬菜瓜果播种面积	公顷	4 583	3 594	990	27.55
产量	吨	103 459	87 217	16 242	18.62
产值	万元	50 795	41 875	8 920	21.30
茶叶种植面积	公顷	4 296	4 576	−279	−6.12
产量	吨	8 442	8 852	−410	−4.63
产值	万元	19 771	19 099	672	3.52
水果种植面积	公顷	16 006	16 701	−695	−4.16
产量	吨	252 181	268 153	−15 972	−5.96
产值	万元	108 091	107 817	275	0.25
咖啡种植面积	公顷	605	697	−92	−13.20
产量	吨	1 107	1 208	−101	−8.36
产值	万元	1 211	1 324	−113	−8.53
澳洲坚果种植面积	公顷	4 243	3 609	634	17.57
产量	吨	2 088	1 241	847	68.25
产值	万元	4 722	3 676	1 046	28.45
石斛种植面积	公顷	174	94	80	85.11
产量	吨	1 421	568	853	150.18
产值	万元	9 305	5 024	4 281	85.21
热带亚热带作物产值	万元	15 669	10 341	5 328	51.52
肉类总产量	吨	12 202	10 327	1 875	18.16
牧业产值	万元	58 758	55 866	2 892	5.18
水产品产量	吨	15 252	13 646	1 606	11.77
渔业产值	万元	24 731	20 855	3 876	18.59

农业产业结构调整效果持续显现，2021 年垦区承包岗位人员（含职工和非职工）岗位年工资性收入 1.42 万元，增长 4.5%。

三、第二产业

第二产业持续保持增长。全年实现第二产业增加值 8.20 亿元，增加 0.84 亿元，增长 11.46%。2021 年垦区全部工业企业（含国有、非公及管区）在食糖、发电、锯材及人造板材、农产品初加工机械等工业品产量不同幅度增长的拉动下，实现工业总产值 30.16 亿元，增加 3.09 亿元，增长 11.39%；工业增加值 7.60 亿元，增加 0.83 亿元，增长 12.26%。

全年完成建筑业增加值 0.60 亿元，增长 1.0%（表 5）。

表 5　云南农垦 2021 年度主要工业品产量产值

指标名称	计量单位	2021 年度	2020 年度	增减量	增长（%）
食糖产量	吨	180 392	176 765	3 627	2.05
产值	万元	89 824	83 672	6 152	7.35
酒精产量	吨	2 374	6 150	−3 776	−61.40
产值	万元	204	2 211	−2 007	−90.77
发电量产量	万度	43 053	29 032	14 021	48.29
产值	万元	16 551	12 512	4 039	32.28
锯材及人造板材产量	米^3	219 060	131 791	87 269	66.22
产值	万元	29 057	16 694	12 363	74.06
精制茶产量	吨	9 412	9 387	25	0.27
产值	万元	21 648	12 447	9 201	73.92
土豆片产量	吨	1 801	1 834	−33	−1.80
产值	万元	4 761	5 861	−1 100	−18.77
咖啡粉产量	吨	1 609	836	773	92.46
产值	万元	14 799	11 566	3 233	27.95
水泥产量	吨	335 826	526 997	−191 171	−36.28
产值	万元	14 888	18 579	−3 691	−19.87
钢模板产量	吨	10 219	13 995	−3 776	−26.98
产值	万元	8 446	8 537	−91	−1.07
汽车配件产量	套	3 307	6 823	−3 516	−51.53
产值	万元	1 637	3 377	−1 740	−51.53
热作机械产量	台	143	105	38	36.19
产值	万元	7 424	4 721	2 703	57.25

四、第三产业

受疫情防控影响，第三产业同比下降。2021 年垦区第三产业实现增加值 33.63 亿元，减少 0.18 亿元，下降 0.52%。垦区各类第三产业企业实现营业收入 425.02 亿元，增长 18.30%；但盈利能力下降，实现利润 6.39 亿元，下降 17.70%，主要原因是受到新冠肺炎疫情影响。

1. 交通运输业收入、利润、上缴税金不同程度下降。

交通运输业实现营业收入 4.07 亿元，下降 7.34%；实现利润 1.00 亿元，下降 5.21%；上缴税金 1 014 万元，下降 12.38%。

2. 批发零售贸易业收入、利润、上缴税金不同程度增长。

批发零售贸易业实现营业收入 333.75 亿元，增长 18.70%；实现利润 2.23 亿元，增长 15.79%；上缴税金 8 279 万元，增长 1.87%。

3. 住宿和餐饮业收入、利润下降，上缴税金增长。

住宿和餐饮业营业收入 7.41 亿元，下降 5.06%；实现利润 7 520 万元，下降 51.54%；上缴税金 2 893 万元，增长 12.61%。

4. 服务业收入、利润下降，上缴税金增长。

服务业实现营业收入 6.88 亿元，下降 0.9%；实现利润 1.58 亿元，下降 7.43%；上缴税金2 536 万元，增长 13.06%。

五、固定资产投资

固定资产投资下降，但第一产业投资保持增长。全垦区固定资产投资总额为 11.68 亿元，减少 1.91 亿元，下降 14.05%。第一产业投资 4.10 亿元，增加 7 403 万元，增长 22.02%，其中，橡胶投资 1.35 亿元，减少 213 万元，下降 1.56%；第二产业投资 2.13 亿元，减少 1.57 亿元，下降 42.43%；第三产业投资 5.45 亿元，减少 1.08 亿元，下降 16.54%。

全垦区国有经济投资额为 8.11 亿元，减少 1.88 亿元，下降 19.14%，其中，第一、第二、第三产业投资额分别为 2.67 亿元、2.13 亿元、3.33 亿元，增幅分别为 7.45%、−37.65%、−18.51%。非公及管区经济固定资产投资 2.50 亿元，减少 1.10 亿元，下降 30.63%（表 6）。

表 6　云南垦区 2021 年固定资产投资情况

指标名称	2021 年度（万元）	2020 年度（万元）	增减量（万元）	增长（%）
固定资产投资总额	116 829	135 944	−19 115	−14.06
第一产业	41 029	33 626	7 403	22.02
其中：橡胶生产	13 451	13 664	−213	−1.56
第二产业	21 336	37 034	−15 698	−42.39
第三产业	54 464	65 284	−10 820	−16.57
1. 公有经济	81 148	99 967	−18 819	−19.14
第一产业	26 694	24 844	1 850	7.45
其中：橡胶生产	12 813	13 631	−818	−6.00
第二产业	21 336	34 221	−12 885	−37.65
第三产业	33 332	40 902	−7 570	−18.51
2. 非公及管区经济	24 958	35 978	−11 020	−30.63

六、从业人员工资情况

垦区各类从业人员年均工资不同幅度增长。2021 年从业人员年均工资 2.25 万元，增长 7.71%；在岗职工（按月领取劳动报酬的职工）年均工资 8.0 万元，增长 12.29%；承包岗位职工（农业一线职工）年均工资 1.82 万元，增长 3.27%；承包岗位非职工（农业一线承包人）年均劳动报酬 1.27 万元，增长 6.02%。

七、非公经济及管区经济

非公经济及管区经济保持增长，但增速放缓。垦区非公及管区经济实现生产总值 43.36 亿元，增长 1.45%。非公及管区经济总量占垦区经济总量比重为 50.65%，比上年下降 2.6 个百分点。第一、第二产业均保持增长，第三产业同比下降。第一、第二、第三产业增加值分别为 18.20 亿元、2.60 亿元、22.56 亿元，增速分别为 8.79%、4.63%、−4.09%。

非公及管区经济实现产值（营业收入）81.50 亿元，增长 2.60%。劳动报酬总额为 16.64 亿元，增长 0.49%。实现利润 15.92 亿元，增长 3.00%。上缴税金 1.57 亿元，增长 3.48%。

八、受灾情况

虽然自然灾害频发，但受灾面积、经济损失均少于上年。2021 年垦区各种农作物受灾面积 59 189公顷（88.78 万亩），减少 17 864（28.80 万亩），下降 23.18%。其中，橡胶受灾面积 54 300 公顷（81.45 万亩），因灾减产 7 369 吨；茶叶受灾面积 1 004 公顷（1.51 万亩），因灾减产 155 吨；水果受灾面积 1 404 公顷（2.11 万亩），因灾减产水果 3 540 吨；甘蔗受灾面积 1 315 公顷（1.97 万亩），因灾减产 1.97 万吨。因灾造成直接经济损失 1.61 亿元，比上年下降 44.66%。

陕西农垦2021年经济发展统计公报

陕西省农垦集团有限责任公司

2021年是陕西省农垦集团极不平凡的一年。这一年，集团战略地位和作用全面提升。省委、省政府高度重视农垦发展事业，在推进新一轮深化农垦改革进程中，赋予农垦集团两项重大战略任务，在建设规模化“吨粮田”粮食产业示范区上发挥国有担当，在支持杨凌改革创新发展中建设好“四个基地”，农垦集团迎来了千载难逢的发展机遇和前所未有的挑战。这一年，集团重农抓粮、扩规提质成效最为显著。13.1万亩小麦实现丰产丰收，面积、总产、亩产均创历史最高，朝邑农场入选2021年农业产业强镇创建名单，所属农场全面拓展合作，形成了农垦20万亩规模化粮食生产的基本框架。这一年，集团抗灾自救、抢收抢种最为艰苦。集团所属农场遭遇60年不遇的汛情灾害，4个农场发生严重内涝，朝邑农场全境进水，在保障职工群众生命安全前提下，集团各级众志成城，展开抗灾自救、抢收抢种、恢复重建，最大限度地把丰收果实夺回来，最大限度地增加小麦播种面积，最快速度实施恢复重建，这些经历最为难忘。这一年，集团高质量发展、稳增长、防风险最为突出。坚持降本增效、提质增效，优化财务指标，全面完成固定资产投资、科技创新投资、成本费用利润率管控目标；全力促进协调发展，集团所属陕西英考鸵鸟股份有限公司实现全面扭亏，陕西农垦农业建设有限公司实现大幅增盈，各农场之间差距逐步缩小，集团总体经营成效不断向好。这一年，集团抓党建、推改革、重民生、促创新。庆祝建党100周年系列活动扎实开展，党史教育“我为群众办实事”贯穿始终，国企改革三年行动任务全面推进，“三项制度”改革深化拓展，重点改革任务突破完成，“科技创新·示范引领”三年行动推动创新。

2021年全省农垦实现国民生产总值84 509万元，（现价，下同）同比增加26.79%。其中，第一产业增加值31 557万元，同比增加1.04%；第二产业增加值9 751万元，同比减少48.04%；第三产业增加值43 202万元，同比增加159.41%。

全省实现农业总产值68 078万元，工业总产值50 218万元。

一、农业

农业生产总体良好。2021年，农业生产克服雪灾、风灾、低温霜冻、洪涝等自然灾害，依然实现了较好收成。全省农垦共收获稻谷522吨，小麦40 699吨，玉米45 104吨，其他谷物30吨；大豆167吨，油料合计690吨；蔬菜瓜果类合计48 052吨。

（1）聚焦主业发展，推动扩规提质，产业优势不断蓄积。一是优质粮食产业保持稳产丰产，成为发展优势。夏收13.1万亩小麦，收获小麦1.22亿斤，平均亩产938.27斤，与上年同期比，总产量增加5 142.5万斤，平均每亩增产58斤，亩均增幅6.6%，总产、单产均创历史新高。二是农产品市场运营环节逐步完善，形成全产业链体系。陕西农垦安益鲜冷链物流公司持续拓宽配送业务、扩大市场领域，实现销售收入1 702万元。三是果蔬产业持续优化，呈现特色亮点。集团15个千亩果蔬基地、3.47万亩各类果蔬不断优化提升。大荔农场技术创新，144亩羊肚菌产业成为新的经济增长点；华阴农场产出甜柿子260万斤，创收409万元，产品远销泰国、越南；合阳葡萄园不断引进、运用新技术，实行不同采摘销售策略，101万斤葡萄实现销售收入950万元。

（2）聚焦国企改革，推进任务落地，经营活力不断增强。集团全面推进国企改革三年行动，围绕改革工作时间节点，落实首要任务，党的第一议题制度严格贯彻；党的领导融入企业治理体系，中国特色现代企业制度进一步完善；规模化粮食生产任务明确，主业格局基本形成；处僵治亏工作有序推进，完成预期目标；市场化经营机制不断建立，混合所有制改革探索推进，国有资产管理体系更加科学，企业创新发展理念更加深入。完成全年改革目标任务70%，实现了改革、发展与稳定的统一。

（3）聚焦创新驱动，注重科技应用，发展效能不断提升。一是加大科技创新投入，把科技创新投入列入年度财务预算，与销售挂钩，全年科技创新投入3 377万元。二是加快科技创新步伐，全面推进“科技创新·示范引领”三年行动；实地学习借鉴富平县、蒲城县现代农业发展模式；积极融入秦创原创新驱动平台。三是加强科技协作共建，与陕西省杂交油菜研究中心、渭南市农业科学研究院签署科技合作战略协议，开展育种合作和人才培养合作，加快新品种、新技术推广。

（4）聚焦关键领域，强化企业管控，综合实力不断加强。一是“三个体系”建设助力企业规范健康发展。形成了分工负责、齐抓共管的组织管理机构；建立了多层级、多领域、规范化的规章制度体系；促进了各类不规范问题的整改提升；完善了内部审计和监督检查工作。二是压减和治亏专项工作实现预期目标。完成了陕西农垦英考现代农业观光园、大荔锦苑棉业两户有限公司的清算注销工作；盘活了拟处置的“僵尸企业”——陕西英考鸵鸟王饲料有限公司。三是企业法治建设常抓不懈。全年组织各类法务培训，聘请专家进行知识讲座，全方位落实合同管理，不断提高依法依规、合法合规治企能力。

（5）聚焦抗灾减灾，上下协同发力，恢复重建不断推进。8月以来，陕西省持续较长的强降雨，致使渭、洛河流域水位上涨，渭河水倒灌，洛河朝邑围堤紫阳段出现决口，集团所属农场大量农作物被洪水淹没，果蔬产业、灌溉渠系、农业设施损毁严重，秋收、秋播受到严重影响，造成巨大的经济损失。

面对灾情，集团积极开展生产自救。一是千方百计排水抢收。调集各种挖掘机等设备450余台/次，抽水泵730余台/次，修挖排水渠60余千米，投入人力16 824人次，排涝8.6万余亩，抢收秋粮作物13万余亩。二是想方设法扩大小麦播种面积。因地施策，采用条播、小型机播、人工撒播、无人机加量撒播等方式播种，截至11月底，集团播种冬小麦8.6万亩。三是积极建设，恢复水毁设施。迅速组织人力、物力，对生产生活设施和道路、渠、井、农业大棚等农田基础设施进行修复重建。

（6）聚焦党建引领，统筹经济民生，垦区事业不断进步。坚持把建党百年庆祝活动和党史学习教育结合起来，从伟大建党精神中获取砥砺前行动力，推进农垦事业实现高质量发展。认真落实“两个一以贯之”要求，坚持党委把关定向与董事会科学决策有机统一，全面落实“党建进章程”，把党组织研究讨论作为企业决策重大事项前置程序，推动集团现代企业制度建设更加健全完善。紧盯职工群众急难愁盼的实事、难事，把“我为群众办实事”作为检验党史学习教育成效的重要标尺。加大职工技能培训力度，提高职工整体工作能力和科技致富能力；开展贴身服务，切实解决好职工养老、医疗等社会保障方面的需求；加强职工住房、水、电、路等居住环境的基础设施配套建设，绿化、美化场容场貌，不断改善和优化职工居住环境和生活条件。

二、工业

农垦是一个特殊的社会经济系统，具有企业性、社会性、区域性等多重特征。要准确把握农垦的这些行业特征和内在规律，在国家农垦局的宏观指导和有关配套政策的支持下，借鉴兄弟垦区的成功经验，积极稳妥地推进工业体制改革。

2021年全省共实现工业总产值50 218万元。

2021年主要工业产品产量：原煤651 676吨。

三、商贸服务业

2021年商业年末经营单位30个，商品销售总额1 142万元。住宿餐饮业年末经营单位17个，营业收入569万元。服务业经营单位20个，营业收入43 639万元。

四、固定资产投资

全省农垦固定资产投资28 707万元，其中，第一产业6 613万元，占投资总额的23.04%，第二产业1 465万元，占投资总额的5.10%，第三产业20 629万元，占投资总额的71.86%。

按投资来源划分，国家预算内资金3 429万元，自筹资金25 180万元。当年新增固定资产6 598万元。

五、劳动工资、人口

2021年年末，农垦社会从业人员6 181人。其中，第一产业 5 587 人，第二产业 115 人，第三产业 479 人，分别占 90.39%、1.86%、7.75%。

农垦从业人员中，属于国有经济从业人员的共有 3 667 人，劳动报酬 14 390 万元。其中，在岗职工 3 288 人，劳动报酬 13 826 万元。陕西农垦全年居民人均可支配收入 13 162 元。

六、科研、文教、卫生

陕西农垦近两年来，将所属的部分中小学校移交地方政府，农垦现有技工学校 1 所。

七、经济运行中面临的主要矛盾和问题

一是对中省文件顶层设计赋予农垦的“四个定位”作用发挥不够，需要深刻感悟农垦存在的价值和意义，增强思想自觉和行动自觉，在引领现代农业发展上履行农垦的使命和担当。二是在企业治理体系和治理能力现代化，推进“三个体系”建设，全面完成国企改革三年行动任务上还有差距，需要聚力推进集团化、企业化。三是内部改革相对滞后，各单位之间、产业之间发展不平衡、不协调、不充分，矛盾突出，风险防范形势严峻，一些历史遗留问题和各方面反馈的问题迫切需要彻底解决。四是农垦经营管理人才队伍建设的战略性部署和结构性矛盾需要尽快协调化解。为面对即将到来的 2022 年，需要团结凝聚集团各级力量，再接再厉、接续奋斗，努力改进存在的问题、不足，积极谋划和迎接新的工作。

甘肃农垦2021年经济发展统计公报

甘肃省农垦集团有限责任公司

2021年是“十四五”开局之年，也是开启全面建设社会主义现代化国家新征程起步之年。这一年，面对新冠肺炎疫情反复的严峻考验，宏观环境复杂多变的风险挑战，以及保持经济稳定增长的发展压力，集团上下坚持以习近平新时代中国特色社会主义思想为指导，认真贯彻落实党中央、国务院、省委、省政府关于国企、农垦改革发展的决策部署，坚持稳中求进的工作总基调，立足新发展阶段，贯彻新发展理念，融入新发展格局，以推动企业高质量发展为主题，统筹疫情防控和生产经营两手抓、两手硬，扎实做好稳增长、促改革、调结构、防风险等各项工作，不断提升农垦内生动力、发展活力。全年集团整体经济发展稳中向好、稳中有进，实现了“十四五”阶段的良好开局。

一、综合

（一）生产总值

集团整体实力进一步增强，经济总量又上新台阶。按照收入法初步核算汇总，全年实现生产总值（增加值合计）19.29亿元，比上年增加0.63亿元，同比增长3.4%，两年平均增长2.4%。其中，第一产业增加值10.63亿元，同比增长10.8%；第二产业增加值7.1亿元、同比增长15.3%；第三产业增加值1.56亿元，同比下降46.3%。第一、第二、第三产业增加值占比分别为55%、37%、8%（图1、图2）。从总体看，集团第一产业主业优势得到进一步巩固，以工业为主的第二产业份额显著上升，以批发零售、住宿餐饮为主的第三产业受客观因素影响有所下滑。

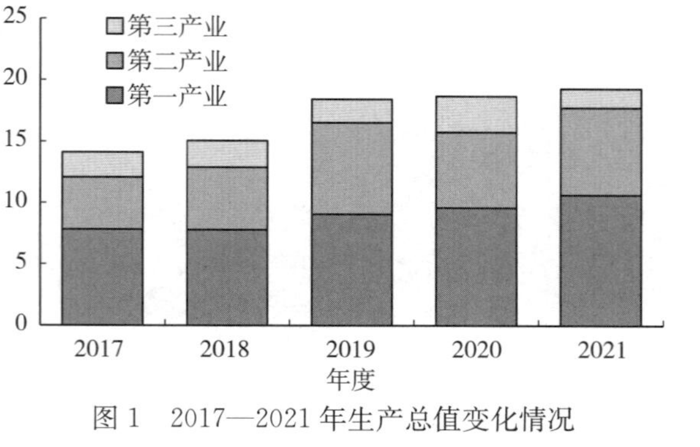

图1　2017—2021年生产总值变化情况

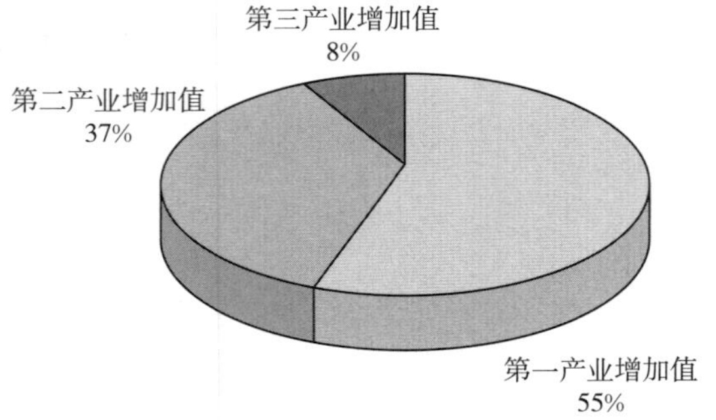

图2　2021年三次产业增加值占比

（二）人员情况

2021年年末，垦区总人口约6.58万人，较上年减少约0.5万人，同比下降7.2%。其中，22个农场场部常住人口4.85万人，占总人口的73.7%。垦区从业人员期末人数2.09万人，工资总额9.83亿元。从产业分布看：第一产业1.55万人，占比74.9%；第二产业0.42万人，占比20.3%；第三产业0.13万人，占比4.8%。垦区职工期末人数1.2万人，职工工资总额7.08亿元。其中，在岗职工1.09万人，在岗职工工资总额6.56亿元。职工生活水平稳步提升，居民人均可支配收入23 408元，同比增长7.3%（图3）。

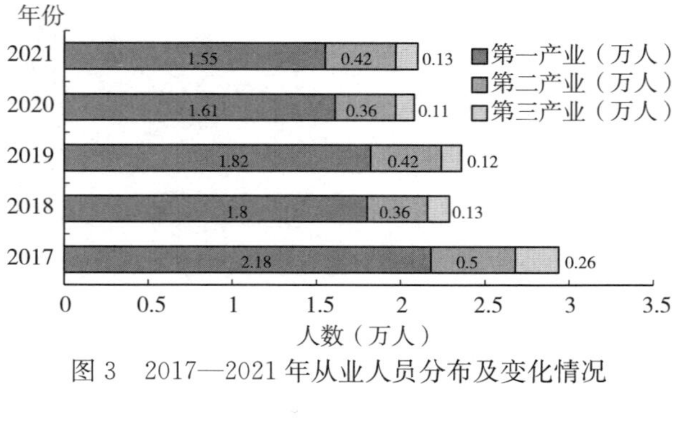

图3　2017—2021年从业人员分布及变化情况

（三）土地利用情况

截至2021年年末，垦区土地总面积441 397.54公顷。其中，耕地面积71 264.78公顷，增长0.9%，高标准农田30 975.52公顷，永久基本农田28 721.88公顷；牧草地面积227 574.89公顷，增长0.5%；林地面积48 341.83公顷，下降0.2%；水面面积3 449.49公顷，园地面积3 631.64公顷，可垦荒地面积5 546.3公顷，宜林地面积228.67公顷，居民点及工矿面积4 819.27公顷，其他面积76 540.67公顷（图4）。

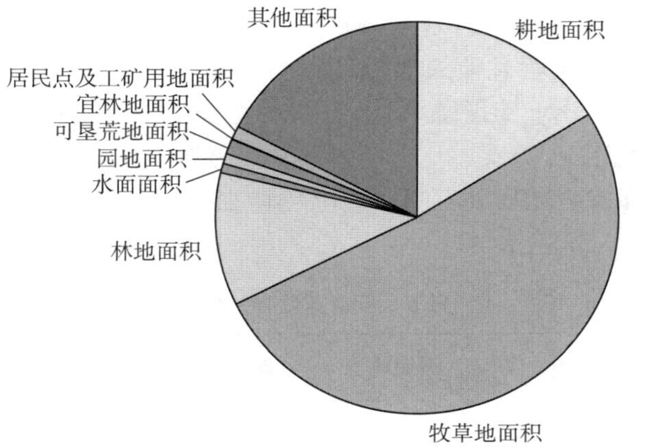

图4　土地构成图

二、农林牧渔业

2021年，集团认真贯彻落实中央、甘肃省关于农业发展的重要决策部署，持续加强现代农业建设，加快农业科技推广，加大集中统一经营力度，强化农业稳产保供，农业综合生产能力得到稳步提升。在当前不稳定、不确定因素增多的大环境下，农业对总体经济的支撑作用进一步凸显。经核算，当年完成农林牧渔业总产值（现价）47.8亿元，较上年度增加13.04亿元，增长37.5%。各产业产值构成：种植业产值33.5亿元，增长28.8%；林业产值0.02亿元，下降65.9%；畜牧业产值12.85亿元，增长67.8%；渔业产值0.01亿元，增长80.6%；农林牧渔专业及辅助性活动产值1.41亿元，增长37.3%。农林牧渔业商品总产值40.2亿元，增长42.2%（图5）。

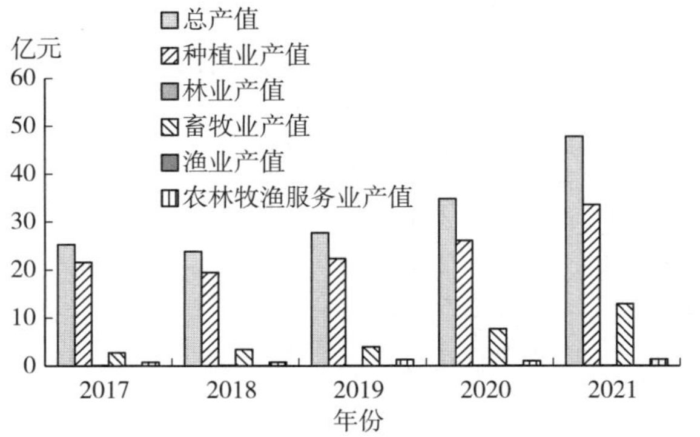

图5　2017—2021年农林牧渔业总产值构成及变化情况

（一）种植业

农作物种植方面，集团继续把粮食生产放在重要位置，根据省委、省政府要求，全力落实粮食作物“保面积、保产量”的目标任务。经济作物种植结构持续优化、稳中调优，突出发展蔬菜、饲草等高收益作物品种，实现种植业生产平稳增长。经统计，2021年集团26户涉农企业种植农作物75 476公顷，同比增长5.0%。粮食作物、经济作物、饲料作物占比的分别为37%、34%、29%。

（1）粮食作物。集团上下高度重视粮食安全工作，粮食种植面积和产量齐增。经统计，全年粮食种植面积27 697公顷，同比增长14.7%。其中，夏粮播种面积2 496公顷，同比下降33.7%；秋粮播种面积25 201公顷，同比增长23.9%。从具体作物看，小麦种植面积2 191公顷，同比下降35%。玉米种植面积17 121公顷，同比增长32.3%。马铃薯种植面积7 490公顷，同比增长8.5%（表1）。

表1　主要粮食作物播种面积

指标名称	种植面积（公顷）	比上年增长（%）
小麦	2 191	－35
玉米	17 121	32.3
马铃薯	7 490	8.5

全年收获粮食255 982吨，同比增长14.7%，其中，夏粮产量14 328吨，同比下降30.2%；秋粮产量241 654吨，同比增长19.2%。从具体作物看：小麦产量12 888吨，同比下降31.4%；玉米产量188 044吨，同比增长19.2%；马铃薯产量52 022吨，同比增长24%（表2）。

表2　主要粮食作物产量

作物名称	产量（吨）	比上年增长（%）
小麦	12 888	－31.4
玉米	188 044	19.2
马铃薯	52 022	24

（2）经济作物。全年种植面积 25 413 公顷，同比下降 5.7%。其中，棉花种植面积 3 167 公顷，同比下降 7.8%；油料种植面积 3 232 公顷，同比下降 5.46%；糖料种植面积 647 公顷，同比增长 50.41%；蔬菜播种面积 8 052 公顷，同比增长 17.66%；瓜类 674 公顷，同比下降 25.2%；香料播种面积 2 113 公顷，同比下降 8.4%；中药材播种面积 4 502 公顷，同比下降 21.2%（表 3）。

表 3　主要经济作物播种面积

作物名称	种植面积（公顷）	比上年增长（%）
棉花	3 167	−7.8
油料	3 232	−5.46
糖料	647	50.41
蔬菜	8 052	17.66
瓜类	674	−25.2
香料	2 113	−8.4
中药材	4 502	−21.2

经济作物实现总产 757 300 吨，同比增长 32.2%。分作物看：棉花（皮棉）产量 5 612 吨，同比增长 18.7%；油料产量 12 412 吨，同比增长 11.01%；糖料产量 43 251 吨，同比增长 22%；蔬菜产量 638 770 吨，同比增长 38.2%；瓜类产量 21 529吨，同比下降 10.7%；香料产量 6 400 吨，同比增长 6.7%（表 4）。

表 4　主要经济作物产量

作物名称	产量（吨）	比上年增长（%）
棉花	5 612	18.7
油料	12 412	11.01
糖料	43 251	22
蔬菜	638 770	38.2
瓜类	21 529	−10.7
香料	6 400	6.7

（3）饲料作物。全年落实播种面积 22 182 公顷，同比增长 7.9%，产量 573 000 吨，同比增长 37.1%。其中，苜蓿草种植面积 13 513 公顷，同比下降 5.3%；燕麦草种植面积 2 773 公顷亩，同比下降 9.6；青贮玉米（饲料用）5 260 公顷，同比增长 91.5%（表 5）。

表 5　主要饲料作物播种面积

作物名称	种植面积（公顷）	比上年增长（%）
苜蓿草	13 513	−5.3
燕麦草	2 773	−9.6
青贮玉米（饲料用）	5 260	91.5

（二）畜牧业

畜牧业持续稳定发展，年末大牲畜存栏 5.9 万头，比上年增加 1.4 万头，增长 31.1%。其中，肉牛存栏 1.81 万头，比上年减少 0.03 万头，下降 1.6%；奶业产业实现扩容提质，随着并购庄园牧场和天牧乳业二期投产，奶牛存栏量达到 3.9 万头，比上年增加 2.22 万头，增长 132%；生猪存栏 1.14 万头，比上年增加 0.1 万头，增长 9.6%；羊存栏 19.02 万只，比上年增加 2.24 万只，增长 13.3%（表 6）。

表 6　畜牧养殖存栏情况

种类名称	计量单位	数量	比上年增长（%）
肉牛	万头	1.81	−1.6
奶牛	万头	3.9	132
生猪	万头	1.14	9.6
羊	万只	19.02	13.3

全年肉类总产量 1.57 万吨，比上年增加 0.56 万吨，增长 55.4%；当年出栏肉猪 2.05 万头，比上年增加 0.42 万头，增长 25.8%；出栏肉用牛 1.96 万头，比上年增加 0.59 万头，增长 43.1%；出栏肉用羊 13.32 万只，比上年减少 1.31 万只，下降 8.9%，牛奶产量 16.2 万吨，比上年增加 10 万吨，增长 161%；羊毛产量 139 吨，比上年增加 26 吨，增长 23%；禽蛋产量 980.9 吨，比上年增加 10.12 吨，增长 1%（表 7）。

表 7　畜牧养殖出栏情况及畜产品产量

种类名称	计量单位	数量	比上年增长（%）
肉牛	万头	1.96	43.1
生猪	万头	2.05	25.8
羊	万只	13.32	−8.9
牛奶	万吨	16.2	161
羊毛	吨	139	23
禽蛋	吨	980.9	1

（三）园艺

截至2021年年末，集团实有果园面积1 997公顷，由于部分农场果园退耕还粮、种植结构调整等因素，同比下降29%。其中，苹果园面积312公顷，同比下降28.8%；产量9 688吨，同比下降17.9%。梨园面积1 042公顷，同比增长1.4%；产量30 941吨，同比增长78.2%。红枣24公顷，同比下降0.6%；产量136吨，同比下降81.9%（表8、表9）。

表8　主要园艺水果面积变化情况

果园种类名称	数量（公顷）	比上年增长（%）
苹果	312	−28.8
梨	1 042	1.4
红枣	24	−0.6

表9　主要园艺水果产量变化情况

果园种类名称	数量（吨）	比上年增长（%）
苹果	9 688	−17.9
梨	30 941	78.2
红枣	136	−81.9

（四）林业和渔业

全年造林面积合计为220公顷，全部为防护林，当年零星植树23.9万株，截至年末，实有防护林面积27 994公顷。育苗面积153公顷，幼林抚育面积1 254公顷，成林抚育面积1 860公顷，年末森林覆盖率6.34%。

全年水产养殖面积334公顷，淡水鱼类产量28吨。

（五）农机化、生产投入与技术推广

通过稳定实施农机购置补贴政策，持续强化垦区农业机械化水平，促进农机农艺农工深度融合、良田良法良种相互配套，大力提升作业质量和“水肥一体”化应用水平，强力推行高效节水灌溉，为粮食和重要农产品生产提供坚实保障。年末农业机械总动力361 021.89千瓦，增长8.7%（图6）。其中，柴油发动机动力285 837.73千瓦，汽油发动机动力3 689.5千瓦，电动机动力67 573.92千瓦，其他机械动力3 920.74千瓦。拥有大中型拖拉机4 234台，小型及手扶拖拉机4 406台，配套农具10 491台，排灌动力机械1 721台，联合收获机112台，农用飞机11架，拥有温室大棚32.03万米²。

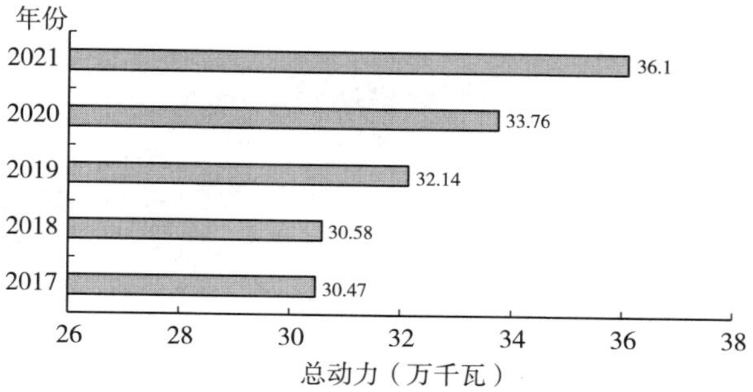

图6　2017—2021年农业机械总动力增长情况

综合机械化水平不断提高，当年实际机耕面积67 377公顷，机播面积64 465公顷，机收面积62 392公顷，初步测算当年种植业耕种收综合机械化率达91%。

农业化肥用量、能源消耗持续降低，农业生产用电量13 959.73万千瓦·时，农业用水量54 256.29万米³。农药施用量0.05万吨，下降25.7%；地膜使用量0.24万吨，下降10.8%，地膜覆盖面41 217公顷；农业化肥施用实物量7.84万吨，下降9.7%，折纯量3.05万吨，下降10.7%。农田水利建设有序开展，测土配方施肥面积41 523公顷，肥料高效利用技术应用面积53 485公顷，其中，水肥一体化技术应用面积45 706公顷，节水灌溉面积54 117公顷，农作物统防统治面积19 542公顷，秸秆还田面积18 942公顷，秸秆饲用面积18 104公顷。

（六）绿色食品、有机食品、农产品地理标志情况

截至2021年年末，垦区农场企业取得绿色、有机食品认证66个，当年新增5个，已认证总产量21.86万吨。其中，农作物认证27个，认证产量15.16万吨。水果认证19个，认证产量4.94万吨。加工产品认证13个，认证产量1.6万吨。取得农产品地理标志产品认证1个，认证产品面积8 407.95亩，产量1.89万吨。获得绿色食品原料标准化生产基地认证面积4.94万亩。取得省级认证龙头企业8户，国家级龙头企业1户。

（七）农作物种业

全年种子播种面积3 965公顷，其中，原种播种面积519公顷，良种播种面积3 446公顷。种子生产量合计1.68万吨，其中，原种生产量0.39万吨，良种生产量1.3万吨。良种中的玉米种子生产量1.16万吨。

三、工业、建筑业

2021年，集团所属27户工业企业全年完成工业总产值22.52亿元，增长32.2%，其中，17户规模以上工业企业，完成工业总产值22.25亿元，占比98.8%。2户大中型工业企业莫高股份、庄园牧场完成工业总产值6.9亿元，占比30.6%。从产业分类看：农副食品加工业实现产值4.84亿元，占比21.5%。食品制造业实现产值8.19亿元，占比36.4%。医药制造业4.21亿元，占比18.7%。非金属矿物制品业1.63亿元，占比7.2%（图7）。

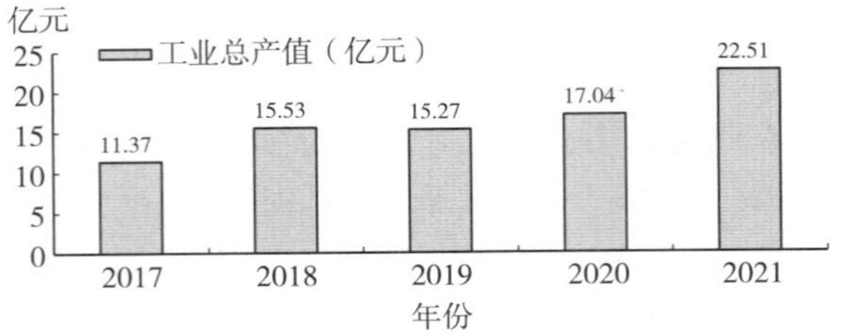

图7　2017—2021年工业总产值增长情况

主要工业品产量有升有降。医药制造方面：药物碱厂主要产品产销增加，甜菊糖产品销量稳中有升；莫高股份受市场因素影响，复方甘草片产销下降；普安康饮片顶住了前半年出口受阻，后半年美元汇率走低和海运费暴涨等不利影响，产销同比持平。乳制品、饮料、酒方面：庄园牧场加工稳中有升，生产乳制品10.44万吨，增长23%；小宛、条山白酒产量2.5吨，莫高股份生产葡萄酒1 032吨，同比略有回升。农副食品加工方面：黄羊河食品生产甜糯玉米系列产品1.3万吨，同比增长4.8%；薯业集团生产马铃薯全粉产品3.99万吨，同比增长232%；兴农公司加工辣椒制品2.64万吨，同比增长8.19%；条山集团小麦粉产量202.86吨，同比下降36.6%；食用植物油215.58千瓦·时，同比增长153%。宏远公司发电2.15亿千瓦·时，受上游来水量减少和设备检修影响，同比下降8%；西部水泥市场需求量不断增加，累计生产水泥、熟料、矿粉62.06万吨，同比增长7%；亚美特公司生产滴灌带1.12亿米，同比增长2.6%；生产聚氯乙烯（PVC）3 417.22吨，同比下降8%。

集团所属2户建筑业企业完成总产值3.37亿元，全年施工房屋建筑面积1.23万米^2，房屋建筑竣工面积0.57万米^2，出售房屋面积0.41万米^2。其中，住宅19套、车库31间、商铺11间。

四、交通运输、批发零售贸易业、服务业及外贸出口

交通运输业全年完成货运量9.78万吨，下降4.1%，客运量1.04万人次，下降3.2%。年末，实有24户交通运输单位实现收入872万元。其中，国有单位1户，黄羊河物流公司全年完成货物周转量5万吨（其中，长途发运1 680车，发运量4.2万吨），较上年的5.5万吨减少0.5万吨，下降10%，全年实现营业收入504.96万元，利润总额16.35万元。

全年垦区范围内126户批发零售业、餐饮业、服务业单位及个体工商户合计实现销售收入12.72亿元，受疫情等因素影响，下降18.4%，其中，10户国有单位实现收入12.66亿元。餐饮业36家单位实现收入591.94万元，其中，1户国有单位实现收入219.74万。服务业43家单位实现收入2.3亿元，其中11户国有单位实现收入2.28亿元。

出口贸易稳中有进。全年出口供货商品总金额1.47亿元，增长1.3%。其中，农产品1.14亿元，增长28.4%；医药加工品受疫情和中印关系双重因素影响，完成金额0.28亿元，下降42.8%；食品0.05亿元，下降30.3%。外贸出口玉米产品0.06万吨，蔬菜1.06万吨，原料药0.66万吨。

五、科研、固定资产投资

科技研发投入力度不断加大。2021年年末，垦区共有科研单位3户，职工合计51人。其中，科研人员47人，科研经费投入871万元，试验地3.4公顷。垦区各企业拥有科技人员共计325人，科研经费投入5 202万元，全部为企业自筹。

固定资产投资保持增长。全年完成投资总额11.38亿元，增长66%，主要为项目建设投资。从产业分布看：第一产业完成投资4.35亿元，第二产业完成投资6.72亿元，第三产业完成投资0.31亿元，占比为38%、59%、3%。按资金来源划分，落实国家预算资金0.82亿元，国内贷款2.18亿元，自筹资金8.27亿元，其他资金0.12亿元。当年实现新增固定资产7.26亿元。

青海农垦2021年经济发展统计公报

青海省农业农村厅农垦局

2021年，青海农垦认真贯彻习近平新时代中国特色社会主义思想和党的十九大及十九届历次全会精神，按照中央和农业农村部决策部署，在省委、省政府正确领导和支持下，持续推进垦区集团化农场企业化改革，以打造绿色有机农需产品输出地为抓手，全力推进农垦巩固拓展脱贫攻坚成果与乡村振兴有效衔接。聚焦垦区特色产业，着力构建现代农牧业体系，促进产业提质增效、绿色发展，着力保障和改善民生，全年经济稳中有增，各项社会事业保持健康发展。

一、综合

2021年，青海垦区有国有农牧场（企业）20家，垦区全年实现生产总值5.71亿元，同比增长6.65%。其中，第一产业增加值5.21亿元，同比增长6.1%。第二产业增加值0.13亿元，同比下降0.6%。第三产业增加值0.37亿元，同比增长18.1%。第一、第二、第三产业增加值占生产总值比重分别为91.2%、2.3%、6.5%。农林牧渔业总产值89 588.57，同比增长7.63%，工业总产值2 172.43万元。

2021年垦区年末总人口43 241人，农场人口34 251人。从业人员19 764人，其中，第一产业13 518人，第二产业86人，第三产业6 160人。垦区居民人均可支配收入16 658元，比上年增加1 253元，增长8.1%。2021年职工期末人数6 892人，职工工资总额22 739.59万元，职工人均工资收入32 994元，比上年增长6.9%。

二、农业

2021年，全年农作物播种面积3.55万公顷，粮食作物1.65万公顷，粮食产量5.36万吨。其中，小麦0.13万公顷，产量0.72万吨；其他谷物1.51万公顷，产量4.56万吨；豆、薯类0.03万公顷，产量0.07万吨。油料作物1.2万公顷，产量1.47万吨；蔬菜、瓜类0.03公顷，产量1.99万吨。

三、畜牧业

2021年年末，大牲畜总头数50 725头，其中，肉牛25 365头，牛肉产量1 019.4吨；奶牛152牛，牛奶产量6吨。生猪存栏3 861头，猪肉产量245.93吨。羊存栏263 952头，羊肉产量1 746.92吨，其中，山羊2 189头；绵羊261 763头，绵羊毛产量295.28吨。

四、林业

全年造林面积4 200公顷，其中，经济林1 287公顷，防护林2 913公顷。成林抚育面积831.3公顷。

五、固定资产投资

全年完成固定资产投资总额10 814.96万元。投资构成：第一产业投资10 592.98万元，占总投资额的97.9%；第二产业投资221.98万元，占总投资额的2.1%。

六、农垦科研情况

年末垦区科研单位从业人员945人，其中，科技人员85人。用于科研的经费373.04万元，其中，政府拨款240万元，企业自筹133.04万元。

宁夏农垦2021年经济发展统计公报

宁夏农垦集团有限公司

2021年，是党和国家历史上具有里程碑意义的一年，党的百年华诞凝聚磅礴伟力，“十四五”开局迈向第二个百年奋斗目标。面对错综复杂的内外形势、艰巨繁重的工作任务和超出预期的困难挑战。一年来，集团公司坚持以习近平新时代中国特色社会主义思想为指导，坚持稳中求进工作总基调，统筹推进疫情防控和农垦改革发展工作，集团整体运营情况呈现稳中向好的发展态势，夺取了疫情防控和农垦改革发展工作的双胜利，全年经济持续稳定恢复，呈现结构优化、活力增强、高质量发展稳步推进的良好态势。

一、综合

2021年，宁夏农垦经济实力进一步增强。全年实现农垦生产总值（现价，下同）30.11亿元，比上年增长8.8%（图1）。其中，第一产业增加值18.06亿元，增长10.2%；第二产业增加值6.78亿元，增长6.8%；第三产业增加值5.27亿元，增长6.6%。第一、第二、第三产业增加值构成比例为60∶23∶18（2020年比例为59∶23∶18）。

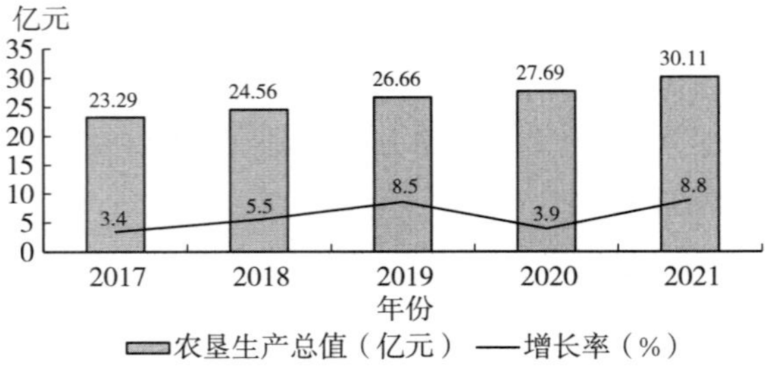

图1　2017—2021年农垦生产总值及增长速度

2021年垦区家庭人均纯收入26 260元，比上年增加1 380元，增长5.6%，是全区农村居民人均纯收入15 337元的1.7倍，是全区城镇居民人均可支配收入38 291元的68.6%。

2021年垦区总户数38 905户，总人口113 071人，其中，达到小城镇规模农场个数14个。年末单位从业人员人数9 721人，其中，职工人数9 003人。离退休职工22 780人。年末单位从业人员工资总额52 495万元，职工人均工资收入53 310.9元，比上年增长9%。

二、农业

2021年，宁夏农垦优化调整农业结构，在保障粮食安全的情况下，加快粮改饲步伐，通过扩大苜蓿和青贮玉米等饲草的种植面积，全力保障养殖产业饲草供给需求，全年实现农林牧渔服务业总产值43.6亿元（现价，下同），比上年增长11.4%，其中，种植业20.9亿元，增长10.2%；林业0.20亿元，与上年持平；牧业20.9亿元，增长16.1%；渔业0.66亿元，下降28.3%；服务业0.91亿元，下降13.3%（图2）。

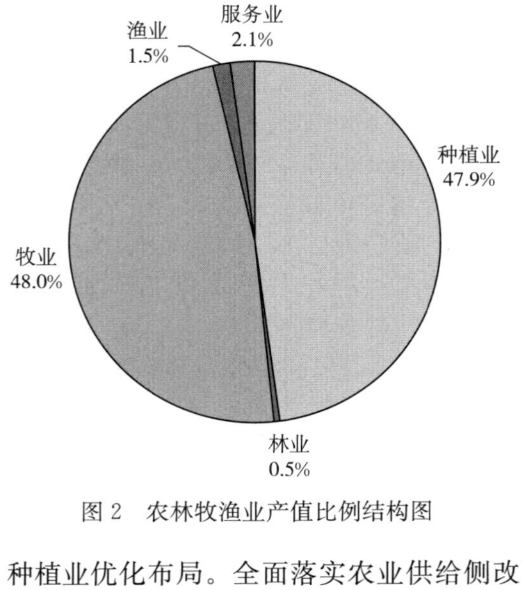

图2　农林牧渔业产值比例结构图

种植业优化布局。全面落实农业供给侧改革，调整优化作物结构，初步确立了优质粮食、优质牧草、现代种业、特色经果林、绿色瓜菜5个特色种植业格局。2021年农作物总播种面积70.2万亩，比上年增加5.6万亩，增长8.6%。全年粮食播种面积 48.9 万亩，比上年增加 1.4 万亩，增长 2.9%。其中，夏粮播种面积 0.3 万亩，减少 74.2%；秋粮播种面积 48.5 万亩，增长 5.4%。春小麦播种面积 0.3 万亩，减少 74.2%；水稻播种面积 16.6 万亩，增长 9.9%；玉米播种面积 31.9 万亩，增长 3.2%。

全年粮食总产量 38.83 万吨，增长 1.8%，占自治区粮食总产量 368.4 万吨的 10.5%。其中，夏粮产量 0.17 万吨，下降 72.3%；秋粮产量 38.66 万吨，增幅 3%（表 1）。

表 1　2021 年垦区种植业基本情况表

产品	产量（吨）	比上年增长（%）
粮食产量	388 286	1.8
其中：小麦	1 678	−72.3
水稻	102 205	6.6
玉米	284 043	1.7
油料	10	−96.4
蔬菜	80 133	16.2
水果	55 113	76.9
其中：葡萄	37 288	70.6

畜牧业扩规增效。垦区坚持种养结合、草畜配套一体化发展。全年实现畜牧业总产值 20.9 亿元，比上年增长 16.1%，年末奶牛存栏 10.34 万头，增长 35.5%，占总存栏数的 88.7%；国有奶产量 39.42 万吨，增长 24.3%，盈利 2.2 亿元。中流砥柱作用充分发挥，有力促进垦区畜牧业的发展（表 2）。

水产养殖业相对下降，主要原因是为保护环境，退渔还湿，退渔还湖。年末养殖面积 5.9 万亩，比上年减少 0.7 万亩，全年水产品产量 4 667 吨，下降 47.7%。

全年植树造林面积 7 305 亩，均匀非林业用地造林。当年零星植树 1.37 万株。

2021 年垦区不断完善农机标准体系建设，农作物综合机械化水平达到 97%。年末农业机械总动力 32.19 万千瓦，与上年持平；拥有大中型拖拉机 2 633 台，小型拖拉机 1 906 台，播种机 514 台，排灌动力机械 1 449 台，联合收割机 436 台，农用运输车 1 655 台。

表 2　2021 年垦区畜牧业基本情况

产品或存栏	计量单位	数量	比上年增长（%）
年末大牲畜存栏	头	116 526	23.2
年末牛存栏	头	116 526	23.2
其中：奶牛	头	103 401	35.5
年末羊存栏	只	117 862	37.6
其中：山羊	只	28 666	38.8
绵羊	只	89 196	37.3
猪年末存栏	头	25 691	28.9
其中：能繁母猪	头	4 022	85.8
当年牲畜出栏			
其中：牛出栏	头	30 041	−7.4
羊只出栏	只	53 899	−10.6
生猪出栏	头	28 967	23
家禽出栏	百只	14 100	1.2
肉类总产量	吨	9 781	−4.4
其中：猪肉产量	吨	1 905	24.1
牛肉产量	吨	4 991	−10.1
羊肉产量	吨	873	−24.4
禽肉产量	吨	2 012	1.1
牛奶产量	吨	394 165	24.3
禽蛋产量	吨	1 370	−24.9

三、工业和建筑业

农垦工业稳步发展。年末垦区工业企业个数 40 个，其中，国有及年销售收入 2 000 万元以上的工业企业 4 个。全年实现工业增加值 4.86 亿元，下降 4.2%，占第二产业增加值的 71.7%，其中，宁夏西夏嘉酿啤酒有限公司实现工业增加值 3.71 亿元，下降 3.6%，占工业增加值 54.8%（表 3）。

表 3　2021 年垦区工业产品产量

产　　品	计量单位	数量	比上年增长（%）
鲜肉	吨	1 137	−5.3
乳制品	吨	34 050	−2.8
其中：酸奶	吨	1 050	−39.1
饮料酒	千升	212 794	1.5
其中：啤酒	千升	210 096	5.3
白酒	千升	305	−55.7
葡萄酒	千升	2 393	−24.1
其中：西夏王	千升	574	−53.6

（续）

产　　品	计量单位	数量	比上年增长（%）
混配合饲料	吨	67 550	3.4
大米	吨	8 425	−2.8

2021年年末，有建筑企业17个，从业人员1 608人，全年实现建筑业增加值1.92亿元，比上年增长51.2%，占第二产业增加值的28.3%。当年房屋建筑施工面积12万米^2。

四、固定资产投资

2021年完成固定资产投资总额14亿元，比上年增长17.6%（图3）。其中，国有投资13.21亿元，增长32.4%，主要是项目建设投资。在当年固定资产投资中，基本建设完成投资13.37亿元，增长30.9%，占总投资额的95.5%；更新改造完成投资0.64亿元，下降63.5%，占总投资的5.5%。

奶业公司白土岗奶牛场工程项目3.8亿元，利垦牧业红崖子奶牛场养殖场项目1.49亿元。

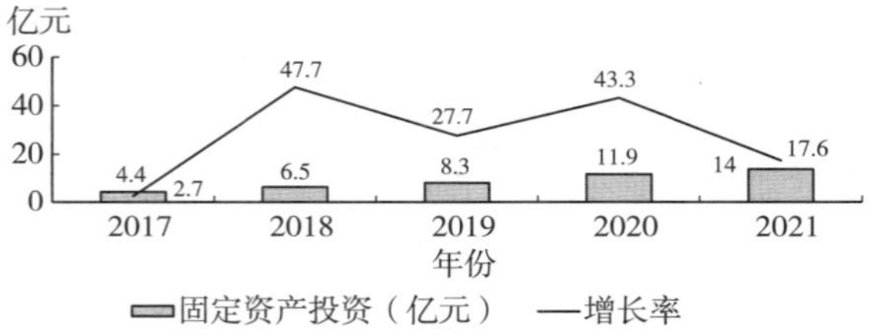

图3　2017—2021年全社会固定资产投资及增长速度

五、交通运输业、批零贸易业、住宿和餐饮业、旅游业、房地产业及出口商品

2021年，全年拥有载货汽车346辆，载客汽车463辆，实现货运量173万吨，客运量272万人；实现营业收入9 400万元。

年末批零贸易业、住宿和餐饮业营业单位总数2 135个，从业人员6 898人，拥有固定资产原值119 369万元，营业用房面积14.5万米^2，实现社会消费品零售额41 878万元，比上年增长6.1%，其中，批发零售贸易业31 913万元，增长7.1%；住宿餐饮业9 965万元，增长3%。

宁夏农垦沙湖景区全年接待游客55万人次，实现旅游收入11 096万元，缴纳税金670万元，2021年新冠肺炎疫情对整个旅游市场带来很大的冲击，对旅游行业的影响最为严重。

垦区国有房地产开发企业全年销售房屋、储藏间、车位销售共计1 142套，6.97万米^2，与上年相比增加384套，面积减少1.9万米^2。实现营业收入2.87亿元，同比减少了24%。

2021年垦区商品出口主要是供港蔬菜，年末商品出口总金额10 535万元，出口蔬菜24 403吨。

六、绿色、有机食品、无公害农产品

2021年末垦区绿色、有机、无公害农产品认证数34个，带动4 761户农户，其中，蔬菜1个，带动农民435人，种植面积绿色A级60公顷，产量5 700吨；水果3个，带动农民186人；西夏啤酒7个；西夏王葡萄酒9个，带动农民3 615人；灵农猪肉1个，带动农民215人，产量1 137吨；沙湖水产品6个。

七、科研

年末农垦科研单位1个；科研职工7人，其中，科研人员6人。

八、非国有经济

2021年垦区非国有经济实现生产总值14.52亿元，比上年增长44.8%，占垦区经济总量的30.6%。其中，第一产业增加值9.98亿元，第二产业增加值1.49亿元，第三产业增加值3.05亿元。各产业在非国有经济中的构成比例为69∶10∶21。年末非国有经济单位个数7 370个，从业人员40 472人，从业人员总收入93 729万元，实现利润29 509万元。

新疆生产建设兵团2021年经济发展统计公报

新疆生产建设兵团统计局
国家统计局兵团调查总队

2021年是中国共产党成立100周年，具有重大里程碑意义。兵团上下在以习近平同志为核心的党中央坚强领导下，在自治区党委和兵团党委正确领导下，坚持以习近平新时代中国特色社会主义思想为指导，全面贯彻党的十九大和十九届历次全会精神，贯彻落实习近平总书记“七一”重要讲话精神，继承和发扬伟大建党精神，完整准确贯彻新时代党的治疆方略，聚焦新疆工作总目标，履行兵团职责使命，坚持稳中求进工作总基调，完整、准确、全面贯彻新发展理念，服务和融入新发展格局，扎实做好“六稳”工作，全面落实“六保”任务，科学统筹疫情防控和经济社会发展成效显著，紧贴民生推进高质量发展成果丰硕，经济保持较快增长，全年主要发展指标完成情况良好，实现了“十四五”良好开局。

一、综合

全年兵团生产总值3 395.61亿元，比上年增长8.0%，两年平均增长6.2%（图1）。其中，第一产业增加值786.48亿元，比上年增长6.3%；第二产业增加值1 285.56亿元，增长8.0%；第三产业增加值1 323.57亿元，增长8.9%。第一产业增加值占生产总值的比重为23.1%，第二产业增加值占生产总值的比重为37.9%，第三产业增加值占生产总值的比重为39.0%。全年人均生产总值99 265元，比上年增长5.2%（图2）。

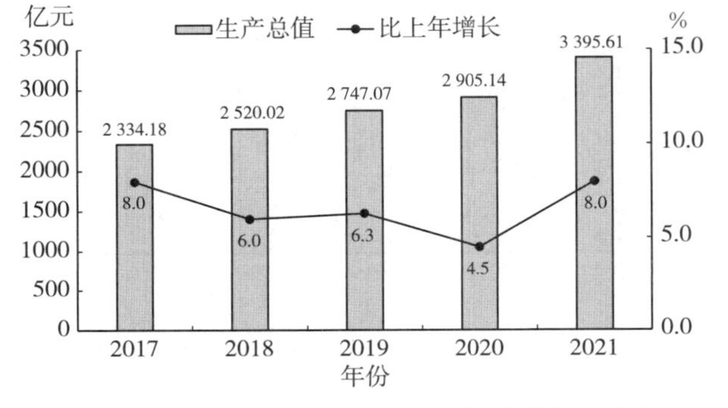

图1　2017—2021年兵团生产总值及其增长速度

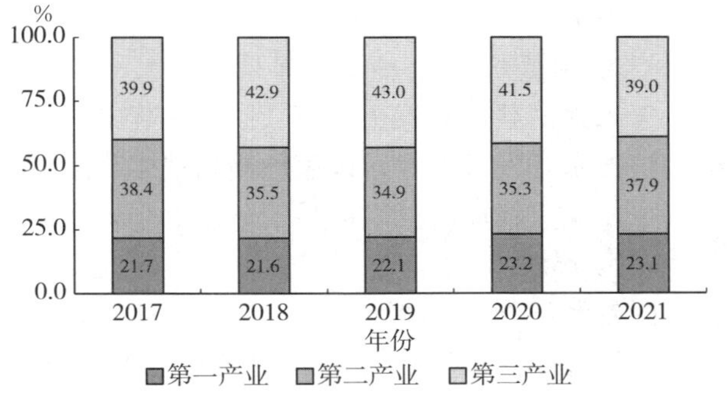

图2　2017—2021年三次产业增加值占生产总值比重

年末兵团人口348.51万人，比上年末增加12.87万人。其中，男性183.28万人，女性165.23万人。全年出生人口1.49万人，出生率为4.44‰；死亡人口1.21万人，死亡率为3.61‰；自然增长率为0.83‰（表1）。

表1　2021年兵团年末人口数及其构成

指　标	年末数（万人）	比重（%）
兵团人口	348.51	100.0
其中：男性	183.28	52.6
女性	165.23	47.4

年末兵团就业人员148.45万人，全年城镇新增就业8.38万人。城镇登记失业率为2.57%。全年开展各类职业技能培训14.05万人（次）。统筹机关事业单位、基层服务项目等岗位，吸纳1.59万名高校毕业生到兵团就业。支持4.11万名其他省份新引进劳动力在一二三产业融合就业。帮助1.03万名就业困难人员实现就业。帮扶0.49万名脱贫劳动力稳岗就业（图3）。

全年兵团新增友谊镇、青湖镇、共青镇、二道

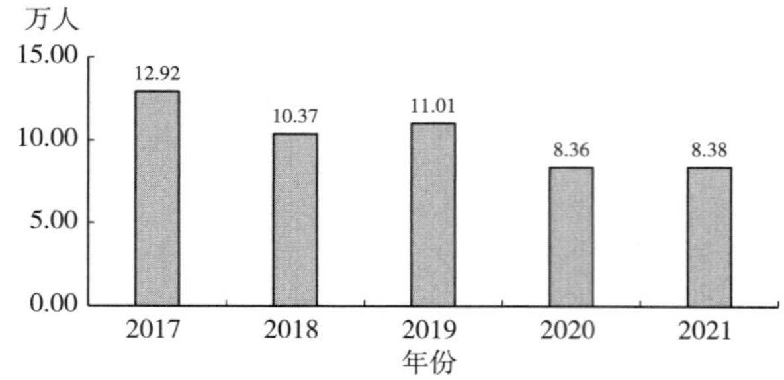

图 3　2017—2021 年城镇新增就业人数

湖镇、骆驿镇、黄田镇、玉园镇和金山街道办事处、花城街道办事处、明珠街道办事处、胡杨街道办事处、玉都街道办事处，共计 7 个建制镇、5 个街道办事处。年末兵团管理的自治区直辖县级市 11 个、建制镇 63 个、街道办事处 24 个、乡 1 个。

年末兵团共有各类开发区 22 个，其中，国家级经济技术开发区 3 个，国家级高新技术产业开发区 1 个，国家级经济开发区兵团分区 2 个，兵团级工业园区 16 个。

国有经济布局不断优化。2 月 26 日，兵团电力集团挂牌成立；7 月 26 日，胡杨基金正式设立；7 月 30 日，兵团文旅完成注册；12 月 30 日，兵团能源集团成立；12 月 31 日，兵团再担保公司正式挂牌。国有企业效益显著提高。年末兵团国有企业资产总额合计 5 929.06 亿元，比上年增长 5.0%；所有者权益合计 1 771.29 亿元，增长 11.9%。全年国有企业实现营业总收入 2 473.41 亿元，比上年增长 19.3%；实现利润总额 53.46 亿元，增长 23.6%。

生态环境保护取得积极成效。五家渠市全年细颗粒物（PM2.5）平均浓度 58 微克/米^3，比上年减少 6 微克/米^3；空气优良天数 265 天，重污染天数 40 天；环境空气质量综合指数 5.48，比上年改善 4.0%。石河子市全年 PM2.5 平均浓度 54 微克/米^3，比上年减少 2 微克/米^3；空气优良天数 269 天，重污染天数 34 天；环境空气质量综合指数 5.18，比上年改善 1.3%。纳入国家考核的 30 个国控断面地表水水质达到国家优良水体比例 82.6%。

新产业、新业态、新模式快速成长。全年兵团规模以上工业中，高技术制造业增加值比上年增长 13.1%，占规模以上工业增加值的比重为 3.6%；装备制造业增加值增长 9.8%，占规模以上工业增加值的比重为 3.7%；战略性新兴产业增加值增长 7.0%，占规模以上工业增加值的比重为 11.8%。高技术服务业投资比上年增长 81.5%。全年新登记市场主体 44 208 户，比上年增长 26.2%；年末兵团市场主体总数达 206 228 户，比上年末增长 13.6%。

二、农业

全年粮食种植面积 302.84 千公顷（454.26 万亩），比上年增长 16.5%。其中，稻谷种植面积 15.64 千公顷（23.46 万亩），下降 14.1%；小麦种植面积 141.13 千公顷（211.70 万亩），增长 25.2%；玉米种植面积 128.59 千公顷（192.88 万亩），增长 10.1%。棉花种植面积 870.14 千公顷（1 305.20 万亩），增长 0.6%。油料种植面积 33.55 千公顷（50.33 万亩），下降 43.9%。甜菜种植面积 10.99 千公顷（16.49 万亩），下降 33.0%。蔬菜种植面积（含菜用瓜）66.54 千公顷（99.82 万亩），增长 1.2%。园林水果种植面积 188.54 千公顷（282.82 万亩），下降 1.2%。

农作物精量半精量播种面积 1 259 千公顷（1 888.5万亩），比上年增长 3.0%。其中，棉花精量播种面积 854.4 千公顷（1 281.6 万亩），比上年增加 3.9 千公顷（5.85 万亩）。

全年粮食产量 282.94 万吨，比上年增加 41.50 万吨，增产 17.2%（图 4）。其中，夏粮产量 99.91 万吨，增产 29.8%；秋粮产量 180.97 万吨，增产 10.0%。全年谷物产量 274.23 万吨，比上年增产 17.0%。其中，稻谷产量 15.43 万吨，减产 15.0%；小麦产量 99.85 万吨，增产 30.4%；玉米产量 154.12 万吨，增产 12.0%。

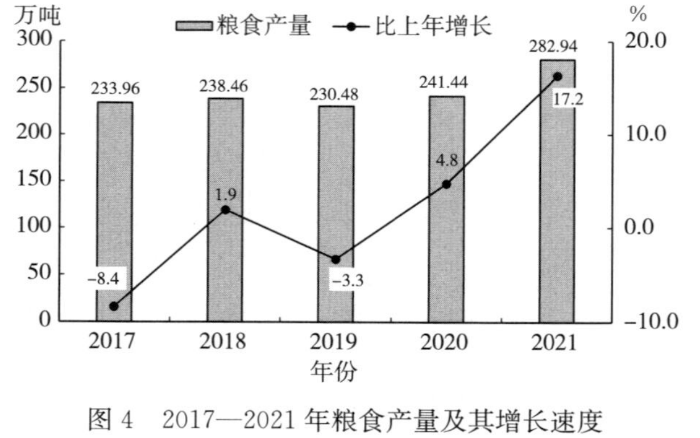

图 4　2017—2021 年粮食产量及其增长速度

全年棉花产量 208.32 万吨，比上年减产 2.4%，产量占全国的 36.3%，占自治区的 40.6%（图 5）。油料产量 13.24 万吨，减产 44.5%；甜菜产量 97.44 万吨，减产 33.7%；蔬菜产量 476.40 万吨，减产 1.0%，其中工业用番茄 161.01 万吨，减产 19.9%。

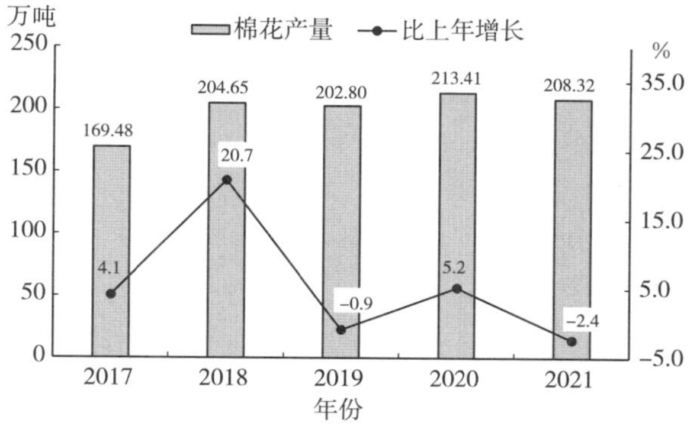

图 5　2017—2021 年棉花产量及其增长速度

全年水果产量 475.63 万吨，比上年增长 2.3%。其中，红枣 210.97 万吨，增长 1.4%；葡萄 84.34 万吨，下降 1.7%；香梨 58.30 万吨，增长 12.2%；苹果 79.00 万吨，增长 0.6%。全年核桃产量 6.66 万吨，比上年增长 28.1%。

全年猪、牛、羊、禽肉类总产量 59.08 万吨，增长 20.9%。禽蛋产量 14.72 万吨，下降 2.2%。牛奶产量 78.02 万吨，增长 5.7%。年末猪、牛、羊存栏 682.57 万头（只），比上年增长 5.3%。年内猪、牛、羊出栏 1 039.32 万头（只），比上年增长 11.9%。

全年水产品产量 6.34 万吨，比上年增长 3.8%。

种植业耕种收综合机械化率 95.3%。采棉机 2 934台，机采棉面积 820 千公顷（1 230 万亩），棉花机采率 94.2%，比上年提高 3.3 个百分点。

年末国家级兵团级农业产业化重点龙头企业 135 家。其中，国家级 22 家，兵团级 113 家。已创建 2 个国家级优势特色产业集群、2 个国家现代农业产业园，7 个全国农业产业强镇。

三、工业和建筑业

全年工业增加值 919.38 亿元，比上年增长 9.3%（图 6）。规模以上工业增加值比上年增长 11.3%。在规模以上工业企业中，从经济类型看，国有控股企业增加值增长 11.8%；股份制企业增长 10.7%，外商及港澳台商投资企业增长 18.5%；私营企业增长 11.5%。从门类看，采矿业增长 32.4%，制造业增长 8.5%，电力、热力、燃气及水生产和供应业增长 18.4%。从轻重工业看，轻工业增长 1.7%，重工业增长 14.9%。

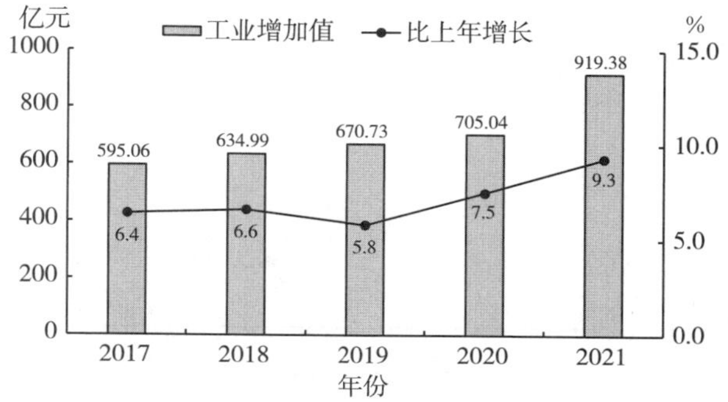

图 6　2017—2021 年全部工业增加值及其增长速度

全年规模以上工业中，煤炭开采和洗选业增加值比上年增长 48.8%，农副食品加工业增长 8.8%，食品制造业下降 2.3%，酒饮料和精制茶制造业下降 15.7%，纺织业增长 12.8%，石油、煤炭及其他燃料加工业增长 6.0%，化学原料及化学制品制造业增长 19.2%，非金属矿物制品业增长 7.7%，黑色金属冶炼和压延加工业增长 3.5%，有色金属冶炼及压延加工业增长 16.6%，电力、热力生产和供应业增长 19.8%。六大高耗能行业增加值比上年增长 15.0%，占规模以上工业增加值的比重为 70.5%（表 2）。

表 2　2021 年主要工业产品产量及其增长速度

产品名称	计量单位	绝对数	比上年增长（%）
原　煤	万吨	836.23	13.0
发电量	亿千瓦·时	1 059.12	15.8
其中：火电	亿千瓦·时	933.70	14.8
水电	亿千瓦·时	15.46	−3.4
太阳能	亿千瓦·时	49.38	20.7

（续）

产品名称	计量单位	绝对数	比上年增长（%）
风电	亿千瓦·时	60.57	35.6
精制食用植物油	万吨	52.70	26.4
乳制品	万吨	34.13	24.0
罐头	万吨	43.31	1.6
饮料酒	万千升	7.87	−31.2
软饮料	万吨	26.87	3.4
纱	万吨	75.13	9.9
布	亿米	2.00	16.0
机制纸及纸板	万吨	17.62	46.9
农用氮、磷、钾化学肥料（折纯）	万吨	33.21	−11.9
初级形态的塑料	万吨	149.46	1.4
塑料制品	万吨	103.57	49.8
硅酸盐水泥熟料	万吨	811.04	−1.1
水　泥	万吨	1 155.39	10.4
钢　材	万吨	200.95	3.5
原铝（电解铝）	万吨	286.39	7.9
铝材	万吨	170.65	15.5

年末兵团规模以上工业发电装机容量 2 235 万千瓦，比上年末增长 4.5%。其中，火电装机容量 1 633 万千瓦，水电装机容量 43 万千瓦，均与上年持平；并网风电装机容量 243 万千瓦，比上年增长 25.7%。

全年规模以上工业企业利润 383.18 亿元，比上年增长近 1.8 倍。从经济类型看，国有控股企业利润 63.96 亿元，增长 6.4 倍；股份制企业 310.48 亿元，增长 1.5 倍，外商及港澳台商投资企业 68.81 亿元，增长 3.6 倍；私营企业 189.90 亿元，增长 1.1 倍。从门类看，采矿业利润 6.08 亿元，比上年由亏转盈；制造业 352.09 亿元，增长近 2 倍；电力、热力、燃气及水生产和供应业 25.01 亿元，增长 8.6%。全年规模以上工业企业产品销售率 95.3%；完成工业品出口交货值 27.04 亿元，比上年下降 0.1%。全年规模以上工业企业每百元营业收入中的成本为 78.90 元，比上年减少 5.98 元；营业收入利润率为 13.66%，提高 7.25 个百分点。年末兵团规模以上工业企业资产负债率为 62.3%，比上年末下降 1.6 个百分点。

全年建筑业增加值 366.48 亿元，比上年增长 5.1%（图 7）。

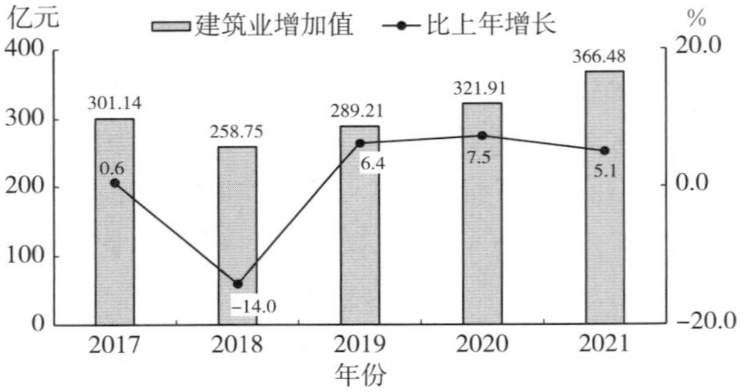

图 7　2017—2021 年全社会建筑业增加值及其增长速度

四、服务业

全年批发和零售业增加值 251.13 亿元，比上年增长 9.3%；交通运输、仓储和邮政业增加值 113.42 亿元，增长 26.0%；住宿和餐饮业增加值 56.35 亿元，增长 12.1%；金融业增加值 166.03 亿元，增长 8.2%；房地产业增加值 88.81 亿元，增长 10.0%；其他服务业增加值 602.11 亿元，增长 5.7%。全年规模以上服务业企业营业收入 273.38 亿元，比上年增长 0.6%；利润总额 23.89 亿元，下降 38.7%（图 8）。

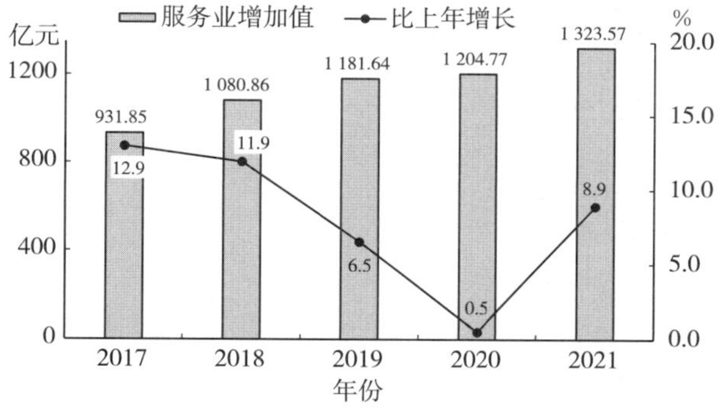

图 8　2017—2021 年服务业增加值及其增长速度

年末兵团辖区现有客货运输车辆 28 123 辆。全年营业性客运量、货运量分别为 992.25 万人、1.39 亿吨，旅客、货物周转量分别为 6.03 亿人公里、211.74 亿吨公里。

新疆通用航空有限责任公司全年总飞行时间 3 933小时，起落 4 457 架次。其中，用于农林牧业飞行 2 296 小时，工业飞行 354 小时，公务飞行 545 小时，短途运输 737 小时。

年末兵团城市固定宽带家庭普及率 42.2 部/百人。师市光网及 4G 网络通达率 100%，连队通达率 99%。已建成 5G 基站 2 932 座。

五、国内贸易

全年社会消费品零售总额 817.08 亿元，比上年增长 17.0%（图 9）。按经营地统计，城镇消费品零售额 707.37 亿元，增长 15.9%；乡村（连队）零售额 109.71 亿元，增长 24.7%。按消费类型统计，商品零售额 656.43 亿元，增长 16.1%；餐饮收入额 160.64 亿元，增长 21.1%。

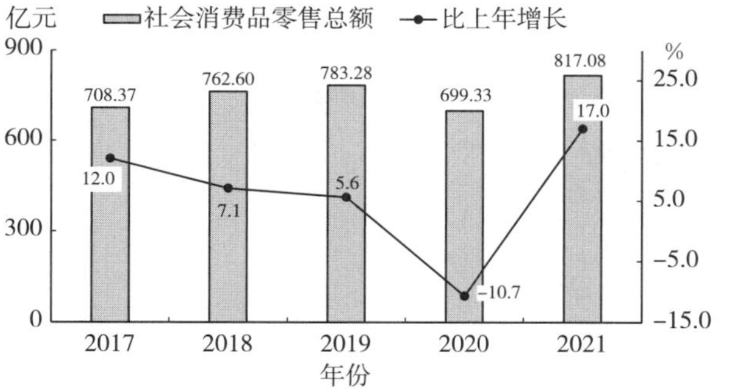

图 9　2017—2021 年社会消费品零售总额及其增长速度

全年限额以上单位（企业）商品零售额中，粮油食品零售额比上年增长 24.6%，饮料类增长 0.8%，烟酒类下降 12.6%，服装、鞋帽、针纺织品类下降 12.1%，化妆品类增长 43.5%，金银珠宝类增长 1.1 倍，日用品类下降 19.9%，家用电器和音像器材类下降 9.8%，中西药品类增长 9.4%，文化办公用品类下降 5.5%，家具类下降 5.6%，建筑及装潢材料类增长 17.7%，汽车类增长 12.2%，石油及制品类增长 35.6%。通过公共网络实现的商品销售额 4.42 亿元，比上年增长 1.3 倍。

六、固定资产投资

全年固定资产投资（不含农户）比上年增长 16.2%，其中，民间投资增长 24.0%。分产业看，第一产业投资增长 6.6%，第二产业投资增长 18.3%，第三产业投资增长 16.5%（图 10）。分领域看，基础设施投资下降 6.4%，民生投资增长 23.5%，六大高耗能行业投资增长 11.6%（表 3、表 4，图 10）。

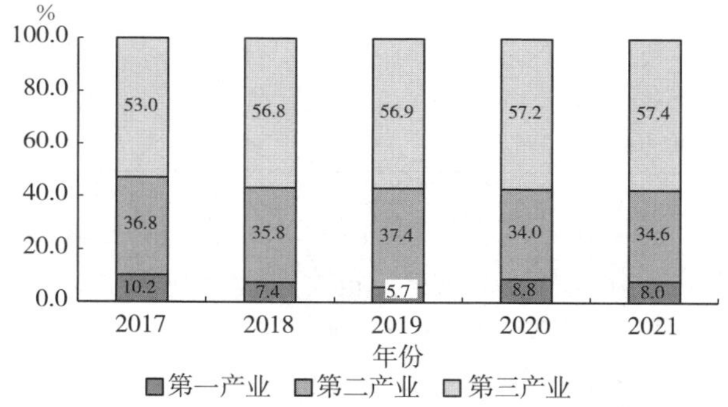

图 10　2017—2021 年三次产业投资占固定资产投资（不含农户）比重

全年工业投资比上年增长 18.1%。其中，制造业投资增长 51.1%，电力、热力、燃气及水的生产和供应业投资下降 35.2%。全年交通运输、仓储和邮政业投资增长 1.1%。

全年房地产开发投资 194.00 亿元，比上年增长 30.0%。商品房销售面积 377.88 万米^2，增长 12.3%，其中，住宅 349.33 万米^2，增长 16.1%。商品房销售额 184.10 亿元，增长 7.8%。年末商品房待售面积 397.01 万米^2，比上年末增长 11.0%。

表 3　2021 年分行业固定资产投资（不含农户）增长速度

行　业	比上年增长（%）	行　业	比上年增长（%）
总　计	16.2	金融业	30.2
农林牧渔业	6.6	房地产业	16.6
采矿业	−31.2	租赁和商务服务业	26.9
制造业	51.1	科学研究和技术服务	505.3
电力、热力、燃气及水生产和供应业	−35.2	水利、环境和公共设施管理业	10.6
建筑业	713.0	居民服务、修理和其他服务业	10.0
批发和零售业	68.8	教　育	43.6
交通运输、仓储和邮政业	1.1	卫生和社会工作	−2.2
住宿和餐饮业	−8.5	文化、体育和娱乐业	99.6
信息传输、软件和信息技术服务业	−43.1	公共管理、社会保障和社会组织	4.4

表 4　2021 年固定资产投资新增主要生产与运营能力

指　标	单　位	绝对数
城市自来水供水能力	万吨/天	12.6
城市污水处理能力	万吨/天	2.5
民航机场跑道	条	1
民航机场跑道	米	2 800
候机楼	座	1
候机楼	米^2	4 507
飞机购置	架	1

全年开工建设公租房 12 983 套，实施棚户区改造 2 467 户，实施农户危房改造 5 000 户，实施城镇老旧小区改造 79 个。

13 个援疆省、市对口支援兵团 14 个师市，全年 418 个援疆项目累计完成投资 33.26 亿元，到位援疆资金 27.43 亿元。南疆 4 个师援疆项目完成投资 20.81 亿元，到位援疆资金 15.64 亿元；北疆 9 个师（不含十一师）完成投资 12.45 亿元，到位援疆资金 11.78 亿元。

七、金融

年末兵团辖区社会融资规模存量 3 998.28 亿元，按可比口径计算，比上年末增长 9.9%。年末各项存款余额 4 294.35 亿元，比年初增加 507.53 亿元。其中，个人存款余额 2 589.93 亿元，增加 418.03 亿元；单位存款余额 1 653.51 亿元，增加 80.50 亿元。兵团辖区各项贷款余额 3 501.44 亿元，比年初增加 448.74 亿元。其中，个人贷款余额 673.88 亿元，增加 73.71 亿元；单位贷款余额 2 726.23 亿元，增加 317.54 亿元（不含票据融资）。民营企业贷款余额 1 711.23 亿元，比年初增长 31.1%；国有及国有控股企业贷款余额 1 074.08亿元，下降 4.3%；小微企业贷款余额 709.14 亿元，增长 31.6%。兵团农户小额贷款投放共计 203.22 亿元。兵团存贷比为 81.54%，不良贷款余额 37.6 亿元，比年初增加 1.87 亿元，不良率 1.07%（表 5）。

表 5　金融机构存贷款余额

指标	年末数额（亿元）	比上年末增长（%）
各项存款余额	4 294.35	13.0
个人存款	2 589.93	22.8
单位存款	1 653.51	1.4
代理财政性存款	0.77	−96.2
其他存款	50.15	31.7
各项贷款余额	3 501.44	13.3
个人贷款	673.88	14.2
经营性贷款	203.20	10.3
消费类贷款	470.61	15.9
单位贷款	2 726.23	11.2
其中：经营性贷款	1 966.98	10.6
固定资产贷款	759.03	12.5
票据融资	101.29	114.8

年末兵团辖区 26 家融资性担保公司在保户数合计 2 440 户，比年初减少 71 户；在保余额 9.5 亿元，增长 8%。典当公司余额 7.2 亿元，比年初

下降7.8%；典当总额14亿元，税后利润0.1亿元。兵团辖区40家小额贷款公司贷款余额25.3亿元，比年初下降9.8%；不良贷款率38.7%，下降6个百分点。

年末兵团共有上市公司15家，全年累计实现资本市场融资73.77亿元，比上年增长25.2%。拟上市企业资源库39家企业，其中，国有企业22家，民营企业17家。

八、居民收入消费和社会保障

全年兵团全体居民人均可支配收入36 908元，比上年增加2 473元，增长7.2%，扣除价格因素，实际增长5.9%（图11）。按常住地分，城镇居民人均可支配收入43 226元，增加2 294元，增长5.6%，扣除价格因素，实际增长4.2%。其中，工资性收入26 964元，增长10.9%；经营净收入8 489元，增长2.1%；财产净收入1 655元，增长2.3%；转移净收入6 118元，下降8.5%。连队居民人均可支配收入27 384元，增加2 868元，增长11.7%，扣除价格因素，实际增长10.4%。其中，工资性收入5 464元，增长19.4%；经营净收入15 565元，增长20.0%；财产净收入709元，下降12.0%；转移净收入5 646元，下降8.3%。

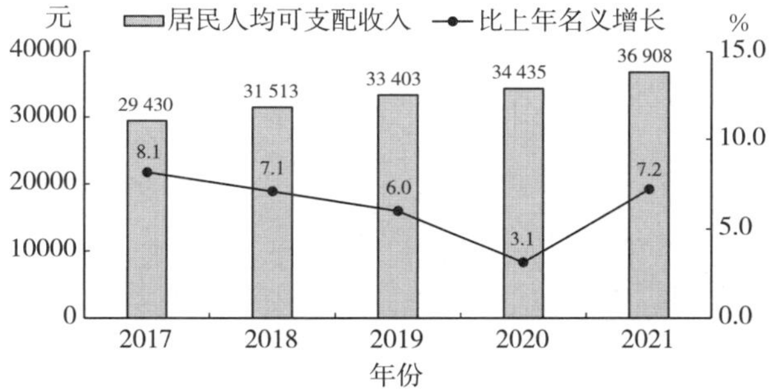

图11 2017—2021年兵团居民人均可支配收入及增长速度

全年兵团全体居民人均生活消费支出26 575元，比上年增加6 700元，增长33.7%。按常住地分，城镇居民人均生活消费支出28 692元，增加7 825元，增长37.5%；连队居民人均生活消费支出23 383元，增加5 024元，增长27.4%。居民家庭恩格尔系数为29.2%，其中城镇为28.8%，连队为29.8%（图12）。

年末兵团参加基本养老保险人数209.36万人，比上年末增加9.4万人。其中，参加城镇职工基本

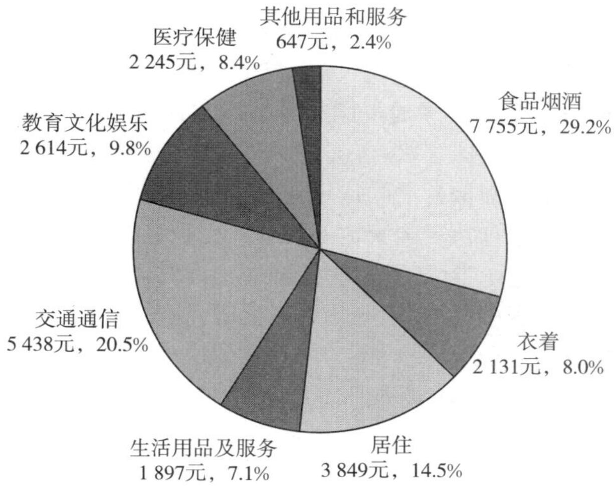

图12 2021年兵团居民人均消费性支出及构成

养老保险人数188.41万人，增加7.86万人；参加城乡居民基本养老保险人数20.95万人，增加1.54万人。城乡居民基本养老保险月基础养老金最低标准提高至150元，企业和机关事业单位退休人员月人均养老金增加193元。参加基本医疗保险人数265.14万人，比上年增加7.01万人，增长2.72%。其中，参加职工基本医疗保险人数151万人，比上年增加5.08万人，增长3.48%；参加城乡居民基本医疗保险人数114.14万人，比上年增加1.93万人，增长1.72%。参加生育保险人数76.32万人，比上年增加3.93万人，增长5.43%。发放医疗救助资金3 862.61万元。贫困人员基本医疗保险、大病保险参保率已达到100%，贫困参保居民基本医疗保险政策范围内住院费用基金支付比例达到81%，贫困人员政策范围内个人自付住院费用医疗救助比例在70%以上。参加失业保险人数73.27万人，比上年增加3.1万人。参加工伤保险人数87.17万人，比上年增加3.41万人。

九、科学技术和教育

截至年末，兵团共有师市以上部门所属研究与技术开发机构16个。全年兵团争取各类国家科技计划项目154项，国拨到位经费0.94亿元；兵团本级科技计划项目382项，兵团本级财政科技拨款2.0亿元。

截至年末，共有国家级高新技术产业开发区1个，兵团级高新技术产业开发区1个，国家火炬特色产业基地1个，高新技术企业114家，科技型中

小企业71家，工程技术研究中心29家，产业技术创新战略联盟10家，科技中介服务机构26家。兵团级众创空间46家（13家通过国家备案）、28家星创天地（25家通过国家备案），科技企业孵化器12家（4家国家级）。

全年新增自治区认定企业技术中心6家。截至年底，累计认定国家地方联合工程研究中心（实验室）22个，国家级企业技术中心7家，自治区级企业技术中心62家，兵团工程研究中心（实验室）15家。

全年专利授权量2 679件，比上年增长70.6%。其中，发明专利200件，增长37%。

截至年末，共有检验检测机构147家。已建成国家级服务业标准化示范区4个。国家级农业综合标准化示范区68个，其中，已建成65个，在建3个。累计有中国驰名商标12件，获批“全国质量强市示范城市”1家。

截至年末，兵团有各级各类学校635所，全年招生16.57万人，毕业14.30万人，在校学生57.75万人，教职工5.22万人，专任教师3.98万人。

高等教育院校10所，全年招生3.58万人，毕业2.08万人，在校生10.41万人，教职工0.62万人，专任教师0.46万人。中等职业技术学校22所（高校附设中职班4个），其中，中等技术学校19所，中等师范学校2所，成人中等专业学校1所。全年招生1.42万人，毕业0.98万人，在校生3.25万人，教职工0.17万人，专任教师0.12万人。普通中小学学校284所（完全小学38所，初级中学204所，普通高中42所），全年招生8.76万人，毕业8.06万人，在校生35.48万人，教职工3.37万人，专任教师2.83万人。幼儿园318所，全年招生2.8万人，毕业3.17万人，在园幼儿8.61万人，教职工1.06万人，专任教师0.55万人。特殊教育学校1所，在校生91人，教职工45人，专任教师37人（表6、图13）。

九年义务教育巩固率99.03%，小学学龄儿童净入学率100%，初中学龄人口毛入学率104.91%，少数民族中小学及幼儿园国家通用语言文字教学覆盖率100%。

表6　2021年各类学校基本情况

指　标	学校数（所）	在校生数（人）		教职工数（人）		毕业生数（人）
			新招生（人）		专任教师（人）	
合计	635	577 547	165 666	52 217	39 760	142 984
普通高等学校	8	87 034	31 061	5 707	4 265	13 886
成人高等学校	2	17 099	4 726	459	374	6 865
中等专业学校	22	32 471	14 245	1 671	1 203	9 819
普通中小学	284	354 779	87 613	33 708	28 352	80 642
幼儿园	318	86 073	28 000	10 627	5 529	31 744
特殊教育	1	91	21	45	37	28

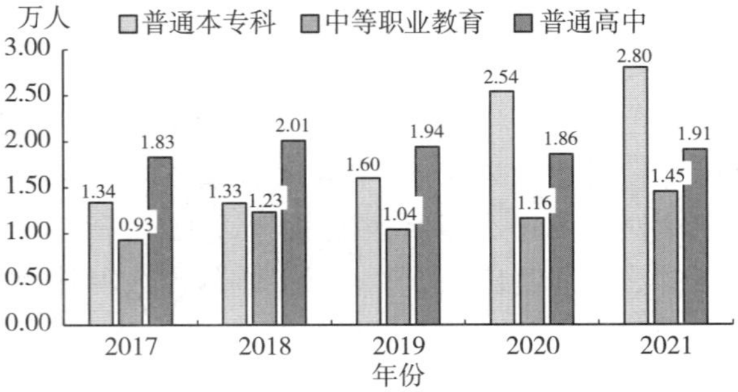

图13　2017—2021年普通本专科、中等职业教育及普通高中招生人数

十、文化旅游、卫生健康和体育

年末兵团共有专业文艺团体9个，各级博物馆、纪念馆81座、师市级图书馆9座、美术馆3座。共有兵团文化中心1个、师市综合文化活动中心14个、团场综合文化活动中心190个、连队综合文化活动室1 916个。年末广播节目综合人口覆盖率为98.8%，电视节目综合人口覆盖率为99.7%。

全年旅游接待总人次3 118.73万人次，比上年增长36.8%。实现旅游总收入144.83亿元，增长63.2%。接待游客人数和旅游收入分别占自治区的16.4%和10.2%。

年末兵团共有各类卫生机构1 030个（含营利性卫生机构），其中，医院209家，门诊部15个，社区卫生服务中心22个，社区卫生服务站79个，诊所、卫生所、医务室596个，疾病预防控制中心（防疫站）41个。各类卫生技术人员26 781人，其中，执业医师和执业助理医师9 225人，注册护士12 392人（图14）。医疗卫生机构床位22 126张。全年兵团累计接种新冠疫苗624.48万剂。

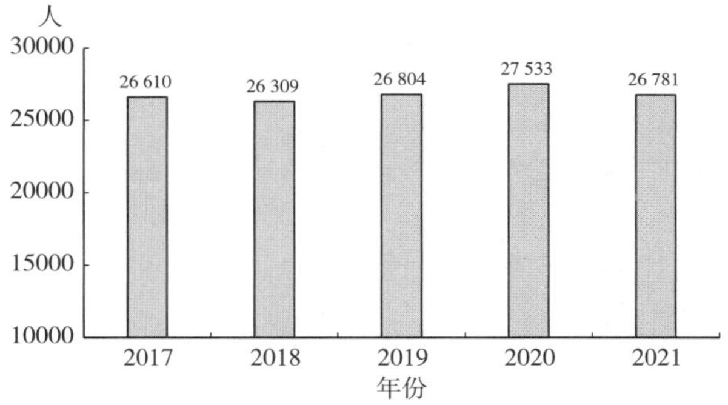

图14　2017—2021年年末卫生技术人员数

全年新增体育场地298个，新增体育场地面积21.77万米^2。年末，共有体育场地7 091个，体育场地面积764.38万米^2，人均体育场地面积2.35米^2。

十一、资源、环境和应急管理

全年兵团批准新增建设用地9.72千公顷（14.58万亩），比上年增长36.4%。供应土地9.5千公顷（14.25万亩），增长26.2%，土地宗数2 378宗，增长40.0%。土地出让合同价款96.31亿元，增长61.1%。

截至年末，已建成水库151座，总库容34.88亿米^3。其中，大型水库11座，中型水库32座，小型水库108座。已建成水电站92座，水闸6 692座、农村集中式供水工程815处，机电井29 386眼（浅层地下水机电井29 129眼，深层机电井257眼）。堤防建设长度2 413.8公里，堤防保护人口166.21万人，保护耕地面积571.93千公顷。2 000亩以上灌区84处，0.2米^3/秒以上灌溉渠道总长度35 480.35公里。

全年水利工程供水量120.21亿米^3。其中，向农业灌溉供水109.76亿米^3，向工业生产灌溉供水2.1亿米^3，向城镇乡村生活供水3.05亿米^3，向人工生态环境供水5.3亿米^3。全年6条河流11个断面、11座湖库30个点位及10个城市集中式饮用水水源地水质总体保持稳定。

全年总灌溉面积2 459.45万亩。其中，耕地灌溉面积1 862.54万亩，林地灌溉面积261.02万亩，园地灌溉面积294.93万亩，牧草地灌溉面积40.97万亩。

全年完成造林面积44.69千公顷（67.03万亩），比上年增长1.7倍。其中，人工造林6.39千公顷（9.59万亩），封沙育林26.17千公顷（39.35万亩）。完成村庄（连队）绿化1.25千公顷（1.87万亩）。水土流失综合治理面积459.41万亩，本年新增水土流失综合治理面积14.25万亩。新增沙化土地治理40.67千公顷（61万亩）。

全年规模以上工业企业综合能源消费量4 025.08万吨标准煤，比上年增长18.9%。煤炭消费量6 354.32万吨，比上年增长17.8%；电力消费量870.62亿千瓦·时，增长13.6%。煤炭消费量占能源消费总量的63.8%，比上年下降2.5个百分点。规模以上工业电力生产中，水电、风电、太阳能等清洁能源产量所占比重为11.0%，比上年提高0.5个百分点。六大高耗能行业能源消费量占规模以上工业能源消费总量的90.8%，比上年下降3.8个百分点。

全年各类自然灾害造成24.26万公顷（363.96万亩）农作物受灾，其中绝收面积0.97万公顷（14.56万亩）。因灾倒塌房屋22户44间，其中，严重损坏房屋6户24间；一般损坏民房186户523间。直接经济损失17.74亿元，其中，农业直接经济损失16.85亿元。

全年全疆共发生3.0级以上地震203次，其中，3.0～3.9级地震174次，4.0～4.9级地震26次，5.0～5.9级地震3次，6.0及以上级地震0次。全年最大的地震是2021年3月24日在新疆阿克苏地区拜城县发生的5.4级地震，未造成兵团辖区师市、团场受灾。

全年兵团共计发生各类生产安全事故30起、死亡35人、受伤20人。工矿商贸行业领域发生事故17起，死亡20人、受伤5人，其中，较大事故1起，死亡3人，一般事故16起，死亡17人、受伤5人。

注释：

[1] 本公报中数据均为初步统计数，最终数据以《2022年兵团统计年鉴》为准。部分数据因四舍五入的原因，存在着总计与分项合计不等的情况。

[2] 生产总值、三次产业及相关行业增加值和人均生产总值绝对数按现价计算，增长速度按不变价格计算。

[3] 两年平均增速是指以2019年同期数为基数，采用几何平均的方法计算的增速。

[4] 工业战略性新兴产业包括节能环保产业、新一代信息技术产业、生物产业、高端装备制造产业、新能源产业、新材料产业、新能源汽车产业七大产业中的工业相关行业。2021年工业战略性新兴产业增加值增速按可比口径计算。

[5] 高技术制造业包括医药制造业，航空、航天器及设备制造业，电子及通信设备制造业，计算机及办公设备制造业，医疗仪器设备及仪器仪表制造业，信息化学品制造业。

[6] 装备制造业包括金属制品业，通用设备制造业，专用设备制造业，汽车制造业，铁路、船舶、航空航天和其他运输设备制造业，电气机械和器材制造业，计算机、通信和其他电子设备制造业，仪器仪表制造业。

[7] 六大高耗能行业包括石油加工、炼焦和核燃料加工业，化学原料和化学制品制造业，非金属矿物制品业，黑色金属冶炼和压延加工业，有色金属冶炼和压延加工业，电力、热力生产和供应业。

[8] 规模以上服务业统计范围包括：年营业收入2 000万元及以上的交通运输、仓储和邮政业，信息传输、软件和信息技术服务业，水利、环境和公共设施管理业，卫生行业法人单位；年营业收入1 000万元及以上的房地产业（不含房地产开发经营），租赁和商务服务业，科学研究和技术服务业，教育行业法人单位；年营业收入500万元及以上的居民服务、修理和其他服务业，文化、体育和娱乐业，社会工作行业法人单位。

[9] 高技术产业投资包括医药制造、航空航天器及设备制造等六大类高技术制造业投资，以及信息服务、电子商务服务等九大类高技术服务业投资。

[10] 网上零售额是指通过公共网络交易平台（主要从事实物商品交易的网上平台，包括自建网站和第三方平台）实现的商品和服务零售额。

[11] 2021年固定资产投资相关指标增速按可比口径计算。

[12] 基础设施投资是指建造或购置为社会生产和生活提供基础性、大众性服务的工程和设施的支出。公报中的基础设施投资包括电力、热力、燃气及水生产和供应业，交通运输、邮政业，电信、广播电视和卫星传输服务业，互联网和相关服务业，水利、环境和公共设施管理业投资。

[13] 民间固定资产投资是指具有集体、私营、个人性质的内资企事业单位，以及由其控股（包括绝对控股和相对控股）的企业单位建造或购置固定资产的投资。

[14] 火电包括燃煤发电量，燃油发电量，燃气发电量，余热、余压、余气发电量，垃圾焚烧发电量，生物质发电量。

[15] 民政服务床位除收养性机构外，还包括救助类机构、社区类机构的床位。

[16] 普通、职业本专科包括普通本科、职业本科、高职（专科）。

[17] 中等职业教育包括普通中专、成人中专、职业高中和技工学校。

资料来源：

本公报中对口援疆数据来自兵团发展和改革委员会；教育数据来自兵团教育局；科技、专利数据来自兵团科学技术局；电信数据来自兵团工业和信息化局；设市建镇、低保补助数据来自兵团民政局；城镇新增就业、登记失业率、基本养老保险、失业保险、工伤保险数据来自兵团人力资源和社会保障局；国有建设用地、供应地、土地出让数据来自兵团自然资源局；主要污染物排放、空气质量数据来自兵团生态环境局；棚户区住房改造、农户危房改造数据来自兵团住房和城乡建设局；公路通达里程、飞机、飞行时间数据来自兵团交通运输局；水利设施、灌溉面积、供水量、水土流失数据来自兵团水利局；农作物精量播种面积、机械化、良种推广、龙头企业、农业示范区数据来自兵团农业农村局；园区建设数据来自兵团商务局；文化、广播、电视、出版、体育和旅游数据来自兵团文化体育广电和旅游局；卫生数据来自兵团卫生健康委员会；检验检测、标准化数据来自兵团市场监督管理局；灾害、地震、安全生产数据来自兵团应急管理局；基本医疗保险、生育保险和医疗救助数据来自兵团医疗保障局；金融信贷数据来自兵团地方金融监督管理局；造林数据来自兵团林业和草原局；其他数据均来自兵团统计局和国家统计局兵团调查总队。

新疆地方国有农场2021年经济发展统计公报

新疆维吾尔自治区农垦经济发展中心

2021年，新疆地方国有农场行业坚决贯彻落实中央农垦改革发展文件和农业农村部全国农垦改革发展工作视频会议精神，全面深化农垦集团化改革，努力推进国有农垦企业完善现代企业制度，明晰产权关系，健全法人治理结构，不断提高农场内部管理水平和市场竞争力。依法推进混合所有制改革，适应新阶段，强化农垦行业指导。以推进垦区集团化、农场企业化改革为主线，推进资源资产整合、产业优化升级，建设现代农业的大基地、大企业、大产业。

一、概况

2021年年末，纳入新疆地方国有农场统计的数量为46个，比上年少2个（库尔勒国鸿种业有限责任公司、阿瓦提县丰收三场未报送统计数据）。第一产业增加值236 073.75万元，第二产业增加值15 874.80万元，第三产业增加值25 742.92万元。

二、农业

2021年，新疆地方国有农场充分发挥农业企业特有优势，继续保持了社会经济全面发展的好势头。完成农林牧渔业总产值686 968.62万元。其中，农业产值达549 873.13万元，林业产值53 408.30万元，牧业产值达66 689.21万元，渔业产值4 427.90万元，农林牧渔专业及辅助性活动产值12 570.08万元。农林牧渔业商品总产值185 311.84万元。

1. 种植业

全年农作物播种面积126 149.64公顷，比上年减少10 308.11公顷，减少7.55%。其中，粮食播种面积40 422.71公顷，比上年增加5 634.11公顷，增长16.2%；油料播种面积874.20公顷，较去年增加560.94公顷，增长179.07%；棉花播种面积66 020.15公顷，较去年减少13 738.06公顷，减少17.22%；糖料播种面积1 052.83公顷，较去年减少4.31公顷，减少0.41%；瓜菜种植面积3 430.62公顷，较去年减少2 741.69公顷，减少44.42%；其他作物播种面积为12 904.30公顷，较去年增加236.4公顷，增长1.79%。其他主要产品产量见表1。

表1　2021年新疆地方国有农场主要农作物产量及增长情况

名称	2021年（吨）	2020年（吨）	同比增长（%）
粮食	491 117.41	394 938.01	24.35
油料	3 235.31	1 134.29	185.23
棉花	147 368.68	153 293.31	−3.86
甜菜	68 885.50	56 448.88	22.03
瓜菜	214 804.32	294 027.28	−26.94

2. 畜牧业及水产业

2021年新疆地方国有农场畜牧业稳步发展，主要牲畜和畜禽产品产量见表2。

表2　2021年新疆地方国有农场主要牲畜和畜禽产品产量及增长情况

名称	计量单位	2021年	2020年	同比增长（%）
大牲畜	万头	6.03	7.04	−14.35
猪	万头	4.91	10.89	54.91
羊	万只	42.27	49.24	−14.16
家禽饲养量	万只	83.01	114.26	−27.35
肉类总产量	吨	19 865.12	21 222.78	−6.40
牛奶产量	吨	9 372.98	9 862.53	−4.96
禽蛋产量	吨	6 811.42	9 510.30	−28.38

2021年新疆地方国有农场水产品养殖面积为2 965.29公顷，比上年减少0.33%；水产品产量为3 487.96吨。

3. 水果及林业

2021年新疆地方国有农场水果生产保持平稳发

展，总面积 31 157.79 公顷，较去年减少 2.71%，总产 383 782.98 吨，较去年减少 5.24%，其主要产品见表 3。

表 3　2021 年新疆地方国有农场主要水果产量及增长情况

林果名称	2021 年（吨）	2020 年（吨）	同比增长（%）
苹果	192 541.10	208 886.16	−7.82
梨	114 719.90	104 380.33	9.91
葡萄	31 845.40	43 070.27	−26.06
桃	7 162.90	6 499.70	10.20
红枣	33 479.13	33 585.92	−0.32
其他水果	3 944.55	8 510.33	−53.65

2021 年我区地方国有农场当年新造林 2 008.86公顷，其中用材林 2.73 公顷，经济林 1 145.97公顷，防护林 860.16 公顷。当年零星植树 46.92 万株；育苗面积 32.03 公顷，其中，当年新育面积 21.43 公顷。

2021 年新疆地方国有农场生产条件持续改善，农业机械动力为 797 775 千瓦，其中，柴油发动机动力 652 894 千瓦，汽油发动机动力 45 942 千瓦，电动机动力 84 720 千瓦，其他动力 14 219 千瓦。有大中型农用拖拉机 9 571 台，小型及手扶拖拉机 11 382 台，排灌机械排灌动力机械 5 732 台，联合收获机 275 台；农用飞机 108 架。

农业生产用电量 210 394 401.58 千瓦·时，农用化肥施用总量（按折纯量计算）92 652.29 吨，农药施用量 1 851.21 吨，地膜使用量 4 833.31吨。

农产品质量：绿色食品认证数 5 个、产量 45 585吨，已认证有机产品 3 个、产量 14 200 吨；农产品地理标志产品 1 个，面积 734.68 公顷、产量 10 300 吨。

农作物种业基本情况：种子播种面积 312 公顷、产量 1 779.9 吨；原种播种面积 15.33 公顷、生产量 87.4 吨；良种播种面积 296.67 公顷、生产量 1 692.5 吨。

三、工业和建筑业

2021 年新疆地方国有农场完成工业产值 221 596.4万元，按行业划分农副食品加工业 215 113.4万元，占 97.07%；食品制造业 200 万元，占 0.1%；酒、饮料和精制茶制造业 165 万元，占 0.08%；纺织业 2 000 万元，占 0.9%；木材加工和木、竹、藤、棕、草制品业 1 316 万元，占 0.59%；橡胶和塑料制品业 1 060 万元，占 0.48%；金属制品、机械和设备修理业 92 万元，占 0.04%；其他制造业 860 万元，占 0.38%；电力热力生产和供应业 790 万元，占 0.36%（图 1）。

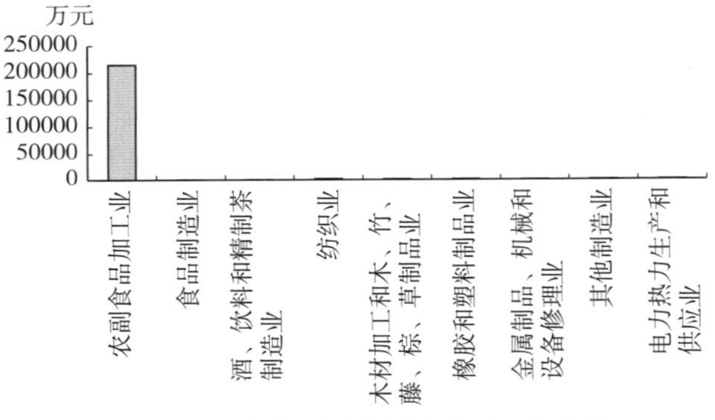

图 1　2021 年新疆地方国有农场工业产值

其主要工业产品见表 4。

表 4　2021 年新疆地方国有农场主要工业产品产量及增长情况

名称	计量单位	2021 年	2020 年	同比增加（%）
饲料	吨	10	10	0
白酒（折 65 度，商品量）	千升	82	75	8.54
精制食用植物油	吨	1 100	1 000	9.33
塑料制品	吨	4 330	4 825	−10.26
纱	吨	3 300	11 300	−70.80
家具	件	1 000	1 000	0
砖	块	1 350 000	1 500 000	−10
自来水生产量	米^3	264 000	364 000	−27.47

年末建筑业单位 20 个，年末从业人员 405 人，拥有固定资产原值 2 658.59 万元，机械设备总数为 27 台，全年施工房屋建筑面积 18 128 米^2。

四、固定资产完成情况及新增生产能力

2021 年，完成固定资产投资 107 784.93 万元，其中，第一产业 97 685.57 万元，占 90.63%，第二产业 5 141.48 万元，占 4.77%，第三产业 5 258.28 万元，占 4.88%。当年新增固定资产 8 006.19万元，其中，国有 4 442.08 万元（图 2）。

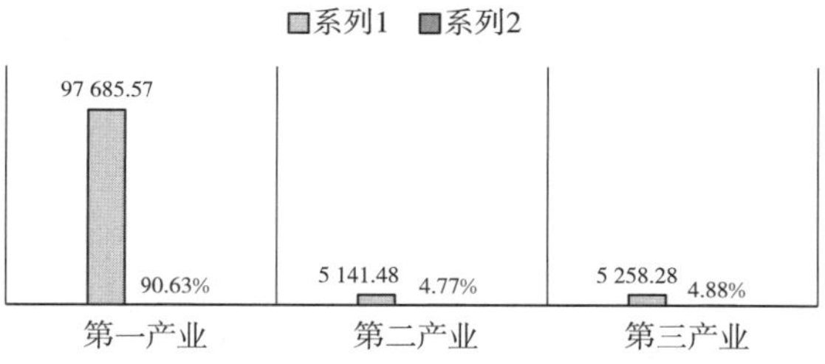

图 2　2021 年新疆地方国有农场完成投资情况

五、人口、土地

2021 年，新疆地方国有农场年末总人口 220 844 人，年末土地总面积 990 265.42 公顷，其中，耕地面积 146 378.63 公顷，牧草地面积 529 927.98 公顷，林地面积 76 630.17 公顷，水面面积 3 154.43公顷，园地面积为 34 873.19 公顷，可垦荒地面积 36 574.11 公顷，宜林地面积 6 910.84公顷，居民点及工矿用地面积 10 230.42 公顷，其他面积 145 585.65 公顷（图 3）。

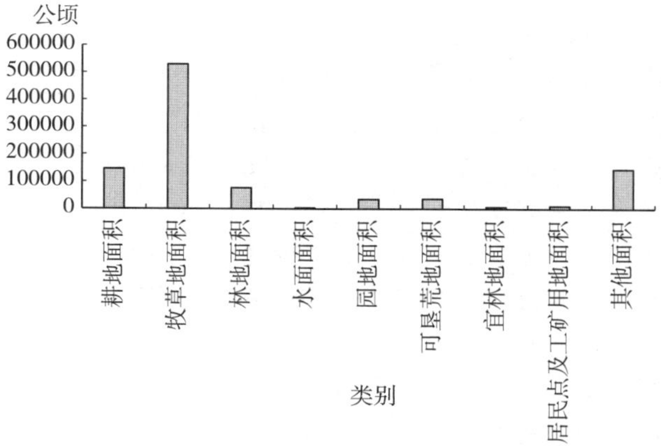

图 3　2021 年新疆地方国有农场各类用地面积

新疆地方国有牧场2021年经济发展统计公报

新疆维吾尔自治区畜牧兽医局

2021年，新疆地方国有牧场在自治区党委、人民政府坚强领导下，在农业农村部农垦局的关心指导下，自治区畜牧兽医局坚持以习近平新时代中国特色社会主义思想为指导，深入贯彻落实党的十九大和十九届历次全会精神，贯彻落实习近平总书记关于“三农”工作的重要论述，贯彻落实新时代党的治疆方略和第三次中央新疆工作座谈会精神，牢牢扭住社会稳定和长治久安总目标，强化举措、狠抓落实，大力推进畜牧业五大振兴行动，狠抓畜产品稳产保供，实现全区畜牧业生产平稳健康发展，牧场职工收入稳定增长，生活条件不断改善，牧场各项事业呈现健康的发展局面。

一、综合情况

2021年度全区地方国有牧场《农垦综合统计调查表》录入企业数102户（自治区区属管理的国有牧场3个，县属管理的牧场99个），较上年度增加6户。主要原因：一是上年没有上报年度综合统计年报的6户国有牧场，二是上年有6户已划转至自治区农业农村厅综合统计报表系统管理，三是有16户国有牧场因场乡合一或撤场并村不能按时报送统计信息资料。

土地总面积1 176.95万公顷，比上年增加181.71公顷，增幅18.26%。其中，耕地面积23.41万公顷，草场面积773.14万公顷，林地面积34.60万公顷，水域面积5.83万公顷，园地面积0.69万公顷，可垦荒地面积28.25万公顷，居民点及工矿用地面积4.9万公顷，其他面积303.8万公顷。2021年，年末总人口37.72万人，年末从业人员17.33万人，年末职工总数3.93万人。2021年居民人均可支配收入17 470元，人均住房面积26.77米^2。

全年实现生产总值39.76亿元，比上年减少0.6%。其中，第一产业生产总值31.18亿元，比上年增幅5.74%；第二产业生产总值4.32亿元，比上年增长1.24%；第三产业生产总值4.26亿元，比上年减幅31.81%。各项数据及比值波动主要原因：一是统计的地方牧场增加了6个，二是牧场的生产总值中第三产业生产总值受疫情影响减幅较大。

二、农牧业生产情况

2021年，全年实现农林牧渔业总产值90.15亿元，农业产值49.51亿元，畜牧业产值37.59亿元，林业总产值0.42亿元，渔业总产值0.04亿元，农林牧渔业服务产值2.24亿元。

国有牧场农作物总播种面积为22.37万公顷，较上年增加2.05万公顷，增长10%。其中，粮食播种面积10.28万公顷，增加1.21万公顷，增长13.3%；油料面积1.75万公顷，增加0.01万公顷，增长0.5%；棉花面积6.00万公顷，增加0.91万公顷，增长17.9%；糖料作物面积0.23万公顷，减少0.01万公顷，下降2.86%；药材类面积0.103万公顷；蔬菜瓜类面积0.56万公顷，减少0.03万公顷；其他作物面积3.37万公顷，减少0.06万公顷，下降1.9%。

主要农产品产量：2021年粮食总产量113.44万吨，较上年增加8.89万吨。其中，小麦13.80万吨，增加1.07万吨，增长8.4%；玉米91.03万吨，增加7.57万吨，增长9.07%；油料总产量4.05万吨，减少0.48万吨，下降10.6%；棉花总产量30.85万吨，增加4.86万吨，增长18.7%。

牲畜存栏：2021年年末，国有牧场牲畜存栏325.75万头（只），较上年增加7.265万头（只），增长2.29%。其中，牛48.58万头，减少0.16万头，下降0.32%；羊244.76万只，减少2.07万只，减幅0.89%；猪存栏3.78万头，增加0.03万头，增长0.8%。

畜产品产量：2021年国有牧场肉类总产量6.78万吨，较上年增加0.99万吨，增长16.85%。

其中，牛肉 2.58 万吨，增长 9.8%；羊肉 2.66 万吨，增长 12.7%。牛奶总产量 17.59 万吨，较上年增加 0.68 万吨，增长 4.1%。绵羊毛总产量 3 382.19吨，较上年增加 25 吨，增长 0.74%。

农牧业生产机械化、生产投入与技术推广情况：2021 年年末，国有牧场农业机械总动力 71.53 万千瓦，比上年减少 10%。农业机械拥有量达 39 945台，其中，大中型农用拖拉机 9 146 台，小型拖拉机 29 261 台，排灌动力机械 1 228 台。当年机械化耕种面积 22.63 万公顷，占农作物总播种面积的比重达 101.2%（含复播），机械收获面积 18.86 万公顷，占农作物总播种面积的 84.3%。农田肥料施用量 12.43 万吨。

三、固定资产投资情况

2021 年度国有牧场固定资产投资总额 132 566.05万元，较上年增加 3.04%。投资总额中用于第一产业的投资 79 140 万元，占投资总额的 59.70%；第二产业投资为 39 326 万元，占投资总额的 29.67%；第三产业为 14 100 万元，占投资总额的 10.64%。预算资金总额 98 162 万元，其中，国家预算内资金 30 443 元、自筹资金 47 506 万元、其他资金 14 687 万元。

四、人口、职工、收入情况

2021 年年末，全疆地方国有牧场总人口 37.72 万人，从业人员 17.33 万人。其中，第一产业从业人员 14.57 万人，占总从业人员 84.1%；第二产业从业人员 0.80 万人，占总从业人员 4.6%；第三产业从业人员 1.96 万人，占总从业人员 11.3%。期末职工人数 3.93 万人，职工报酬 16.12 亿元，期末在岗职工人数 2.28 万人，在岗职工劳动报酬 10.55 亿元，职工生活水平稳步提高。职工人年均收入达 4.11 万元。全区国有牧场实现居民人均可支配收入 1.747 万元，较上年增长 14.93%，年末实有住房面积 988.97 万米^2，人均住房面积达 26.22 米^2。

五、其他情况

（1）2021 年牧场生产总值超过 1 亿元的有 7 个。实现生产总值（现价）合计 31.36 亿元，占垦区生产总值的 78.9%。其中，农业增加值 5.69 亿元，工业增加值 2.21 亿元。利润总额 0.611 亿元。其中，新疆呼图壁种牛场有限公司连续 5 年的生产总值（现价）排全区牧场第一位。

（2）全区列入边境农场范围的有 51 个国有牧场（11 个牧场属于与外国接壤的边境农场，40 个国有牧场为地处边境县域内的边境农场）。土地面积 570.15 万公顷，占土地总面积的 48.44%。资产总额 70 321 万元，占全区国有牧场资产总额的 3.07%；2021 年年末，有人口 23.82 万人，占总人口的 63.2%，职工人数 3.6 万人，职工人数占总人数的 93.88%；职工年均收入 4.1 万元。

中国热带农业科学院2021年经济发展统计公报

中国热带农业科学院

2021年，中国热带农业科学院全院干部职工众志成城、共克时艰，全面落实党中央、国务院、农业农村部决策部署，在交出疫情防控优异答卷的同时，不断加快推进国家热带农业科学中心建设。科技创新取得新突破，为热区农业农村发展提供了重要支撑，助力脱贫取得新时效，为国家打赢脱贫攻坚战做出了重要贡献，院所治理取得新进展，为加快推进院所治理体系和治理能力现代化奠定了坚实基础，支撑能力得到了提升，为院所长远发展夯实了物质基础，全面从严治党取得了新成果，为热带农业科技事业发展提供了坚强保障，高质量完成了各项目标任务。

一、综合及主要指标

农业农村部核定中国热带农业科学院编制总数5 500人，其中，财政拨款补贴人员编制4 300人，经费自理人员编制1 200人。2021年，常住总人口12 320人，年内平均人口12 271人。年末从业人员3 520人，其中，在岗职工2 865人，其他职工742人。全年职工劳动报酬50 398.27万元，比2020年减少2.20%。

全年农林牧渔业总产值14 526.72万元。年末实有住房面积98.14万米^2，比2020年增长90.21%。

土地总面积7 838.52公顷，其中，耕地面积741.93公顷，林地面积3 618.68公顷，水面面积114.87公顷，园地面积581.56公顷，可垦荒地面积118.02公顷，宜林地面积797.94公顷，居民点及工矿用地面积671.72公顷，其他面积1 165.58公顷。耕地面积中：水田114.67公顷、高标准农田面积37.87公顷。

二、科学研究

年末有科研单位12个，职工合计3 120人。其中，科技人员1 538人（本科及以上人员1 420人），其他人员1 672人。年末保有试验地面积1 517.01公顷。

三、农林牧渔业

全年农林牧渔业总产值14 526.72万元，增加289.40%。其中，农业产值1 420.99万元，增加13.29%，林业产值1 005.24万元，减少4.2%；牧业产值1 249.94万元，渔业产值66.43万元。农作物播种面积85.42公顷，其中，粮食播种面积37.68公顷，产量206.42吨，增长65.18%；水果植株面积114.54公顷，产量708.3吨，主要为香蕉、荔枝、芒果、火龙果、百香果等热带水果；水产品总产量110.72吨，养殖面积32.63公顷。

糖料作物年末播种面积4.34公顷，总产量316.5万吨，主要作物为甘蔗。

肉类总产量233.19吨，比2020年减少36.01吨，下降13.4%。

2021年总林业面积1 474.82公顷，其中，橡胶年末实有面积1 474.8公顷（年内个人种植479.38公顷），全年干胶总产量773.26吨。年内实际开割面积857.09公顷，开割株数31.61万株。

农业机械总动力2 044.81千瓦，其中，柴油发电机2 007.63千瓦，电动机29.72千瓦。年末保有大中型农用拖拉机18台，小型及手扶拖拉机29台，排灌动力机械9台。当年实际机耕面积103公顷。

四、科技

全年科研经费41 556.09万元，下降11.45%，其中，政府拨款33 319.03万元，下降14.92%；企业自筹590.91万元，下降37.33%。

2021年，新增立项各级各类科研项目327项，包括科技部科技创新2 030“新一代人工智能”重大项目、崖州湾种子实验室“揭榜挂帅”、国防科工局“十四五”规划的2个天然橡胶项目等重点项目。

发表论文740篇，申请专利154项，授权专利109项，出版著作27部。

五、固定资产投资

全年完成投资总额 43 617.14 万元，其中，国家预算资金 41 804.53 万元，自筹资金 283.08 万元，其他资金 1 591.15 万元。当年新增固定资产 32 971.09万元。

广州农垦2021年经济发展统计公报

广州越秀食品集团有限公司

2021年，面对复杂多变的外部环境，在越秀集团的正确领导和大力支持下，在全体员工的拼搏努力下，越秀食品紧紧围绕“深化战略谋新局，强化能力绘新篇”的工作主题，认真抓好疫情防控保供，积极推进业务整合优化，着力深化主业发展战略，不断加快业务体系建设，持续提升基础管理水平，全力落实年度事业计划各项目标任务，为“十四五”发展奠定良好基础。

一、重大变动情况说明

（一）企业名称沿革

集团于1997年6月由广州市国营农工商联合总公司、广州市农场管理局（“两块牌子，一套班子”）成建制改建成立。2009年10月15日，经广州市人民政府批准，由“广州市农工商集团有限公司”更名为“广州风行发展集团有限公司”。2020年4月，更名为“广州越秀风行食品集团有限公司”。于2022年2月完成工商变更，更名为“广州越秀食品集团有限公司”（简称“越秀食品”或“集团”）。

（二）报表合并（统计）范围变更

2021年比2020年增加企业27户，其中，当年新增32户，当年注销5户。

1. 合并新增

通过并购或无偿划转方式，合并新增广州皇上皇集团股份有限公司、广州食品企业集团有限公司、广东农产国际控股有限公司3户企业（集团）。新增企业16户，其中，二级企业3户，三级及以上企业13户。

由于改制等其他原因，新增广州食品集团旗下广州誉达市场管理有限公司、广州锦发实业发展有限公司及其子公司耀康企业有限公司。新增的3户企业，均是三级及以上企业。

2. 新投资设立

新设立清远市风行菜篮子产业有限公司、辽宁越秀辉山控股股份有限公司、广州越秀食品供应链有限公司等，以及生猪平台根据业务发展规划成立的多家项目公司。新增企业13户，其中，二级企业2户，三级及以上企业11户。

二、主要经济指标情况

2021年，越秀食品纳入统计报表编制范围的企业共103户，总部及二级企业16户，三级及以上企业87户，集团业务分布在乳制品加工业、食品加工业、饲料加工业、畜牧养殖业、商贸和生鲜流通业、冷链仓储业、物业资产运营业等。年末从业人数4 907人，年末职工人数4 738人，人均年收入114 825元。土地总面积1 990公顷。

2021年，实现国内生产总值111 415万元，其中，第一产业为畜牧养殖业，全年实现生产总值10 090万元，同比减少15 357万元，降幅291.57%，主要是生猪平台处于投拓阶段，大多数项目仍在规划及建设当中，已运营的位于贵州及广东等地的养殖场受当年市场猪价大幅下降及销售策略调整影响，营收规模明显低于预期，整体呈亏损表现。第二产业主要为乳制品加工、饲料加工及新增的食品加工业务，全年实现生产总值47 455万元，同比增长28 333万元，增幅148.17%，增长主要原因是，本年合并新增的广州皇上皇集团股份有限公司旗下有皇上皇、孔旺记和皇上皇众信3家加工厂，生产总值合计29 437万元；第三产业主要是商贸业务、生鲜流通业务、冷链仓储业务和物业资产运营业务，全年实现生产总值74 050万元，同比增长35 899万元，主因是本年实现地块收益49 377万元，同比增长34 961万元，剔除非经济因素，同比增长938万元，增幅3.95%，实现稳定增长。

三、畜牧业生产经营情况

集团畜牧养殖业主要包括奶牛养殖、生猪养殖和家禽养殖业务，现有规模化奶牛养殖场2个、生猪养殖场4个、养鸡场2个。农业总产值实现20 196万元，全部是畜牧养殖业产值，同比减少2 187万元，降幅9.77%，主要原因是当年生猪养殖板块未开展生猪购销业务。

（一）奶牛养殖情况

年末大牲畜存栏数6 778头，均为奶牛，其中，华美牧场3 631头、穗新牧场2 229头、长城乳业下属左卫牧场918头。当年牛奶产量27 491吨，同比增长4 089吨，若调整为同口径[1]，同比减少958吨，与上年基本持平。

（二）生猪养殖情况

生猪养殖为上年新增产业，举集团之力推动产业加速发展，2021年仍处于高速扩张期，在广东、贵州、湖南、广西、江苏等区域有多个在建项目同时推进。年末猪存栏数为14 523头，为能繁母猪，同比增长8 984头，出栏肉猪59 598头，同比增长58 757头，主要原因是2021年度集团生猪项目快速落地，新建生猪养殖场逐渐开始规模投产，肉猪存栏及出栏量均大幅增长；猪肉产量64 148吨，主要是新并购的皇上皇集团生猪屠宰产量。

（三）家禽养殖情况

年末家禽（鸡）存栏数为278 860只，同比增加24 121只，禽蛋产量3 838吨，禽肉产量335吨。

四、工业生产情况

集团工业生产经营主要为乳制品加工、饲料加工及新并入的食品加工业务，纳入统计范围的工业企业7户，其中，广州本地5户，河北张家口长城乳业1户，山东临沂皇上皇众信1户。同比新增3户，均是2021年新并入的皇上皇集团旗下的食品加工企业。食品加工业务积极发挥其原有优势，协同越秀农牧推进生猪产业布局，打造生猪养殖屠宰加工一体化项目，加快与生鲜冷链业务进行资源整合，提升产业发展后劲。乳制品加工业务规模不断壮大，为重组辉山乳业，成立新公司越秀辉山控股，依托辉山的规模化原奶资源，越秀食品的乳业发展基础将得到有力夯实，逐步形成“南风行、中长城、北辉山”的全国化布局，乳业发展迈入全新阶段。风行乳业不断研发新品，2021年已上市高端产品3款：娟珊纯奶、仙泉湖PET瓶产品、0蔗糖老酸奶。五羊雪糕项目顺利承接，研发上市产品9款，进行线上、线下多渠道营销，取得消费者积极响应。同时通过不断加强渠道建设和品牌战略投入，营收规模保持稳定增长。饲料加工业务虽然受到中美贸易摩擦及疫情的影响，但营收规模仍略有增长。

2021年，实现工业总产值319 048万元，同比增长218 034万元，增幅215.85%，增长主要原因是合并新增食品加工业务，新增业务带来的工业产值合计198 049万元，产量94 982吨。乳制品加工业方面，风行乳业及长城乳业总产值95 761万元，同比增长19 536万元，乳制品加工产量96 099吨，同比增长14 822吨，主要原因是乳业从2020年的新冠肺炎疫情影响中逐步恢复，品牌战略的推进，渠道建设的努力，促进销量增长带动产量提升；饲料加工业方面，穗屏饲料厂总产值为25 238万元，同比增长449万元，主要是2021年饲料销售均价同比去年有所上升，但市场需求减少，饲料产量有所下降，2021年饲料产量73 000吨，同比减少12 124吨。

五、第三产业生产经营情况

集团第三产业主要是商贸和生鲜流通业、冷链仓储业和物业资产运营业。商贸业务聚焦主业，强化内部产业链协同服务，为乳业、食品加工、饲料加工等业务供应原料，逐步完善客户评价、授信等管理机制，持续加强风险防控体系建设。对于生鲜业务，一方面，风行生鲜聚焦“肉品”“蛋品”及“粮油”三大品类，集中发展商超、农贸、团餐团购三大渠道，产品购销规模及商超、团购客户数量均取得突破；另一方面，东川新街市打造“品牌标准+盈利模式”，大力推进品牌扩张。物业经营业务继续提升营运效率，实现资源整合和重组，集中统一管理，稳步开展租赁业务。

在主业面临着疫情的反复，生猪业务处于起步阶段却遇猪价下行等挑战与冲击的情况下，第三产业主体业务整合生鲜和冷链等供应链资源，不断拓宽获客渠道。物业资产经营提供资金、发挥“稳定器”的作用，辅助主业稳中求进，做大做强。全年第三产业实现营业收入228 444万元，同比减少164 709万元，降幅41.89%，其中，批发零售业营业收入207 365万元，降幅45.11%，主要是商贸业务为加强经营风险管理，优化客户结构，主动进行商品结构调整，贸易量有所下降。其他服务业营业收入 21 079 万元，增幅 36.89%，以物业租赁收入为主，物业经营不断提升招商和管理能力，挖潜增效，业务保持稳定增长。

六、固定资产投资情况

2021 年，集团根据固定资产投资预算，严格按照事业计划倒排工期，不断推进乳制品加工、生猪养殖及食品加工等业务投资项目建设进度。全年完成固定资产投资总额 93 064 万元，同比增长 42 333万元，增幅 83.45%，根据集团战略规划和事业计划，稳步推进重点项目投入，主要构成包括基建建设、设备购置等。第一产业完成投资 60 597 万元，同比增长 23 753 万元，主要是生猪养殖项目建设投入 59 637 万元，同比增长 23 484 万元，生猪产业加速发展，固投增速明显；第二产业完成投资 30 184 万元，同比增长 23 385 万元，其中，风行乳业生产研发基地完成投资 24 995 万元，同比增长 23 911 万元，增幅 2 205.81%；第三产业完成投资 2 283 万元，主要是生鲜流通、冷链仓储业的投资。

注释：

1. 2021 年统计口径包含长城乳业下属左卫牧场，是非独立法人分支机构，当年牛奶产量 5 047 吨，未含上年。同口径对比已剔除左卫牧场。

南京农垦2021年经济发展统计公报

南京农垦产业（集团）有限公司

2021年，南京农垦认真贯彻落实中央一号文件精神及中央农村工作会议部署，在市委、市政府的正确领导下，在农垦局大力指导和支持下，紧紧围绕农垦改革发展与稳定这一工作重心，坚持稳中求进工作总基调，扎实推进农产品大宗贸易、青龙山健康小镇项目、区域公用品牌建设等重点工作，努力夺取“双胜利”，垦区总体发展态势良好，经济发展取得较大突破。

一、综合

全年实现生产增加值63 366.28万元，比上年同期增长49.94%。其中，第一产业增加值325.33万元，比上年同期下降2.11%；第二产业增加值870.00万元，比上年同期下降6.20%；第三产业增加值62 170.95万元，比上年同期增长920.22%。居民人均可支配收入与去年持平。

二、第一产业

南京农垦下辖1家国有市属林场——南京市青龙山林场。林场全年实现农林牧渔业总增加值325.33万元，比上年同期下降2.11%，主要原因是垦区内其他民营企业及个体工商户的销售总额同比上年同期有所降低。渔业产值7万元，与上年持平。

种植业全年通过对标提升工作的深入推进，找差距、补短板，更新了设备，提高了技术，垦区通过自主经营等方式生产销售雨花茶约5 200斤，实现年销售收入318.33万元。在2021年南京市雨花茶质量评比大赛中“宝石花”牌雨花茶荣获“金奖”。

三、第二产业

南京农垦所涉工业大多为林场范围内的属地企业，因健康小镇项目的陆续启动，原农副食品加工企业按照项目规划要求已搬迁，目前仅存2家通用设备制造业。受新冠肺炎疫情等影响，全年工业总产值870万元，比上年同期下降6.20%。

四、第三产业

全年实现第三产业增加值62 170.95万元，比上年同期增长920.22%。其中，批发零售业年末单位35个，比上年同期减少1个，从业人员75人，销售额2 000万元，比上年同期减少3.85%；餐饮业年末单位22个，比上年同期减少2个，从业人员40人，营业收入900万元，比上年同期下降1.10%；交通运输业年末单位1个，从业人员12人，总收入135万元，比上年同期减少2.17%；其他服务业年末单位81个，比上年同期增加3个，从业人员289人，营业收入59 135.95万元，比上年同期增长56.37%。

五、固定资产投资完成情况

全年完成固定资产投资374.60万元。其中，第一产业投资295.00万元，占总投资额的78.75%，主要包括青龙山林场公司造林项目、完善森林防火设施设备和采购制茶机器设备等。第三产业投资79.00万元，占总投资额的21.09%，主要包括南京农垦及下属子企业的办公设备、食堂设备采购等。

六、人口、职工和劳动报酬

截至年末，南京农垦总人口2 455人，其中，农场人口2 282人。年末从业人员612人，人均劳动报酬为5.65万元/年，与上年持平，其中，第一产业83人，占总从业人员的13.56%；第二产业113人，占总从业人员的18.46%；第三产业416人，占总从业人员的67.98%，职工收入保持平稳。

西藏农垦2021年经济发展统计公报

西藏自治区农业农村厅

一、基本情况

2021年，西藏垦区有国有农场4家，垦区全年实现生产总值5 054.22万元。其中，第一产业增加值375.63万元，第三产业增加值4 678.59万元。第一、第三产业增加值占生产总值比重分别为7.43%、92.57%。截至2021年年底，4家农垦企业全年共实现净利润4 582.88万元，同比增长689.05%。其中，八一农场、米林农场、易贡茶场、察隅农场4家农场分别实现净利润4 075.87万元、12.39万元、281.69万元、212.93万元，分别较上年增加4 236.98万元、－261.04万元、63.55万元、－37.41万元，同比分别增长2 630%、下降95.49%、增加29.14%、下降14.94%。利润增长主要是八一农场解决了历史遗留问题“世邦清算项目”，利润分成（投资收益）增加3 565万元，因此营业利润、利润总额、净利润、加权平均净资产收益率较上年大幅度增加。

2021年垦区年末总人口1 781人，从业人员618人，其中，第一产业529人，第三产业89人。垦区居民人均可支配收入50 001.38元。2021年职工期末人数413人，职工工资总额1 351.78万元，职工人均工资收入32 730元。

我区农垦国有土地总面积为3 623.41公顷，其中，耕地面积849.62公顷，牧草地面积519.42公顷，林地面积1 260.14公顷，水面面积28.00公顷，园地面积156.80公顷，居民点及工矿用地面积227.83公顷，其他面积581.60公顷。截至目前，西藏垦区4家农场确权土地面积50 918.25亩，共办理不动产登记证123本，已完成农垦国有土地确权登记入库上图信息数据报送工作。

二、农业生产情况

2021年，垦区全年农作物播种面积210.20公顷，农业产值1 090.45万元。其中，粮食作物（玉米）46.2公顷，产量531吨；蔬菜、瓜类8公顷，产量95吨；其他作物156公顷。经济作物播种面积747.33公顷，其中，茶叶种植650公顷，收获面积306.33公顷，产量47.12吨；水果种植、收获均97.33公顷，产量103吨。绿色食品认证3个，其中，蔬菜认证1个，水果认证2个。

三、林业情况

2021年，垦区全年造林面积97.73公顷，年末森林面积1 194.14公顷，全年零星植树2公顷，全年实有育苗面积10公顷，幼林抚育面积10公顷，森林覆盖率32.96%。

四、畜牧业情况

2021年，垦区大牲畜总头数430头。其中，肉牛230头，牛肉产量30吨；奶牛200牛，牛奶产量0吨（主要原因是职工自养，无法统计产量）。能繁殖的母畜213头，当年生仔畜80头，生猪存栏530头，猪肉产量16吨。

五、农业机械化、生产投入与技术推广情况

一是农业机械化情况。垦区农业机械总动力7 800千瓦。其中，柴油发动机机动力1 600千瓦，汽油发动机机动力200千瓦，电动机动力6 000千瓦。农业机械数量10台。其中，小型及手扶拖拉机6台，排灌动力机械3台，农用飞机1台。全年实际耕种面积97.33公顷。二是生产投入情况。农业生产用电3千瓦·时，农业用水200 000米^3；农药施肥粮1 400吨，农用塑料薄膜使用量30吨，沼气池1个。三是技术推广情况。农田有效灌溉97.33公顷，绿色防控技术应用面积10公顷，秸秆综合利用6公顷。

六、建筑业情况

2021年，垦区建筑业期末单位个数19个，从业人员期末人数19人，从业人员工资总额201万元，固定资产原值22 082.09万元，建筑业总产值437万元。

七、农垦科研情况

2021年，垦区科研单位职工合计50人，其中，科技人员5人。用于科研的经费（政府拨款）300万元，实验地面积0.33公顷。

八、固定资产投资

2021年，垦区完成固定资产投资总额5 348万元，投资构成：第一产业投资2 139万元，占总投资额的40%；第二产业投资3 209万元，占总投资额的60%。资金来源于国家预算投资4 947万元与自筹资金401万元。全年新增固定资产2 139万元。

二

主要经济与社会指标

综合情况

1-1 主要年份全国农垦经济主要指标

指 标 名 称	计量单位	2005年	2010年	2015年	2020年	2021年	2021年比2020年增长	
							绝对数	(%)
一、基本情况								
农垦独立核算企业	个	6 197	5 261	5 880	5 715	5 571	−144	−2.5
#农牧企业(农场)	个	1 923	1 807	1 785	1 803	1 799	−4	−0.2
工业企业	个	1 809	1 290	1 237	1 127	1 130	3	0.3
建筑企业	个	443	537	378	188	198	10	5.3
运输企业	个	270	290	205	452	391	−61	−13.5
批零贸易餐饮企业	个	1 752	1 337	2 275	2 145	2 053	−92	−4.3
农垦年末总人口	万人	1 259.53	1 332.31	1 445.95	1 404.26	1 406.20	2	0.1
职工期末人数	万人	/	/	/	247.05	232.26	−15	−6.1
耕地面积	千公顷	5 038.13	5 989.27	6 325.42	6 516.61	6 876.58	360	5.5
当年造林面积	千公顷	126.18	88.25	68.50	105.90	127.34	21	20.2
农垦生产总值(现价)	亿元	1 358.65	3 382.67	6 902.48	8 279.79	9 267.86	988	
第一产业增加值	亿元	560.43	1 171.30	1 768.13	1 982.30	2 162.87	181	
第二产业增加值	亿元	417.18	1 341.69	3 132.69	3 288.94	3 793.75	505	
第三产业增加值	亿元	381.04	869.68	2 001.65	3 008.55	3 311.24	303	
各产业占生产总值比重								
第一产业	%	41.2	34.6	25.6	24.0	23.4	−0.6	
第二产业	%	30.7	39.7	45.4	39.7	40.9	1.2	
第三产业	%	28.1	25.7	29.0	36.3	35.7	−0.6	
人均生产总值	元/人	10 851	25 669	48 648	59 867	67 443	7 576.0	
工农业总产值(现价)	亿元	2 472.34	6 535.24	12 528.98	13 948.61	15 923.11	1 974.5	
农林牧渔业总产值	亿元	1 118.51	2 342.34	3 449.67	4 230.27	4 634.76	404.5	
占工农业总产值	%	45.2	35.8	27.5	30.3	29.1	−1.2	
工业总产值	亿元	1 353.83	4 192.90	9 079.31	9 718.34	11 288.35	1 570.0	
占工农业总产值	%	54.8	64.2	72.5	69.7	70.9	1.2	
职工工资总额	亿元	277.30	546.06	878.82	1 191.61	1 208.54	16.9	
职工平均工资	元/人	8 255	16 510	30 553	48 233	52 033	3 800.0	
人均纯收入	元/(人·年)	4 195	8 232	14 629	21 908	24 784	2 876.0	
固定资产投资	亿元	449.54	1 811.22	4 593.17	3 493.67	3 782.57	288.9	8.3
固定资产投资按来源合计	亿元	448.29	1 808.79	4 327.40	3 035.75	3 514.58	478.8	15.8
#国家预算内资金	亿元	47.50	169.01	480.03	543.33	634.02	90.7	16.7
利用外资	亿元	20.18	56.89	53.89	33.17	33.40	0.2	0.6
自筹资金	亿元	282.84	1 074.21	3 091.72	1 910.94	2 266.82	355.9	18.6

1－1续表1

指 标 名 称	计量单位	2005年	2010年	2015年	2020年	2021年	2021年比2020年增长 绝对数	(%)
二、主要农作物播种面积								
农作物播种面积	千公顷	5 145.25	6 310.42	6 898.25	6 850.75	6 995.91	145.16	2.1
粮食作物播种面积	千公顷	3 375.83	4 557.64	4 996.98	4 807.81	4 990.39	182.58	3.8
总产量	万吨	1 858.99	2 953.29	3 665.10	3 562.74	3 874.55	311.81	8.5
公顷产量	千克	5 507	6 480	7 335	7 410	7 764	354.00	4.6
棉花播种面积	千公顷	649.37	665.37	834.19	1 016.24	1 014.78	－1.46	－0.1
总产量	万吨	124.69	143.93	175.04	261.84	260.59	－1.25	－0.5
公顷产量	千克	1 920	2 163	2 098	2 577	2 568	－9	－0.3
油料合计播种面积	千公顷	371.20	375.36	352.24	306.84	276.51	－30.33	－9.9
总产量	万吨	66.94	80.34	80.81	73.54	68.67	－4.87	－6.6
公顷产量	千克	1 803	2 140	2 294	2 397	2 484	87.00	3.6
糖料合计播种面积	千公顷	100.51	103.89	84.31	94.99	81.66	－13.33	－14.0
总产量	万吨	667.52	766.86	718.26	712.51	613.19	－99.32	－13.9
公顷产量	千克	66 416	73 815	85 194	75 009	75 089	80.00	0.1
水果总产量	万吨	178.79	323.40	649.21	816.97	831.23	14.26	1.7
茶叶总产量	万吨	4.64	4.63	5.01	4.65	4.36	－0.29	－6.2
三、畜牧、水产情况								
年末牲畜存栏头数	万头	2 622.04	2 752.10	3 001.45	2 274.44	2 425.57	151.13	6.6
大牲畜年末头数	万头	305.03	319.22	281.98	309.80	344.96	35.16	11.3
牛	万头	270.69	292.01	249.80	262.91	279.61	16.70	6.4
＃奶牛	万头	101.63	143.15	146.44	136.21	144.76	8.55	6.3
猪	万头	722.82	1 134.18	1 227.28	881.69	995.89	114.20	13.0
羊	万只	1 591.57	1 298.74	1 492.20	1 082.95	1 084.72	1.77	0.2
肉类总产量	万吨	145.76	256.43	254.58	193.00	225.59	32.59	16.9
牛奶产量	万吨	245.49	366.09	369.08	435.28	466.96	31.68	7.3
羊毛产量	万吨	2.92	2.72	3.28	3.09	3.08	－0.01	－0.3
禽蛋产量	万吨	22.38	39.71	48.25	48.81	47.68	－1.13	－2.3
蜂蜜产量	吨	6 504	8 431	12 953	15 363	14 294	－1 069.00	－7.0
水产品总产量	万吨	79.48	115.17	152.47	176.65	177.08	0.43	0.2

1－1续表2

指　标　名　称	计量单位	2005年	2010年	2015年	2020年	2021年	2021年比2020年增长	
							绝对数	（%）
四、主要农业机械、电、化肥用量								
农业机械总动力	万千瓦	1 463.07	2 126.49	2 838.32	3 208.60	3 308.24	99.64	3.1
大中型拖拉机	万台	8.00	14.60	19.72	23.13	23.81	0.68	2.9
小型及手扶拖拉机	万台	26.98	32.97	30.85	28.16	28.05	－0.11	－0.4
排灌动力机械	万台	19.19	24.84	27.99	29.64	29.22	－0.42	－1.4
联合收获机	万台	2.03	3.92	5.69	6.78	7.12	0.34	5.0
农业生产用电量	亿千瓦·时	—	—	—	114.11	99.23	－14.88	－13.0
农用化肥施用总量（按折纯量计算）	万吨	159.60	227.81	269.87	242.79	238.02	－4.77	－2.0
五、主要工业产品产量								
原煤	万吨	576.48	2 901.05	2 505.01	2 321.81	2 460.24	138.43	6.0
混配合饲料	万吨	213.63	483.13	916.22	739.88	642.57	－97.31	－13.2
食用植物油	万吨	82.06	193.08	463.32	313.17	299.32	－13.85	－4.4
成品糖	万吨	115.02	205.79	293.36	355.19	349.51	－5.68	－1.6
乳制品	万吨	15.37	283.99	380.17	435.50	467.60	32.1	7.4
饮料酒（混合量）	万千升	141.16	144.42	160.49	198.79	187.28	－11.51	－5.8
纱	万吨	26.43	51.16	73.48	115.03	119.16	4.13	3.6
布	亿米	4.88	6.48	5.78	7.75	7.60	－0.15	－1.9
机制纸及纸板	万吨	100.44	61.72	56.98	78.18	66.61	－11.57	－14.8
水泥	万吨	1 046.00	2 245.07	2 158.38	1 580.73	1 611.05	30.32	1.9
砖	亿块	60.79	94.02	179.88	43.33	57.51	14.18	32.7
发电量	亿千瓦·时	59.04	156.63	738.31	964.58	1 117.76	153.18	15.9
六、外贸出口供货商品金额	（人民币）亿元	254.22	541.50	822.61	161.54	125.24	－36.3	－22.5
工业品	（人民币）亿元	215.96	468.25	754.72	129.32	97.06	－32.26	－24.9
批发零售贸易业、餐饮业销售总额		764.25	2 490.73	7 120.48	6 603.31	7 470.83	867.52	13.1
服务业营业收入	亿元	68.38	127.18	317.56	866.79	1 016.11	149.32	17.2

注：2020年农牧企业（农场）数据来源于全国农垦国有农场基本情况调查。

1－2 主要年份全国农垦主要经济指标占全国比重

计量单位：%

指标名称	2013年	2014年	2015年	2016年	2017年	2018年	2019年	2020年	2021年
农垦年末总人口	1.04	1.04	1.05	1.04	1.05	1.03	1.03	1.00	1.00
生产总值	1.04	1.01	1.02	0.99	0.96	0.91	0.80	0.81	0.81
固定资产投资	0.89	0.89	0.82	0.79	0.86	0.62	0.46	0.66	0.68
农作物播种面积总计	4.05	4.17	4.15	4.16	4.13	4.13	4.08	4.09	4.18
粮食作物播种面积	4.32	4.37	4.41	4.42	4.36	4.12	4.13	4.12	4.24
粮食作物总产量	5.68	5.83	5.90	5.65	5.69	5.55	5.18	5.32	5.68
棉花播种面积	17.70	21.45	21.95	21.66	24.66	30.50	30.14	32.07	33.49
总产量	27.92	34.32	31.20	35.15	37.99	46.69	41.55	44.30	45.48
油料合计播种面积	2.53	2.59	2.50	2.56	2.37	2.38	2.35	2.34	2.11
总产量	2.28	2.35	2.28	2.26	2.05	2.32	2.12	2.05	1.90
糖料播种面积	5.59	4.41	4.84	5.11	5.38	5.74	6.00	6.05	5.59
总产量	6.15	5.27	5.73	5.97	6.17	6.31	6.12	5.93	5.35
大牲畜年末头数	2.49	2.30	2.31	2.45	3.08	2.91	3.03	3.02	3.36
肉类总产量	3.35	3.00	2.95	2.94	3.06	2.59	3.13	2.49	2.54
牛奶产量	11.39	10.07	9.83	10.52	10.86	12.68	13.06	12.65	12.68
羊毛产量	6.86	6.90	7.03	7.04	7.47	8.29	8.68	8.64	8.61
禽蛋产量	1.66	1.61	1.61	1.63	1.77	1.45	1.45	1.41	1.40
蜂蜜产量	2.55	2.14	2.73	2.95	2.69	3.51	3.21	3.36	3.12
农业机械总动力	2.57	2.52	2.54	3.05	3.06	3.06	3.04	3.04	3.13
大中型（台）	3.36	3.39	3.25	3.35	3.31	5.42	5.12	5.21	4.99
小型及手扶拖拉机（台）	1.93	1.86	1.81	1.60	1.84	2.05	1.63	1.58	1.62
原煤	0.93	0.70	0.67	0.47	0.57	0.63	0.61	0.59	0.60
纱	2.12	1.90	2.08	2.29	2.45	3.96	3.14	4.39	4.15
布	0.71	0.54	0.65	0.64	0.74	0.79	0.63	1.69	1.51
发电量	0.91	1.10	1.27	1.29	1.34	1.36	1.19	1.28	1.31

1-3 农垦国有企业个数

计量单位：个

地区	农垦国有企业个数					
	合计	农场	工业企业	建筑企业	运输企业	商业企业
总计	**5 571**	**1 799**	**1 130**	**198**	**391**	**2 053**
北京	377	13	92	2	4	266
天津	100	8	31	1		60
河北	83	32	16	2	2	31
山西	30	23	2			5
内蒙古	159	104	15	1	2	40
辽宁	115	104	3	5		3
吉林	103	88	1			14
黑龙江	447	113	135	3	35	161
上海	517	21	110	12	41	333
江苏	46	17	14	4		11
浙江	88	87	1			
安徽	57	20	14	4		19
福建	174	110	43	1	9	11
江西	409	156	102	9	6	136
山东	13	10	1			2
河南	110	90	5	1		14
湖北	180	65	20	17	5	73
湖南	80	59	18	1	2	
广东	256	45	61	4	9	137
广西	224	47	53	18	2	104
海南	409	18	34	11	243	103
重庆	35	19	8		2	6
四川	63	61	1			1
贵州	45	37	5			3
云南	290	43	24	3	25	195
陕西	17	12	1	1		3
甘肃	74	22	27	2	1	22
青海	21	20				1
宁夏	44	14	11	2	1	16
新疆（兵团）	721	179	263	80		199
新疆（农业）	58	46	2	7	1	2
新疆（畜牧）	123	102	10	7	1	3
热科院	1	1				
广州	89	8	7			74
南京	6	1				5
西藏	4	4				

1－4　工农业总产值情况

（按现价计算）　　计量单位：万元

地　　区	工农业总产值	农业		工业	
		总产值	比重（%）	总产值	比重（%）
总　　计	**159 231 113**	**46 347 616**	**29.1**	**112 883 497**	**70.9**
北　　京	8 555 131	712 350	8.3	7 842 781	91.7
天　　津	755 632	229 180	30.3	526 452	69.7
河　　北	10 568 591	1 497 562	14.2	9 071 029	85.8
山　　西	65 063	31 702	48.7	33 361	51.3
内 蒙 古	2 062 590	1 508 257	73.1	554 333	26.9
辽　　宁	4 613 307	1 982 150	43.0	2 631 157	57.0
吉　　林	408 172	351 417	86.1	56 755	13.9
黑 龙 江	12 866 569	8 137 166	63.2	4 729 403	36.8
上　　海	4 459 169	831 990	18.7	3 627 179	81.3
江　　苏	4 237 005	674 829	15.9	3 562 176	84.1
浙　　江	74 278	53 757	72.4	20 521	27.6
安　　徽	593 139	255 235	43.0	337 904	57.0
福　　建	643 447	252 918	39.3	390 529	60.7
江　　西	8 344 122	706 212	8.5	7 637 910	91.5
山　　东	16 692	16 492	98.8	200	1.2
河　　南	395 174	131 046	33.2	264 128	66.8
湖　　北	33 492 198	2 618 614	7.8	30 873 584	92.2
湖　　南	7 439 445	1778 326	23.9	5 661 119	76.1
广　　东	3 635 673	1 217 489	33.5	2 418 184	66.5
广　　西	2 989 709	849 256	28.4	2 140 453	71.6
海　　南	2 030 896	1 534 696	75.6	496 200	24.4
重　　庆	968 731	132 419	13.7	836 312	86.3
四　　川	19 772	19 452	98.4	320	1.6
贵　　州	248 364	66 368	26.7	181 996	73.3
云　　南	1 077 509	775 915	72.0	301 594	28.0
陕　　西	118 296	68 078	57.5	50 218	42.5
甘　　肃	703 232	477 992	68.0	225 240	32.0
青　　海	91 761	89 589	97.6	2 172	2.4
宁　　夏	555 865	436 027	78.4	119 838	21.6
新疆（兵团）	44 865 666	17 286 666	38.5	27 579 000	61.5
新疆（农业）	908 565	686 969	75.6	221 596	24.4
新疆（畜牧）	1 063 894	901 537	84.7	162 357	15.3
热 科 院	14 527	14 527	100.0		
广　　州	339 244	20 196	6.0	319 048	94.0
南　　京	8 595	145	1.7	8 450	98.3
西　　藏	1 090	1 090	100.0		

1－5 各垦区粮、油产量的位次及比重

地 区	粮食总产量（吨）	排序	占全国农垦比重（%）	油料总产量（吨）	排序	占全国农垦比重（%）
总 计	**38 745 505**			**686 707**		
北 京	9 981	28	…	1	31	…
天 津	19 511	26	0.1			
河 北	683 653	11	1.8	3 008	17	0.4
山 西	36 781	25	0.1	73	26	…
内 蒙 古	2 684 977	3	6.9	224 941	1	32.8
辽 宁	1 325 639	4	3.4	19 453	7	2.8
吉 林	786 528	9	2.0	13 497	10	2.0
黑 龙 江	23 155 403	1	59.7	2 599	19	0.4
上 海	241 264	17	0.6	3 715	14	0.5
江 苏	1 238 634	5	3.2	5 840	13	0.9
浙 江	6 928	29	…	101	25	…
安 徽	343 896	14	0.9	1 238	21	0.2
福 建	37 226	24	0.1	2 656	18	0.4
江 西	716 122	10	1.8	30 450	6	4.4
山 东	51 374	22	0.1	110	24	…
河 南	241 302	16	0.6	15 842	8	2.3
湖 北	909 980	7	2.3	97 370	3	14.2
湖 南	801 496	8	2.1	50 417	4	7.3
广 东	40 923	23	0.1	6 086	12	0.9
广 西	17 345	27	…	1 614	20	0.2
海 南	85 557	19	0.2	3 473	15	0.5
重 庆						
四 川	5 075	30	…	33	27	…
贵 州	456	32	…	10	28	…
云 南	61 508	20	0.2	142	23	…
陕 西	90 725	18	0.3	690	22	0.1
甘 肃	255 982	15	0.7	12 412	11	1.8
青 海	53 594	21	0.1	14 749	9	2.1
宁 夏	388 286	13	1.0	10	28	…
新疆（兵团）	2 829 371	2	7.3	132 406	2	19.3
新疆（农业）	491 117	12	1.3	3 235	16	0.5
新疆（畜牧）	1 134 376	6	2.9	40 525	5	5.9
热 科 院	206	33	…	10	28	…
广 州						
南 京						
西 藏	531	31	…			

注：“…”为数值不足0.1。

1－6 各垦区糖料、水果产量的位次及比重

地区	糖料总产量（吨）	排序	占全国农垦比重（%）	水果总产量（吨）	排序	占全国农垦比重（%）
总计	**6 131 868**			**8 312 342**		
北京				592	31	…
天津				678	29	…
河北	15 719	10	0.3	40 920	16	0.5
山西				2 298	26	…
内蒙古	756 258	4	12.3	6 956	23	0.1
辽宁	530	16	…	127 632	9	1.5
吉林				24 732	18	0.3
黑龙江	2 040	15	…	13 846	20	0.2
上海				594	30	…
江苏				4 593	24	0.1
浙江				8 525	22	0.1
安徽	85	19	…	43 423	15	0.5
福建	2 375	14	…	136 651	8	1.6
江西	10 299	11	0.2	88 277	11	1.1
山东	91	18	…	1 405	27	…
河南				26 229	17	0.3
湖北	2 782	13	…	175 076	7	2.1
湖南	4 449	12	0.1	91 003	10	1.1
广东	1 714 137	2	28.0	944 064	2	11.4
广西	1 890 969	1	30.8	297 367	5	3.6
海南	94 074	7	1.5	699 005	3	8.4
重庆						
四川				4 549	25	0.1
贵州				14 194	19	0.2
云南	413 893	5	6.7	252 181	6	3.0
陕西				10 298	21	0.1
甘肃	43 251	9	0.7	47 177	14	0.6
青海				125	32	…
宁夏				55 113	12	0.7
新疆（兵团）	974 407	3	15.9	4 756 339	1	57.2
新疆（农业）	68 886	8	1.1	383 783	4	4.6
新疆（畜牧）	137 307	6	2.2	53 905	13	0.6
热科院	317	17	…	708	28	…
广州						
南京						
西藏				103	33	…

注："…"为数值不足0.1。

1－7 各垦区肉类、牛奶产量的位次及比重

地区	肉类总产量（吨）	排序	占全国农垦比重（%）	牛奶总产量（吨）	排序	占全国农垦比重（%）
总计	**2 255 911**			**4 669 642**		
北京	119 436	4	5.3	519 129	3	11.1
天津	7 295	27	0.3	233 678	8	5.0
河北	71 479	11	3.2	655 248	2	14.0
山西	2 723	29	0.1	33 374	15	0.7
内蒙古	79 099	10	3.5	336 617	7	7.2
辽宁	155 177	3	6.9	31 400	16	0.7
吉林	10 951	24	0.5	8 919	23	0.2
黑龙江	247 979	2	11.0	405 611	5	8.7
上海	59 527	15	2.6	456 649	4	9.8
江苏	47 000	16	2.1	34 829	14	0.7
浙江	16 479	20	0.7			
安徽	12 281	22	0.5	620	30	…
福建	23 347	18	1.0	2 545	28	0.1
江西	60 814	14	2.7	3 390	27	0.1
山东	387	33	…			
河南	8 149	26	0.4	13 883	20	0.3
湖北	98 923	7	4.4	39 753	13	0.9
湖南	118 087	5	5.2	4 030	25	0.1
广东	109 945	6	4.9	79 900	12	1.7
广西	93 805	8	4.2	7 023	24	0.2
海南	83 720	9	3.7	12 993	21	0.3
重庆	29 945	17	1.3	189 652	9	4.1
四川	1 744	31	0.1	3 577	26	0.1
贵州	2 016	30	0.1	15 296	19	0.3
云南	12 202	23	0.5	2 190	29	…
陕西	648	32	…	30 222	17	0.6
甘肃	15 686	21	0.7	161 965	11	3.5
青海	3 017	28	0.1	6	31	…
宁夏	9 781	25	0.4	394 165	6	8.4
新疆（兵团）	601 887	1	26.7	780 168	1	16.7
新疆（农业）	19 865	19	0.9	9 373	22	0.2
新疆（畜牧）	67 753	12	3.0	175 948	10	3.8
热科院	233	34	…			
广州	64 483	13	2.9	27 491	18	0.6
南京						
西藏	46	35	…			

注："…"为数值不足0.1。

1－8 出口商品总金额

地区	总金额				其中：工业品金额		
	2021年（万元）	2020年（万元）	增长（%）	排序	2021年（万元）	2020年（万元）	增长（%）
总计	**1 252 399**	**1 615 391**	**－22.5**		**970 569**	**1 293 197**	**－24.9**
北京	34 854	31 703	9.9	8	11 412	11 956	－4.6
天津	12 505	3 347	273.6	13	12 505	3 347	273.6
河北	286 598	259 344	10.5	2	281 817	257 993	9.2
山西							
内蒙古							
辽宁	17 453	50 157	－65.2	11	9 381	29 930	－68.7
吉林							
黑龙江	40 096	52 270	－23.3	5	3 177	3 345	－5.0
上海	75 320	63 278	19.0	4	54 771	37 373	46.6
江苏	20 899	22 132	－5.6	10	18 769	19 863	－5.5
浙江	110	105	4.8	20			
安徽							
福建	1 140	1 130	0.9	19	838	827	1.3
江西	34 298	56 883	－39.7	9	33 998	56 883	－40.2
山东							
河南		36	－100.0	21		36	－100.0
湖北	170 387	466 127	－63.4	3	98 003	375 875	－73.9
湖南	35 380	34 715	1.9	6	30 122	29 459	2.3
广东	441 802	493 396	－10.5	1	392 162	445 064	－11.9
广西	35 265	38 292	－7.9	7	10 412	11 636	－10.5
海南	8 904	7 020	26.8	15			
重庆	4 330	3 945	9.8	17	4 330	3 945	9.8
四川							
贵州							
云南	2 278	7 115	－68.0	18			
陕西							
甘肃	14 706	14 522	1.3	12	3 331	5 664	－41.2
青海							
宁夏	10 535	9 873	6.7	14			
新疆（兵团）							
新疆（农业）							
新疆（畜牧）	5 541		100.0	16	5 541		100.0
热科院							
广州							
南京							
西藏							

注：外贸出口商品总金额、工业品金额不包含新疆生产建设兵团。

1－9　农垦生产总值

（按现价计算）

地　　区	农垦生产总值（万元）	第一产业		第二产业		第三产业	
		增加值（万元）	占农垦生产总值（%）	增加值（万元）	占农垦生产总值（%）	增加值（万元）	占农垦生产总值（%）
总　　计	**92 678 631**	**21 628 755**	**23.4**	**37 937 516**	**40.9**	**33 112 361**	**35.7**
北　　京	1 754 513	229 377	13.1	843 066	48.1	682 070	38.9
天　　津	396 551	64 392	16.2	71 167	17.9	260 993	65.8
河　　北	5 833 506	769 911	13.2	3 238 696	55.5	1 824 899	31.3
山　　西	67 161	14 926	22.2	28 482	42.4	23 753	35.4
内 蒙 古	1 366 496	864 623	63.3	336 024	24.6	165 849	12.1
辽　　宁	2 988 495	947 643	31.7	997 790	33.4	1 043 062	34.9
吉　　林	301 430	263 975	87.6	11 343	3.8	26 111	8.7
黑 龙 江	5 674 321	4 057 377	71.5	519 704	9.2	1 097 240	19.3
上　　海	2 426 908	174 086	7.2	1 157 937	47.7	1 094 885	45.1
江　　苏	2 212 625	271 116	12.3	1 364 001	61.6	577 508	26.1
浙　　江	32 531	21 593	66.4	5 258	16.2	5 680	17.5
安　　徽	332 727	146 824	44.1	58 686	17.6	127 217	38.2
福　　建	377 178	140 534	37.3	141 562	37.5	95 082	25.2
江　　西	2 907 820	373 417	12.8	1 669 862	57.4	864 541	29.7
山　　东	14 937	11 705	78.4	200	1.3	3 032	20.3
河　　南	99 110	50 771	51.2	24 388	24.6	23 952	24.2
湖　　北	20 467 261	1 243 779	6.1	10 995 427	53.7	8 228 055	40.2
湖　　南	3 360 199	585 753	17.4	1 435 695	42.7	1 338 752	39.8
广　　东	1 920 422	672 680	35.0	659 913	34.4	587 829	30.6
广　　西	1 921 670	529 434	27.6	843 810	43.9	548 426	28.5
海　　南	1 536 302	923 603	60.1	146 159	9.5	466 540	30.4
重　　庆	227 963	25 234	11.1	145 574	63.9	57 155	25.1
四　　川	13 696	11 447	83.6	320	2.3	1 929	14.1
贵　　州	81 624	23 094	28.3	47 615	58.3	10 916	13.4
云　　南	855 862	437 588	51.1	82 013	9.6	336 261	39.3
陕　　西	84 509	31 557	37.3	9 751	11.5	43 202	51.1
甘　　肃	192 990	106 338	55.1	71 023	36.8	15 629	8.1
青　　海	57 055	52 121	91.4	1 254	2.2	3 680	6.4
宁　　夏	301 116	180 613	60.0	67 760	22.5	52 744	17.5
新疆（兵团）	33 956 093	7 864 808	23.2	12 855 610	37.9	13 235 675	39.0
新疆（农业）	277 691	236 074	85.0	15 875	5.7	25 743	9.3
新疆（畜牧）	397 602	311 755	78.4	43 225	10.9	42 621	10.7
热 科 院	60 431					60 431	100.0
广　　州	111 415	－10 090	−9.1	47 455	42.6	74 050	66.5
南　　京	63 366	325	0.5	870	1.4	62 171	98.1
西　　藏	5 054	376	7.4			4 679	92.6

农业部分

2-1 农场基本情况

地区	农场个数（个）	农垦人口情况		
		农垦年末总人口（人）	农场人口（人）	农垦年平均人口（人）
全国农垦	**1 799**	**14 062 044**	**11 046 837**	**13 741 680**
北京	13	62 201	10 003	59 152
天津	8	13 522	3 331	13 102
河北	32	427 664	362 644	422 872
山西	23	27 464	26 792	27 471
内蒙古	104	445 569	398 974	440 122
辽宁	104	850 284	740 300	858 390
吉林	88	171 638	168 437	163 883
黑龙江	113	1 412 749	1 182 926	1 447 429
上海	21	96 902	11 134	98 287
江苏	17	183 497	156 424	183 477
浙江	87	38 888	33 327	38 139
安徽	20	120 904	99 868	118 084
福建	110	190 667	144 918	163 114
江西	156	1 412 212	1 214 874	1 375 149
山东	10	8 630	8 392	8 666
河南	90	70 279	66 516	67 378
湖北	65	1 494 615	1 310 627	1 482 426
湖南	59	768 243	583 112	684 461
广东	45	389 360	334 406	388 381
广西	47	294 758	233 312	286 421
海南	18	806 454	688 123	781 301
重庆	19	16 668	983	16 572
四川	61	6 786	6 344	3 685
贵州	37	20 595	19 406	16 019
云南	43	378 492	354 194	379 068
陕西	12	26 507	25 734	26 979
甘肃	22	65 766	48 505	65 494
青海	20	43 241	34 251	34 199
宁夏	14	113 071	102 434	114 447
新疆（兵团）	179	3 485 085	2 110 128	3 420 756
新疆（农业）	46	220 844	198 092	204 601
新疆（畜牧）	102	377 195	353 924	331 379
热科院	1	12 320	9 645	12 271
广州	8	4 738	694	4 521
南京	1	2 455	2 282	2 449
西藏	4	1 781	1 781	1 535

2－1续表1

地区	从业人员及工资总额				
	从业人员年末人数（人）	第一产业（人）	第二产业（人）	第三产业（人）	从业人员工资总额（万元）
全国农垦	**6 023 768**	**2 967 347**	**1 282 708**	**1 773 713**	**15 131 522**
北京	43 871	12 820	14 206	16 845	474 263
天津	13 522	3 331	3 847	6 344	123 293
河北	256 216	84 532	74 901	96 783	1 003 474
山西	12 809	5 351	2 363	5 095	17 395
内蒙古	171 790	146 394	6 853	18 543	532 905
辽宁	404 272	255 322	58 892	90 058	834 093
吉林	63 094	58 582	1 366	3 146	90 029
黑龙江	504 701	404 377	16 970	83 354	2 016 279
上海	103 666	11 760	40 853	51 053	1 394 504
江苏	87 706	17 309	31 097	39 300	418 339
浙江	3 198	2 050	466	682	15 259
安徽	50 534	27 815	10 351	12 368	191 872
福建	64 550	35 614	14 365	14 571	121 618
江西	388 554	208 440	124 281	55 833	624 764
山东	1 996	1 800	92	104	7 855
河南	36 351	28 430	4 375	3 546	67 936
湖北	959 547	333 276	331 749	294 522	3 478 561
湖南	275 826	127 900	63 783	84 143	245 037
广东	123 042	56 301	30 959	35 782	622 234
广西	114 466	51 490	35 547	27 429	574 138
海南	317 337	207 667	12 854	96 816	987 872
重庆	9 752	983	7 690	1 079	75 187
四川	3 357	2 951	21	385	15 303
贵州	6 030	4 525	1 269	236	17 498
云南	153 063	113 617	6 109	33 337	353 560
陕西	6 181	5 587	115	479	14 391
甘肃	20 896	15 445	4 171	1 280	98 278
青海	19 764	13 518	86	6 160	33 160
宁夏	53 258	41 650	3 385	8 223	52 495
新疆(兵团)	1 484 547	464 674	365 546	654 327	
新疆(农业)	86 964	75 998	3 592	7 374	97 800
新疆(畜牧)	173 251	145 695	7 977	19 579	390 644
热科院	3 520			3 520	82 960
广州	4 907	1 531	2 464	912	53 276
南京	612	83	113	416	3 661
西藏	618	529		89	1 590

2-1续表2

地区	职工及工资总额			
	职工期末人数（人）	在岗职工人数（人）	职工工资总额（万元）	在岗职工工资总额（万元）
全国农垦	**2 322 622**	**1 881 181**	**12 085 367.16**	**10 474 831.26**
北京	44 368	42 301	450 484.00	446 090.00
天津	13 522	13 522	123 293.10	123 293.10
河北	61 524	57 077	255 591.80	233 201.72
山西	3 320	2 400	8 846.94	6 318.02
内蒙古	110 349	46 839	482 107.64	218 205.84
辽宁	179 952	133 237	394 924.12	296 483.04
吉林	36 564	22 329	80 381.93	51 182.82
黑龙江	245 710	245 710	1 056 489.10	1 056 489.10
上海	74 151	74 151	1 056 026.00	1 056 026.00
江苏	39 300	38 509	362 575.00	352 155.00
浙江	2 194	1 281	14 245.24	11 609.65
安徽	15 789	15 610	89 456.31	71 029.60
福建	30 150	13 366	85 262.04	32 269.10
江西	220 475	191 095	468 672.27	390 508.84
山东	2 111	1 839	6 547.40	6 341.40
河南	25 523	19 117	57 307.19	45 604.08
湖北	374 474	327 371	1 266 303.12	1 126 283.10
湖南	100 274	85 427	221 982.65	198 994.52
广东	52 804	32 771	330 216.40	258 912.78
广西	21 834	20 427	163 432.00	151 800.00
海南	41 605	37 000	232 860.00	218 154.00
重庆	6 187	6 187	57 279.00	56 847.00
四川	2 675	1 692	14 675.16	12 636.38
贵州	3 496	2 209	15 762.21	14 577.57
云南	115 121	34 480	258 547.92	139 942.06
陕西	3 667	3 288	14 390.92	13 825.92
甘肃	11 991	10 923	70 821.32	65 636.58
青海	6 892	5 547	22 739.59	21 567.42
宁夏	9 847	9 552	52 495.00	50 072.00
新疆（兵团）	388 826	340 280	4 043 046.00	3 506 541.00
新疆（农业）	29 711	14 666	62 400.64	33 555.42
新疆（畜牧）	39 253	22 831	161 194.32	105 518.09
热科院	3 556	2 865	49 527.63	47 713.17
广州	4 738	4 712	51 912.00	51 859.00
南京	256	157	2 219.42	2 236.16
西藏	413	413	1 351.78	1 351.78

2－1 续表 3

地　　区	收入及住房情况		小城镇情况		
	居民人均可支配收入（元）	年末实有住房面积（米²）	小城镇个数（个）	小城镇人口（人）	小城镇占地面积（米²）
全国农垦	**24 784**	**396 324 563**	**627**	**5 208 799**	**18 745 878 940**
北　　京	101 534	480 037			
天　　津	91 180	540 000			
河　　北	24 717	16 553 742	49	269 992	27 225 486
山　　西	11 647	610 072	3	10 844	2 184 230
内 蒙 古	18 032	17 242 582	19	111 890	64 343 200
辽　　宁	15 780	35 994 453	39	362 625	190 722 094
吉　　林	21 889	3 839 706	3	9 786	21 000 000
黑 龙 江	30 055	48 622 578	113	1 083 815	376 580 000
上　　海	144 883	568 858			
江　　苏	37 564	9 690 000	27	134 235	28 670 000
浙　　江	40 250	2 267 467			
安　　徽	44 954	5 522 377	11	67 000	28 135 232
福　　建	17 753	7 436 217	13	63 110	128 594 650
江　　西	16 378	41 826 698	87	568 120	147 827 071
山　　东	23 965	288 230			
河　　南	22 000	2 645 209	1	4 671	180 000
湖　　北	28 897	56 612 214	51	429 095	76 058 779
湖　　南	17 563	59 193 456	21	347 402	100 449 466
广　　东	29 251	14 130 658	41	147 015	61 205 124
广　　西	26 826	12 278 823	32	181 992	15 253 941
海　　南	18 059	18 731 952			
重　　庆	17 926	700 000			
四　　川		327 521			
贵　　州	13 657	841 949	3	6 314	1 169 250
云　　南	24 850	10 088 237	14	67 749	30 834 000
陕　　西	13 162	2 076 103	7	101 631	53 010 360
甘　　肃	23 408	2 670 249	2	7 366	1 450 000
青　　海	16 658	870 023			
宁　　夏	26 260	5 250 000	14	47 212	8 790 000
新疆（兵团）	36 908		63	1 109 714	17 374 041 100
新疆（农业）	13 446	7 223 704	8	45 608	7 284 710
新疆（畜牧）	17 470	9 889 674	6	31 613	870 247
热 科 院	137 417	981 435			
广　　州	114 825	85 875			
南　　京	56 500	123 200			
西　　藏	50 001	121 256			

2－2　土地利用面积和耕地变动情况

计量单位：公顷

地　　区	土地总面积	耕地面积			
			水田	高标准农田面积	永久基本农田
全国农垦	**33 258 582**	**6 876 583**	**2 061 688**	**2 575 856**	**3 605 507**
北　　京	7 795	1 570			233
天　　津	5 732	2 265		1 613	1 613
河　　北	366 832	100 815	32 577	43 188	14 538
山　　西	22 277	6 302		1 307	852
内 蒙 古	3 311 290	751 125	8 903	176 840	537 588
辽　　宁	497 392	161 636	95 400	21 641	16 369
吉　　林	269 036	110 641	31 906	9 612	31 438
黑 龙 江	5 535 803	3 042 910	1 581 977	1 904 557	2 573 836
上　　海	64 735	29 985	28 354	21 940	
江　　苏	119 621	63 781	54 148	47 063	47 063
浙　　江	14 936	3 479	1 838	294	427
安　　徽	61 986	30 078	16 992	17 105	27 002
福　　建	82 833	6 942	3 693	1 114	803
江　　西	689 137	78 996	60 576	16 497	12 729
山　　东	9 715	5 681	555	1 443	576
河　　南	34 402	21 853	1 508	11 317	7 311
湖　　北	371 181	144 442	57 968	89 530	107 787
湖　　南	169 375	79 706	38 265	23 952	3 335
广　　东	222 907	47 039	3 943	25 630	21 627
广　　西	134 391	34 815	1 389	15 129	10 764
海　　南	668 082	33 763	10 364		
重　　庆	2 449	73			
四　　川	417 457	989	8	64	41
贵　　州	15 206	2 964	188	35	
云　　南	228 870	13 878	4 892	1 417	2 857
陕　　西	19 755	11 179	168	2 680	810
甘　　肃	441 398	71 265		30 976	28 722
青　　海	555 279	32 015	1 398	2 019	2 803
宁　　夏	114 848	46 228	5 649	8 860	
新疆（兵团）	6 030 213	1 558 110	9 894		
新疆（农业）	990 265	146 379	2 236	41 019	24 603
新疆（畜牧）	11 769 549	234 090	6 756	58 922	129 531
热 科 院	7 839	742	115	38	249
广　　州	1 990				
南　　京	384				
西　　藏	3 623	850	28	56	

2－2续表1

地区	牧草地面积	林地面积	水面面积	可养殖水面	园地面积	可垦荒地面积
全国农垦	**13 777 741**	**3 964 010**	**776 146**	**200 418**	**778 420**	**484 038**
北京	269	1 120	72	26	665	
天津		374	953	665	516	
河北	84 898	74 628	30 706	18 968	3 459	1 975
山西	4 080	8 017	7		286	337
内蒙古	2 168 614	216 363	17 283	5 016	1 443	14 322
辽宁	9 195	73 641	45 901	30 057	11 155	1 844
吉林	65 613	47 271	3 929	311	1 397	1 467
黑龙江	326 043	905 982	248 904	26 925	3 451	113 831
上海		9 552	7 546	3 630	865	
江苏		18 299	13 012	4 279	47	
浙江	20	5 105	787	159	2 632	183
安徽	123	11 934	5 477	942	3 385	1 045
福建	207	42 066	2 943	1 595	14 385	999
江西	3 560	481 202	30 133	15 707	15 491	6 957
山东		829	412		279	
河南	60	4 059	1 243	327	1 238	299
湖北	568	45 714	78 895	54 452	6 745	3 795
湖南	1 521	30 384	27 117	16 590	7 279	988
广东	104	36 477	6 038	4 039	85 393	1 866
广西	1 462	31 656	1 982	1 189	19 087	2 291
海南		136 724	2 897	2 897	297 694	
重庆		27	1 036	1 036	227	
四川	266 328	25 072	14	12	532	6
贵州	1 372	2 381	290	106	3 222	782
云南		128 017	3 392	1 267	21 903	238
陕西	1 217	2 740	127	13	909	10
甘肃	227 575	48 342	3 449	427	3 632	5 546
青海	345 022	64 317	535		233	588
宁夏	21 217	6 993	8 435	3 948	5 453	5 468
新疆（兵团）	1 986 815	1 076 866	171 026		222 915	
新疆（农业）	529 928	76 630	3 154	3 145	34 873	36 574
新疆（畜牧）	7 731 384	345 962	58 307	2 620	6 857	282 508
热科院	28	3 619	115	70	582	118
广州		80				
南京		306			38	
西藏	519	1 260	28		157	

2－2 续表 2

地区	宜林地面积	居民点及工矿用地面积	其他面积	现代化农业园区情况	
				现代化农业园区个数（个）	现代化农业园区占地面积（公顷）
全国农垦	**108 359**	**739 016**	**5 754 271**	**109**	**443 293**
北京		1 095	3 006	3	195
天津		361	1 263		
河北	356	43 404	26 590	5	23 066
山西	303	1 147	1 798		
内蒙古	9 532	44 587	88 020		
辽宁	4 867	45 508	143 646		
吉林	468	14 620	23 630	4	6 487
黑龙江	15 731	217 865	661 086	20	250 240
上海			16 787		
江苏		6 289	18 193		
浙江	10	504	2 217	2	172
安徽	529	5 195	4 221	1	2 605
福建	5 057	3 572	6 662		
江西	10 264	29 545	32 989	24	10 163
山东		464	2 050		
河南	176	2 848	2 626		
湖北	3 589	48 980	38 453	5	7 538
湖南	910	10 065	11 405	5	525
广东	2 635	11 026	32 330	4	45 061
广西	8 511	7 730	26 857	23	56 199
海南		17 330	179 675		
重庆		170	916		
四川	5	253	124 259	3	40
贵州	236	458	3 502	2	82
云南	134	11 666	49 642		
陕西	504	1 264	1 805	2	176
甘肃	229	4 819	76 541	1	8 890
青海	6 527	1 687	104 356	1	31 557
宁夏	6 584	2 936	11 534		
新疆（兵团）		143 377	871 103		
新疆（农业）	6 911	10 230	145 586	2	223
新疆（畜牧）	23 493	48 970	3 037 977	1	66
热科院	798	672	1 166		
广州		120	1 790		
南京		30	10		
西藏		228	582	1	6

2－2续表3

地　区	土地变动情况			
	年初实有耕地面积	当年增加的耕地面积	当年被政府收回的土地	当年减少的耕地面积
全国农垦	**6 795 421**	**101 410**	**2 466**	**20 249**
北　京	1 553	17	5	
天　津	2 260	20		15
河　北	97 689	3 154		29
山　西	6 262	40		
内蒙古	746 177	8 102		3 154
辽　宁	161 369	1 098	281	831
吉　林	107 630	3 018		6
黑龙江	2 972 109	71 199		398
上　海	30 839			854
江　苏	64 053			272
浙　江	3 587			109
安　徽	30 182	92	196	196
福　建	7 965	96	25	1 119
江　西	79 535		20	539
山　东	5 582	98		
河　南	21 541	361	62	49
湖　北	147 333	934	9	3 825
湖　南	79 966	544	164	805
广　东	46 460	775	188	196
广　西	34 660	1 576	223	1 421
海　南	33 837	70		144
重　庆	306			233
四　川	949	39		
贵　州	2 964			
云　南	13 539	339		
陕　西	11 179			
甘　肃	71 240	1 364		1 339
青　海	32 015			
宁　夏	43 231	3 435	10	438
新疆（兵团）	1 557 907	203		
新疆（农业）	145 313	1 097		31
新疆（畜牧）	234 598	3 730	1 266	4 238
热科院	739	10		8
广　州				
南　京			18	
西　藏	850			

2-3 农作物播种面积情况

计量单位：公顷

地区	农作物播种面积总计	粮食作物	#夏收作物	谷物合计		
					稻谷	#早稻
全国农垦	**6 995 908.93**	**4 990 389.07**	**206 875.28**	**4 092 509.88**	**2 124 159.79**	**73 682.45**
北　京	5 075.36	1 498.66		1 473.16	514.47	
天　津	2 386.80	2 187.70	58.60	2 184.40	2 043.90	
河　北	90 628.32	76 976.51	9 948.09	66 353.93	27 448.97	
山　西	6 374.09	5 127.99	283.00	4 868.47		
内蒙古	675 731.92	495 406.65		376 784.08	5 384.96	
辽　宁	160 110.99	143 924.75	3 816.71	140 929.14	95 813.67	
吉　林	108 950.21	104 125.89	25.00	95 744.80	31 739.28	
黑龙江	2 990 927.06	2 971 867.06		2 279 895.06	1 551 426.54	
上　海	45 852.94	30 629.67	8 231.07	30 463.00	22 192.00	
江　苏	150 294.00	143 879.00	70 889.00	143 878.00	71 517.00	
浙　江	3 355.09	1 075.09	38.60	915.65	486.13	116.60
安　徽	49 976.81	46 960.50	17 918.35	40 965.86	18 578.75	
福　建	12 769.60	6 547.83	1 635.36	4 660.14	4 115.87	1 254.84
江　西	139 901.89	108 949.85	7 996.37	103 569.21	101 630.55	37 954.45
山　东	7 631.05	7 417.55	1 337.07	7 373.22	528.00	
河　南	39 317.24	33 923.89	14 353.44	31 985.81	864.30	
湖　北	237 389.61	139 920.69	38 743.15	129 708.98	62 089.40	2 453.53
湖　南	168 261.56	94 774.38	6 032.67	90 622.53	75 643.88	22 610.67
广　东	43 830.16	7 860.79	2 467.30	4 808.27	4 024.84	1 937.96
广　西	30 941.72	2 146.60	165.67	1 880.33	890.80	397.27
海　南	29 496.14	15 681.80	7 423.93	12 947.73	12 224.33	6 324.33
重　庆						
四　川	4 617.87	3 192.85		87.99	8.25	
贵　州	190.70	100.80	17.20	100.80	73.80	
云　南	19 509.00	9 737.00	2 527.00	9 067.00	3 444.00	613.00
陕　西	15 717.82	13 592.64		12 765.27	137.00	
甘　肃	75 476.19	27 697.09	2 495.91	19 835.97		
青　海	35 518.69	16 485.43		16 455.63		
宁　夏	46 778.00	32 590.00	224.00	32 561.00	11 060.00	
新疆(兵团)	1 448 716.26	302 843.00		290 804.00	15 637.00	
新疆(农业)	126 149.64	40 422.71	4 601.30	40 208.73	736.50	
新疆(畜牧)	223 736.58	102 760.82	5 646.49	98 537.58	3 885.80	
热科院	85.42	37.68		27.94	19.80	19.80
广　州						
南　京						
西　藏	210.20	46.20		46.20		

2-3续表1

地区	谷物合计					
	小麦	#春小麦	玉米	谷子	高粱	其他谷物
全国农垦	**487 812.23**	**203 174.58**	**1 372 050.47**	**7 640.15**	**22 280.03**	**78 567.21**
北京	67.36		170.33		721.00	
天津	58.60		81.90			
河北	12 135.18	4 987.27	21 198.84	126.67	626.00	4 818.27
山西	284.33		4 426.72	30.16	29.00	98.26
内蒙古	114 054.69	113 790.69	206 024.98	2 417.86	2 573.12	46 328.47
辽宁	30.46	10.00	41 115.84	3 011.00	688.37	269.80
吉林			61 938.96	280.00	1 737.56	49.00
黑龙江	9 485.55		708 426.52	342.23	10 198.62	15.60
上海	7 596.07	7 596.07	33.33			641.60
江苏	66 258.00		2 225.00			3 878.00
浙江	262.16	75.36	113.36			54.00
安徽	19 862.46		1 006.73		1 517.92	
福建			502.27			42.00
江西	567.03	7.00	1 126.69		1.00	243.94
山东	3 594.67		2 972.55	7.00	271.00	
河南	18 698.17	2 101.35	11 841.20	203.00	379.14	
湖北	42 545.62		24 619.46	7.00	214.50	233.00
湖南	4 657.00		7 768.58	760.00	632.80	1 160.27
广东			761.43			22.00
广西			959.20			30.33
海南			723.40			
重庆						
四川	10.41	9.33	40.66			28.67
贵州			27.00			
云南	5.00		5 290.00			328.00
陕西	5 973.00		6 632.27	13.00		10.00
甘肃	2 190.65	2 076.45	17 120.73	196.33	23.00	305.26
青海	1 326.17	986.17	13.00			15 116.46
宁夏	224.00	175.00	21 269.00		5.00	3.00
新疆（兵团）	141 125.00	59 423.00	123 579.00	240.00	2 652.00	2 571.00
新疆（农业）	9 374.40	1 397.01	30 095.83		2.00	
新疆（畜牧）	27 426.25	10 539.88	64 891.35	5.90	8.00	2 320.28
热科院			8.14			
广州						
南京						
西藏			46.20			

2-3续表2

地区	豆类合计	大豆	杂豆	薯类	油料合计	花生
全国农垦	**824 710.36**	**801 047.74**	**23 057.22**	**73 168.83**	**276 508.39**	**30 564.23**
北京	23.50	23.50		2.00	0.20	0.20
天津				3.30		
河北	48.70	48.70		10 573.88	2 232.27	170.10
山西	127.36	24.70	66.99	132.16	33.84	10.00
内蒙古	101 153.18	98 153.48	2 996.07	17 469.39	115 563.26	1 056.67
辽宁	2 444.12	2 147.05	297.07	551.49	5 738.67	5 383.47
吉林	8 378.49	7 071.42	1 307.07	2.60	3 626.30	2 951.30
黑龙江	676 838.94	663 867.61	12 971.33	15 133.06	832.00	272.00
上海	166.67	166.67			1 187.33	
江苏	1.00	1.00			1 933.00	
浙江	151.80	92.60	48.20	7.64	49.17	
安徽	5 926.69	5 924.56	2.13	67.95	459.42	218.60
福建	741.58	562.15	146.23	1 146.11	1 022.10	880.71
江西	3 080.81	2 395.65	681.61	2 299.83	13 500.21	3 504.06
山东	36.33	36.33		8.00	42.00	42.00
河南	1 890.61	1 889.61	1.00	47.47	4 269.70	3 871.53
湖北	9 400.16	8 877.76	302.40	811.55	24 321.36	6 838.16
湖南	2 728.85	2 191.80	450.05	1 423.00	30 390.71	550.35
广东	206.70	150.50	56.20	2 845.82	2 038.86	1 994.16
广西	65.60	44.53	21.07	200.67	382.20	374.87
海南	413.20	150.00	263.20	2 320.87	1 313.27	1 313.27
重庆						
四川	11.08	11.08		3 093.78	20.51	3.33
贵州					8.50	
云南	199.00		199.00	471.00	246.00	23.00
陕西	156.50	156.50		670.87	145.70	67.00
甘肃	370.94		370.94	7 490.18	3 231.52	
青海				29.80	12 019.96	
宁夏	29.00	29.00			3.00	
新疆(兵团)	6 456.00	4 281.00	2 175.00	5 583.00	33 553.00	1 035.00
新疆(农业)	7.98	7.98		206.00	874.20	1.43
新疆(畜牧)	3 655.37	2 742.56	701.46	567.87	17 467.11	
热科院	0.20		0.20	9.54	3.02	3.02
广州						
南京						
西藏						

2-3续表3

地　区	油料合计				棉花	
	油菜籽	芝麻	胡麻子	向日葵		长绒棉
全国农垦	**172 971.17**	**3 693.32**	**199.80**	**63 480.37**	**1 014 784.90**	**17 184.01**
北　京						
天　津						
河　北	1 758.30		76.47	227.40	108.27	
山　西				23.84		
内蒙古	91 610.10			22 560.49		
辽　宁				354.60		
吉　林				675.00		
黑龙江	56.00			28.00		
上　海	1 187.33					
江　苏	1 933.00					
浙　江	49.17				15.07	
安　徽	222.72	18.10			30.23	
福　建	108.50	31.89				
江　西	9 213.43	711.28			983.09	218.53
山　东					17.13	5.13
河　南	398.17				54.70	
湖　北	14 770.30	2 415.50		33.00	4 818.63	
湖　南	28 943.94	469.25		1.67	9 454.40	
广　东		44.70				
广　西		2.00				
海　南						
重　庆						
四　川	15.85					
贵　州	8.50					
云　南	217.00					
陕　西	0.10	0.60		78.00		
甘　肃	800.00		63.33	2 368.19	3 167.08	138.33
青　海	11 619.96					
宁　夏				3.00		
新疆(兵团)	5 499.00		60.00	24 156.00	870 138.00	3.00
新疆(农业)	68.72			804.05	66 020.15	
新疆(畜牧)	4 491.08			12 167.13	59 978.15	16 819.02
热科院						
广　州						
南　京						
西　藏						

2-3续表4

地　　区	麻类合计	黄红麻	苎麻	大麻（线麻）	亚麻
全国农垦	**6 020.22**	**43.00**	**115.57**	**1 074.00**	**1 499.71**
北　　京					
天　　津					
河　　北					
山　　西					
内 蒙 古					
辽　　宁					
吉　　林					
黑 龙 江	1 262.00			1 074.00	184.00
上　　海					
江　　苏					
浙　　江					
安　　徽					
福　　建					
江　　西					
山　　东					
河　　南					
湖　　北	34.00		34.00		
湖　　南	124.57	43.00	81.57		
广　　东	3 283.94				
广　　西					
海　　南					
重　　庆					
四　　川					
贵　　州					
云　　南					
陕　　西					
甘　　肃					
青　　海					
宁　　夏					
新疆（兵团）	420.00				420.00
新疆（农业）					
新疆（畜牧）	895.71				895.71
热 科 院					
广　　州					
南　　京					
西　　藏					

2-3续表5

地　区	糖料合计	甘蔗	甜菜	烟叶合计	烤烟叶	药材类合计
全国农垦	**81 661.07**	**48 703.16**	**32 957.91**	**1 165.04**	**1 133.04**	**49 441.18**
北　京						
天　津						
河　北	265.00		265.00			50.00
山　西						
内蒙古	17 662.34		17 662.34	26.30	26.30	19 024.46
辽　宁	10.00		10.00	90.07	86.07	289.00
吉　林						319.65
黑龙江	39.00		39.00	30.00	4.00	1 261.00
上　海						85.60
江　苏						
浙　江						8.00
安　徽	4.67		4.67			38.33
福　建	98.00	98.00		267.80	265.80	133.00
江　西	297.86	296.86	1.00	88.00	88.00	768.61
山　东	0.87	0.87				
河　南						101.60
湖　北	33.00	33.00				661.30
湖　南	74.21	74.21		537.00	537.00	950.00
广　东	22 228.55	22 228.55				373.32
广　西	20 456.73	20 456.73				205.73
海　南	1 449.60	1 449.60				
重　庆						
四　川				20.00	20.00	29.33
贵　州				16.87	16.87	
云　南	4 061.00	4 061.00		89.00	89.00	156.00
陕　西						26.60
甘　肃	647.07		647.07			4 502.19
青　海						2 895.00
宁　夏						695.00
新疆（兵团）	10 992.00		10 992.00			14 389.00
新疆（农业）	1 052.83		1 052.83			1 444.83
新疆（畜牧）	2 284.00		2 284.00			1 033.63
热科院	4.34	4.34				
广　州						
南　京						
西　藏						

2－3 续表 6

地　　区	蔬菜、瓜类			其他作物		
		蔬菜	瓜类		啤酒花	青饲料
全国农垦	**275 825.38**	**214 484.80**	**56 358.34**	**300 113.68**	**1 891.63**	**126 312.24**
北　　京	304.70	295.70	9.00	3 271.80		3 271.80
天　　津	15.30	12.30	3.00	183.80		142.70
河　　北	4 512.40	3 271.93	546.33	6 483.87		6 483.87
山　　西	632.73	487.03	117.40	579.53		408.13
内 蒙 古	5 199.75	2 355.93	2 721.95	22 849.16		9 133.92
辽　　宁	9 743.50	8 851.83	797.01	315.00		315.00
吉　　林	242.00	47.00	141.00	636.37		84.00
黑 龙 江	2 635.00	1 241.00	1 377.00	13 001.00		9 254.00
上　　海	5 045.07	4 459.33	585.73	8 905.27		2 284.40
江　　苏	4 482.00	1 290.00	3 192.00			
浙　　江	1 611.63	935.89	640.67	596.13		
安　　徽	1 854.49	1 262.13	554.56	629.17		150.00
福　　建	4 358.04	3 777.93	443.11	342.83	2.00	149.03
江　　西	12 068.66	9 513.85	2 277.22	3 245.61	89.70	1 268.58
山　　东	153.50	109.63	43.87			
河　　南	967.35	638.77	233.58			
湖　　北	57 861.33	49 887.73	7 962.60	9 739.30		6 059.10
湖　　南	27 829.45	23 809.30	3 656.83	4 126.84		897.54
广　　东	7 231.57	6 341.23	890.34	813.13		515.00
广　　西	6 564.33	3 794.00	2 770.33	1 186.13		70.53
海　　南	9 698.20	9 585.33	112.87	1 353.27		
重　　庆						
四　　川	81.09	60.58	17.37	1 274.09		1 274.09
贵　　州	64.53	64.53				
云　　南	4 584.00	2 559.00	2 025.00	636.00		116.00
陕　　西	1 704.38	1 363.80	340.58	248.50		180.50
甘　　肃	8 725.87	8 052.06	673.81	27 505.37	670.93	22 181.61
青　　海	337.93	327.26	10.66	3 780.37		1 907.21
宁　　夏	2 417.00	1 924.00	493.00	11 073.00		7 200.00
新疆(兵团)	85 807.53	66 544.00	19 263.00	130 573.73	939.00	27 439.00
新疆(农业)	3 430.62	580.57	558.05	12 904.30	55.00	5 596.23
新疆(畜牧)	5 634.05	1 015.84	3 898.41	33 683.11	135.00	19 923.85
热 科 院	19.38	17.32	2.06	21.00		6.15
广　　州						
南　　京						
西　　藏	8.00	8.00		156.00		

2－4　农作物产量情况

计量单位：吨

地区	粮食作物		谷物合计				
		夏收作物		稻谷	＃早稻	小麦	＃春小麦
全国农垦	**38 745 505.45**	**1 459 464.54**	**35 857 534.83**	**19 232 672.80**	**446 985.09**	**2 842 534.52**	**1 174 022.08**
北京	9 980.71		9 944.33	5 265.99		217.33	
天津	19 511.30	360.00	19 476.30	18 809.00		360.00	
河北	683 653.06	53 702.63	408 389.43	227 126.67		55 623.26	19 191.00
山西	36 781.19	1 673.00	34 647.61			1 678.34	
内蒙古	2 684 976.53		2 307 305.19	42 750.00		384 991.73	384 298.73
辽宁	1 325 396.11	35 744.00	1 301 726.11	935 132.92		157.00	50.00
吉林	786 527.68	375.00	771 969.32	266 008.02			
黑龙江	23 155 402.73		21 301 874.29	14 334 023.56		42 227.81	
上海	241 264.00	59 987.00	240 795.00	180 558.00		55 993.00	55 993.00
江苏	1 238 634.00	564 898.00	1 238 631.00	647 236.00		544 791.00	
浙江	6 928.31	185.78	6 421.38	4 085.35	696.72	1 568.36	330.69
安徽	343 896.32	129 584.22	327 399.40	177 045.85		137 507.22	
福建	37 225.73	8 966.00	30 369.28	28 047.88	8 535.98		
江西	716 122.22	57 835.38	690 929.50	682 334.16	246 686.89	1 671.90	23.00
山东	51 374.25	9 284.40	51 126.25	4 730.00		24 587.25	
河南	241 301.88	116 220.56	236 059.18	6 729.00		145 663.52	17 113.19
湖北	909 980.33	156 715.08	880 699.70	555 698.49	19 750.60	167 579.78	
湖南	801 496.47	96 869.88	774 593.89	692 325.92	117 690.09	22 096.43	
广东	40 923.41	13 779.00	25 776.45	20 242.50	8 403.50		
广西	17 345.00	1 524.00	15 991.00	4 203.00	1 445.00		
海南	85 557.00	43 844.00	74 160.00	71 708.00	39 470.00		
重庆							
四川	5 074.56		672.30	45.49		47.68	43.30
贵州	455.60	84.30	455.60	328.60			
云南	61 508.00	14 708.00	54 394.00	25 016.00	4 221.00	15.00	
陕西	90 725.40		86 465.00	522.00		40 698.50	
甘肃	255 981.80	14 328.31	203 539.97			12 887.69	12 559.44
青海	53 594.09		52 871.69			7 201.25	5 177.20
宁夏	388 286.00	1 678.00	387 975.00	102 205.00		1 678.00	1 286.00
新疆(兵团)	2 829 371.00		2 742 349.00	154 329.00		998 432.00	624 115.00
新疆(农业)	491 117.41	36 012.48	480 370.74	6 062.39		56 895.49	7 363.79
新疆(畜牧)	1 134 375.94	41 105.52	1 099 515.36	40 018.70		137 964.98	46 477.74
热科院	206.42		109.96	85.31	85.31		
广州							
南京							
西藏	531.00		531.00				

2－4 续表 1

地区	谷物合计				豆类合计		
	玉米	谷子	高粱	其他谷物		大豆	杂豆
全国农垦	**13 352 702.65**	**32 786.09**	**146 676.65**	**250 162.12**	**2 082 622.72**	**2 025 109.83**	**52 189.22**
北京	632.01		3 829.00		31.38	31.38	
天津	307.30						
河北	113 782.75	365.08	3 197.00	8 294.67	132.95	132.95	
山西	32 567.80	105.47	105.00	191.00	311.08	96.08	163.00
内蒙古	1 733 887.15	9 648.12	17 294.13	118 734.06	190 796.24	187 721.04	3 069.80
辽宁	348 982.99	12 020.50	4 714.50	718.20	6 120.05	5 296.35	710.70
吉林	497 040.32	607.00	8 248.98	65.00	14 480.36	12 816.08	1 664.28
黑龙江	6 852 752.34	1 784.64	71 038.12	47.82	1 771 326.91	1 738 751.33	32 575.58
上海	230.00			4 014.00	469.00	469.00	
江苏	17 525.00			29 079.00	3.00	3.00	
浙江	533.17			235.00	446.90	288.35	116.55
安徽	6 254.26		6 592.07		15 889.89	15 884.99	4.90
福建	2 197.40			124.00	1 987.75	1 630.35	356.73
江西	6 089.09		4.65	829.80	7 835.04	6 157.63	1 494.43
山东	21 196.00	17.00	596.00		60.00	60.00	
河南	80 497.66	896.00	2 273.00		4 819.50	4 817.50	2.00
湖北	155 442.43	68.00	1 100.00	811.00	22 733.63	21 202.43	802.50
湖南	47 469.74	5 100.00	3 107.60	4 494.20	11 756.03	6 462.00	1 120.33
广东	5 449.95			84.00	611.80	363.60	246.20
广西	11 533.00			255.00	530.00	355.00	175.00
海南	2 452.00				1 065.00	423.00	642.00
重庆							
四川	462.13			117.00	20.11	20.11	
贵州	127.00						
云南	28 654.00			709.00	1 406.00		1 406.00
陕西	45 103.50	111.00		30.00	167.00	167.00	
甘肃	188 043.66	1 030.00	138.00	1 440.62	419.47		419.47
青海	60.00			45 610.44			
宁夏	284 043.00		29.00	20.00	311.00	311.00	
新疆(兵团)	1 541 132.00	1 020.00	24 367.00	23 069.00	22 052.00	15 626.00	6 426.00
新疆(农业)	417 391.86		21.00		16.67	16.67	
新疆(畜牧)	910 307.49	13.28	21.60	11 189.31	6 823.86	6 006.99	793.65
热科院	24.65				0.10		0.10
广州							
南京							
西藏	531.00						

2－4 续表 2

地　　区	薯类	油料合计					
			花生	油菜籽	芝麻	胡麻子	向日葵
全国农垦	**805 347.90**	**686 707.26**	**140 241.71**	**306 740.01**	**6 940.88**	**423.70**	**216 445.39**
北　　京	5.00	1.00	1.00				
天　　津	35.00						
河　　北	275 130.68	3 007.70	648.00	1 746.00		83.20	530.50
山　　西	1 822.50	73.00	30.00				43.00
内 蒙 古	186 875.10	224 941.26	5 384.06	145 634.96			73 733.24
辽　　宁	17 549.95	19 452.60	17 985.70				1 465.40
吉　　林	78.00	13 496.90	11 745.90				1 711.00
黑 龙 江	82 201.53	2 599.00	948.00	61.00			29.00
上　　海		3 715.00		3 715.00			
江　　苏		5 840.00		5 840.00			
浙　　江	59.53	100.85		100.85			
安　　徽	607.03	1 238.28	560.69	653.49	24.10		
福　　建	4 868.70	2 655.67	2 441.97	157.00	53.70		
江　　西	17 357.58	30 449.54	12 104.76	16 932.58	1 301.00		
山　　东	188.00	110.25	110.25				
河　　南	423.20	15 842.47	14 776.97	966.10			
湖　　北	6 547.00	97 370.40	55 385.73	36 478.90	4 208.27		125.00
湖　　南	15 146.55	50 417.34	1 171.97	47 967.43	1 246.84		2.40
广　　东	14 535.16	6 085.88	5 982.88		103.00		
广　　西	824.00	1 614.00	1 575.00		3.00		
海　　南	10 332.00	3 473.00	3 473.00				
重　　庆							
四　　川	4 382.15	32.86	6.90	22.96			
贵　　州		10.20		10.20			
云　　南	5 708.00	142.00	75.00	56.00			
陕　　西	4 093.40	690.18	381.85	0.15	0.97		307.21
甘　　肃	52 022.36	12 412.38		3 120.00		60.50	9 231.88
青　　海	722.40	14 749.07		14 749.07			
宁　　夏		10.00					10.00
新疆（兵团）	64 970.00	132 406.00	5 435.00	19 587.00		280.00	95 282.00
新疆（农业）	10 730.00	3 235.31	7.39	231.20			2 996.72
新疆（畜牧）	28 036.72	40 525.43		8 710.12			30 978.04
热 科 院	96.36	9.69	9.69				
广　　州							
南　　京							
西　　藏							

2-4续表3

地区	棉花	长绒棉	麻类合计	黄红麻	苎麻	大麻（线麻）	亚麻
全国农垦	**2 605 901.31**	**84 275.62**	**22 426.88**	**101.00**	**256.90**	**7 415.00**	**9 535.86**
北京							
天津							
河北	201.90						
山西							
内蒙古							
辽宁							
吉林							
黑龙江			8 625.00			7 415.00	1 210.00
上海							
江苏							
浙江	19.08						
安徽	72.38						
福建							
江西	2 480.84	859.69					
山东	38.55	11.55					
河南	106.00						
湖北	6 081.40		25.00		25.00		
湖南	52 194.40		332.90	101.00	231.90		
广东			5 118.12				
广西							
海南							
重庆							
四川							
贵州							
云南							
陕西							
甘肃	5 611.82	193.67					
青海							
宁夏							
新疆(兵团)	2 083 211.00	5.00	4 713.00				4 713.00
新疆(农业)	147 368.68						
新疆(畜牧)	308 515.26	83 205.71	3 612.86				3 612.86
热科院							
广州							
南京							
西藏							

2-4 续表 4

地区	糖料合计	甘蔗	甜菜	烟叶合计	烤烟叶
全国农垦	**6 131 867.91**	**4 133 154.28**	**1 998 438.63**	**2 774.32**	**2 709.12**
北京					
天津					
河北	15 718.50		15 718.50		
山西					
内蒙古	756 258.45		756 258.45	88.80	88.80
辽宁	530.00		530.00	198.00	178.00
吉林					
黑龙江	2 040.00		2 040.00	50.00	8.00
上海					
江苏					
浙江					
安徽	85.00		85.00		
福建	2 374.60	2 374.60		560.80	557.60
江西	10 299.09	10 068.09	60.00	130.82	130.82
山东	91.00	91.00			
河南					
湖北	2 782.00	2 782.00			
湖南	4 449.10	4 449.10		1 309.40	1 309.40
广东	1 714 136.99	1 714 136.99			
广西	1 890 969.00	1 890 969.00			
海南	94 074.00	94 074.00			
重庆					
四川				120.00	120.00
贵州				66.50	66.50
云南	413 893.00	413 893.00		250.00	250.00
陕西					
甘肃	43 251.30		43 251.30		
青海					
宁夏					
新疆(兵团)	974 407.00		974 407.00		
新疆(农业)	68 885.50		68 885.50		
新疆(畜牧)	137 306.88		137 202.88		
热科院	316.50	316.50			
广州					
南京					
西藏					

2-4 续表 5

地　　区	蔬菜、瓜类			啤酒花
		蔬菜	瓜类	
全国农垦	**12 969 802.07**	**10 268 187.97**	**2 302 480.55**	**348 680.27**
北　　京	10 252.20	9 684.20	568.00	
天　　津	283.70	254.70	29.00	
河　　北	274 588.16	256 436.99	18 151.17	
山　　西	10 842.50	9 333.50	1 509.00	
内 蒙 古	163 103.98	87 402.61	68 027.78	
辽　　宁	451 740.08	401 777.92	44 763.13	
吉　　林	10 402.50	1 907.50	8 345.00	
黑 龙 江	133 323.00	74 552.00	58 675.00	
上　　海	267 498.77	167 247.00	100 251.77	
江　　苏	240 951.00	34 473.00	26 478.00	
浙　　江	45 164.20	23 651.80	20 511.20	
安　　徽	114 099.34	39 998.11	14 079.23	
福　　建	78 064.02	64 318.27	12 011.75	2.00
江　　西	242 504.86	202 480.66	39 434.52	2 507.20
山　　东	7 529.60	5 854.60	1 675.00	
河　　南	18 985.24	10 613.24	6 087.00	
湖　　北	2 049 900.30	1 751 286.50	296 751.80	
湖　　南	997 723.35	876 394.90	120 015.45	
广　　东	182 297.68	164 956.86	17 340.82	
广　　西	261 790.00	165 047.00	96 743.00	
海　　南	215 558.00	211 743.00	3 815.00	
重　　庆				
四　　川	1 793.20	1 457.50	329.63	
贵　　州	1 099.00	1 099.00		
云　　南	103 459.00	53 987.00	49 472.00	
陕　　西	48 051.85	36 937.25	11 114.60	
甘　　肃	660 299.35	638 770.22	21 529.13	2 183.00
青　　海	19 875.00	19 768.00	107.00	
宁　　夏	103 896.00	80 133.00	23 763.00	
新疆(兵团)	5 862 794.00	4 763 980.00	1 098 814.00	4 726.00
新疆(农业)	214 804.32	34 588.09	51 877.23	339 060.00
新疆(畜牧)	176 882.53	77 830.10	90 189.45	202.07
热 科 院	150.34	128.45	21.89	
广　　州				
南　　京				
西　　藏	95.00	95.00		

2－5　农作物公顷产量

计量单位：千克/公顷

地　　区	粮食作物		谷物合计				
		夏收作物		稻谷	＃早稻	小麦	＃春小麦
全国农垦	**7 764**	**7 055**	**8 762**	**9 054**	**6 113**	**5 828**	**5 778**
北　　京	6 660		6 750	10 236		3 226	
天　　津	8 919	6 143	8 916	9 203		6 143	
河　　北	8 881	5 398	6 155	8 275		4 584	3 848
山　　西	7 173	5 912	7 117			5 903	
内 蒙 古	5 420		6 124	7 939		3 376	3 377
辽　　宁	9 209	9 365	9 237	9 760		5 154	5 000
吉　　林	7 554	15 000	8 063	8 381			
黑 龙 江	7 792		9 343	9 239		4 452	
上　　海	7 877	7 288	7 905	8 136		7 371	7 371
江　　苏	8 609	7 969	8 609	9 050		8 222	
浙　　江	6 444	4 813	7 013	8 404	5 975	5 982	4 388
安　　徽	7 323	7 232	7 992	9 529		6 923	
福　　建	5 685	5 483	6 517	6 815	6 802		
江　　西	6 573	7 233	6 671	6 714	6 500	2 949	3 286
山　　东	6 926	6 944	6 934	8 958		6 840	
河　　南	7 113	8 097	7 380	7 785		7 790	8 144
湖　　北	6 504	4 045	6 790	8 950	8 050	3 939	
湖　　南	8 457	16 058	8 547	9 152	5 205	4 745	
广　　东	5 206	5 585	5 361	5 029	4 336		
广　　西	8 080	9 199	8 504	4 718	3 637		
海　　南	5 456	5 906	5 728	5 866	6 241		
重　　庆							
四　　川	1 589		7 641	5 514		4 580	4 641
贵　　州	4 520	4 901	4 520	4 453			
云　　南	6 317	5 820	5 999	7 264	6 886	3 000	
陕　　西	6 675		6 773	3 810		6 814	
甘　　肃	9 242	5 741	10 261			5 883	6 049
青　　海	3 251		3 213			5 430	5 250
宁　　夏	11 914	7 491	11 915	9 241		7 491	7 349
新疆（兵团）	9 343		9 430	9 869		7 075	10 503
新疆（农业）	12 150	7 827	11 947	8 231		6 069	5 271
新疆（畜牧）	11 039	7 280	11 158	10 299		5 030	4 410
热 科 院	5 478		3 936	4 309	4 309		
广　　州							
南　　京							
西　　藏	11 494		11 494				

2－5 续表 1

地区	谷物合计				豆类合计		
	玉米	谷子	高粱	其他谷物		大豆	杂豆
全国农垦	**9 732**	**4 291**	**6 583**	**3 184**	**2 525**	**2 528**	**2 263**
北京	3 710		5 311		1 335	1 335	
天津	3 752						
河北	5 367	2 882	5 107	1 722	2 730	2 730	
山西	7 357	3 497	3 621	1 944	2 443	3 890	2 433
内蒙古	8 416	3 990	6 721	2 563	1 886	1 913	1 025
辽宁	8 488	3 992	6 849	2 662	2 504	2 467	2 392
吉林	8 025	2 168	4 747	1 327	1 728	1 812	1 273
黑龙江	9 673	5 215	6 965	3 065	2 617	2 619	2 511
上海	6 901			6 256	2 814	2 814	
江苏	7 876			7 498	3 000	3 000	
浙江	4 703			4 352	2 944	3 114	2 418
安徽	6 212		4 343		2 681	2 681	2 300
福建	4 375			2 952	2 680	2 900	2 440
江西	5 404		4 650	3 402	2 543	2 570	2 192
山东	7 131	2 429	2 199		1 652	1 652	
河南	6 798	4 414	5 995		2 549	2 549	2 000
湖北	6 314	9 714	5 128	3 481	2 418	2 388	2 654
湖南	6 110	6 711	4 911	3 873	4 308	2 948	2 489
广东	7 158			3 818	2 960	2 416	4 381
广西	12 024			8 408	8 079	7 972	8 306
海南	3 390				2 577	2 820	2 439
重庆							
四川	11 366			4 081	1 815	1 815	
贵州	4 704						
云南	5 417			2 162	7 065		7 065
陕西	6 801	8 538		3 000	1 067	1 067	
甘肃	10 983	5 246	6 000	4 719	1 131		1 131
青海	4 615			3 017			
宁夏	13 355		5 800	6 667	10 724	10 724	
新疆(兵团)	11 986	4 250	9 188	8 973	3 416	3 650	2 954
新疆(农业)	13 869		10 500		2 089	2 089	
新疆(畜牧)	14 028	2 251	2 700	4 822	1 867	2 190	1 131
热科院	3 028				500		500
广州							
南京							
西藏	11 494						

2-5续表2

地区	薯类	油料合计					
			花生	油菜籽	芝麻	胡麻子	向日葵
全国农垦	**11 007**	**2 484**	**4 588**	**1 773**	**1 879**	**2 121**	**3 410**
北京	2 500	5 000	5 000				
天津	10 606						
河北	26 020	1 347	3 810	993		1 088	2 333
山西	13 790	2 157	3 000				1 804
内蒙古	10 697	1 946	5 095	1 590			3 268
辽宁	31 823	3 390	3 341				4 133
吉林	30 000	3 722	3 980				2 535
黑龙江	5 432	3 124	3 485	1 089			1 036
上海		3 129		3 129			
江苏		3 021		3 021			
浙江	7 792	2 051		2 051			
安徽	8 933	2 695	2 565	2 934	1 331		
福建	4 248	2 598	2 773	1 447	1 684		
江西	7 547	2 255	3 454	1 838	1 829		
山东	23 500	2 625	2 625				
河南	8 915	3 710	3 817	2 426			
湖北	8 067	4 003	8 100	2 470	1 742		3 788
湖南	10 644	1 659	2 130	1 657	2 657		1 437
广东	5 108	2 985	3 000		2 304		
广西	4 106	4 223	4 201		1 500		
海南	4 452	2 645	2 645				
重庆							
四川	1 416	1 602	2 072	1 449			
贵州		1 200		1 200			
云南	12 119	577	3 261	258			
陕西	6 102	4 737	5 699	1 500	1 617		3 939
甘肃	6 945	3 841		3 900		955	3 898
青海	24 242	1 227		1 269			
宁夏		3 333					3 333
新疆(兵团)	11 637	3 946	5 251	3 562		4 667	3 944
新疆(农业)	52 087	3 701	5 168	3 364			3 727
新疆(畜牧)	49 372	2 320		1 939			2 546
热科院	10 101	3 209	3 209				
广州							
南京							
西藏							

2－5 续表 3

地　　区	棉花	长绒棉	麻类合计	黄红麻	苎麻	大麻（线麻）	亚麻
全国农垦	**2 568**	**4 904**	**3 725**	**2 349**	**2 223**	**6 904**	**6 358**
北　　京							
天　　津							
河　　北	1 865						
山　　西							
内 蒙 古							
辽　　宁							
吉　　林							
黑 龙 江			6 834			6 904	6 576
上　　海							
江　　苏							
浙　　江	1 266						
安　　徽	2 394						
福　　建							
江　　西	2 524	3 934					
山　　东	2 250	2 251					
河　　南	1 938						
湖　　北	1 262		735		735		
湖　　南	5 521		2 672	2 349	2 843		
广　　东			1 559				
广　　西							
海　　南							
重　　庆							
四　　川							
贵　　州							
云　　南							
陕　　西							
甘　　肃	1 772	1 400					
青　　海							
宁　　夏							
新疆（兵团）	2 394	1 667	11 221				11 221
新疆（农业）	2 232						
新疆（畜牧）	5 144	4 947	4 034				4 034
热 科 院							
广　　州							
南　　京							
西　　藏							

2－5续表4

地　区	糖料合计	甘蔗	甜菜	烟叶合计	烤烟叶
全国农垦	**75 089**	**84 864**	**60 636**	**2 381**	**2 391**
北京					
天津					
河北	59 315		59 315		
山西					
内蒙古	42 818		42 818	3 376	3 376
辽宁	53 000		53 000	2 198	2 068
吉林					
黑龙江	52 308		52 308	1 667	2 000
上海					
江苏					
浙江					
安徽	18 201		18 201		
福建	24 231	24 231		2 094	2 098
江西	34 577	33 915	60 000	1 487	1 487
山东	104 598	104 598			
河南					
湖北	84 303	84 303			
湖南	59 953	59 953		2 438	2 438
广东	77 114	77 114			
广西	92 438	92 438			
海南	64 897	64 897			
重庆					
四川				6 000	6 000
贵州				3 942	3 942
云南	101 919	101 919		2 809	2 809
陕西					
甘肃	66 842		66 842		
青海					
宁夏					
新疆(兵团)	88 647		88 647		
新疆(农业)	65 429		65 429		
新疆(畜牧)	60 117		60 071		
热科院	72 926	72 926			
广州					
南京					
西藏					

2-5续表5

地　区	蔬菜、瓜类			啤酒花
		蔬菜	瓜类	
全国农垦	**47 022**	**47 874**	**40 854**	**184 328**
北　京	33 647	32 750	63 111	
天　津	18 542	20 707	9 667	
河　北	60 852	78 375	33 224	
山　西	17 136	19 164	12 853	
内蒙古	31 368	37 099	24 992	
辽　宁	46 363	45 389	56 164	
吉　林	42 986	40 585	59 184	
黑龙江	50 597	60 074	42 611	
上　海	53 022	37 505	171 157	
江　苏	53 760	26 723	8 295	
浙　江	28 024	25 272	32 015	
安　徽	61 526	31 691	25 388	
福　建	17 913	17 025	27 108	1 000
江　西	20 094	21 283	17 317	27 951
山　东	49 053	53 403	38 181	
河　南	19 626	16 615	26 060	
湖　北	35 428	35 105	37 268	
湖　南	35 851	36 809	32 820	
广　东	25 209	26 013	19 477	
广　西	39 881	43 502	34 921	
海　南	22 227	22 090	33 800	
重　庆				
四　川	22 114	24 059	18 977	
贵　州	17 031	17 031		
云　南	22 570	21 097	24 431	
陕　西	28 193	27 084	32 634	
甘　肃	75 671	79 330	31 951	3 254
青　海	58 814	60 405	10 038	
宁　夏	42 986	41 649	48 201	
新疆(兵团)	68 325	71 591	57 043	5 033
新疆(农业)	62 614	59 576	92 962	6 164 727
新疆(畜牧)	31 395	76 616	23 135	1 497
热科院	7 757	7 416	10 626	
广　州				
南　京				
西　藏	11 875	11 875		

2－6 茶、果和桑年末实有面积

计量单位：公顷

地区	茶叶	水果					
			香蕉	苹果	柑、橘、橙、柚	梨	桃
全国农垦	**30 293**	**394 477**	**18 153**	**47 732**	**27 692**	**37 577**	**16 001**
北京		152		84		6	7
天津		142		43		61	13
河北		1 658		87		622	482
山西		137		48		25	55
内蒙古		2 607		830		135	5
辽宁		9 127		4 984		1 499	1 134
吉林		2 685		537		1 803	3
黑龙江		680		176		88	
上海	145	170				39	9
江苏		159			1	95	3
浙江	1 222	466			251	16	22
安徽	2 044	1 527			5	685	426
福建	6 638	8 880	498		2 195	77	214
江西	8 135	8 649			6 078	989	648
山东		136		13		2	93
河南	2	1 249		149	30	373	483
湖北	818	9 756		28	1 857	709	4 935
湖南	1 232	6 696			5 377	115	252
广东	751	35 596	7 698		1 097		4
广西	654	10 753	1 798		4 950		3
海南	1 376	44 557	2 997		2 595		
重庆							
四川	100	241		1	116	16	3
贵州	1 308	741			383	9	11
云南	4 296	16 006	5 113	179	2 756		
陕西		827				27	73
甘肃		1 997		312		1 042	
青海		3					
宁夏		5 062		853		256	80
新疆(兵团)		188 545		22 886		21 064	5 971
新疆(农业)	885	31 158		15 711		7 779	311
新疆(畜牧)		3 904		726		47	755
热科院		115	48		3		
广州							
南京	38						
西藏	650	97		87			6

2-6续表1

地　　区	水果						
	葡萄	菠萝	红枣	柿子	荔枝	龙眼	芒果
全国农垦	**46 556**	**15 954**	**93 543**	**342**	**15 957**	**8 833**	**23 483**
北　　京							
天　　津	22						
河　　北	186		255				
山　　西	1		3	1			
内 蒙 古	237		2	3			
辽　　宁	495		6				
吉　　林	26						
黑 龙 江	160						
上　　海	16						
江　　苏	16			3			
浙　　江	41						
安　　徽	88			17			
福　　建	42	85		53	678	2 193	56
江　　西	291			3			
山　　东	28						
河　　南	91			14			
湖　　北	1 452		18	64			
湖　　南	475		3	3			
广　　东	3	11 661			6 990	3 150	135
广　　西	74	17			1 217	852	1 078
海　　南		2 761			6 861	2 447	20 028
重　　庆							
四　　川	69					14	
贵　　州	334			1			
云　　南	1 705	1 424			204	173	2 178
陕　　西	81			181			
甘　　肃	485		23				
青　　海							
宁　　夏	3 613		126				
新疆(兵团)	32 885		89 731				
新疆(农业)	2 158		3 139				
新疆(畜牧)	1 475		238				
热 科 院	2	6			7	4	8
广　　州							
南　　京							
西　　藏	1						

2－6 续表 2

地　区	水果						桑园
	杨桃	火龙果	番石榴	红毛丹	西番莲	其他	
全国农垦	**385**	**2 582**	**841**	**421**	**242**	**38 182**	**1 618**
北　京						54	
天　津						3	
河　北						27	
山　西						5	
内蒙古						1 395	
辽　宁						1 009	
吉　林						316	22
黑龙江						257	
上　海						105	
江　苏						41	47
浙　江		3				134	22
安　徽						306	
福　建	46	72	18		241	2 413	28
江　西	28	25	1			585	55
山　东							
河　南						110	
湖　北		20				674	
湖　南		1				470	2
广　东	208	1 481	741			2 427	401
广　西		214				550	
海　南	102	558	80	421		5 707	
重　庆							
四　川						23	154
贵　州						4	
云　南		202				2 072	
陕　西						465	
甘　肃						135	
青　海						3	
宁　夏						133	
新疆（兵团）						16 008	
新疆（农业）		2				2 057	885
新疆（畜牧）						663	
热科院		4	1		1	31	3
广　州							
南　京							
西　藏						3	

2－7 茶、果和桑收获面积

计量单位：公顷

地区	茶叶	水果					
			香蕉	苹果	柑、橘、橙、柚	梨	桃
全国农垦	**26 249**	**347 314**	**15 936**	**36 928**	**22 802**	**34 413**	**14 242**
北京		139		76		6	7
天津		142		43		61	13
河北		1 610		85		612	474
山西		126		48		22	52
内蒙古		1 030		201		82	3
辽宁		7 962		4 083		1 438	1 029
吉林		2 624		481		1 798	3
黑龙江		680		176		88	
上海	92	99				39	9
江苏		159			1	95	3
浙江	1 136	392			227	15	19
安徽	1 958	1 475			5	685	410
福建	5 893	8 464	456		2 081	67	189
江西	7 170	8 034			5 564	969	616
山东		126		9		1	93
河南	2	1 180		124	30	366	473
湖北	637	9 547		28	1 822	703	4 921
湖南	1 187	6 564			5 305	99	224
广东	577	28 792	6 866		709		
广西	596	9 115	1 711		3 928		2
海南	644	38 098	2 883		1 406		
重庆							
四川	100	201			81	16	3
贵州	966	704			350	9	11
云南	4 071	11 569	4 007	121	1 291		
陕西		758				27	73
甘肃		1 996		311		1 042	
青海		3					
宁夏		5 062		853		256	80
新疆（兵团）		172 486		17 894		19 453	4 661
新疆（农业）	885	24 719		11 736		6 417	279
新疆（畜牧）		3 318		574		47	588
热科院		43	13		1		
广州							
南京	28						
西藏	306	97		87			6

2-7续表1

地区	水果						
	葡萄	菠萝	红枣	柿子	荔枝	龙眼	芒果
全国农垦	**45 063**	**11 312**	**92 355**	**279**	**14 250**	**8 107**	**21 304**
北京							
天津	22						
河北	183		245				
山西			3	1			
内蒙古	199		2	3			
辽宁	451		6				
吉林	26						
黑龙江	160						
上海	16						
江苏	16			3			
浙江	41						
安徽	88			16			
福建	42	85		50	669	2 051	50
江西	274			2			
山东	22						
河南	91			1			
湖北	1 331		18	64			
湖南	475		3	3			
广东	3	7 710			6 332	2 750	87
广西	72	17			939	773	1 027
海南		2 223			6 112	2 345	18 557
重庆							
四川	68					14	
贵州	332						
云南	1 705	1 275			196	173	1 574
陕西	56			137			
甘肃	485		23				
青海							
宁夏	3 613		126				
新疆(兵团)	31 765		88 721				
新疆(农业)	2 048		2 971				
新疆(畜牧)	1 475		238				
热科院	2	2			2	2	8
广州							
南京							
西藏	1						

2－7 续表 2

地　区	水果						桑园
	杨桃	火龙果	番石榴	红毛丹	西番莲	其他	
全国农垦	**349**	**2 366**	**775**	**382**	**241**	**26 210**	**1 609**
北　京						49	
天　津						3	
河　北						11	
山　西						2	
内蒙古						540	
辽　宁						956	
吉　林						316	22
黑龙江						257	
上　海						34	
江　苏						41	47
浙　江		3				86	22
安　徽						270	
福　建	46	72	18		241	2 346	28
江　西	28	24				556	55
山　东							
河　南						96	
湖　北						661	
湖　南		1				453	2
广　东	192	1 371	690			2 082	400
广　西		188				459	
海　南	82	508	66	382		3 534	
重　庆							
四　川						19	146
贵　州						3	
云　南		194				1 033	
陕　西						465	
甘　肃						135	
青　海						3	
宁　夏						133	
新疆(兵团)						9 992	
新疆(农业)		2				1 266	885
新疆(畜牧)						397	
热科院		3	1			9	3
广　州							
南　京							
西　藏						3	

2-8 茶、果和桑产量

计量单位：吨

地区	茶叶	水果					
			香蕉	苹果	柑、橘、橙、柚	梨	桃
全国农垦	**43 565**	**8 312 342**	**653 792**	**1 111 072**	**457 146**	**1 010 353**	**288 122**
北京		592		474	1	41	37
天津		678		189		280	1
河北		40 920		4 782		8 640	20 814
山西		2 298		246		268	1 692
内蒙古		6 956		1 309		1 739	5
辽宁		127 632		81 104		13 984	14 601
吉林		24 732		2 059		20 685	200
黑龙江		13 846		3 020		1 555	
上海	10	594				346	35
江苏		4 593			38	1 832	7
浙江	3 283	8 525			5 261	226	249
安徽	14 072	43 423			200	25 596	7 630
福建	6 300	136 651	7 659		42 725	659	800
江西	4 440	88 277			67 301	6 988	5 074
山东		1 405		190		36	718
河南	1	26 229		3 499	320	10 996	9 459
湖北	524	175 076		154	32 463	12 690	97 032
湖南	1 305	91 003			72 205	1 932	2 037
广东	590	944 064	366 259		11 558		
广西	571	297 367	86 694		162 744		70
海南	509	699 005	89 972		20 509		
重庆							
四川	55	4 549		6	1 599	453	105
贵州	2 350	14 194			6 365	196	291
云南	8 442	252 181	102 831	930	33 858		
陕西		10 298		8		85	1 357
甘肃		47 177		9 688		30 941	
青海		125					
宁夏		55 113		12 101		1 993	1 174
新疆（兵团）		4 756 339		789 987		753 189	111 075
新疆（农业）	1 062	383 783		192 541		114 720	7 163
新疆（畜牧）		53 905		8 705		283	6 477
热科院		708	377		1		
广州							
南京	5						
西藏	47	103		80			20

2－8续表1

地　区	水果						
	葡萄	菠萝	红枣	柿子	荔枝	龙眼	芒果
全国农垦	**1 062 611**	**532 793**	**2 149 485**	**4 685**	**139 756**	**53 209**	**360 112**
北　京	1						
天　津	186						
河　北	5 486		1 069				
山　西	13		50	18			
内蒙古	1 614		4	2			
辽　宁	7 739		431				
吉　林	79						
黑龙江	3 773						
上　海	92						
江　苏	377			43			
浙　江	847						
安　徽	1 950			51			
福　建	391	1 334		437	2 899	5 919	374
江　西	3 819			3			
山　东	462						
河　南	1 421			1			
湖　北	25 181		29	1 075			
湖　南	2 257	1	8	40			
广　东	20	426 803			50 806	13 460	423
广　西	1 632	118			7 940	7 449	16 170
海　南		71 862			77 769	23 429	323 853
重　庆							
四　川	2 115					23	
贵　州	7 329						
云　南	42 595	32 590			310	2 914	19 192
陕　西	635			3 015			
甘　肃	5 500		136				
青　海							
宁　夏	37 288		1 560				
新疆(兵团)	843 386		2 109 660				
新疆(农业)	31 845		33 479				
新疆(畜牧)	34 555		3 059				
热科院	22	86			32	16	101
广　州							
南　京							
西　藏	2						

2-8续表2

地　区	水果						桑园
	杨桃	火龙果	番石榴	红毛丹	西番莲	其他	
全国农垦	**4 208**	**70 724**	**20 412**	**3 176**	**45 486**	**345 199**	**19 125**
北　京						37	
天　津						21	
河　北						128	
山　西						12	
内蒙古						2 282	
辽　宁						9 774	
吉　林						1 709	8
黑龙江						5 497	
上　海						121	
江　苏						2 296	103
浙　江		97				1 845	255
安　徽						7 996	
福　建	792	2 835	136		45 486	24 206	140
江　西	408	256				4 430	1 084
山　东							
河　南						533	
湖　北						6 454	
湖　南		16				12 507	23
广　东	2 242	43 689	18 772			10 032	14 044
广　西		5 295				9 255	
海　南	748	12 180	1 484	3 176		74 023	
重　庆							
四　川						248	2 375
贵　州						13	
云　南		6 255				10 706	
陕　西						5 199	
甘　肃						912	
青　海						125	
宁　夏						997	
新疆(兵团)						149 042	
新疆(农业)		90				3 945	1 062
新疆(畜牧)						827	
热科院	18	11	20			27	31
广　州							
南　京							
西　藏						1	

2－9 林业生产情况

地区	营林情况（公顷）					
	当年造林面积	用材林	经济林	防护林	薪炭林	特种用材林
全国农垦	**127 338**	**9 770**	**2 793**	**103 856**	**225**	**694**
北京	190			51		139
天津						
河北	2 019	131	529	1 359		
山西	331		95	236		
内蒙古	1 734	69	552	1 105		8
辽宁	2 875	692	331	1 852		
吉林	249	52	9	189		
黑龙江	674	508		166		
上海	4 764	1 071	213	3 479		
江苏	302	246	55	1		
浙江	235		20	35		180
安徽	304	75	100	129		
福建	1 519	531	650	322		16
江西	5 026	2 595	1 580	515		336
山东						
河南	794	26	74	694		
湖北	2 693	1 949	450	294		
湖南	3 919	1 318	680	1 921		
广东	675	108	165	162	225	16
广西	172	5	167			
海南	212	127	85			
重庆						
四川	6		1	5		
贵州	469	27	220	222		
云南	92		92			
陕西	407		407			
甘肃	219			219		
青海	4 200		1 287	2 913		
宁夏	214		117	97		
新疆（兵团）	44 690		1 832	42 858		
新疆（农业）	2 009	3	1 146	860		
新疆（畜牧）	46 249	239	1 838	44 172		
热科院						
广州						
南京						
西藏	98		97			

2-9续表1

地区	营林情况						
	年末森林面积（公顷）	当年零星植树（株）	年末实有育苗面积（公顷）	当年新育面积	幼林抚育面积（公顷）	成林抚育面积（公顷）	森林覆盖率（%）
全国农垦	**4 300 938**	**9 515 559**	**15 989**	**2 475**	**45 603**	**126 129**	**23**
北京	267	6			69	430	3
天津	374						7
河北	73 538	8 610	78		589	1 347	20
山西	3 679	3 100	681		3	7	17
内蒙古	208 180	136 685	973	171	1 190	3 507	6
辽宁	80 365	151 812	391	98	560	1 097	16
吉林	46 775	8 171			72	41	17
黑龙江	941 086	20 471	2 554	705	4 348	13 058	17
上海	10 996	328	746		1 077	2 045	17
江苏	18 299	9 800	1 513	155	1 195	1 155	15
浙江	2 720	9 068	32		4	150	18
安徽	16 000	4 238	106	7	773	3 333	26
福建	43 803	8 000 908	864	39	1 161	3 886	53
江西	476 547	16 451	514	132	10 740	13 564	69
山东	1 090	290				218	11
河南	4 555	39 029	167	34	215	455	13
湖北	44 230	15 154	1 590	192	5 192	10 685	12
湖南	43 251	856 591	1 020	85	4 043	1 494	26
广东	94 545	2 201	6	2	7 686	39 756	42
广西	28 684	19	322		2 420	9 824	21
海南	136 657				661	1 812	20
重庆	270					95	11
四川	24 989	222	2		10	41	6
贵州	4 072	154 500	1		37	283	27
云南	133 878		4	4	95	851	59
陕西	2 208	11 800			161	560	11
甘肃	27 994	2 387	153	21	1 254	1 860	6
青海	80 831	3 000	18	10	15	831	15
宁夏		137	237	17	389	3 504	
新疆(兵团)	1 352 000		3 069	708			
新疆(农业)	95 038	4 693	32	21	1 030	6 684	10
新疆(畜牧)	297 527	55 885	906	65	193	1 961	3
热科院	4 913				410	1 288	63
广州	80						4
南京	306					306	80
西藏	1 194	2	10	7	10		33

2-10 牧业生产情况（饲养情况）

地　区	年末数合计			
	大牲畜总头数（头）	牛（头）	肉牛	奶牛
全国农垦	**3 449 588**	**2 796 099**	**1 348 458**	**1 447 641**
北　京	104 223	102 121	10 568	91 553
天　津	40 693	40 357		40 357
河　北	195 641	196 071	35 354	160 717
山　西	12 042	13 528	2 052	11 476
内蒙古	704 791	465 293	303 745	161 548
辽　宁	62 719	46 425	40 495	5 930
吉　林	35 637	27 105	16 492	10 613
黑龙江	205 187	195 111	97 672	97 439
上　海	91 274	91 274		91 274
江　苏	12 457	12 457	980	11 477
浙　江	5 481			
安　徽	2 312	2 300	2 130	170
福　建	3 871	5 888	4 067	1 821
江　西	33 521	26 215	24 509	1 706
山　东				
河　南	5 819	5 417	773	4 644
湖　北	20 235	30 094	27 060	3 034
湖　南	49 785	49 652	48 039	1 613
广　东	46 465	46 465	7 423	39 042
广　西	6 454	6 454	3 927	2 527
海　南	42 952	42 952	42 952	
重　庆	34 713	34 713		34 713
四　川	36 117	35 694	15 522	20 172
贵　州	5 399	5 399	1	5 398
云　南	7 724	7 536	6 409	1 127
陕　西	7 202	7 209	1 318	5 891
甘　肃	59 037	57 166	18 095	39 071
青　海	50 725	25 517	25 365	152
宁　夏	116 526	116 526	13 125	103 401
新疆（兵团）	617 200	547 400	275 600	271 800
新疆（农业）	60 388	60 558	43 729	16 829
新疆（畜牧）	765 561	485 765	280 597	205 168
热科院	229	229	229	
广　州	6 778	6 778		6 778
南　京				
西　藏	430	430	230	200

2－10续表1

地区	年末数合计					
	猪（头）	羊（只）	山羊	#绒山羊	绵羊	家禽（只）
全国农垦	**9 958 893**	**10 847 210**	**1 515 131**	**339 258**	**9 332 079**	**89 951 791**
北京	370 240					3 408 307
天津	19 208	177 071			177 071	1 905 800
河北	296 931	65 529	2 777		62 752	2 990 489
山西	5 405	13 240	2 861		10 379	124 815
内蒙古	145 607	2 929 222	229 935	81 749	2 699 287	1 011 343
辽宁	517 161	131 812	52 218	9 299	79 594	9 974 873
吉林	38 534	189 078	59 158	44 233	129 920	494 507
黑龙江	575 714	205 840	30 490	6 046	175 350	8 521 497
上海	568 777					459 902
江苏	67 368	13 463	13 463			3 773 700
浙江	66 930	1 844			1 844	95 500
安徽	15 158	9 676	9 446	917	230	1 706 352
福建	138 507	12 407	5 551		6 856	1 353 696
江西	337 286	19 378	19 119	2 416	259	2 502 249
山东	3 500					
河南	81 332	4 823	3 607	800	1 216	222 058
湖北	508 843	47 073	47 073			6 690 151
湖南	613 512	29 495	29 495			1 984 703
广东	727 202	7 331	7 331	128		4 325 101
广西	1 024 606	966	966			1 680 736
海南	559 059	90 801	90 801			16 540 000
重庆	180 846					1 230 530
四川	3 406	14 422	8 113		6 309	1 350
贵州	13 000					18 000
云南	66 113	7 738	7 738			2 091 671
陕西	2 575	21 604	17 863	2 100	3 741	37 350
甘肃	11 368	190 217	11 122	1 992	179 095	144 138
青海	3 861	263 952	2 189	365	261 763	
宁夏	25 691	117 862	28 666		89 196	324 500
新疆（兵团）	2 866 900	3 411 400	349 800		3 061 600	14 526 000
新疆（农业）	49 127	422 707	65 838	7 810	356 869	830 091
新疆（畜牧）	37 795	2 447 594	418 846	181 403	2 028 748	670 283
热科院	2 088	665	665			33 239
广州	14 523					278 860
南京						
西藏	720					

2-10续表2

地区	能繁殖的母畜					
	大牲畜总头数（头）	#牛（头）			猪（头）	羊（只）
			肉牛	奶牛		
全国农垦	**1 820 433**	**1 462 740**	**646 798**	**815 942**	**1 295 988**	**5 564 184**
北京	66 466	65 664		65 664	35 092	
天津	32 862	32 697		32 697	4 475	
河北	69 479	70 379	22 258	48 121	22 771	33 438
山西	260	6 639	388	6 251	1 184	2 684
内蒙古	417 603	241 150	148 682	92 468	17 604	1 424 742
辽宁	21 062	18 713	15 483	3 230	88 037	44 184
吉林	16 540	17 442	8 847	8 595	7 572	40 332
黑龙江	103 377	97 574	46 149	51 425	65 880	8 732
上海	43 716	43 716		43 716	48 772	
江苏	5 493	5 493		5 493	6 314	
浙江	496				11 684	
安徽	198	196	196		1 332	2 299
福建	598	633	632	1	12 073	185
江西	12 299	11 578	11 452	126	40 964	1 810
山东					390	
河南	815	710	120	590	8 488	1 250
湖北	10 231	10 815	10 815		49 233	16 842
湖南	1 944	11 810	10 940	870	181 848	6 273
广东	22 840	22 840	1 317	21 523	124 284	155
广西	2 977	2 977	1 598	1 379	121 078	
海南	15 140	15 140	15 140		55 169	30 793
重庆	13 328	13 328		13 328	14 211	
四川	11 413	17 052	5 774	11 278	577	3 635
贵州	3 995	3 995		3 995	2 000	
云南	2 583	2 395	1 602	793	7 656	
陕西	368	368	296	72	450	2 000
甘肃	43 488	42 333	4 790	37 543	1 645	102 491
青海	15 839	9 714	9 712	2	592	62 908
宁夏	79 198	79 198	2 819	76 379	4 022	50 368
新疆(兵团)	330 600	304 300	147 900	156 400	330 800	2 543 100
新疆(农业)	27 031	32 473	21 274	11 199	6 471	156 852
新疆(畜牧)	443 875	277 099	158 371	118 728	8 489	1 028 671
热科院	90	90	90		257	440
广州	4 016	4 016		4 016	14 523	
南京						
西藏	213	213	153	60	51	

2－10续表 3

地　　区	当年生仔畜（头）			
	大牲畜总头数	#牛	肉牛	奶牛
全国农垦	**824 967**	**796 580**	**337 053**	**459 527**
北　　京	50 733	50 732		50 732
天　　津	101	7 660		7 660
河　　北	28 988	28 838	4 498	24 340
山　　西	195	3 295	298	2 997
内 蒙 古	333 258	147 380	93 344	54 036
辽　　宁	10 496	7 232	5 915	1 317
吉　　林	6 256	9 197	5 484	3 713
黑 龙 江	43 334	43 003	19 809	23 194
上　　海				
江　　苏	5 050	5 050		5 050
浙　　江	2 600			
安　　徽	137	137	133	4
福　　建	342	334	334	
江　　西	9 473	5 853	5 738	115
山　　东				
河　　南	711	648	68	580
湖　　北	6 655	6 646	6 646	
湖　　南	1 763	5 265	4 942	323
广　　东	13 589	13 589	796	12 793
广　　西	1 266	1 266	923	343
海　　南	9 168	9 168	9 168	
重　　庆	13 476	13 476		13 476
四　　川	3 689	6 235	3 183	3 052
贵　　州	1 403	1 403		1 403
云　　南	1 070	1 070	655	415
陕　　西	385	320	264	56
甘　　肃	5 253	5 179	788	4 391
青　　海	6 560	510	510	
宁　　夏	28 848	28 848	1 906	26 942
新疆（兵团）		190 000	72 300	117 700
新疆（农业）	19 271	16 720	11 085	5 635
新疆（畜牧）	219 016	185 689	88 150	97 539
热 科 院	80	80	80	
广　　州	1 721	1 721		1 721
南　　京				
西　　藏	80	36	36	

2-10续表4

地　区	规模化养殖场（个）			
	大牲畜	#牛	肉牛	奶牛
全国农垦	**2 244**	**2 237**	**1 761**	**476**
北　京	34	33	3	30
天　津	19	18		18
河　北	18	20	1	19
山　西	16	17	3	14
内蒙古	53	53	16	37
辽　宁	5	4	2	2
吉　林	15	24	7	17
黑龙江	71	71	14	57
上　海	30	30		30
江　苏	23	23		23
浙　江				
安　徽	1	1	1	
福　建	11	5	5	
江　西	10	11	9	2
山　东				
河　南		1	1	
湖　北	3	7	6	1
湖　南	20	14	14	
广　东	4	4		4
广　西	5	5	3	2
海　南	6	6	6	
重　庆	8	8		8
四　川		1		1
贵　州	3	3		3
云　南		7	7	
陕　西				
甘　肃	12	12	2	10
青　海	1	1	1	
宁　夏	21	21	4	17
新疆（兵团）	1 806	1 778	1 625	153
新疆（农业）	2	13	10	3
新疆（畜牧）	44	42	20	22
热科院				
广　州	2	2		2
南　京				
西　藏	1	2	1	1

2-10续表5

地区	规模化养殖场（个）					
	猪	羊	山羊	♯绒山羊	绵羊	家禽
全国农垦	**1 893**	**5 019**	**342**	**7**	**4 677**	**875**
北京	11					27
天津	4	8			8	1
河北	29	1			1	5
山西	1	4	1		3	4
内蒙古	10	12			12	
辽宁	21	4	1	1	3	36
吉林						
黑龙江	125	3			3	90
上海	61					3
江苏						
浙江	7					
安徽						4
福建	45					8
江西	37	6	3	2	3	18
山东						
河南	6					1
湖北	140	13	13			52
湖南	94	3	3			39
广东	105					26
广西	106					19
海南	20					
重庆	15					13
四川	2	4	2		2	
贵州	23					
云南	11					26
陕西						
甘肃	1					
青海	2	2			2	
宁夏	9	2			2	
新疆(兵团)	993	4 894	315	2	4 579	497
新疆(农业)	2	7	1		6	3
新疆(畜牧)	8	56	3	2	53	1
热科院						
广州	4					2
南京						
西藏	1					

2-10续表6

地区	规模化养殖量			
	大牲畜总头数（头）	#牛（头）	肉牛	奶牛
全国农垦	**1 703 026**	**1 535 020**	**680 186**	**854 834**
北京	100 326	99 127	10 568	88 559
天津	40 693	40 357		40 357
河北	66 869	69 863	494	69 369
山西	9 703	9 964	440	9 524
内蒙古	88 954	88 954	28 763	60 191
辽宁	4 586	2 318	436	1 882
吉林	5 104	6 954	1 400	5 554
黑龙江	98 857	98 857	4 865	93 992
上海	114 553	114 553		114 553
江苏	6 200	6 200		6 200
浙江				
安徽	200	200	200	
福建	14 451	2 151	2 151	
江西	12 707	12 891	12 455	436
山东				
河南		200	200	
湖北	7 084	9 613	6 579	3 034
湖南	112 407	4 195	4 195	
广东	8 776	8 776		8 776
广西	8 032	8 032	6 290	1 742
海南	3 637	3 637	3 637	
重庆	29 803	29 803		29 803
四川		800		800
贵州	5 398	5 398		5 398
云南		1 753	1 753	
陕西				
甘肃	55 703	55 703	15 047	40 656
青海	1 000	1 000	1 000	
宁夏	101 596	101 596	4 596	97 000
新疆(兵团)	693 500	663 500	522 900	140 600
新疆(农业)	4 507	8 240	7 040	1 200
新疆(畜牧)	102 090	74 095	44 947	29 148
热科院				
广州	5 860	5 860		5 860
南京				
西藏	430	430	230	200

2-10续表 7

地　区	规模化养殖量					
	猪（头）	羊（只）	山羊	#绒山羊	绵羊	家禽（只）
全国农垦	**7 597 195**	**4 639 430**	**330 077**	**12 340**	**4 309 353**	**102 495 680**
北　京	331 910					3 562 704
天　津	19 208	177 071			177 071	1 905 800
河　北	64 042	632			632	1 050 000
山　西	900	3 000	561		2 439	95 995
内蒙古	75 389	19 205			19 205	
辽　宁	258 530	3 600	500	500	3 100	2 249 522
吉　林						
黑龙江	381 259	5 376			5 376	48 630 923
上　海	1 262 908					877 057
江　苏						
浙　江	90 002					
安　徽						466 000
福　建	96 274					672 500
江　西	199 265	3 492	1 507	1 000	1 985	1 398 920
山　东						
河　南	87 510					30 000
湖　北	417 531	9 125	9 125			1 482 000
湖　南	103 012	1 695	1 695			805 427
广　东	775 448					3 334 535
广　西	2 096 538					5 789 247
海　南	33 894					
重　庆	159 595					1 260 650
四　川	2 620	5 198	3 903		1 295	
贵　州	23 000					
云　南	7 040					1 024 400
陕　西						
甘　肃	12 000					
青　海	6 800	2 649			2 649	
宁　夏	10 494	21 061			21 061	
新疆（兵团）	634 870	4 254 300	289 700	1 340	3 964 600	27 370 000
新疆（农业）	4 000	23 566	3 086		20 480	150 000
新疆（畜牧）	22 626	109 460	20 000	9 500	89 460	20 000
热科院						
广　州	420 000					320 000
南　京						
西　藏	530					

2-10续表8

地区	带动农户个数（个）			
	大牲畜	#牛	肉牛	奶牛
全国农垦	**24 820**	**25 274**	**6 119**	**19 155**
北京	195	195	41	154
天津				
河北	1 000	1 163	163	1 000
山西	113	196		196
内蒙古	357	335	41	294
辽宁	78	6	4	2
吉林	68	90	71	19
黑龙江	3 857	3 857	3 224	633
上海				
江苏	82	82		82
浙江				
安徽	30	30	30	
福建	289	288	288	
江西	201	188	155	33
山东				
河南				
湖北	22	27	27	
湖南	530	165	162	3
广东	4 500	4 500		4 500
广西	20	20	18	2
海南				
重庆	11 600	11 600		11 600
四川		14	14	
贵州				
云南				
陕西	5			
甘肃	101	101	101	
青海		50	50	
宁夏				
新疆(兵团)				
新疆(农业)	260	960	735	225
新疆(畜牧)	1 184	1 061	977	84
热科院				
广州	310	310		310
南京				
西藏	18	36	18	18

2－10 续表 9

地 区	带动农户个数（个）					
	猪	羊	山羊	＃绒山羊	绵羊	家禽
全国农垦	**27 605**	**3 209**	**618**	**133**	**2 591**	**28 812**
北 京	140					284
天 津						
河 北	2	1	1			
山 西	5	44	1		43	10
内 蒙 古	107	21	2		19	
辽 宁	27	4	1	1	3	40
吉 林	42	69	3		66	931
黑 龙 江	3 764	1 605			1 605	8 176
上 海						
江 苏						
浙 江	2 530					
安 徽	4					34
福 建	136	22	22			403
江 西	96	36	27	12	9	56
山 东						
河 南	1 886	3	3			
湖 北	255	5	5			38
湖 南	9 646	180	180			14 041
广 东	350					195
广 西	325					1 537
海 南						
重 庆	5 000					
四 川	50	145	145			
贵 州						3
云 南						
陕 西	13					6
甘 肃		10			10	
青 海	14	4			4	
宁 夏						
新疆（兵团）	3 050					2 150
新疆（农业）	105	632	107	85	525	858
新疆（畜牧）	40	428	121	35	307	
热 科 院						
广 州						50
南 京						
西 藏	18					

2-11 牧业生产情况（畜产品）

地区	肉类总产量（吨）	当年出栏肉猪（头）	猪肉产量（吨）	当年出售的肉用牛（头）	牛肉产量（吨）
全国农垦	**2 255 911**	**13 636 692**	**1 195 894**	**1 220 442**	**208 156**
北京	119 436	383 230	37 492	6 990	2 286
天津	7 295	11 295	1 153	6 354	1 314
河北	71 479	615 310	43 320	36 387	5 773
山西	2 723	12 167	550	2 023	641
内蒙古	79 099	126 524	13 388	137 818	21 848
辽宁	155 177	676 049	58 098	65 199	14 927
吉林	10 951	44 231	4 007	6 732	1 817
黑龙江	247 979	993 576	76 614	92 392	15 763
上海	59 527	674 394	56 252	13 263	2 483
江苏	47 000	93 298	7 886	402	103
浙江	16 479	188 835	16 236		
安徽	12 281	42 139	5 766	2 223	378
福建	23 347	202 176	16 954	3 964	470
江西	60 814	531 271	47 443	20 980	3 881
山东	387	4 018	387		
河南	8 149	96 790	7 566	786	200
湖北	98 923	656 296	53 528	21 879	4 668
湖南	118 087	832 603	79 826	19 583	4 163
广东	109 945	730 248	68 191	4 271	694
广西	93 805	887 232	78 966	4 073	1 019
海南	83 720	585 572	58 961	6 806	1 628
重庆	29 945	227 638	29 945		
四川	1 744	5 074	611	6 514	883
贵州	2 016	12 590	1 977	1	1
云南	12 202	73 300	6 391	4 758	679
陕西	648	3 457	398	292	55
甘肃	15 686	20 497	1 504	19 628	11 558
青海	3 017	2 697	246	13 388	1 019
宁夏	9 781	28 967	1 905	30 041	4 991
新疆（兵团）	601 887	4 682 500	345 020	479 800	75 141
新疆（农业）	19 865	95 926	8 243	29 330	3 905
新疆（畜牧）	67 753	34 763	2 741	184 292	25 833
热科院	233	2 032	164	75	6
广州	64 483	59 598	64 148		
南京					
西藏	46	400	16	200	30

2-11续表1

地　　区	当年出售的肉用羊（只）	羊肉产量（吨）	兔肉产量（吨）	禽肉产量（吨）	牛奶产量（吨）
全国农垦	**10 555 981**	**192 311**	**5 090**	**544 842**	**4 669 642**
北　　京				79 659	519 129
天　　津	203 512	4 070		690	233 678
河　　北	47 479	719		21 651	655 248
山　　西	74 266	1 457		1	33 374
内 蒙 古	2 030 086	34 007	6	2 504	336 617
辽　　宁	160 312	2 698		62 271	31 400
吉　　林	90 361	1 819	1	3 279	8 919
黑 龙 江	343 231	6 211	2	148 248	405 611
上　　海				658	456 649
江　　苏	22 121	991	33	37 987	34 829
浙　　江	209	8		206	
安　　徽	11 699	268		5 808	620
福　　建	10 482	161	96	5 110	2 545
江　　西	13 884	1 144	22	4 213	3 390
山　　东					
河　　南	5 404	56	1	253	13 883
湖　　北	57 668	1 164	2 014	25 707	39 753
湖　　南	40 805	718	26	6 052	4 030
广　　东	3 103	92	136	22 090	79 900
广　　西	920	27		13 783	7 023
海　　南	105 824	1 818	131	21 182	12 993
重　　庆					189 652
四　　川	2 870	77	1	150	3 577
贵　　州				38	15 296
云　　南	5 037	138	5	4 989	2 190
陕　　西	11 084	184		10	30 222
甘　　肃	133 173	2 466	1	136	161 965
青　　海	101 856	1 747			6
宁　　夏	53 899	872		2 012	394 165
新疆（兵团）	5 230 900	98 400	2 611	72 230	780 168
新疆（农业）	255 046	4 342	3	2 709	9 373
新疆（畜牧）	1 539 811	26 649		828	175 948
热 科 院	939	9		54	
广　　州				335	27 491
南　　京					
西　　藏					

2-11 续表 2

地　　区	山羊毛产量（吨）	绵羊毛产量（吨）			羊绒产量（吨）
			细羊毛	半细羊毛	
全 国 农 垦	**842**	**29 944**	**8 149**	**8 190**	**2 441**
北　　京					
天　　津					
河　　北	4	182	48	125	
山　　西	12	13	4		
内　蒙　古	40	5 464	1 169	2 706	288
辽　　宁	47	143	5	88	7
吉　　林	10	166	31	98	12
黑　龙　江	8	345	83	262	10
上　　海					
江　　苏					
浙　　江					
安　　徽					
福　　建					
江　　西	1				
山　　东					
河　　南					
湖　　北					
湖　　南					
广　　东					
广　　西					
海　　南					
重　　庆					
四　　川		3		3	
贵　　州					
云　　南					
陕　　西	1	1			2
甘　　肃	1	139	83	55	1
青　　海	3	295	107	138	1
宁　　夏	13	98	88	10	15
新疆（兵团）	483	18 974	5 365	3 929	37
新疆（农业）	30	740	29	172	11
新疆（畜牧）	189	3 382	1 136	605	2 059
热　科　院					
广　　州					
南　　京					
西　　藏					

2－11续表3

地　　区	蜂蜜产量（吨）	禽蛋产量（吨）	蚕茧产量（吨）	
				桑蚕茧
全国农垦	**14 294**	**476 758**	**1 768**	**1 402**
北　　京		2 360		
天　　津				
河　　北		12 798		
山　　西		2 055		
内 蒙 古	1 548	8 405	103	
辽　　宁	60	37 619		
吉　　林	18	2 550		
黑 龙 江	1 219	28 481	160	
上　　海		6 939		
江　　苏	22	21 870	103	
浙　　江		34	18	18
安　　徽	58	4 786		
福　　建	114	4 103		
江　　西	1 688	17 518	182	182
山　　东				
河　　南		1 387		
湖　　北	536	46 728		
湖　　南	554	17 445	7	7
广　　东	42	3 082	1 053	1 053
广　　西	1	1 517		
海　　南	54	9 843		
重　　庆		16 652		
四　　川		13	143	142
贵　　州		19 868		
云　　南		5 044		
陕　　西		25		
甘　　肃		981		
青　　海				
宁　　夏		1 370		
新疆（兵团）	7 308	147 234		
新疆（农业）	37	6 811		
新疆（畜牧）	1 036	45 387		
热 科 院		1		
广　　州		3 838		
南　　京				
西　　藏		12		

2-12 渔业生产情况

地区	水产品总产量（吨）	#养殖产量（吨）	鱼类（吨）	虾蟹类（吨）	#对虾（吨）	贝类（吨）
全国农垦	**1 770 783**	**1 156 308**	**1 213 662**	**302 220**	**58 185**	**138 036**
北京	6 672		6 672			
天津	4 552	4 552	3 869	647		
河北	174 142	160 333	82 785	30 866	28 318	13 578
山西	6	6	6			
内蒙古	2 914	407	2 870	44		
辽宁	359 112	143 425	146 369	59 612	10 542	123 237
吉林	441	413	441			
黑龙江	22 456	17 699	21 442	1 014		
上海	179 829	30 240	158 121	2 988		
江苏	66 599	66 287	62 119	4 218	3 767	
浙江	3 572	2 452	1 171	987	368	784
安徽	14 267	12 038	4 561	9 475		
福建	15 486	10 467	13 604	1 081	1 055	183
江西	73 246	67 778	59 849	11 855	183	14
山东	913	653	913			
河南	3 095	2 938	3 090	6		
湖北	515 425	350 129	374 290	127 741	834	53
湖南	143 366	107 324	105 558	33 280	42	166
广东	43 149	42 877	28 687	14 452	11 275	
广西	12 508	12 453	12 340	109	109	
海南	25 150	25 150	25 004	99		
重庆	800		800			
四川	1 008	1 004	1 008			
贵州	1 196	1	1 196			
云南	15 252	15 252	15 039			
陕西						
甘肃	28	28	28			
青海						
宁夏	4 667	4 667	4 632	35		
新疆(兵团)	63 350	63 350	59 762	3 567	1 568	21
新疆(农业)	3 488	296	3 357	131	125	
新疆(畜牧)	13 978	13 978	13 965	13		
热科院	111	111	111			
广州						
南京	6		6			
西藏						

2－12 续表 1

地　区	藻类（吨）	其他（吨）	养殖面积（公顷）	＃对虾（公顷）	海水（吨）	
					水产品总产量	＃养殖产量
全国农垦	**56**	**116 809**	**282 612**	**10 316**	**429 585**	**169 657**
北　京					6 672	
天　津		36	665		106	106
河　北		46 914	16 521	1 152	80 426	66 747
山　西						
内蒙古			4 368			
辽　宁		29 893	88 414	3 906	178 056	88 469
吉　林			357			
黑龙江			26 925			
上　海		18 720	4 683		149 589	
江　苏		262	4 066	1 829		
浙　江		630	1 955	596	1 196	1 196
安　徽		231	492			
福　建		618	1 010	203	841	495
江　西		1 528	19 583	487		
山　东			401			
河　南			276			
湖　北		13 341	50 922	1 051		
湖　南	1	4 361	11 830	8		
广　东		11	3 817	1 009	11 987	11 987
广　西	55	4	1 041	29	712	657
海　南		47	3 381			
重　庆						
四　川			10			
贵　州			91			
云　南		213	1 251			
陕　西						
甘　肃			334			
青　海						
宁　夏			3 948			
新疆（兵团）			30 570			
新疆（农业）			2 965	46		
新疆（畜牧）			2 697			
热科院			33			
广　州						
南　京			6			
西　藏						

2－12续表2

地区	海水					
	鱼类（吨）	虾蟹类（吨）	♯对虾（吨）	贝类（吨）	藻类（吨）	其他（吨）
全国农垦	**157 752**	**38 543**	**23 250**	**137 710**	**55**	**95 525**
北京	6 672					
天津	70	36				
河北	8 464	11 470	10 904	13 578		46 914
山西						
内蒙古						
辽宁	9 149	15 848	4 754	123 166		29 893
吉林						
黑龙江						
上海	129 133	1 738				18 718
江苏						
浙江	66	346	202	784		
安徽						
福建	659			182		
江西						
山东						
河南						
湖北						
湖南						
广东	2 990	8 997	7 282			
广西	549	108	108		55	
海南						
重庆						
四川						
贵州						
云南						
陕西						
甘肃						
青海						
宁夏						
新疆（兵团）						
新疆（农业）						
新疆（畜牧）						
热科院						
广州						
南京						
西藏						

2-12 续表 3

地区	海水		淡水			
	养殖面积（公顷）	#对虾（公顷）	水产品总产量（吨）	#养殖产量（吨）	鱼类（吨）	虾蟹类（吨）
全国农垦	**23 972**	**4 658**	**1 341 198**	**986 651**	**1 055 894**	**263 654**
北京						
天津	68		4 446	4 446	3 799	611
河北	8 013	896	93 717	93 587	74 321	19 396
山西			6	6	6	
内蒙古			2 914	407	2 854	21
辽宁	13 069	3 115	181 056	54 956	137 220	43 764
吉林			441	413	441	
黑龙江			22 456	17 699	21 442	1 014
上海			30 240	30 240	28 988	1 250
江苏			66 599	66 287	62 119	4 218
浙江	1 288	70	2 376	1 256	1 105	641
安徽			14 267	12 038	4 561	9 475
福建	146		14 645	9 972	12 945	1 081
江西			73 246	67 778	59 849	11 855
山东			913	653	913	
河南			3 095	2 938	3 090	6
湖北			515 425	350 129	374 290	127 741
湖南			143 366	107 324	105 558	33 280
广东	1 328	566	31 162	30 890	25 697	5 455
广西	61	11	11 796	11 796	11 791	1
海南			25 150	25 150	25 004	99
重庆			800		800	
四川			1 008	1 004	1 008	
贵州			1 196	1	1 196	
云南			15 252	15 252	15 039	
陕西						
甘肃			28	28	28	
青海						
宁夏			4 667	4 667	4 632	35
新疆（兵团）			63 350	63 350	59 762	3 567
新疆（农业）			3 488	296	3 357	131
新疆（畜牧）			13 978	13 978	13 965	13
热科院			111	111	111	
广州						
南京			6		6	
西藏						

2-12续表4

地　　区	淡水					
	#对虾（吨）	贝类（吨）	藻类（吨）	其他（吨）	养殖面积（公顷）	#对虾（公顷）
全国农垦	**34 935**	**326**	**1**	**21 284**	**258 439**	**5 658**
北　　京						
天　　津				36	597	
河　　北	17 414				8 508	256
山　　西						
内 蒙 古					4 168	
辽　　宁	5 788	71			75 345	791
吉　　林					357	
黑 龙 江					26 925	
上　　海				2	4 683	
江　　苏	3 767			262	4 066	1 829
浙　　江	166			630	667	526
安　　徽				231	492	
福　　建	1 055	1		618	864	203
江　　西	183	14		1 528	19 583	487
山　　东					401	
河　　南					276	
湖　　北	834	53		13 341	50 922	1 051
湖　　南	42	166	1	4 361	11 830	8
广　　东	3 993			11	2 489	443
广　　西	1			4	980	18
海　　南				47	3 381	
重　　庆						
四　　川					10	
贵　　州					91	
云　　南				213	1 251	
陕　　西						
甘　　肃					334	
青　　海						
宁　　夏					3 948	
新疆（兵团）	1 568	21			30 570	
新疆（农业）	125				2 965	46
新疆（畜牧）					2 697	
热 科 院					33	
广　　州						
南　　京					6	
西　　藏						

2-13 农业机械化情况

地区	农业机械总动力（千瓦）				
	总动力合计	柴油发动机动力	汽油发动机动力	电动机动力	其他机械动力
全国农垦	**33 082 361**	**26 708 905**	**1 783 077**	**4 338 517**	**251 862**
北京	50 150	47 104	1 869	1 142	35
天津	26 476	21 179	603	4 693	
河北	997 262	599 920	10 140	387 202	
山西	29 402	13 231	4 979	10 444	748
内蒙古	2 323 620	1 844 097	160 112	312 279	7 132
辽宁	1 056 872	838 999	48 201	140 627	29 045
吉林	620 225	550 594	26 285	42 696	650
黑龙江	13 134 490	11 432 146	766 795	870 350	65 199
上海	273 993	233 647	2 491	36 546	1 309
江苏	885 060	703 086	55 292	121 148	5 534
浙江	11 062	3 540	1 135	5 329	1 058
安徽	483 735	362 008	53 041	62 802	5 884
福建	31 023	17 985	3 545	7 995	1 498
江西	619 852	471 181	33 365	107 025	8 281
山东	24 737	19 797	15	4 729	196
河南	230 995	171 360	21 675	37 732	229
湖北	1 732 504	1 252 927	98 077	368 926	12 574
湖南	1 511 291	1 115 724	122 198	213 996	59 374
广东	479 771	266 943	57 088	148 833	6 908
广西	331 107	235 532	22 426	73 149	
海南	343 383	246 527	60 221	22 147	14 488
重庆					
四川	12 310	679	102	11 424	106
贵州	1 730	1 176	105	361	88
云南	281 464	135 374	74 887	71 203	
陕西	44 600	32 295	1 203	11 103	
甘肃	361 022	285 838	3 690	67 574	3 921
青海	48 082	45 009	2 208	621	244
宁夏	321 883	276 216	2 685	42 887	95
新疆（兵团）	5 290 226	4 257 064	7 792	1 016 893	8 477
新疆（农业）	797 775	652 894	45 942	84 720	14 219
新疆（畜牧）	715 282	570 095	94 704	45 912	4 571
热科院	2 045	2 008	7	30	
广州	1 134	1 134			
南京					
西藏	7 800	1 600	200	6 000	

2－13续表1

地　　区	拖拉机及配套机械				
	大中型拖拉机（台）	小型及手扶拖拉机（台）	排灌动力机械（台）	联合收获机（台）	农用飞机（架）
全国农垦	**238 090**	**280 473**	**292 154**	**71 156**	**616**
北　京	119	52	49	22	1
天　津	86	47	30	2	
河　北	3 993	14 981	12 317	774	1
山　西	77	1 263	564	22	
内蒙古	15 286	48 355	10 755	2 457	22
辽　宁	5 981	8 415	13 927	1 279	20
吉　林	4 869	15 109	6 743	1 057	18
黑龙江	96 938	25 956	104 122	50 224	77
上　海	1 380	227	744	181	48
江　苏	6 030	1 470	2 041	1 798	68
浙　江	28	31	484	6	
安　徽	2 716	4 732	4 999	1 422	43
福　建	20	466	1 124	30	
江　西	1 812	6 878	9 380	1 352	25
山　东	185	514	739	49	
河　南	911	5 848	6 671	500	5
湖　北	8 442	46 570	22 199	3 435	57
湖　南	5 372	5 893	28 256	3 504	52
广　东	732	3 802	10 013	61	8
广　西	1 498	4 521	5 870	40	11
海　南	367	4 654	10 275		
重　庆					
四　川	12	21	96	7	
贵　州	5	5	19		
云　南	649	1 716	1 142	45	
陕　西	282	1 590	463	56	1
甘　肃	4 234	4 406	1 721	112	11
青　海	264	2 325	14	160	
宁　夏	2 633	1 906	1 449	436	
新疆（兵团）	54 426	28 041	28 976	1 541	35
新疆（农业）	9 571	11 382	5 732	275	108
新疆（畜牧）	9 146	29 262	1 228	309	4
热科院	18	29	9		
广　州	8				
南　京					
西　藏		6	3		1

2－13续表2

地区	机械化耕种情况（公顷）			
	当年实际机耕面积（按耕地面积计算）	机械深耕深松面积	当年实际机播面积（按播种面积计算）	机械插秧面积（按插秧面积计算）
全国农垦	**6 519 636**	**2 372 515**	**6 305 825**	**1 937 134**
北京	2 938	338	3 031	368
天津	2 331		2 331	2 034
河北	80 863	5 799	80 084	29 089
山西	5 428	42	4 604	740
内蒙古	678 168	116 418	653 717	13 659
辽宁	136 803	12 695	125 785	81 372
吉林	105 617	6 378	102 745	30 884
黑龙江	2 991 062	679 333	2 987 578	1 548 338
上海	35 509	30 495	39 792	20 220
江苏	78 864		128 437	44 535
浙江	591	96	159	149
安徽	30 533	8 133	41 762	8 766
福建	4 500		3 479	1
江西	61 248	11 925	29 449	1 594
山东	5 538		6 988	528
河南	22 498	635	31 927	876
湖北	142 795	37 074	81 660	21 531
湖南	132 833	12	61 405	38 929
广东	40 053	693	7 396	13
广西	21 400	11 646	1 384	
海南	8 508		1 699	963
重庆				
四川	664	25	609	
贵州	1 160		298	
云南	9 149		4 143	3 038
陕西	14 263	691	13 196	
甘肃	67 377	36 610	64 465	
青海	31 783	469	31 386	
宁夏	44 986		44 788	
新疆（兵团）	1 411 779	1 373 120	1 436 168	9 360
新疆（农业）	123 892	8 518	117 336	32 396
新疆（畜牧）	226 302	31 270	197 930	47 750
热科院	103			
广州				
南京				
西藏	97	97	97	

2－13续表3

地　区	机械化耕种情况（公顷）				
	当年机械收割面积（按收获面积计算）	飞机播种面积	使用无人机播种面积	飞机施肥面积	使用无人机施肥面积
全国农垦	**5 983 790**	**13 665**	**8 698**	**1 571 570**	**599 847**
北　京	979				
天　津	2 316				
河　北	77 847			5 693	5 693
山　西	2 239				
内蒙古	619 649			23 778	23 778
辽　宁	115 279	1		5 510	2 100
吉　林	100 919	739	739	3 726	3 126
黑龙江	2 981 721			1 480 548	528 197
上　海	33 895			22 022	22 022
江　苏	129 841	141		40	
浙　江	290				
安　徽	43 417	2 000	2 000	1 500	1 500
福　建	2 837				
江　西	65 152	1 217	767	412	412
山　东	6 673				
河　南	31 758			1 254	902
湖　北	124 828	5 207	5 192	2 596	2 596
湖　南	109 926	4 360		13 920	
广　东	5 643			516	516
广　西	697			22	22
海　南	4 675				
重　庆					
四　川	12				
贵　州	122				
云　南	5 361				
陕　西	11 198				
甘　肃	62 392				
青　海	29 557			27	27
宁　夏	45 173				
新疆（兵团）	1 104 416				
新疆（农业）	76 340			630	630
新疆（畜牧）	188 638			9 376	8 326
热科院					
广　州					
南　京					
西　藏					

2-13续表 4

地区	机械化耕种情况（公顷）			
	飞机病虫害防治面积	使用无人机防治面积	精准平地（激光、卫星导航）	免耕播种
全国农垦	**2 163 567**	**936 335**	**27 869**	**255 755**
北京	151	31	116	1 878
天津				
河北	15 123	15 123	524	340
山西	11	11		
内蒙古	35 154	31 721	7 142	174 442
辽宁	16 200	12 932		8 535
吉林	16 340	12 926	2 306	12 805
黑龙江	1 735 860	699 301		11 980
上海	22 022	22 022		
江苏	118 598		9 616	100
浙江	12			96
安徽	40 052	40 052		
福建	15	15		
江西	18 216	8 004	140	397
山东	627			
河南	3 097	2 915	15	6 550
湖北	28 013	25 824	1 400	5 227
湖南	24 280	1 980		
广东	6 626	6 626		16
广西	1 218	1 218		
海南				
重庆				
四川				
贵州				
云南				
陕西	400			
甘肃	6 715	6 715	2 064	5 442
青海	928	913		
宁夏				
新疆(兵团)				24 388
新疆(农业)	29 363	21 497	2 702	12
新疆(畜牧)	44 547	26 509	1 843	3 481
热科院				
广州				
南京				
西藏				66

2-14 农业生产投入与技术推广情况

地　区	农业生产用电量（千瓦·时）	农业用水量（米³）	农药施用量（吨）	农用肥料施用情况
				农用化肥施用总量（实物量）（吨）
全国农垦	**9 922 980 880**	**10 549 185 879**	**79 282**	**3 716 889**
北　京	79 647 717	5 477 839	30	2 675
天　津			40	2 354
河　北	48 970 693	277 720 700	928	60 880
山　西	19 324 312	3 681 544	826	7 044
内蒙古	94 125 580	390 448 645	5 788	274 953
辽　宁	50 433 997	276 097 071	2 305	128 943
吉　林	3 092 736 299	46 177 198	551	70 151
黑龙江	681 891 900	7 032 040 277	13 855	1 154 060
上　海	260 380 875	6 215 975	387	29 258
江　苏	5 859	107 624 910	2 012	155 482
浙　江	4 808 957	9 772 683	98	4 663
安　徽	24 210 478	13 434 121	720	54 938
福　建	20 910 116	3 432 847	573	24 879
江　西	839 671 787	43 011 267	5 944	63 089
山　东	921 670	382 000	103	6 178
河　南	17 612 153	17 273 755	744	29 781
湖　北	142 404 432	603 326 713	3 866	376 786
湖　南	15 978 485	2 114 715	3 162	124 086
广　东	100 081 885	17 856 769	4 166	226 560
广　西	57 190 011	18 176 776	3 055	117 962
海　南	53 067		9 189	191 875
重　庆				
四　川	633 294	74 992	25	744
贵　州	2 012 860	23 940	59	1 157
云　南	21 459		2 325	70 500
陕　西			59	6 863
甘　肃	139 597 342	542 562 930	544	78 405
青　海	167 896	13 440 730	52	13 547
宁　夏			404	77 945
新疆(兵团)	3 927 900 000		11 149	
新疆(农业)	210 394 402	607 864 866	1 851	236 194
新疆(畜牧)	89 079 772	510 491 076	3 057	124 285
热科院	1 813 578	261 540	14	638
广　州				
南　京				
西　藏	3	200 000	1 400	

2－14续表1

地　　区	农用肥料施用情况（吨）			
	农用化肥施用总量（折纯量）	施用于农作物的数量	生物肥施用量（实物量）	有机肥施用量（实物量）
全国农垦	**2 380 221**	**1 344 797**	**284 028**	**1 713 724**
北　　京	1 881	1 783	1 310	10 616
天　　津	1 021	986	5	
河　　北	29 341	13 841	138	11 539
山　　西	3 961	3 513	84	41 754
内 蒙 古	157 534	132 405	1 118	232 167
辽　　宁	75 786	41 030	6 040	51 360
吉　　林	40 644	31 891	3 774	9 789
黑 龙 江	567 042	567 042	17 138	354 420
上　　海	12 802	12 802	1 272	41 305
江　　苏	69 692	69 692	7 420	13 395
浙　　江	3 105	2 187	39	4 735
安　　徽	25 418	23 117	625	20 489
福　　建	17 274	8 502	3 997	16 069
江　　西	28 143	11 615	4 274	13 244
山　　东	3 486	3 145		377
河　　南	16 265	13 549	3 360	14 639
湖　　北	115 117	75 631	74 836	151 964
湖　　南	49 213	30 573	58 586	20 174
广　　东	60 088	48 978	31 371	190 226
广　　西	42 980	32 638	20 631	141 281
海　　南	58 882	38 947		460
重　　庆				
四　　川	352	184	873	1 890
贵　　州	758	403	355	1 151
云　　南	28 608	28 608		13 236
陕　　西	4 769	2 009	462	6 052
甘　　肃	30 490	30 393	8 475	40 917
青　　海	8 927	4 309	6 730	33 346
宁　　夏	36 106	36 106	7 571	21 892
新疆（兵团）	728 917			
新疆（农业）	92 652	31 487	8 846	174 787
新疆（畜牧）	68 604	47 096	13 667	77 314
热 科 院	356	337	933	1 775
广　　州				
南　　京				
西　　藏			100	1 300

2－14续表2

地　　区	农用肥料施用情况（公顷）				
	测土配方施肥面积	肥料高效利用技术应用面积	有机肥施用面积	肥料机械深施面积	水肥一体化技术应用面积
全国农垦	**3 126 110**	**1 082 835**	**339 696**	**619 452**	**119 492**
北　　京	1 322	183	114	34	35
天　　津					
河　　北	5 964	6 673	1 073	5 350	250
山　　西	100	69	64		6
内 蒙 古	75 427	8 978	921	5 683	2 374
辽　　宁	67 045	7 261	1 412	3 583	1 407
吉　　林	36 368	6 247		1 556	3 284
黑 龙 江	2 596 595	854 067	262 467	542 000	49 600
上　　海	17 704	25 702	7 852	17 818	32
江　　苏					
浙　　江		148	95	53	
安　　徽	17 818	223		189	11
福　　建	207				
江　　西	35 136	2 611	2 570	33	8
山　　东	835	77	77		
河　　南	15 906	14 286	1 609	12 547	113
湖　　北	52 280	27 188	14 936	6 415	5 820
湖　　南	13 015	3 535	530	528	1 428
广　　东	45 672	17 039	15 417	931	643
广　　西	12 319	13 953	5 833	7 734	386
海　　南					
重　　庆					
四　　川	29	85	59	13	13
贵　　州	147				
云　　南	13 166				
陕　　西					
甘　　肃	41 523	53 485	2 350	4 967	45 706
青　　海	257	4 388	3 173		1 213
宁　　夏	19 102				
新疆（兵团）					
新疆（农业）	32 530	16 803	13 266	667	2 620
新疆（畜牧）	25 643	19 823	5 877	9 349	4 537
热 科 院		1	1		
广　　州					
南　　京					
西　　藏		10	3	2	5

2－14 续表 3

地　　区	农用塑料薄膜使用量（吨）	地膜使用量（吨）	地膜覆盖面积（公顷）	沼气池（个）	沼气池体积（米^3）
全国农垦	**165 111**	**108 875**	**1 500 280**	**20 918**	**798 190**
北　　京	15	14	162	3	3 090
天　　津	54	54	33		
河　　北	627	366	5 522	4	41
山　　西	159	156	2 403	2	32
内 蒙 古	2 406	2 096	46 941	153	1 450
辽　　宁	3 723	1 987	9 590	1 165	26 230
吉　　林	354	175	2 225		
黑 龙 江	14 401	2 153	13 121	3	5 400
上　　海	37	10	39		
江　　苏	3 095	739	3 238		
浙　　江	137	60	4 840	6	1 750
安　　徽	244	57	421		
福　　建	709	83	1 973	2 416	21 991
江　　西	2 669	2 212	3 526	1 862	31 317
山　　东	15	13	117		
河　　南	386	332	1 047	150	3 485
湖　　北	2 793	1 484	60 351	6 577	34 607
湖　　南	2 600	1 958	23 187	4 128	225 702
广　　东	756	729	15 140	367	349 506
广　　西	648	576	7 329	851	38 623
海　　南				2 024	43 023
重　　庆					
四　　川	23	11	125	43	1 208
贵　　州	304	301	152	7	1 400
云　　南	1 100	935	14 645	286	1 716
陕　　西	110	72	1 691		
甘　　肃	2 451	2 412	41 217	1	500
青　　海	32	15	159		
宁　　夏	138	71	1 595	609	4 672
新疆（兵团）	82 805	77 402	1 046 057		
新疆（农业）	21 518	4 833	77 673	138	828
新疆（畜牧）	20 771	7 549	115 718		
热 科 院	1	1	23	116	979
广　　州					
南　　京					
西　　藏	30	20	21	1	5

2－14续表4

地区	农田水利情况					
	有效灌溉面积（公顷）					机电井数量（眼）
		节水灌溉面积	#喷灌面积	#滴灌面积	漫灌面积（自流灌溉面积）	
全国农垦	**4 604 657**	**2 341 466**	**437 565**	**482 435**	**347 193**	**195 429**
北京	2 502	1 971	1 872	59	223	144
天津	1 448					58
河北	67 086	49 216	11 275	6 186	730	4 711
山西	4 650	122	56	25	496	286
内蒙古	237 636	137 968	98 771	26 348	44 981	21 042
辽宁	118 138	20 228	2 070	4 291	18 067	5 185
吉林	53 428	14 132	5 416	5 325	8 776	7 600
黑龙江	1 623 715	410 252	255 000	155 252		94 512
上海	22 199	242	195	47	19 350	
江苏	69 326	8 530	3 700	2 340	2 860	82
浙江	1 071	345	78	261	115	13
安徽	25 105	5 142	2 539	1 405	4 049	665
福建	3 365	174	24	31	1 296	306
江西	39 772	11 284	2 971	291	13 832	1 683
山东	4 034	993	398	65		681
河南	22 526	13 485	10 242	1 649	1 287	6 883
湖北	99 659	18 278	12 811	5 406	73 068	1 755
湖南	63 560	2 236	424	342	5 527	4 632
广东	28 165	8 435	6 741	1 399	3 422	2 530
广西	14 819	11 325	7 943	3 236	3 494	646
海南	14 715	1 152	1 152		5 791	393
重庆						
四川	179	85	10	63	42	13
贵州	134				67	3
云南	10 160	999	258	741	5 488	7
陕西	11 363	3 281	1 200	555	2 554	1 280
甘肃	73 050	54 117	10 099	39 234	14 458	2 069
青海	14 489	5 951		2 685	11 502	72
宁夏	46 228	7 323		5 473		1 114
新疆（兵团）	1 639 630	1 323 220				32 278
新疆（农业）	134 400	121 945	67	120 512	38 709	3 228
新疆（畜牧）	157 907	108 855	2 237	99 049	66 989	1 519
热科院	101	101	15	86		19
广州						8
南京						
西藏	97	80		80	17	12

2-14 续表 5

地　区	绿色防控技术应用面积（公顷）	农作物统防统治面积	#粮食	#棉花	#油料	#糖料	#茶叶
全国农垦	**2 680 645**	**2 777 264**	**2 573 979**	**16 101**	**34 977**	**19 724**	**1 167**
北　京	188	18					
天　津							
河　北	9 590	8 770	5 790	19			
山　西							
内蒙古	61 749	60 572	37 087		20 790	3 055	
辽　宁	4 333	2 133	1 600				
吉　林		1 270	2 677				
黑龙江	2 155 000	2 155 000	2 155 000				
上　海	51 305	31 702	30 423		1 187		92
江　苏	43 668	150 260	94 236				
浙　江	457	472	327				295
安　徽	15 411	16 508	16 508				
福　建	66	76					94
江　西	10 260	13 690	13 002	40	725		149
山　东							
河　南	11 773	12 263	11 897		842		
湖　北	38 487	67 863	58 043	137	3 371		99
湖　南	209 023	150 523	121 610		1 443		163
广　东	6 706	624	94		38	4 222	
广　西	28 054	11 998				11 673	46
海　南							
重　庆							
四　川	23						
贵　州	61	61					
云　南		50 600	700			400	230
陕　西							
甘　肃	16 263	19 542	11 422	2 338	1 675	91	
青　海	2 000	1 306	2 870		3 170		
宁　夏							
新疆（兵团）							
新疆（农业）	5 226	3 220	2 162	2 588		56	
新疆（畜牧）	10 991	18 783	8 531	10 979	1 736	227	
热科院							
广　州							
南　京							
西　藏	10	10					

2－14 续表 6

地　　区	绿色防控技术应用面积（公顷）			秸秆综合利用（公顷）	
	生物防治技术应用面积	物理防治技术应用面积	生物农药应用面积	秸秆还田面积	秸秆饲用面积
全国农垦	**314 373**	**29 400**	**290 750**	**3 527 754**	**232 051**
北　　京	132	30	2	31	405
天　　津					
河　　北		185	1 200	3 653	3 276
山　　西					14
内 蒙 古	1 000	1 712		172 792	98 152
辽　　宁		2 040	263	17 571	10 274
吉　　林		150		8 319	3 099
黑 龙 江	237 853		230 000	2 899 400	18 453
上　　海			19 603	28 722	
江　　苏				150 260	270
浙　　江				46	
安　　徽				9 195	
福　　建		121	66	13	59
江　　西	204	1 681	728	35 359	7 037
山　　东				2 111	263
河　　南		210	69	17 905	1 322
湖　　北	4 603	4 693	8 154	73 711	15 235
湖　　南	42 455	9 049	12 714	140	
广　　东	6 059	63	53	8 857	3 886
广　　西	12 262	3 047	747	16 356	
海　　南					
重　　庆					
四　　川		60	24	2	
贵　　州					
云　　南					
陕　　西					
甘　　肃	3 333	5 375	2 000	18 942	18 104
青　　海	3 774		3 774	12 563	9 178
宁　　夏					
新疆（兵团）					
新疆（农业）	257	439	3 646	29 945	6 332
新疆（畜牧）	2 431	533	7 697	21 859	36 687
热 科 院					
广　　州					
南　　京					
西　　藏	10	10	10	2	4

2－15 绿色食品、有机食品、农产品地理标志情况（一）

项　　目	绿色食品认证个数（个）	已认证绿色食品产量（吨）	有机食品认证个数（个）	已认证有机食品产量（吨）
一、农林产品	—	—	—	—
（一）主要农作物	675	5 304 690	413	1 216 870
1. 水稻	199	1 590 074	96	307 304
2. 小麦	27	171 812	8	18 635
3. 玉米	45	1 962 111	96	426 338
4. 大豆	58	729 576	103	201 259
5. 油料	7	10 023	4	4 426
6. 糖料	8	164 555	1	30 566
7. 药材	3	1 380		
8. 蔬菜	294	395 254	27	20 634
9. 其他农作物	34	279 905	78	207 709
（二）茶叶	39	6 866	34	2 830
（三）水果	206	732 831	27	38 552
1. 香蕉				
2. 苹果	45	39 749	6	12 794
3. 柑桔、橙、柚	36	151 531	3	214
4. 梨	24	115 718	3	2 082
5. 桃	17	40 660		15 000
6. 葡萄	9	68 112	2	1 700
7. 菠萝				
8. 荔枝	1	28 333		
9. 龙眼	1	200	2	3
10. 芒果	2	13 000	1	
11. 西瓜	11	37 591	5	
12. 其他水果	60	237 937	5	6 759
（四）食用菌	10	101 024	2	361
二、水产品	—	—	—	—
1. 淡水鱼	15	32 989	2	1 980
2. 海水鱼				
3. 虾				
4. 蟹	3	510		
5. 甲鱼				
6. 贝				
7. 其他水产品	2	6 395	1	1 343

2－15 续表

项　　目	绿色食品认证个数（个）	已认证绿色食品产量（吨）	有机食品认证个数（个）	已认证有机食品产量（吨）
三、畜禽类产品	—	—	—	—
1. 猪肉	5	1 250		33
2. 牛肉	2	20		
3. 牛奶	4	724 182	9	40 070
4. 羊肉	3	162	9	397
5. 禽肉	6	635		
6. 禽蛋	5	17 348	1	3 378
7. 其他畜禽品	2	950	2	27 100
四、加工品	—	—	—	—
1. 面粉加工类	22	26 111	16	6 758
2. 蔬菜加工类	3	64 244	1	3 000
3. 饮品类	6	9 504		
4. 乳制品	25	72 728	24	82 268
5. 果脯类	5	972		
6. 酒类	14	8 053	6	118
7. 糖类	12	1 138 500		
8. 其他加工品	204	1 825 011	66	33 177

2-16 绿色食品、有机食品、农产品地理标志情况（二）

项　　目	农产品地理标志认证数（个）	农产品地理标志产品面积（公顷）	农产品地理标志产品产量（吨）	绿色食品原料标准化生产基地面积（公顷）
一、农林产品				
（一）主要农作物	34	219 422	824 962	577 995
1. 水稻	20	8 034	176 346	500 187
2. 小麦				
3. 玉米				54 000
4. 大豆	3	173 521	496 479	20 000
5. 油料	1	2 000	5 000	1 476
6. 糖料				
7. 药材	3	13 724	10 973	272
8. 蔬菜	2	4 833	87 500	1 007
9. 其他农作物	5	17 310	48 664	1 052
（二）茶叶	13	4 209	1 850	4 223
（三）水果	35	75 102	1 077 402	51 883
1. 香蕉				
2. 苹果	6	17 801	255 100	232
3. 柑桔、橙、柚	2	7 000	253 086	17 278
4. 梨	4	6 816	92 918	730
5. 桃	3	967	12 000	580
6. 葡萄	5	13 218	166 782	13
7. 菠萝				
8. 荔枝				
9. 龙眼				
10. 芒果				17 500
11. 西瓜	3	4 003	108 500	
12. 其他水果	12	25 297	189 016	15 550
（四）食用菌				
二、水产品	—	—	—	—
1. 淡水鱼	2	40 000	1 500	
2. 海水鱼				
3. 虾				
4. 蟹				
5. 甲鱼				
6. 贝				
7. 其他水产品	1			

2－16续表

项　　目	农产品地理标志认证数（个）	农产品地理标志产品面积（公顷）	农产品地理标志产品产量（吨）	绿色食品原料标准化生产基地面积（公顷）
三、畜禽类产品	—	—	—	—
1. 猪肉	1		5 000	
2. 牛肉	1		3 000	
3. 牛奶				
4. 羊肉	2	25 133	1 760	
5. 禽肉	1	4 263		
6. 禽蛋				
7. 其他畜禽品	4		33	
四、加工品	—	—	—	—
1. 面粉加工类		—		—
2. 蔬菜加工类		—		—
3. 饮品类		—		—
4. 乳制品		—		—
5. 果脯类		—		—
6. 酒类		—		—
7. 糖类		—		—
8. 其他加工品	5	—	2 075 811	—

2－17　农作物种业基本情况

地　区	种子播种面积合计（公顷）	#原种播种面积	良种播种面积	种子生产量合计（吨）
全国农垦	**203 839**	**15 768**	**181 756**	**1 226 818**
北　京				
天　津				
河　北	2 655	142	2 408	12 789
山　西	60	40	20	15
内蒙古	1 055	970	85	211
辽　宁	1 879	991	229	860
吉　林	50		50	118
黑龙江	43 526	2 734	40 792	162 266
上　海	11 164	409	10 755	68 453
江　苏	91 529	643	85 335	681 265
浙　江	103	19	84	870
安　徽	9 439	200	9 239	84 580
福　建	1		1	5
江　西	314	36	278	495
山　东	1 744	888	856	12 227
河　南	7 040	3 187	3 853	48 685
湖　北	554	142	412	3 804
湖　南	4 337	9	4 327	5 741
广　东	53		53	92
广　西				
海　南				
重　庆				
四　川	194	188	7	3 125
贵　州	17	17		86
云　南				
陕　西	5 655	3 728	1 927	51 765
甘　肃	3 965	519	3 446	16 824
青　海	2 265	890	1 375	6 122
宁　夏	434		434	2 701
新疆（兵团）				
新疆（农业）	312	15	297	1 780
新疆（畜牧）	15 494		15 494	61 941
热科院				
广　州				
南　京				
西　藏				

2－17续表1

地区	种子生产量合计（吨）					
	#原种生产量	良种生产量	水稻	小麦	玉米	大豆
全国农垦	**33 133**	**1 193 461**	**430 528**	**491 230**	**39 845**	**40 535**
北京						
天津						
河北	1 757	11 032		10 434	466	
山西						
内蒙古	1	210		210		
辽宁		860	33		677	150
吉林		118				118
黑龙江	4 333	157 933	102 999	856	13 927	40 150
上海	2 509	65 944	10 633	52 460	1	
江苏	4 886	676 379	302 652	254 220		
浙江	132	738	500	238		
安徽	1 942	82 638	4 653	77 985		
福建		5				5
江西		495	493			2
山东	1 187	11 040		11 040		
河南	7 904	40 781		39 720	873	17
湖北	1 066	2 738	1 050	1 688		
湖南	120	5 431	5 276		92	41
广东		92	92			
广西						
海南						
重庆						
四川	2 491	614	280	12	320	1
贵州		86	86			
云南						
陕西	302	51 463		37 755	10 127	51
甘肃	3 886	12 938			11 592	
青海	530	5 592		3 620		
宁夏		2 701	1 704		462	
新疆（兵团）						
新疆（农业）	87	1 693		836	857	
新疆（畜牧）		61 941	75	158	451	
热科院						
广州						
南京						
西藏						

2-17 续表 2

地　　区	新品种更新更换				加工厂情况	
	总面积（公顷）	#更新面积（公顷）	更换面积（公顷）	更新更换品种数量（个）	加工厂数量（个）	加工厂生产能力（吨）
全国农垦	**28 633**	**13 807**	**12 895**	**154**	**201**	**1 408 658**
北　　京						
天　　津						
河　　北	135		135	6	7	14 005
山　　西						
内 蒙 古						
辽　　宁					3	6 807
吉　　林	325	325		5	2	5 000
黑 龙 江				11	62	213 788
上　　海	1 047	533	513	15	6	156 978
江　　苏	762	762	12	15	27	330 000
浙　　江						
安　　徽	500	500		4	13	113 500
福　　建						
江　　西					1	
山　　东					2	5 994
河　　南	2 789	791	1 554	39	16	343 982
湖　　北	14 473	5 548	8 183	7	7	5 639
湖　　南	1 865	865	1 000	2	38	187 800
广　　东						
广　　西						
海　　南						
重　　庆						
四　　川						
贵　　州					1	9 000
云　　南						
陕　　西	133	113	20	2	2	10
甘　　肃	1 202	446		34	5	14 175
青　　海					1	
宁　　夏	5 402	3 924	1 478	14	7	180
新疆（兵团）						
新疆（农业）					1	1 800
新疆（畜牧）						
热 科 院						
广　　州						
南　　京						
西　　藏						

2－17续表3

地区	精选单机		包衣机		加工精选总量（吨）
	精选单机数量（个）	单机加工能力（吨）	包衣机数量（个）	包衣能力（吨）	
全国农垦	**2 654**	**177 272**	**188**	**348 368**	**895 138**
北京					
天津					
河北	10	1 578	8	1 022	5 519
山西					
内蒙古					70
辽宁	6	1 004	4	11	1 000
吉林					1 200
黑龙江	151	140 335	69	161 750	143 226
上海	7	33	2	2	165 441
江苏	131	1 200	22	147 100	400 977
浙江					
安徽	170	22	16	88	103 769
福建					
江西					
山东	6	600	3	2 400	
河南	64	28 904	39	34 785	55 398
湖北	2 009	1 141	1	10	2 562
湖南					
广东					
广西					
海南					
重庆					
四川					
贵州					
云南					
陕西	10	7	6	12	5 000
甘肃	30	787	6	1 188	10 289
青海	12		1		
宁夏	45	111	11		
新疆（兵团）					
新疆（农业）	3	1 550			687
新疆（畜牧）					
热科院					
广州					
南京					
西藏					

2－17续表4

地　　区	生产包衣量（吨）	晒场面积（米²）	仓储面积（米²）	库存能力（吨）	种子公司个数（个）
全国农垦	**127 688**	**4 158 628**	**1 231 852**	**1 133 286**	**167**
北　　京					
天　　津					
河　　北	6 118	90 560	14 159	16 000	8
山　　西					
内 蒙 古		40 467	21 520	30 000	2
辽　　宁	1 630	48 170	17 000	4 100	3
吉　　林		2 000	2 500	2 000	
黑 龙 江	83 480	414 910	159 848	213 652	97
上　　海	20	37 500	548 515	380 835	3
江　　苏	11 750	1 375 909	186 147		5
浙　　江		2 900	1 564		
安　　徽	5 063	122 921	55 775	95 650	13
福　　建					
江　　西					
山　　东		53 300	8 680	23 900	2
河　　南	15 427	459 652	57 201	95 215	16
湖　　北		42 933	15 411	18 514	6
湖　　南		21 225	4 495	13 180	1
广　　东		8 000	1 000	100	2
广　　西					
海　　南					
重　　庆					
四　　川			54	3 500	
贵　　州		2 010	3 605	300	
云　　南					
陕　　西	1 500	32 000	12 223	102 182	2
甘　　肃	2 700	230 977	51 622	69 378	3
青　　海		76 400	10 551	600	
宁　　夏		1 070 454	51 569	32 560	2
新疆（兵团）					
新疆（农业）		13 000	2 900	6 500	2
新疆（畜牧）		13 340	3 513	25 000	
热 科 院					
广　　州					
南　　京					
西　　藏			2 000	120	

2－17 续表 5

地　　区	年末从业人员（人）	#技术人员人数	种子质量检验室个数（个）	种子检验人员（人）
全国农垦	**6 265**	**1 060**	**98**	**519**
北　　京				
天　　津				
河　　北	87	28	6	14
山　　西				
内 蒙 古	6	3	2	2
辽　　宁	86	28	3	8
吉　　林	10	2		
黑 龙 江	1 314	405		196
上　　海	92	17	3	13
江　　苏	1 726	127	26	92
浙　　江	44	19	1	1
安　　徽	277	53	14	28
福　　建				
江　　西				1
山　　东	27	7	3	13
河　　南	780	107	23	88
湖　　北	84	32	6	17
湖　　南	1 137	75		
广　　东	28	7		
广　　西				
海　　南				
重　　庆				
四　　川	32	2		6
贵　　州	59	12		
云　　南				
陕　　西	38	22	2	16
甘　　肃	145	109	5	15
青　　海	283		1	5
宁　　夏	4	2	2	2
新疆（兵团）				
新疆（农业）	4	3	1	2
新疆（畜牧）	2			
热 科 院				
广　　州				
南　　京				
西　　藏				

2－18 农林牧渔业总产值

计量单位：万元

地区	农林牧渔业总产值	农业产值	林业产值	＃橡胶产值
全国农垦	**46 347 615.59**	**29 695 436.80**	**1 031 269.69**	**387 781.97**
北京	712 350.29	36 771.73	3 077.67	
天津	229 180.00	8 824.00		
河北	1 497 561.69	295 991.11	7 937.00	
山西	31 702.37	12 998.02	1 343.20	
内蒙古	1 508 257.10	879 486.07	11 448.80	
辽宁	1 982 149.88	1 009 318.85	25 199.50	
吉林	351 416.94	300 407.00	2 446.95	
黑龙江	8 137 165.90	6 599 671.00	69 988.00	
上海	831 989.90	174 180.90	4 045.60	
江苏	674 829.00	426 812.00	21 255.00	
浙江	53 756.61	18 353.38	2 075.60	
安徽	255 234.56	183 823.56	4 075.40	
福建	252 918.23	117 844.50	9 269.45	
江西	706 212.35	349 059.77	68 099.33	
山东	16 492.09	12 086.13	1 993.26	
河南	131 045.83	89 111.66	694.87	
湖北	2 618 614.43	1 202 313.72	52 828.40	
湖南	1 778 326.48	1 213 569.55	26 143.46	
广东	1 217 489.34	688 277.05	72 323.65	42 810.73
广西	849 256.00	368 113.00	20 640.00	
海南	1 534 696.00	977 809.00	203 326.00	197 953.00
重庆	132 419.00			
四川	19 452.37	3 891.74	43.00	
贵州	66 367.73	15 585.45	943.83	
云南	775 915.00	243 144.00	165 126.00	146 013.00
陕西	68 078.40	51 487.40	141.00	
甘肃	477 992.28	334 987.32	180.00	
青海	89 588.57	61 181.03	10 737.20	
宁夏	436 027.00	208 967.00	2 043.00	
新疆(兵团)	17 286 666.00	12 763 769.00	185 277.00	
新疆(农业)	686 968.62	549 873.13	53 408.30	
新疆(畜牧)	901 537.23	495 079.29	4 153.98	
热科院	14 526.72	1 420.99	1 005.24	1 005.24
广州	20 196.23			
南京	145.00	138.00		
西藏	1 090.45	1 090.45		

2－18 续表

地　　区	农林牧渔业总产值			农林牧渔业商品总产值
	牧业产值	渔业产值	农林牧渔服务业产值	
全国农垦	**9 997 670.29**	**3 024 959.27**	**2 598 279.54**	**20 437 039.77**
北　　京	493 771.24	23 630.00	155 099.65	480 455.82
天　　津	204 569.00	15 787.00		
河　　北	510 220.58	561 747.00	121 666.00	1 172 443.41
山　　西	15 250.15	24.00	2 087.00	23 687.21
内 蒙 古	578 469.63	3 426.02	35 426.58	1 099 230.30
辽　　宁	357 795.60	516 913.88	72 922.05	1 291 795.58
吉　　林	42 708.68	1 412.21	4 442.10	272 133.97
黑 龙 江	901 013.60	46 328.10	520 165.20	7 207 932.50
上　　海	390 111.60	224 960.90	38 690.90	767 305.00
江　　苏	140 268.00	86 494.00		649 839.00
浙　　江	25 046.48	6 569.66	1 711.49	6 308.34
安　　徽	31 952.21	28 271.50	7 111.89	197 342.66
福　　建	94 355.62	27 240.46	4 208.20	172 906.38
江　　西	141 519.36	103 833.43	43 700.46	428 762.29
山　　东	1 283.00	593.40	536.30	6 399.00
河　　南	32 404.00	4 636.00	4 199.30	105 603.22
湖　　北	446 294.00	839 389.06	77 789.25	1 886 400.30
湖　　南	282 385.60	193 239.80	62 988.07	633 211.92
广　　东	341 642.91	111 582.83	3 662.90	1 085 917.99
广　　西	423 986.00	22 579.00	13 938.00	807 557.00
海　　南	326 518.00	27 043.00		
重　　庆	128 389.00	4 030.00		15 810.00
四　　川	5 381.05	81.60	10 054.98	2 565.37
贵　　州	48 476.40	1 068.99	293.06	26 114.12
云　　南	58 758.00	24 731.00	284 156.00	639 627.00
陕　　西	12 220.00		4 230.00	24 231.00
甘　　肃	128 586.90	97.50	14 140.56	402 091.82
青　　海	9 059.34		8 611.00	36 094.10
宁　　夏	209 354.00	6 609.00	9 054.00	424 663.50
新疆（兵团）	3 151 858.00	134 169.00	1 051 593.00	
新疆（农业）	66 689.21	4 427.90	12 570.08	185 311.84
新疆（畜牧）	375 886.96	3 969.60	22 447.40	362 686.65
热 科 院	1 249.94	66.43	10 784.12	1 842.03
广　　州	20 196.23			20 196.00
南　　京		7.00		
西　　藏				574.45

2－19　农场按经济总量（1 亿元以上）排序

垦　区	农场名称	生产总值（现价）（万元）	排序	工业增加值（万元）	排序	农业增加值（万元）	排序	耕地面积（公顷）	排序	年平均职工人数（人）	排序
河　北	河北省国营柏各庄农场	2 055 253	1	821 691	2	447 168	1	30 147	54	27 793	3
江　西	共青垦殖场	1 512 026	2	901 373	1	75 658	17	8 627	131	45 866	2
河　北	河北国营中捷友谊农场	920 117	3	378 522	4	53 033	51	6 567	145	11 394	23
河　北	河北省芦台农场	833 021	4	686 519	3	35 121	81				
湖　南	湖南省常德市西洞庭农场	411 887	5	210 528	8	53 722	50	6 953	142	24 088	4
河　北	河北省南大港农场集团公司	370 000	6	169 000	9	25 300	124	10 540	122	7 000	42
辽　宁	大洼区东风农场	360 446	7	257 511	5	53 881	49	5 980	149	3 218	97
河　北	河北省汉沽农场	358 564	8	155 247	11	45 613	61	7 952	134	2 236	127
辽　宁	盘锦辽东湾新区国营二界沟农场	290 000	9			290 000	2	470	307	4 700	68
内蒙古	贺斯格乌拉牧场	267 690	10	230 354	6	22 706	133	7 850	136	1 061	212
辽　宁	大洼区唐家农场	229 921	11	68 912	16	13 678	204	6 047	148	16 536	12
辽　宁	大洼区国营前进农场	227 900	12	34 450	30	42 050	66	2 861	215	17 486	9
湖　北	湖北省国营后湖农场	226 563	13	154 587	12	47 323	59	3 008	211	17 878	8
广　西	广西农垦山圩农场有限公司	225 919	14	222 654	7	2 652	357	4 910	162	295	322
湖　北	湖北省国营总口农场	222 611	15	156 246	10	48 545	55	5 723	153	16 540	11
新疆畜牧	新疆呼图壁种牛场有限公司	207 294	16	17 280	54	8 722	285	11 206	118	1 863	148
辽　宁	锦州南山农垦有限公司	205 000	17	23 800	42	11 900	224	200	324	851	230
江　苏	江苏省国营东辛农场	193 430	18	53 824	21	21 466	138			2 753	109
湖　南	湖南省国营西湖农场	189 000	19	18 000	52	40 000	74	4 299	175	20 715	6
河　北	河北省国营察北牧场	180 659	20	54 516	20	87 967	13	11 545	115	1 057	214
湖　北	龙感湖农场	180 403	21	63 156	18	45 616	60	4 672	166	12 427	21
黑龙江	北大荒集团黑龙江友谊农场有限公司	167 393	22			164 917	3	124 139	1	10 364	29
辽　宁	盘山坝墙子农垦有限公司	165 222	23	6 013	103	75 749	16	3 546	195	13 919	19
辽　宁	大洼区清水农场	157 140	24	68 265	17	74 265	19	4 365	170	10 055	30
黑龙江	北大荒集团黑龙江七星农场有限公司	135 268	25			127 793	4	81 716	4	5 020	65
海　南	海南农垦八一总场有限公司	131 329	26	9 942	80	27 457	109	5 539	157	427	303
江　西	江西云山集团有限责任公司	129 492	27	101 273	13	14 255	202	1 764	251	12 763	20
辽　宁	大洼区城郊农场	128 100	28	22 501	43	17 390	173	1 051	269	6 932	45
新疆农业	新疆红旗坡农业发展集团有限公司	127 865	29	55	285	6 947	317	16 667	92	3 814	85
北　京	北京市西郊农场有限公司	126 832	30			6 872	320	145	331	973	221
辽　宁	盘山县国有太平农场	126 650	31	52 000	23	39 350	75	3 392	202	1 850	150
广　西	广西农垦西江农场有限公司	119 784	32	21 873	45	14 271	200	49 137	18	866	229
海　南	海南农垦红明农场有限公司	119 404	33			56 146	47	1 836	247	105	372
黑龙江	北大荒集团黑龙江八五三农场有限公司	118 400	34	55	286	116 939	5	72 572	7	4 689	69
黑龙江	北大荒集团黑龙江前锋农场有限公司	116 453	35	258	252	111 760	6	77 494	6	1 609	170
湖　北	湖北省国营运粮湖农场	113 800	36	71 344	15	33 870	86	3 386	203	2 845	107
内蒙古	巴音胡硕镇人民政府	112 187	37	28 237	37	10 484	251	6 886	144	2 126	135

2－19 续表 1

垦区	农场名称	生产总值（现价）（万元）	排序	工业增加值（万元）	排序	农业增加值（万元）	排序	耕地面积（公顷）	排序	年平均职工人数（人）	排序
海　南	海南农垦神泉集团有限公司	109 750	38			41 546	70	1 048	270	1 443	181
辽　宁	大洼区新立农场	107 450	39	15 050	62	37 600	78	3 672	189	6 608	48
上　海	光明食品集团上海五四有限公司	104 475	40	5 798	104	13 513	207	1 854	245	2 272	126
海　南	海南农垦西达农场有限公司	104 400	41	4 519	109	84 033	15	5 661	154	307	319
广　西	广西农垦九曲湾农场有限公司	103 898	42	3 387	129	3 819	347	1 922	241	171	354
河　北	承德御道口农垦实业集团有限公司	103 000	43	74 720	14	19 960	148	2 120	236	750	240
海　南	海南农垦东新农场有限公司	102 991	44	68	282	67 509	26	1 003	274	744	242
黑龙江	北大荒集团黑龙江八五六农场有限公司	101 701	45	39	294	95 140	8	78 867	5	3 052	100
黑龙江	北大荒集团黑龙江五九七农场有限公司	98 276	46	156	268	96 203	7	57 586	12	4 267	75
江　苏	江苏省国营岗埠农场	98 234	47	32 185	33	8 100	296			454	298
黑龙江	北大荒集团黑龙江勤得利农场有限公司	96 774	48	1 123	194	89 751	12	68 179	8	1 991	142
黑龙江	北大荒集团黑龙江八五四农场有限公司	96 159	49	686	216	93 434	9	67 927	9	728	248
上　海	上海花卉园艺（集团）有限公司	95 911	50	7 218	94	7 774	304	97	336	1 591	171
黑龙江	北大荒集团黑龙江八五九农场有限公司	95 693	51	666	218	90 224	11	86 740	2	1 768	157
黑龙江	北大荒集团黑龙江宝泉岭农场有限公司	94 574	52			91 413	10	39 718	32	3 060	99
海　南	海南农垦乌石农场有限公司	92 046	53	2 992	136	38 868	76	1 811	248	531	278
广　西	广西农垦明阳农场有限公司	91 929	54	58 009	19	14 764	193	2 510	222	673	254
黑龙江	北大荒集团黑龙江军川农场有限公司	90 958	55	176	266	86 756	14	42 477	24	3 461	92
湖　北	湖北省国营熊口农场	89 308	56	53 114	22	31 512	94	3 461	200	8 034	37
海　南	海南农垦金江农场有限公司	87 615	57	1 604	178	41 491	71	382	312	346	315
北　京	北京市（甘南）双河农场	82 938	58	1 263	186	57 634	40	27 655	58	2 115	136
海　南	海南农垦荣光农场有限公司	80 560	59			41 979	68	918	279	516	287
辽　宁	盘锦大洼农垦新兴农场有限公司	79 547	60	10 892	77	31 804	93	3 529	196	17 082	10
黑龙江	北大荒集团黑龙江前进农场有限公司	79 242	61	678	217	71 001	22	53 067	13	2 427	118
黑龙江	北大荒集团黑龙江共青农场有限公司	79 049	62	6	305	70 741	23	33 905	47	2 668	112
黑龙江	北大荒集团黑龙江二九〇农场有限公司	77 649	63			72 900	21	48 823	20	5 186	62
黑龙江	北大荒集团黑龙江北兴农场有限公司	76 269	64			74 756	18	38 566	35	3 249	95
黑龙江	北大荒集团黑龙江八五二农场有限公司	75 388	65			73 186	20	84 021	3	6 942	44
湖　北	湖北省国营综合农场	74 005	66	22 145	44	8 562	288	454	309	9 038	33
黑龙江	北大荒集团黑龙江赵光农场有限公司	72 256	67	545	226	49 585	53	34 019	44	3 968	80
湖　北	潜江市周矶管理区	72 095	68	46 636	24	15 079	189	1 020	272	6 974	43
黑龙江	北大荒集团黑龙江洪河农场有限公司	71 483	69			68 318	25	48 700	21	1 145	204
广　东	广东省广前糖业发展有限公司	70 487	70	800	210	65 569	28	8 791	129	1 265	193
黑龙江	北大荒集团黑龙江普阳农场有限公司	70 361	71	896	206	65 910	27	31 504	51	2 280	125
海　南	海南农垦红昇农场有限公司	70 317	72	3 540	127	26 165	115	921	277	631	262
海　南	海南农垦母瑞山农场有限公司	70 258	73	1 752	170	68 506	24	1 907	243	313	318
湖　北	太湖农场	69 439	74	17 820	53	19 630	151	4 350	173	240 945	1
黑龙江	北大荒集团黑龙江绥滨农场有限公司	69 176	75	46	292	61 397	33	36 776	39	3 087	98

2-19 续表 2

垦区	农场名称	生产总值（现价）（万元）	排序	工业增加值（万元）	排序	农业增加值（万元）	排序	耕地面积（公顷）	排序	年平均职工人数（人）	排序
江西	国营分宜县介桥垦殖场	68 881	76	4 187	114	1 533	365	729	291	19 508	7
黑龙江	北大荒集团黑龙江新华农场有限公司	68 156	77	1 473	180	63 237	30	34 542	43	2 313	121
上海	光明食品集团上海崇明农场有限公司	67 781	78	16 482	57	9 572	277	11 492	116	2 083	141
黑龙江	北大荒集团黑龙江大兴农场有限公司	67 724	79	697	215	61 441	32	52 117	14	2 114	137
辽宁	大洼区平安农场	67 631	80	33 971	31	33 655	87	3 772	187	3 900	82
海南	海南农垦南繁产业集团有限公司	67 504	81	220	257	30 153	95	900	281	503	290
黑龙江	北大荒集团黑龙江鹤山农场有限公司	67 405	82	322	246	64 374	29	33 970	46	3 628	88
黑龙江	北大荒集团黑龙江兴凯湖农场有限公司	66 004	83			62 603	31	39 090	33	1 566	175
黑龙江	北大荒集团黑龙江庆丰农场有限公司	64 769	84			59 631	35	44 431	23	1 848	151
黑龙江	北大荒集团黑龙江胜利农场有限公司	64 375	85	190	263	58 637	36	48 116	22	2 567	116
湖北	湖北省国营蒋湖农场	63 933	86	18 805	49	13 071	213	3 646	190	4 518	71
辽宁	大洼区国营新开农场	63 250	87	16 992	55	13 490	208	3 434	201	6 627	47
黑龙江	北大荒集团黑龙江尖山农场有限公司	63 225	88	837	209	55 036	48	23 783	70	2 484	117
辽宁	大洼区榆树农场	63 068	89	3 548	125	42 650	64	5 079	159	10 497	28
海南	海南农垦西联农场有限公司	62 892	90	2 571	145	14 259	201	1 386	262	418	305
黑龙江	北大荒集团黑龙江八五八农场有限公司	62 729	91	739	213	57 410	42	40 267	29	992	218
黑龙江	北大荒集团黑龙江创业农场有限公司	62 364	92	545	226	57 308	44	38 559	36	2 651	114
黑龙江	北大荒集团黑龙江红卫农场有限公司	61 912	93	841	208	58 620	37	40 723	28	1 693	163
黑龙江	北大荒集团黑龙江浓江农场有限公司	61 600	94	412	239	58 415	38	39 767	31	1 191	201
黑龙江	北大荒集团黑龙江饶河农场有限公司	61 461	95	10	304	60 172	34	38 405	37	2 940	104
黑龙江	北大荒集团黑龙江嫩北农场有限公司	61 388	96	439	237	57 403	43	26 851	61	2 093	139
湖北	湖北省国营华严农场	60 937	97	44 875	25	2 657	356	919	278	11 217	25
湖北	潜江市白鹭湖农场	60 909	98	36 962	28	14 844	192	2 887	213	8 021	38
黑龙江	北大荒集团黑龙江查哈阳农场有限公司	60 792	99	117	273	57 437	41	63 777	10	5 683	58
上海	光明食品集团上海农场有限公司	60 700	100	2 268	154	32 138	92	14 276	105	1 685	166
广东	广东农垦铜锣湖农场有限公司	60 676	101	31 999	34	11 032	240	774	289	165	355
黑龙江	北大荒集团黑龙江二九一农场有限公司	59 828	102	15	302	57 706	39	40 735	27	4 688	70
江西	江西桑海集团有限责任公司	59 756	103	33 253	32	1 324	369	1 285	264	4 295	74
江苏	江苏省国营滨淮农场	59 493	104			3 386	350			794	235
黑龙江	北大荒集团黑龙江二道河农场有限公司	58 705	105	248	253	56 158	46	40 152	30	869	228
湖北	湖北省国营大同湖农场	58 622	106	6 445	100	34 819	82	2 224	231	16 031	13
黑龙江	北大荒集团黑龙江前哨农场有限公司	57 898	107	554	224	56 405	45	49 729	17	1 637	167
江苏	江苏省国营黄海农场	56 496	108	6 273	101	9 550	278			2 943	103
湖北	湖北省国营中洲垸农场	55 503	109	3 212	132	20 134	146	3 610	193	6 395	52
黑龙江	北大荒集团黑龙江八五七农场有限公司	55 460	110	459	233	48 595	54	36 063	41	2 698	111
内蒙古	哈拉盖图农牧场	53 898	111	16 382	58	25 726	120	16 238	95	626	263
海南	海南农垦龙江农场有限公司	53 841	112	782	212	18 142	160	1 389	261	193	345
湖北	湖北省国营王集农场	53 342	113	9 940	81	43 402	63	4 351	171	23 389	5

2－19 续表 3

垦区	农场名称	生产总值（现价）（万元）	排序	工业增加值（万元）	排序	农业增加值（万元）	排序	耕地面积（公顷）	排序	年平均职工人数（人）	排序
江　苏	江苏省国营新曹农场	53 301	114	7 567	91	11 384	232			1 778	155
黑龙江	北大荒集团黑龙江青龙山农场有限公司	53 286	115	268	250	50 296	52	36 995	38	1 950	145
江　苏	江苏省国营江心沙农场	53 078	116	37 511	27	1 737	363			595	268
黑龙江	北大荒集团黑龙江鸭绿河农场有限公司	52 216	117	1 054	199	48 440	56	32 485	49	1 040	216
辽　宁	大洼区高家农场	51 119	118	30 619	35	3 000	354	1 801	249	11 018	26
黑龙江	北大荒集团黑龙江逊克农场有限公司	50 504	119			48 043	57	51 366	16	2 144	132
广　东	广东省华海糖业发展有限公司	50 284	120	63	283	42 020	67	6 204	147	766	239
黑龙江	北大荒集团黑龙江嫩江农场有限公司	50 272	121			47 963	58	30 105	55	2 154	131
辽　宁	锦州小东种畜场	50 167	122	1 187	192	40 900	73	13 444	109	14 379	18
江　苏	江苏省国营白马湖农场	49 071	123	12 068	71	6 582	325			1 560	178
海　南	海南农垦中坤农场有限公司	48 662	124	2 711	142	19 770	150	787	288	431	302
辽　宁	辽阳市首山农场	48 585	125	30 138	36	18 447	155	791	287	1 042	215
辽　宁	大洼区赵圈河苇场	48 570	126	1 593	179	34 718	83	2 015	239	6 486	50
黑龙江	北大荒集团黑龙江八五〇农场有限公司	48 283	127			40 910	72	33 445	48	1 856	149
湖　北	湖北省国营三湖农场	48 214	128	12 142	70	17 541	169	3 126	209	8 343	36
江　西	江西黄岗山垦殖场	47 198	129	40 530	26	4 773	340	1 400	260	1 627	168
黑龙江	北大荒集团黑龙江延军农场有限公司	46 043	130	55	286	45 239	62	17 327	90	1 126	207
北　京	北京市北郊农场有限公司	45 042	131	1 071	197	5 945	329			791	236
广　西	广西农垦金光农场有限公司	44 866	132	1 280	184	26 845	114	63 425	11	669	255
云　南	勐捧农场	44 784	133	882	207	24 537	126	96	337	8 929	34
广　东	广东农垦平岗农场有限公司	44 700	134			37 170	79			325	317
广　东	广东农垦湖光农场有限公司	44 663	135	3 105	133	25 306	123	2 468	223	1 205	200
云　南	景洪农场	44 531	136	1 618	176	27 194	113	17	350	9 652	31
云　南	弥勒东风农场	44 041	137	2 420	149	32 941	91	461	308	621	264
黑龙江	北大荒集团黑龙江江滨农场有限公司	44 037	138	13	303	42 212	65	25 318	66	2 382	119
黑龙江	北大荒集团黑龙江七星泡农场有限公司	43 482	139			41 675	69	32 353	50	3 220	96
广　西	广西柳州绿达实业有限责任公司	42 881	140	10 431	78	2 650	358	7 244	141	252	331
湖　北	湖北省国营南湖农场	42 700	141	35 358	29	937	372	334	316	6 405	51
云　南	黎明农场	42 407	142	320	247	29 985	97	2 873	214	6 029	55
云　南	曼沙农场	42 137	143	1 181	193	4 843	339			393	308
新疆农业	库车市二八台农场	42 031	144			18 543	154	12 957	112	181	348
新疆农业	新疆清源农业发展有限公司	41 914	145	125	271	11 217	237	4 688	164	523	282
湖　北	湖北省国营大沙湖农场	41 733	146	15 568	60	18 429	156	3 028	210	15 651	14
辽　宁	盘锦市盘山县大荒农场	41 658	147	25 497	40	8 800	283	4 550	168	8 412	35
安　徽	安徽省农垦集团皖河农场有限公司	41 150	148	2 980	138	28 850	105	3 937	183	2 659	113
广　东	广东省丰收糖业发展有限公司	41 073	149	1 765	168	25 730	119	3 384	204	795	234
广　东	广东农垦胜利农场有限公司	40 677	150	4 992	107	17 454	171			634	261
辽　宁	大洼区西安农场	40 520	151	49	290	10 075	261	4 813	163	2 980	101

2－19 续表 4

垦区	农场名称	生产总值（现价）（万元）	排序	工业增加值（万元）	排序	农业增加值（万元）	排序	耕地面积（公顷）	排序	年平均职工人数（人）	排序
江西	江西恒丰企业集团	40 310	152	26 850	38	9 780	269	1 260	265	5 630	60
黑龙江	北大荒集团黑龙江长水河农场有限公司	39 804	153	300	248	35 521	80	26 567	62	1 989	143
辽宁	盘山胡家农垦有限公司	39 571	154	3 684	124	25 437	122	7 816	137	15 153	15
辽宁	盘锦辽东湾新区荣兴农场	39 273	155	9 683	82	5 590	334	2 160	234	9 420	32
北京	北京市南郊农场有限公司	38 727	156	24 025	41					606	266
黑龙江	北大荒集团黑龙江江川农场有限公司	38 287	157	27	298	37 767	77	19 756	83	2 888	105
云南	思茅农场	38 110	158	1 205	190	35	381	7	354	278	327
湖北	阳新县军垦农场	37 864	159	4 674	108	18 115	162	1 699	255	4 400	72
湖北	荒湖农场	37 418	160	7 303	93	8 115	295	3 700	188	12 048	22
黑龙江	北大荒集团黑龙江云山农场有限公司	37 221	161	532	230	34 005	85	31 480	52	1 270	192
云南	东风农场	36 984	162	330	245	21 529	137	131	333	10 922	27
黑龙江	北大荒集团黑龙江红星农场有限公司	36 545	163	2 789	140	28 610	106	27 333	59	2 634	115
黑龙江	北大荒集团黑龙江山河农场有限公司	36 242	164	75	280	34 139	84	24 800	69	1 895	147
江苏	江苏省国营三河农场	36 166	165	11 555	73	6 649	323			1 148	203
广东	广东农垦曙光农场有限公司	36 026	166	1 788	166	21 708	135	23	348	401	307
江苏	江苏省国营宝应湖农场	36 003	167	16 130	59	3 116	352			567	273
黑龙江	北大荒集团黑龙江二龙山农场有限公司	35 987	168	116	274	33 387	89	27 326	60	3 922	81
福建	国营福建省漳浦大南坂农场	35 978	169			9 971	262	525	304	4 136	77
江苏	江苏省国营新洋农场	35 671	170	1 117	195	1 960	361			1 160	202
黑龙江	北大荒集团黑龙江大西江农场有限公司	35 575	171	175	267	30 142	96	20 428	78	2 220	128
黑龙江	北大荒集团黑龙江梧桐河农场有限公司	35 025	172	422	238	33 644	88	20 182	80	1 437	182
黑龙江	北大荒集团黑龙江八五一〇农场有限公司	34 924	173	185	264	28 971	103	21 629	76	1 519	179
广西	广西农垦新兴农场有限公司	34 718	174	4 219	113	7 333	313	52 042	15	177	351
江苏	江苏省国营临海农场	34 660	175	18 183	51	5 425	335			1 122	208
湖北	湖北省国营万福店农场	34 643	176	11 182	76	10 624	249	2 142	235	15 147	16
湖南	回龙圩管理区（永州市回龙圩管理区农垦集团公司）	34 125	177	1 232	189	2 838	355	1 792	250	4 305	73
黑龙江	北大荒集团黑龙江克山农场有限公司	34 011	178	88	278	33 052	90	29 607	57	4 834	67
江苏	江苏省国营弶港农场	33 912	179	8 148	87	5 931	330			1 133	206
辽宁	阜新市阿尔乡畜牧养殖有限公司	33 685	180	10 230	79	14 742	195	4 058	179	569	272
黑龙江	北大荒集团黑龙江八五一一农场有限公司	33 127	181	4 179	115	24 337	128	22 993	73	1 566	175
安徽	安徽省农垦集团十字铺茶场有限公司	33 022	182	21 289	47	6 762	321	240	321	1 010	217
安徽	安徽省农垦集团华阳河农场有限公司	32 758	183	2 162	157	24 791	125	7 406	138	1 509	180
广东	广东农垦红峰农场有限公司	32 572	184	5 576	106	12 247	222	15	352	585	271
黑龙江	北大荒集团黑龙江名山农场有限公司	32 080	185	80	279	29 222	101	18 834	85	2 096	138
广东	广东农垦团结农场有限公司	32 051	186	3 050	134	12 380	219	6	355	515	288
黑龙江	北大荒集团黑龙江龙镇农场有限公司	31 723	187	559	223	29 443	100	25 162	67	2 311	122

2－19 续表 5

垦区	农场名称	生产总值（现价）（万元）	排序	工业增加值（万元）	排序	农业增加值（万元）	排序	耕地面积（公顷）	排序	年平均职工人数（人）	排序
广　西	广西农垦滨海农场有限公司	31 514	188	6 902	96	9 575	276	13 689	107	120	367
安　徽	安徽省农垦集团寿西湖农场有限公司	31 231	189	12 627	69	10 517	250	3 632	192	2 287	124
海　南	海南农垦东路农场有限公司	31 188	190	194	260	29 508	99	306	318	119	368
黑龙江	北大荒集团黑龙江建边农场有限公司	30 755	191	267	251	26 025	116	17 457	89	1 297	190
黑龙江	北大荒集团黑龙江建设农场有限公司	30 692	192	626	220	28 318	107	20 254	79	2 132	134
广　西	广西农垦沙塘农场有限公司	30 672	193	15 017	63	11 236	236	3 554	194	130	364
广　东	广东农垦南华农场有限公司	30 494	194	2 697	143	22 426	134	1 848	246	721	249
广　西	广西农垦星星农场有限公司	30 486	195			29 109	102	49 123	19	365	310
黑龙江	北大荒集团黑龙江红旗岭农场有限公司	30 281	196			29 618	98	20 573	77	1 578	174
黑龙江	北大荒集团黑龙江八五五农场有限公司	29 634	197			24 417	127	30 014	56	1 779	154
内蒙古	巴彦淖尔农垦乌兰布和农场有限公司	29 395	198	8 671	84	17 841	164	4 939	161	541	277
新疆畜牧	温泉县呼和托哈种畜场管理委员会	29 279	199			12 964	214	9 110	127	5 600	61
黑龙江	北大荒集团黑龙江荣军农场有限公司	29 255	200	201	259	27 586	108	15 784	100	1 720	161
湖　北	清可农场	29 249	201	6 590	97	17 448	172	2 086	238	6 385	53
广　东	广东农垦火炬农场有限公司	28 981	202	9 490	83	15 291	186	2 383	225	425	304
辽　宁	国营盖州市西海农场	28 952	203			28 952	104	695	293	3 854	84
江　西	九江市国营赛湖农场	28 610	204	20 595	48	8 015	299	730	290	280	325
云　南	勐腊农场	28 481	205	2 626	144	17 226	175	85	339	5 062	64
广　东	广东农垦新时代农场有限公司	28 381	206	2 286	151	11 188	238	15	353	439	301
广　东	广东农垦火星农场有限公司	28 213	207	969	203	12 442	217			471	295
黑龙江	北大荒集团黑龙江襄河农场有限公司	28 196	208			27 200	112	20 017	81	1 233	196
黑龙江	北大荒集团黑龙江哈拉海农场有限公司	27 961	209	52	288	27 370	110	11 267	117	838	231
辽　宁	盘山县东郭苇场	27 711	210	12 671	68	10 166	258	2 169	233	7 130	40
黑龙江	北大荒集团黑龙江齐齐哈尔种畜场有限公司	27 571	211			27 215	111	5 000	160	1 298	189
北　京	北京首农东风资产管理有限公司	27 486	212							490	293
内蒙古	内蒙古大兴安岭农垦（集团）有限责任公司甘河农牧场分公司	26 968	213			25 734	118	30 350	53	1 383	185
江　西	罗家垦殖场	26 864	214	26 516	39	348	375	116	334	3 578	89
广　西	广西农垦东风农场有限公司	26 819	215	3 745	123	19 839	149	4 156	177	657	257
海　南	海南农垦广坝农场有限公司	26 663	216	6 992	95	7 532	308	542	303	162	356
广　东	广东农垦东方红农场有限公司	26 531	217	3 918	120	20 618	142	1 981	240	524	281
黑龙江	北大荒集团黑龙江尾山农场有限公司	26 502	218	796	211	21 303	139	16 018	97	1 079	210
湖　北	湖北省国营菱角湖农场	26 499	219	4 045	117	17 633	168	2 266	230	3 892	83
广　西	广西农垦龙北农场有限公司	26 487	220	1 095	196	17 726	165	25 803	65	250	332
新疆农业	库尔勒包头湖农业发展有限责任公司	26 479	221			82	380	7 948	135	58	381
云　南	橄榄坝农场	26 072	222	1 704	174	16 979	176	146	330	6 804	46
内蒙古	呼伦贝尔农垦三河农牧场有限公司	25 995	223			25 995	117	38 783	34	1 135	205

2－19 续表 6

垦区	农场名称	生产总值（现价）（万元）	排序	工业增加值（万元）	排序	农业增加值（万元）	排序	耕地面积（公顷）	排序	年平均职工人数（人）	排序
云南	瑞丽农场	25 875	224			15 435	185	186	326	2 862	106
广西	广西农垦东湖农场有限公司	25 689	225	515	231	12 131	223	5 780	151	143	360
河北	河北省国营海兴农场	25 675	226	14 520	64	10 340	255	2 268	229	1 210	199
福建	福建省程溪农场	25 610	227	15 212	61	5 012	338	33	346	190	347
内蒙古	呼伦贝尔农垦上库力农牧场有限公司	25 539	228			25 539	121	40 853	26	1 271	191
内蒙古	巴彦淖尔市临农农牧业发展有限公司	25 523	229	7 312	92	16 703	180	1 733	253	1 419	184
云南	陇川农场	25 420	230	7 957	88	15 197	187	4 351	172	4 040	78
湖北	六合垸农场管理委员会	25 320	231	7 848	89	10 856	248	2 270	228	2 317	120
广东	广东农垦五一农场有限公司	25 275	232	957	204	21 665	136	1 729	254	497	292
黑龙江	北大荒集团黑龙江红五月农场有限公司	25 008	233	112	275	24 135	129	15 846	98	1 741	158
云南	江城橡胶公司	24 816	234			21 133	141			2 945	102
黑龙江	北大荒集团黑龙江红色边疆农场有限公司	24 720	235			20 094	147	16 302	94	1 708	162
湖北	湖北省国营万丈湖农场	24 560	236	11 263	75	12 328	221	1 438	258	7 137	39
黑龙江	北大荒集团黑龙江双鸭山农场有限公司	24 276	237	391	243	22 921	131	16 767	91	2 290	123
海南	海南农垦立才农场有限公司	24 032	238	1 203	191	9 803	268	667	296	303	321
黑龙江	北大荒集团黑龙江锦河农场有限公司	23 979	239	402	241	20 178	145	16 391	93	1 585	172
黑龙江	北大荒集团黑龙江引龙河农场有限公司	23 972	240			23 821	130	26 405	63	1 800	153
湖北	湖北省国营八里湖农场	23 717	241	6 555	98	10 862	247	1 010	273	7 006	41
江西	国营彭泽县上十岭综合垦殖场	23 560	242	21 410	46	1 060	371	203	323	1 620	169
广东	广东农垦建设农场有限公司	23 279	243	2 554	147	12 522	216	3	357	249	333
海南	海南农垦牛岭农场有限公司	23 265	244	60	284	8 062	298	900	280	140	361
广东	广东农垦幸福农场有限公司	23 263	245	2 186	156	17 517	170	4 300	174	638	260
内蒙古	乌拉盖管理区乌拉盖牧场	22 954	246	2 283	152	14 452	199	3 641	191	388	309
内蒙古	呼伦贝尔农垦谢尔塔拉农牧场有限公司	22 900	247	5	306	22 895	132	22 066	75	1 739	159
广西	广西农垦良圻农场有限公司	22 561	248	2 928	139	12 625	215	42 149	25	459	296
广东	广东农垦新华农场有限公司	22 470	249	2 067	160	7 502	309	38	345	443	300
广西	广西农垦垌美农场有限公司	22 393	250	16 971	56	4 262	344	2 437	224	76	376
辽宁	国营建平县八家农场	21 990	251	8 460	85	10 320	256	4 047	180	4 021	79
内蒙古	拉布大林农牧场有限公司	21 975	252			19 135	152	35 733	42	1 775	156
江西	九江市国营芙蓉农场	21 957	253	18 360	50	3 395	349	854	284	5 159	63
黑龙江	北大荒集团黑龙江富裕牧场有限公司	21 658	254			21 238	140	13 409	110	736	244
云南	勐满农场	21 532	255			17 301	174	60	342	6 165	54
辽宁	盘山县羊圈子苇场	21 290	256	6 142	102	13 158	212	3 476	198	11 321	24
黑龙江	北大荒集团黑龙江格球山农场有限公司	20 933	257	33	296	20 327	144	14 503	104	1 229	197
黑龙江	北大荒集团黑龙江铁力农场有限公司	20 908	258			20 437	143	15 054	101	1 832	152
广西	广西农垦红河农场有限公司	20 367	259	1 716	173	9 608	274	13 539	108	158	357
新疆农业	乌苏市哈图布呼农场	20 038	260	1 625	175	18 413	157	9 931	124	14 500	17
广东	广东农垦金星农场有限公司	20 004	261	594	222	11 704	228	2 341	226	522	284

2－19 续表 7

垦　区	农场名称	生产总值（现价）（万元）	排序	工业增加值（万元）	排序	农业增加值（万元）	排序	耕地面积（公顷）	排序	年平均职工人数（人）	排序
安　徽	安徽省农垦集团龙亢农场有限公司	19 672	262	3 542	126	7 448	311	1 748	252	5 634	59
黑龙江	北大荒集团黑龙江龙门农场有限公司	19 490	263	46	292	17 724	166	18 101	87	1 358	187
新疆畜牧	新疆维吾尔自治区地方国营伊犁种马场	19 449	264	1 254	187	3 866	346	6 912	143	836	232
广　东	广东农垦红阳农场有限公司	19 406	265	1 900	162	10 458	252			218	340
广　东	广东农垦和平农场有限公司	19 343	266	356	244	10 930	245	152	328	350	314
宁　夏	宁夏农垦前进农场有限公司	19 161	267	2 138	158	14 761	194	5 913	150	520	285
黑龙江	北大荒集团黑龙江海伦农场有限公司	19 070	268			18 332	159	18 730	86	1 351	188
内蒙古	格尼河农牧场有限公司	19 044	269			17 669	167	14 177	106	158	357
内蒙古	特泥河农牧场有限公司	18 959	270	192	262	18 754	153	25 944	64	981	219
江　苏	江苏省国营云台农场	18 834	271	1 760	169	6 974	315			503	290
内蒙古	内蒙古大兴安岭农垦（集团）有限责任公司巴彦农牧场分公司	18 793	272			18 355	158	14 787	103	1 239	195
新疆农业	阿勒泰地区国营一农场	18 711	273			1 070	370	12 106	114	1 073	211
安　徽	安徽省农垦集团敬亭山茶场有限公司	18 596	274	1 046	200	11 295	234	646	298	803	233
黑龙江	北大荒集团黑龙江绥棱农场有限公司	18 593	275			18 126	161	16 186	96	1 247	194
黑龙江	北大荒集团黑龙江嘉荫农场有限公司	18 583	276			17 980	163	19 247	84	2 088	140
江　苏	江苏省国营淮海农场	18 510	277	203	258	6 974	315			729	247
辽　宁	凌海市大有农场	18 300	278	13 750	65	3 470	348	2 712	220	3 745	86
辽　宁	东港市五四农场集团有限公司	18 214	279	141	270	14 233	203	1 248	266	507	289
广　东	广东农垦红星农场有限公司	18 091	280			16 885	178	2 792	218	548	275
宁　夏	宁夏农垦平吉堡农场有限公司	18 022	281	103	277	14 576	197	3 870	186	446	299
广　西	广西农垦源头农场有限公司	17 996	282	3 264	131	8 155	293	326	317	285	324
广　东	广东农垦梅陇农场有限公司	17 656	283	1 803	164	9 850	265	605	300	3 633	87
广　西	广西农垦昌菱农场有限公司	17 545	284	69	281	11 896	225	36 170	40	552	274
广　东	广东农垦友好农场有限公司	17 527	285	618	221	15 128	188	1 201	268	525	280
新疆农业	拜城县大宛其农场	17 336	286			342	376	931	276	356	312
黑龙江	北大荒集团黑龙江依安农场有限公司	17 146	287	149	269	16 556	182	5 744	152	730	246
黑龙江	北大荒集团黑龙江曙光农场有限公司	17 006	288			16 802	179	13 313	111	1 692	164
江　西	玉山县怀玉山垦殖场	17 003	289	6 550	99	212	378	162	327	1 432	183
山　西	临汾市尧都区奶牛场	16 974	290	176	265	28	382	47	343	195	344
黑龙江	北大荒集团黑龙江汤原农场有限公司	16 965	291			16 965	177	9 936	123	959	223
新疆畜牧	新疆霍城县果子沟牧场有限责任公司	16 961	292	28	297	15 023	191	957	275	306	320
广　西	广西农垦立新农场有限公司	16 922	293	1 722	171	8 571	287	699	292	216	341
青　海	青海省格尔木农垦（集团）有限公司	16 915	294			14 465	198	3 997	182	213	342
内蒙古	巴彦淖尔市狼山农场农牧业发展有限公司	16 884	295	1 240	188	9 850	265	4 676	165	1 565	177
云　南	大渡岗茶场	16 877	296			15 073	190	194	325	6 490	49
辽　宁	大洼区国营王家农场	16 560	297			16 560	181	3 151	208	5 923	56

2-19 续表 8

垦 区	农场名称	生产总值（现价）（万元）	排序	工业增加值（万元）	排序	农业增加值（万元）	排序	耕地面积（公顷）	排序	年平均职工人数（人）	排序
广 东	广东农垦红湖农场有限公司	16 495	298	1 342	183	12 418	218	6	356	133	363
海 南	海南农垦红华农场有限公司	16 464	299	290	249	5 774	331	4 046	181	2 139	133
内蒙古	呼伦贝尔农垦那吉屯农牧场有限公司	16 463	300	34	295	15 804	184	23 024	72	180	349
广 东	广东农垦红五月农场有限公司	16 430	301	1 027	201	11 515	230	39	344	280	325
内蒙古	呼伦贝尔农垦苏沁农牧	16 277	302			16 277	183	23 568	71	650	258
广 西	广西农垦火光农场有限公司	16 256	303	2 475	148	4 125	345	2 727	219	268	329
广 西	广西农垦新光农场有限公司	16 150	304	2 023	161	11 812	226	1 460	257	126	366
广 西	广西农垦黔江农场有限公司	16 150	305	4 296	112	8 624	286	25 011	68	418	305
云 南	坝洒农场	16 051	306			11 374	233			970	222
广 西	广西农垦珠光农场有限公司	15 933	307	543	228	3 001	353	6 376	146	63	380
江 西	乐平市科山国营综合垦殖场	15 696	308	3 943	119	1 400	368	2 194	232	523	282
广 西	广西农垦东方农场有限公司	15 684	309	3 912	121	10 985	242	3 000	212	287	323
广 西	广西农垦三合口农场有限公司	15 650	310	1 720	172	6 494	326	34 004	45	245	335
辽 宁	铁岭市两家子农垦有限公司	15 390	311	410	240	10 920	246	3 494	197	4 972	66
山 西	太原市果树场	15 262	312	12 741	67	2 276	359	147	329	202	343
广 西	广西农垦旺茂农场有限公司	15 241	313	12 049	72	1 892	362	847	285	899	227
新疆畜牧	额敏县孟布拉克农牧科技有限公司	14 975	314				383	3 884	185	1 689	165
广 西	广西农垦荣光农场有限公司	14 973	315	1 801	165	7 471	310	417	310	174	352
黑龙江	北大荒集团黑龙江绿色草原牧场有限公司	14 790	316			14 590	196	7 333	139	475	294
广 东	广东农垦织篢农场有限公司	14 703	317	7 827	90	4 484	342	833	286	256	330
广 东	广东农垦三叶农场有限公司	14 664	318	2 322	150	7 620	305	92	338	593	269
宁 夏	宁夏农垦暖泉农场有限公司	14 660	319			13 302	210	5 563	156	611	265
广 东	广东农垦红江农场有限公司	14 563	320	731	214	11 020	241	651	297	152	359
广 东	广东农垦水丰农场有限公司	14 471	321	1 023	202	6 635	324			192	346
江 苏	江苏省国营海安农场	14 436	322	13 209	66	480	374			26	384
新疆畜牧	国营霍尔果斯市莫乎尔牧场	14 392	323	3 352	130	7 575	307	1 289	263	928	225
云 南	勐底农场	14 296	324	1 416	182	6 347	327	566	302	2 208	129
湖 北	国营官庄湖农场	14 269	325	2 556	146	8 255	292	3 269	206	5 791	57
湖 北	湖北省国营随阳农场	14 130	326	3 012	135	5 631	333	887	282	3 570	90
辽 宁	国营朝阳县贾家店农场	14 121	327	627	219	9 776	270	1 431	259	980	220
河 南	河南省正阳种猪场	14 100	328			13 419	209	686	294	530	279
黑龙江	北大荒集团黑龙江宝山农场有限公司	13 844	329	16	301	13 610	206	7 966	133	520	285
黑龙江	北大荒集团黑龙江和平牧场有限公司	13 752	330			13 172	211	8 100	132	732	245
辽 宁	铁岭市种畜场	13 626	331			13 626	205	1 477	256	1 917	146
广 东	广东农垦大池农场有限公司	13 528	332	1 441	181	4 475	343	230	322	67	379
宁 夏	宁夏农垦贺兰山农牧场（有限公司）	13 428	333	1 782	167	8 071	297	3 915	184	242	336
辽 宁	台安兴华农业有限责任公司	13 253	334	2 200	155	11 053	239	2 322	227	2 718	110
云 南	河口农场	13 199	335			10 961	243			234	337

2－19 续表 9

垦区	农场名称	生产总值（现价）（万元）	排序	工业增加值（万元）	排序	农业增加值（万元）	排序	耕地面积（公顷）	排序	年平均职工人数（人）	排序
云　南	孟定农场	13 188	336	453	234	6 874	319	260	319	1 963	144
广　西	广西农垦北耀农场有限公司	13 002	337	398	242	7 920	300	19 869	82	105	372
云　南	双江农场	12 825	338	443	236	9 611	273	337	315	717	250
内蒙古	巴彦淖尔农垦包尔盖农场有限责任公司	12 661	339	3 907	122	8 146	294	4 411	169	220	339
黑龙江	北大荒集团黑龙江海林农场有限公司	12 510	340	550	225	8 916	281	9 228	126	274	328
内蒙古	呼伦贝尔农垦哈达图农牧场有限公司	12 461	341	20	300	12 332	220	22 438	74	782	237
广　西	广西农垦良丰农场有限公司	12 356	342	4 325	110	2 109	360	567	301	339	316
云　南	南联山农场	12 339	343	954	205	3 240	351	15	351	740	243
江　西	江西康山实业总公司	12 309	344	2 986	137	9 323	279	2 601	221	1 584	173
新疆农业	新疆地方国营精河县八家户农场	12 300	345	223	256	915	373	17 551	88	70	378
广　西	广西农垦桂北农场有限公司	12 276	346	4 297	111	273	377	684	295	104	374
内蒙古	内蒙古大兴安岭农垦（集团）有限责任公司欧肯河农牧场分公司	12 229	347			11 595	229	15 786	99	689	252
宁　夏	宁夏农垦连湖农场有限公司	12 209	348	120	272	8 300	291	1 921	242	676	253
热科院	中国热带农业科学院椰子研究所	12 143	349							179	350
宁　夏	宁夏农垦渠口农场有限公司	12 034	350			9 674	272	3 467	199	228	338
内蒙古	巴彦淖尔农垦哈腾套海农场有限公司	12 014	351			10 132	260	4 148	178	715	251
广　东	广东农垦马鞍农场有限公司	11 982	352	4 051	116	4 751	341	251	320	50	382
江　西	宜丰县石花尖垦殖场	11 932	353	5 631	105	1 703	364	131	332	79	375
云　南	勐醒农场	11 924	354			8 534	289	26	347	3 565	91
广　东	广东农垦红旗农场有限公司	11 900	355	1 860	163	5 150	337	21	349	249	333
黑龙江	北大荒集团黑龙江大山种羊场有限公司	11 883	356	3	307	11 797	227	3 230	207	548	275
内蒙古	内蒙古大兴安岭农垦（集团）有限责任公司东方红农牧场分公司	11 779	357			11 485	231	12 538	113	768	238
宁　夏	宁夏农垦巴浪湖农场有限公司	11 778	358	194	261	9 877	264	2 806	216	596	267
新疆农业	阿克陶县托尔塔依农场管理服务中心	11 716	359			1 512	366	2 091	237		
山　西	山西省浑源农牧场	11 624	360	11 457	74	167	379	67	341	28	383
广　东	广东农垦葵潭农场有限公司	11 537	361	1 266	185	6 920	318	411	311	173	353
宁　夏	宁夏农垦简泉农场有限公司	11 531	362	1 611	177	8 871	282	1 906	244	109	370
云　南	勐撒农场	11 465	363	446	235	7 047	314	358	313	2 207	130
甘　肃	甘肃黄羊河农工商（集团）有限责任公司	11 385	364	3 464	128	7 334	312	5 608	155	903	226
广　西	广西农垦先锋农场有限公司	11 351	365	469	232	7 596	306	1 220	267	112	369
广　东	广东农垦大坪农场有限公司	11 324	366	2 282	153	5 253	336	112	335	74	377
甘　肃	甘肃农垦金昌农场有限公司	11 271	367			11 271	235	8 970	128	935	224
新疆畜牧	国营霍尔果斯市格干沟牧场	11 253	368	235	254	8 778	284	857	283	1 222	198
甘　肃	甘肃亚盛实业（集团）股份有限公司黄花分公司（黄花农场）	11 196	369			9 883	263	5 420	158	361	311

2－19 续表 10

垦 区	农场名称	生产总值(现价)(万元)	排序	工业增加值（万元）	排序	农业增加值（万元）	排序	耕地面积（公顷）	排序	年平均职工人数（人）	排序
黑龙江	北大荒集团黑龙江繁荣种畜场有限公司	11 139	370	27	299	10 953	244	9 710	125	1 115	209
内蒙古	巴彦淖尔市西山嘴农场有限公司	11 121	371	4 024	118	5 993	328	2 805	217	1 060	213
广 西	广西农垦前卫农场有限公司	11 110	372	2 730	141	6 703	322	10 572	121	108	371
黑龙江	北大荒集团黑龙江红光农场有限公司	11 069	373			10 457	253	10 836	119	1 363	186
吉 林	前郭尔罗斯蒙古族自治县松润农业发展有限公司	10 974	374	542	229	7 864	302	3 371	205	4 149	76
广 西	广西农垦茂青农场有限公司	10 899	375	8 337	86	1 497	367	500	305	645	259
河 北	河北省国营沽源牧场集团有限公司	10 870	376	1 063	198	9 807	267	8 773	130	2 816	108
内蒙古	呼伦贝尔农垦大兴安岭宜里农牧场有限公司	10 725	377			10 150	259	15 017	102	589	270
广 东	广东农垦东埔农场有限公司	10 630	378	2 089	159	5 686	332	644	299	351	313
宁 夏	宁夏农垦灵武农场有限公司	10 597	379	46	291	7 856	303	4 166	176	667	256
黑龙江	北大荒集团黑龙江四方山农场有限公司	10 499	380	51	289	10 373	254	7 319	140	457	297
广 东	广东农垦红十月农场有限公司	10 480	381			8 350	290	484	306	128	365
宁 夏	宁夏农垦玉泉营农场有限公司	10 367	382	226	255	9 716	271	1 032	271	137	362
云 南	西盟橡胶公司	10 259	383			10 259	257	358	314	3 402	94
黑龙江	北大荒集团黑龙江宁安农场有限公司	10 241	384			9 599	275	4 589	167	746	241
黑龙江	北大荒集团黑龙江五大连池农场有限公司	10 190	385	109	276	9 152	280	10 615	120	1 723	160
云 南	孟连农场	10 047	386			7 909	301	84	340	3 418	93

工业部分

3-1 规模以上工业企业及国有工业企业合计情况

地区	企业个数（个）	#亏损企业数（个）	工业总产值（现价）（万元）	工业销售产值（现价）（万元）	主营业务收入（万元）
全国农垦	**3 950**	**693**	**107 132 208.18**	**79 677 781.32**	**110 418 752.22**
北京	92	28	7 549 016.39	7 900 002.08	7 968 552.60
天津	31	18	526 451.50	514 844.20	572 737.80
河北	265	25	9 808 833.06	9 663 800.20	9 709 306.50
山西	26	1	19 272.72	16 990.00	16 172.72
内蒙古	30	3	469 174.62	480 855.11	485 622.55
辽宁	117	18	2 131 773.17	2 191 953.69	2 264 380.03
吉林	16	1	54 735.38	62 297.47	58 496.47
黑龙江	61	24	4 682 670.77	4 742 435.17	7 258 454.61
上海	87	18	3 607 611.50	3 714 883.20	4 840 012.90
江苏	61	18	3 562 180.00	3 528 170.00	3 479 297.00
浙江	3		13 352.23	13 171.94	12 958.44
安徽	39	4	164 238.08	145 441.44	174 499.88
福建	56	6	273 309.50	277 903.10	270 153.10
江西	392	24	6 271 544.90	6 570 063.00	6 585 268.60
山东					
河南	7		262 940.00	258 770.00	255 636.00
湖北	890	132	29 910 244.10	29 521 504.13	27 727 070.10
湖南	166	11	3 295 523.00	3 230 893.00	3 007 846.90
广东	62	23	2 165 741.26	2 065 089.79	2 260 811.30
广西	177	6	2 018 501.00	2 007 622.00	2 187 323.00
海南	102	23	496 200.00	481 805.00	689 137.00
重庆	8		754 350.00	747 280.00	805 407.00
四川	2		542.32	861.48	973.48
贵州	5	1	182 183.08	175 245.16	174 323.21
云南	23	3	251 111.00	250 002.00	351 642.00
陕西	1		50 930.00	50 930.00	50 930.00
甘肃	17	4	222 495.94	202 571.44	192 326.84
青海					
宁夏	40	11	119 838.00	122 952.00	123 648.00
新疆（兵团）	1 073	219	27 579 000.00		28 199 000.00
新疆（农业）	78	65	214 998.00	214 983.00	215 027.00
新疆（畜牧）	15	4	147 948.66	145 131.72	142 065.19
热科院					
广州	6	2	319 048.00	373 030.00	333 372.00
南京	2	1	6 450.00	6 300.00	6 300.00
西藏					

3-1续表1

地　　区	主营业务成本（万元）	主营业务费用（万元）	主营业务税金及附加（万元）	主营业务利润（万元）	从业人员年末人数（人）
全国农垦	**86 784 036.98**	**6 997 957.60**	**5 937 123.76**	**9 573 918.21**	**652 545**
北　　京	7 414 976.44	415 605.54	21 298.74	267 396.20	25 617
天　　津	517 917.10	58 226.50	3 183.00	−1 386.10	3 729
河　　北	8 414 774.71	416 159.79	389 478.20	468 302.21	38 817
山　　西	11 639.41	404.26	1 500.00	2 618.30	1 290
内 蒙 古	237 210.30	59 261.31	41 265.99	152 243.68	2 655
辽　　宁	1 959 464.70	139 314.18	16 051.42	97 588.16	15 129
吉　　林	46 078.96	3 802.53	143.62	8 202.07	477
黑 龙 江	6 780 096.61	428 852.72	13 990.05	5 115.39	12 359
上　　海	4 205 715.50	363 947.70	20 821.90	209 599.90	29 036
江　　苏	1 578 313.00	870 032.00	29 095.00	689 594.00	27 815
浙　　江	11 083.14	1 406.49	119.39	220.11	305
安　　徽	145 484.57	10 575.53	1 290.88	3 001.22	1 744
福　　建	192 300.80	93 711.42	10 868.54	14 458.94	5 688
江　　西	5 716 781.62	285 260.40	47 538.20	614 884.00	64 801
山　　东					
河　　南	232 627.00	4 108.61	1 129.00	8 943.00	2 258
湖　　北	17 999 953.22	1 176 003.77	4 946 337.98	2 485 445.98	146 963
湖　　南	2 718 056.40	129 218.80	25 170.81	114 450.90	33 866
广　　东	1 836 652.67	215 314.42	62 247.87	193 225.48	17 624
广　　西	1 924 023.00	127 921.00	19 286.00	244 014.00	24 770
海　　南	633 902.00	43 157.00	3 619.00	8 459.00	30 540
重　　庆	717 220.00	70 820.00	9 343.00	29 993.00	7 416
四　　川	576.15	331.59	15.58	70.75	55
贵　　州	140 725.60	23 854.04	690.98	12 483.63	1 419
云　　南	310 316.00	8 578.00	1 413.00	8 543.00	3 313
陕　　西	13 201.34	10 611.00	5 916.59	19 623.77	241
甘　　肃	146 855.17	35 395.47	1 857.92	17 028.11	2 755
青　　海					
宁　　夏	86 079.00	11 660.00	7 125.00	17 553.00	1 765
新疆(兵团)	22 171 000.00	1 953 000.00	254 000.00	3 850 000.00	142 700
新疆(农业)	207 149.00	5 608.00	378.00	1 895.00	1 516
新疆(畜牧)	124 035.57	10 882.53	753.10	6 640.51	3 383
热 科 院					
广　　州	284 098.00	24 343.00	1 176.00	23 755.00	2 409
南　　京	5 730.00	590.00	19.00	−44.00	90
西　　藏					

3-1续表2

地　　区	从业人员平均人数（人）	从业人员工资总额（万元）	利润总额（万元）	#亏损企业亏损额（万元）
全国农垦	**635 129**	**4 554 135.87**	**8 866 296.76**	**636 213.83**
北　　京	25 422	227 902.51	104 991.15	19 763.64
天　　津	3 823	33 070.40	10 081.70	
河　　北	33 963	215 803.61	457 294.73	13 136.00
山　　西	1 152	5 161.76	1 708.70	
内 蒙 古	2 561	11 181.20	150 857.59	8 241.00
辽　　宁	15 236	66 246.80	106 610.78	14 375.90
吉　　林	479	1 910.37	9 697.72	107.00
黑 龙 江	12 579	86 232.36	9 252.59	48 416.80
上　　海	28 683	256 487.80	213 070.10	38 736.90
江　　苏	27 790	282 344.00	637 018.00	2 663.00
浙　　江	307	1 904.18	715.41	
安　　徽	1 741	7 636.32	3 308.15	296.89
福　　建	5 626	20 209.60	14 770.94	265.00
江　　西	62 495	239 714.22	543 676.76	2 070.00
山　　东				
河　　南	1 917	10 437.70	9 267.93	
湖　　北	143 222	950 987.10	2 242 413.68	52 337.20
湖　　南	34 317	107 226.20	115 070.00	4 068.00
广　　东	17 212	156 509.95	179 320.31	23 853.40
广　　西	23 301	139 872.00	55 500.00	42 290.00
海　　南	30 807	163 128.00	−1 706.00	4 647.00
重　　庆	7 395	52 208.00	30 477.00	
四　　川	55	292.48	125.73	5.00
贵　　州	1 356	9 847.00	13 779.85	50.14
云　　南	3 434	21 973.00	10 849.00	1 837.00
陕　　西	241	1 100.17	19 623.77	
甘　　肃	2 748	20 513.93	12 288.50	6 261.60
青　　海				
宁　　夏	1 810	9 220.00	15 676.00	2 614.00
新疆(兵团)	138 600	1 417 000.00	3 881 000.00	338 800.00
新疆(农业)	1 436	5 552.00	1 895.00	695.00
新疆(畜牧)	2 943	10 546.21	9 621.67	484.36
热 科 院				
广　　州	2 386	21 407.00	8 128.00	10 099.00
南　　京	92	510.00	−88.00	100.00
西　　藏				

3－1续表3

地　　区	应缴税金（万元）	固定资产原值（万元）	#生产经营用（万元）	固定资产净值（万元）
全国农垦	**4 049 882.33**	**57 280 731.61**	**21 571 816.22**	**18 043 346.41**
北　　京	92 568.92	1 429 105.73	1 319 147.50	846 847.08
天　　津	9 538.80	348 592.90	348 592.90	203 279.90
河　　北	404 070.31	2 977 988.39	2 927 225.48	1 505 863.18
山　　西	1 232.64	16 668.37	3 818.00	10 784.36
内 蒙 古	33 052.99	414 587.75	375 542.80	286 905.15
辽　　宁	9 487.81	853 381.11	218 558.92	419 407.14
吉　　林	1 022.62	38 371.61	35 646.91	23 431.02
黑 龙 江	161 666.40	1 507 330.80	1 507 330.80	791 257.50
上　　海	80 212.60	1 824 725.40	1 824 725.40	822 453.90
江　　苏	283 769.00	1 144 516.00	1 144 516.00	543 687.00
浙　　江	248.90	12 485.61		6 073.58
安　　徽	1 838.75	51 726.77	40 863.28	32 925.49
福　　建	8 740.94	113 663.60	90 500.60	59 418.60
江　　西	71 501.80	591 112.71	286 550.40	325 218.32
山　　东				
河　　南	5 298.50	130 522.00	125 921.00	75 839.00
湖　　北	1 077 218.77	10 302 242.18	7 699 085.10	7 215 552.96
湖　　南	858.80	487 658.60	253 641.00	400 826.10
广　　东	44 799.82	616 206.57	582 558.45	311 099.12
广　　西	34 803.00	1 450 364.00	1 363 049.00	983 182.00
海　　南	1 945.00	313 396.00	295 743.00	293 190.00
重　　庆	10 475.00	283 266.00	17 753.00	135 507.00
四　　川	19.37	4 204.56	619.56	3 369.30
贵　　州	3 636.52	129 989.42	107 506.54	110 296.79
云　　南	6 379.00	260 922.00	243 000.00	162 102.00
陕　　西	1 798.60	17 361.02	11 871.02	4 857.00
甘　　肃	8 287.67	423 834.36	422 884.36	275 249.53
青　　海				
宁　　夏	7 125.00	110 052.00	105 354.00	43 326.00
新疆（兵团）	1 678 000.00	31 197 000.00		2 001 600.00
新疆（农业）	378.00	33 332.00	33 332.00	24 635.00
新疆（畜牧）	3 553.80	89 692.79	87 980.20	54 016.28
热 科 院		7 914.36		5 398.11
广　　州	6 115.00	97 257.00	97 257.00	65 368.00
南　　京	238.00	1 260.00	1 242.00	380.00
西　　藏				

3－2　国有工业企业基本情况

地　　区	企业个数（个）	＃亏损企业数（个）	工业总产值（现价）（万元）	工业销售产值（现价）（万元）	主营业务收入（万元）
全国农垦	**923**	**246**	**44 950 659.96**	**36 826 965.85**	**50 391 006.33**
北　　京	92	28	7 549 016.39	7 900 002.08	7 968 552.60
天　　津	31	18	526 451.50	514 844.20	572 737.80
河　　北	12	1	2 321 633.37	2 313 829.31	2 321 103.11
山　　西	2	1	175.72	173.00	175.72
内 蒙 古	7	3	356 826.00	368 320.00	368 461.00
辽　　宁	19		97 642.97	97 425.49	133 626.49
吉　　林	1		213.36	1 762.36	1 762.36
黑 龙 江	61	24	4 682 670.77	4 742 435.17	7 258 454.61
上　　海	87	18	3 607 611.50	3 714 883.20	4 840 012.90
江　　苏	14	2	2 661 305.00	2 629 729.00	2 595 901.00
浙　　江	2		7 902.23	7 871.94	7 758.44
安　　徽	12	4	75 857.36	69 694.56	101 521.46
福　　建	10		64 072.00	63 232.00	63 007.00
江　　西	58	15	268 794.00	401 133.00	409 202.60
山　　东					
河　　南	3		90 920.00	85 085.00	84 911.00
湖　　北	50	5	9 100 606.54	9 240 286.34	9 498 133.86
湖　　南	10		181 620.00	181 220.00	162 440.00
广　　东	44	23	1 498 790.51	1 404 145.52	1 605 963.28
广　　西	32	3	856 244.00	887 360.00	923 640.00
海　　南	44	18	375 380.00	361 476.00	605 742.00
重　　庆	4		603 829.00	583 623.00	592 313.00
四　　川	2		542.32	861.48	973.48
贵　　州	4		180 967.08	175 245.16	174 323.21
云　　南	16	2	209 528.00	207 670.00	309 600.00
陕　　西	1		50 930.00	50 930.00	50 930.00
甘　　肃	17	4	222 495.94	202 571.44	192 326.84
青　　海					
宁　　夏	10	4	102 226.80	105 359.50	105 842.00
新疆（兵团）	263	67	8 792 000.00		8 964 000.00
新疆（农业）	3	2	6 373.00	6 358.00	6 402.00
新疆（畜牧）	6	2	138 986.60	136 409.10	137 816.57
热 科 院					
广　　州	6	2	319 048.00	373 030.00	333 372.00
南　　京					
西　　藏					

3-2续表1

地区	主营业务成本（万元）	主营业务费用（万元）	主营业务税金及附加（万元）	主营业务利润（万元）	从业人员年末人数（人）
全国农垦	**37 208 857.06**	**3 832 376.74**	**5 342 388.03**	**3 315 018.67**	**245 233**
北京	7 414 976.44	415 605.54	21 298.74	267 396.20	25 617
天津	517 917.10	58 226.50	3 183.00	−1 386.10	3 729
河北	1 814 978.74	125 208.67	261 553.24	89 540.52	1 918
山西	92.41	82.26		7.30	26
内蒙古	138 952.00	43 678.00	40 373.00	146 119.00	1 532
辽宁	121 942.35	877.40	526.39	1 844.24	360
吉林	1 165.34	120.36		562.36	18
黑龙江	6 780 096.61	428 852.72	13 990.05	5 115.39	12 359
上海	4 205 715.50	363 947.70	20 821.90	209 599.90	29 036
江苏	869 432.00	801 960.00	24 424.00	605 819.00	11 836
浙江	7 183.14	106.49	90.39	−79.89	136
安徽	95 773.16	5 678.49	413.03	710.21	415
福建	45 282.10	4 550.40	5 387.10	4 140.40	1 070
江西	314 519.26	47 864.76	11 868.00	52 886.90	5 863
山东					
河南	70 226.00	3 338.61	514.00	6 171.00	1 648
湖北	3 057 325.22	139 150.16	4 766 014.08	972 727.20	18 484
湖南	145 901.00	1 273.00	1 716.00	14 005.00	2 503
广东	1 406 897.32	137 730.35	36 709.88	69 865.87	9 917
广西	824 106.00	68 833.00	6 738.00	92 796.00	9 385
海南	564 159.00	41 047.00	2 111.00	−1 579.00	28 370
重庆	535 576.00	55 327.00	1 333.00	26 684.00	3 976
四川	576.15	331.59	15.58	70.75	55
贵州	140 725.60	23 854.04	690.98	12 483.63	1 419
云南	273 366.00	8 008.00	1 329.00	5 365.00	3 052
陕西	13 201.34	10 611.00	5 916.59	19 623.77	241
甘肃	146 855.17	35 395.47	1 857.92	17 028.11	2 755
青海					
宁夏	73 249.90	9 580.40	6 577.31	15 246.35	853
新疆（兵团）	7 218 000.00	966 000.00	105 000.00	652 000.00	63 200
新疆（农业）	6 134.50	158.00	7.50	105.00	36
新疆（畜牧）	120 433.71	10 636.83	752.35	6 395.56	3 015
热科院					
广州	284 098.00	24 343.00	1 176.00	23 755.00	2 409
南京					
西藏					

3－2续表2

地　　区	从业人员平均人数（人）	从业人员工资总额（万元）	利润总额（万元）	#亏损企业亏损额（万元）
全国农垦	**243 103**	**2 153 480.99**	**2 986 441.59**	**458 712.17**
北　　京	25 422	227 902.51	104 991.15	19 763.64
天　　津	3 823	33 070.40	10 081.70	
河　　北	1 874	25 927.61	87 727.74	263.40
山　　西	27	68.76	2.70	
内 蒙 古	1 528	5 129.00	144 809.00	8 241.00
辽　　宁	383	1 137.49	1 922.66	
吉　　林	18	40.36	562.36	
黑 龙 江	12 579	86 232.36	9 252.59	48 416.80
上　　海	28 683	256 487.80	213 070.10	38 736.90
江　　苏	11 740	167 452.00	577 297.00	173.00
浙　　江	138	703.18	63.41	
安　　徽	426	2 698.76	686.44	296.89
福　　建	1 042	4 443.40	4 022.40	
江　　西	7 234	37 647.52	38 005.26	166.00
山　　东				
河　　南	1 308	8 468.50	6 345.93	
湖　　北	18 007	186 983.08	975 553.00	4 232.60
湖　　南	2 510	5 117.00	5 138.00	
广　　东	9 392	62 311.54	36 536.09	14 594.40
广　　西	8 278	58 078.00	7 039.00	23 885.00
海　　南	28 811	154 700.00	－5 025.00	4 647.00
重　　庆	3 976	29 025.00	26 930.00	
四　　川	55	292.48	125.73	5.00
贵　　州	1 356	9 847.00	13 779.85	50.14
云　　南	3 176	20 681.00	8 524.00	1 817.00
陕　　西	241	1 100.17	19 623.77	
甘　　肃	2 748	20 513.93	12 288.50	6 261.60
青　　海				
宁　　夏	870	6 873.84	13 801.20	2 271.80
新疆（兵团）	62 600	711 000.00	656 000.00	274 300.00
新疆（农业）	36	142.00	105.00	53.00
新疆（畜牧）	2 436	7 999.30	9 054.01	438.00
热 科 院				
广　　州	2 386	21 407.00	8 128.00	10 099.00
南　　京				
西　　藏				

3－2续表3

地　　区	应缴税金（万元）	固定资产原值（万元）	#生产经营用（万元）	固定资产净值（万元）
全国农垦	**2 307 145.92**	**30 265 744.90**	**11 827 374.80**	**7 971 062.95**
北　京	92 568.92	1 319 892.89	1 319 147.50	846 847.08
天　津	9 538.80	348 592.90	348 592.90	203 279.90
河　北	261 918.86	1 466 623.99	1 472 030.93	697 775.16
山　西		180.37	50.00	63.36
内蒙古	29 202.00	297 249.00	264 765.00	214 377.00
辽　宁	154.58	4 916.10	607.00	2 370.10
吉　林		427.36	408.25	361.24
黑龙江	161 666.40	1 507 330.80	1 507 330.80	791 257.50
上　海	80 212.60	1 824 725.40	1 824 725.40	822 453.80
江　苏	263 091.00	795 546.00	795 546.00	359 836.00
浙　江	134.90	3 885.61		2 273.58
安　徽	262.39	28 674.06	24 225.17	20 410.87
福　建	5 752.00	8 398.60	7 344.60	4 076.20
江　西	7 927.40	156 066.71	36 092.40	102 650.32
山　东				
河　南	4 612.50	25 711.00	25 711.00	10 476.00
湖　北	832 454.09	1 871 655.18	1 476 444.20	879 303.06
湖　南	14.00	11 713.00	11 040.00	350.00
广　东	23 717.86	538 302.13	511 741.70	245 976.26
广　西	23 691.00	925 649.00	882 215.00	541 911.00
海　南	464.00	274 635.00	262 262.00	271 779.00
重　庆	6 915.00	176 117.00	15 226.00	89 588.00
四　川	19.37	4 204.56	619.56	3 369.30
贵　州	3 636.52	123 006.94	107 506.54	103 918.14
云　南	6 056.00	250 981.00	235 453.00	159 991.00
陕　西	1 798.60	17 361.02	11 871.02	4 857.00
甘　肃	8 287.67	423 834.36	422 884.36	275 249.53
青　海				
宁　夏	6 577.31	92 012.56	89 598.27	33 945.21
新疆（兵团）	466 800.00	17 585 000.00		1 168 400.00
新疆（农业）	7.50	2 382.00	2 382.00	1 555.00
新疆（畜牧）	3 549.65	75 499.00	74 297.20	41 596.23
热科院		7 914.36		5 398.11
广　州	6 115.00	97 257.00	97 257.00	65 368.00
南　京				
西　藏				

3－3 工业总产值

地区	总计		在总计中：国有		在总计中：战略性新兴工业	
	企业数（个）	工业总产值（现价）（万元）	企业数（个）	工业总产值（现价）（万元）	企业数（个）	工业总产值（现价）（万元）
全国农垦	**9 742**	**112 883 497.45**	**1 130**	**35 751 589.26**	**345**	**5 059 294.90**
北京	93	7 842 780.56	92	7 549 016.39		
天津	31	526 451.50	31	526 451.50		
河北	1 263	9 071 029.06	16	2 459 565.97	60	2 098 701.40
山西	53	33 360.72	2	175.72		
内蒙古	260	554 333.21	15	369 621.00	1	4 588.00
辽宁	684	2 631 157.12	3	7 717.00	4	24 802.00
吉林	20	56 754.80	1	244.00		
黑龙江	135	4 729 403.00	135	4 729 403.00	9	242 736.00
上海	110	3 627 179.40	110	3 627 179.40		
江苏	306	3 562 176.00	14	2 661 305.00		
浙江	13	20 520.54	1	35.53		
安徽	149	337 903.78	14	71 646.04		
福建	308	390 528.90	43	112 439.50	22	360.00
江西	864	7 637 910.03	102	384 735.56	23	259 798.00
山东	2	200.18	1	138.18		
河南	14	264 127.94	5	91 613.14		
湖北	2 351	30 873 583.57	20	143 260.10	36	433 803.00
湖南	560	5 661 118.71	18	259 095.07	10	368 980.30
广东	632	2 418 183.51	61	1 482 549.55	1	3 395.00
广西	375	2 140 453.00	53	871 977.00		
海南	111	496 200.00	34	375 380.00		
重庆	9	836 312.00	8	60 539.00		
四川	2	320.32	1	310.32		
贵州	7	181 995.65	5	181 131.65	2	1 216.00
云南	86	301 594.00	24	214 893.00		
陕西	2	50 218.00	1	440.00	1	440.00
甘肃	27	225 240.44	27	225 240.44		
青海	4	2 172.43				
宁夏	40	119 837.80	11	102 226.80		
新疆（兵团）	1 073	27 579 000.00	263	8 792 000.00	171	1 608 279.90
新疆（农业）	111	221 596.40	2	6 358.00		
新疆（畜牧）	36	162 356.88	10	125 853.40	5	12 195.30
热科院						
广州	7	319 048.00	7	319 048.00		
南京	4	8 450.00				
西藏						

3－4　按工业主要行业分的工业总产值

地　区	煤炭开采和洗选业		石油和天然气开采业		黑色金属矿采选业	
	企业数（个）	工业总产值（现价）（万元）	企业数（个）	工业总产值（现价）（万元）	企业数（个）	工业总产值（现价）（万元）
全国农垦	**27**	**800 501.00**	**6**	**41 652.00**	**15**	**62 171.00**
北　京						
天　津						
河　北						
山　西						
内蒙古	2	363 866.00			1	800.00
辽　宁			6	41 652.00		
吉　林						
黑龙江						
上　海						
江　苏						
浙　江						
安　徽						
福　建						
江　西	8	83 417.00			9	39 740.00
山　东						
河　南						
湖　北						
湖　南						
广　东						
广　西					3	3 631.00
海　南						
重　庆						
四　川						
贵　州						
云　南						
陕　西	2	50 218.00				
甘　肃						
青　海						
宁　夏						
新疆（兵团）	15	303 000.00			2	18 000.00
新疆（农业）						
新疆（畜牧）						
热科院						
广　州						
南　京						
西　藏						

3-4续表1

地区	有色金属矿采选业		非金属矿采选业		开采专业及辅助性活动	
	企业数（个）	工业总产值（现价）（万元）	企业数（个）	工业总产值（现价）（万元）	企业数（个）	工业总产值（现价）（万元）
全国农垦	**7**	**86 489.00**	**70**	**101 332.52**	**10**	**47 503.00**
北京						
天津						
河北	1	1 100.00	1	704.00		
山西						
内蒙古			7	473.00		
辽宁			6	5 773.00	1	36 571.00
吉林						
黑龙江						
上海						
江苏						
浙江						
安徽						
福建			5	6 227.00		
江西	2	60 874.00	15	7 459.00		
山东						
河南						
湖北						
湖南			2	41.00		
广东			6	5 934.00	9	10 932.00
广西	2	7 515.00	14	22 513.00		
海南						
重庆						
四川						
贵州						
云南						
陕西						
甘肃						
青海			1	840.00		
宁夏			1			
新疆（兵团）	2	17 000.00	11	51 000.00		
新疆（农业）						
新疆（畜牧）			1	368.52		
热科院						
广州						
南京						
西藏						

3-4续表2

地区	其他采矿业		农副食品加工业		食品制造业	
	企业数（个）	工业总产值（现价）（万元）	企业数（个）	工业总产值（现价）（万元）	企业数（个）	工业总产值（现价）（万元）
全国农垦	**53**	**142 877.81**	**1 634**	**22 693 572.84**	**590**	**13 095 357.60**
北京			31	4 029 840.28	53	3 736 303.99
天津			6	99 135.00	8	336 270.10
河北			103	516 642.50	29	382 215.00
山西			2	6 475.72	2	180.00
内蒙古	11	10 678.00	106	53 339.70	10	18 400.30
辽宁			83	1 054 403.90	40	114 155.72
吉林			13	15 496.00		
黑龙江			78	3 932 053.27	15	442 477.00
上海			45	1 433 889.40	29	1 859 045.90
江苏			35	641 293.00	9	35 825.00
浙江					1	4 992.00
安徽			32	88 810.08	11	73 022.91
福建	3	7 935.00	34	18 161.00	24	11 775.00
江西	13	48 951.00	89	317 244.86	33	250 396.00
山东						
河南	1	4.80	1	20 000.00	2	85 874.00
湖北	5	45 334.00	398	3 526 908.33	155	2 561 306.20
湖南	3	1 234.51	135	2 116 022.20	46	494 245.00
广东	10	16 628.50	77	243 064.76	31	218 544.86
广西			38	884 689.00	9	16 568.00
海南	5	12 091.00	25	31 315.00	10	9 434.00
重庆			4	346 027.00	4	488 848.00
四川			1	10.00		
贵州	1	21.00	3	43 222.87	1	137 648.78
云南			8	123 868.00	2	4 957.00
陕西						
甘肃			5	48 368.34	5	81 919.30
青海			1	0.60		
宁夏	1		7	32 814.30	1	4 226.80
新疆(兵团)			191	2 683 000.00	46	1 443 000.00
新疆(农业)			72	215 113.40	6	200.00
新疆(畜牧)			8	31 939.33	4	104 903.74
热科院						
广州			3	140 425.00	4	178 623.00
南京						
西藏						

3－4续表3

地区	酒、饮料和精制茶制造业		烟草制品业		纺织业	
	企业数（个）	工业总产值（现价）（万元）	企业数（个）	工业总产值（现价）（万元）	企业数（个）	工业总产值（现价）（万元）
全国农垦	**478**	**2 533 715.64**	**2**	**7 514 766.00**	**330**	**4 354 310.99**
北京	3	36 678.00				
天津	3	18 946.20			1	11 027.30
河北	6	1 806.00			18	47 572.00
山西	2	864.00				
内蒙古	7	1 380.00				
辽宁	10	5 398.00			1	3 879.00
吉林						
黑龙江	4	1 437.70				
上海	6	111 234.90				
江苏	6	3 171.00			4	110 468.00
浙江	1	279.40				
安徽	16	17 272.79			8	22 554.61
福建	41	38 731.60			3	18 413.00
江西	39	176 996.91			48	780 195.00
山东						
河南	2	132 010.00			2	200.00
湖北	134	1 420 932.16	2	7 514 766.00	114	602 640.86
湖南	62	142 220.00			36	640 863.00
广东	27	10 110.28			19	27 717.22
广西	25	8 628.00			12	54 781.00
海南	15	10 287.00				
重庆						
四川						
贵州	1	260.00				
云南	19	42 302.00				
陕西						
甘肃	3	6 382.20				
青海	1	43.80				
宁夏	13	73 049.70				
新疆（兵团）	30	273 000.00			61	2 032 000.00
新疆（农业）	1	165.00			3	2 000.00
新疆（畜牧）	1	129.00				
热科院						
广州						
南京						
西藏						

3－4 续表 4

地　区	纺织服装、服饰业		皮革、毛皮、羽毛及其制品和制鞋业		木材加工和木、竹、藤、棕、草制品业	
	企业数（个）	工业总产值（现价）（万元）	企业数（个）	工业总产值（现价）（万元）	企业数（个）	工业总产值（现价）（万元）
全国农垦	**434**	**3 124 618.59**	**63**	**263 186.00**	**472**	**1 390 143.91**
北　京						
天　津						
河　北	26	31 261.00	7	301.00	19	31 869.50
山　西						
内蒙古					2	780.40
辽　宁	2	308.10	1	82.00	25	45 632.66
吉　林			1	9 036.00	1	76.00
黑龙江					2	2 103.73
上　海						
江　苏	50	36 764.00				
浙　江						
安　徽	14	11 311.89			8	2 544.00
福　建	5	6 332.00	1		38	42 639.50
江　西	131	2 199 858.00	9	119 857.00	87	224 842.00
山　东						
河　南						
湖　北	108	634 069.00	11	123 008.00	57	255 433.37
湖　南	8	143 886.70	3	1 280.00	14	32 877.00
广　东	81	33 276.00	26	7 757.00	59	32 952.75
广　西	2	533.00	3	1 665.00	98	618 738.00
海　南					25	24 282.00
重　庆						
四　川						
贵　州						
云　南					20	29 057.00
陕　西						
甘　肃						
青　海						
宁　夏						
新疆(兵团)	6	27 000.00			9	45 000.00
新疆(农业)					8	1 316.00
新疆(畜牧)	1	18.90	1	200.00		
热科院						
广　州						
南　京						
西　藏						

3-4续表5

地区	家具制造业		造纸和纸制品业		印刷和记录媒介复制业	
	企业数（个）	工业总产值（现价）（万元）	企业数（个）	工业总产值（现价）（万元）	企业数（个）	工业总产值（现价）（万元）
全国农垦	**451**	**1 897 415.32**	**160**	**1 340 494.36**	**113**	**890 332.60**
北京						
天津			3	24 179.00		
河北	81	759 137.00	38	237 928.00	30	16 284.00
山西	1	1 298.00	1			
内蒙古			1	25 187.09		
辽宁	9	2 482.00	4	50 601.00	2	654.00
吉林						
黑龙江						
上海			1	18 963.80	3	24 221.80
江苏	3	2 986.00	10	31 560.00	7	1 076.00
浙江	1	280.00	2	673.85		
安徽			2	2 023.52	3	206.00
福建	12	18 558.00	3	1 134.00	3	512.00
江西	24	123 513.00	15	116 803.00	11	259 647.00
山东						
河南			1	455.10		
湖北	272	787 300.20	35	490 653.00	35	484 976.80
湖南	11	126 571.60	6	157 255.00	12	85 821.00
广东	21	60 953.23	7	8 526.00	2	438.00
广西	12	8 291.00	19	90 115.00	1	3 154.00
海南	2	4 045.00				
重庆						
四川						
贵州						
云南						
陕西						
甘肃					1	342.00
青海						
宁夏						
新疆（兵团）	1	2 000.00	11	84 000.00	3	13 000.00
新疆（农业）						
新疆（畜牧）	1	0.29	1	437.00		
热科院						
广州						
南京						
西藏						

3-4 续表 6

地区	文教、工美、体育和娱乐用品制造业		石油、煤炭及其他燃料加工业		化学原料和化学制品制造业	
	企业数（个）	工业总产值（现价）（万元）	企业数（个）	工业总产值（现价）（万元）	企业数（个）	工业总产值（现价）（万元）
全国农垦	**64**	**201 350.37**	**166**	**6 375 263.52**	**293**	**5 338 259.10**
北京						
天津	1					
河北	16	35 823.00	85	4 155 812.00	41	174 056.00
山西					4	720.00
内蒙古					3	539.00
辽宁			32	436 699.52	29	135 623.30
吉林						
黑龙江					6	39 093.00
上海					7	41 961.30
江苏	7	14 846.00			7	6 466.00
浙江					1	1 600.00
安徽	3	96.37				
福建	4	2 108.00			6	45 522.00
江西	4	103 010.00			51	354 651.00
山东					1	62.00
河南						
湖北	20	32 640.00	5	7 606.00	33	536 625.00
湖南	5	3 353.00	2	30 478.00	8	232 926.60
广东					13	963 729.00
广西	3	1 474.00	2	668.00	12	62 459.00
海南						
重庆						
四川						
贵州						
云南					2	1 766.00
陕西						
甘肃					1	894.00
青海						
宁夏					3	1 565.90
新疆（兵团）	1	8 000.00	40	1 744 000.00	65	2 738 000.00
新疆（农业）						
新疆（畜牧）						
热科院						
广州						
南京						
西藏						

3－4续表 7

地 区	医药制造业		化学纤维制造业		橡胶和塑料制品业	
	企业数（个）	工业总产值（现价）（万元）	企业数（个）	工业总产值（现价）（万元）	企业数（个）	工业总产值（现价）（万元）
全国农垦	**119**	**3 917 846.38**	**14**	**321 725.00**	**314**	**2 077 412.91**
北 京	3	12 398.00				
天 津					1	9 059.90
河 北	1	5 538.00	2	200.00	60	105 544.00
山 西	1	2 280.00				
内蒙古	1	1 250.00			1	665.00
辽 宁	5	72 319.02	2	10 099.00	6	6 913.00
吉 林	1	6 500.00			1	105.00
黑龙江	5	208 244.00			1	1 793.20
上 海	3	7 685.60			3	34 706.90
江 苏	5	2 194 177.00			7	6 882.00
浙 江					1	948.79
安 徽	1	3 870.86			1	1 013.60
福 建	1	200.00			9	4 862.00
江 西	21	216 081.00	2	42 840.00	18	70 645.45
山 东						
河 南	1	20 000.00				
湖 北	33	580 493.20	5	30 586.00	78	930 841.97
湖 南	14	308 312.70			13	105 745.30
广 东	3	3 729.00			14	109 245.30
广 西	1	1 257.00			12	37 537.00
海 南					4	341 565.00
重 庆	1	1 437.00				
四 川						
贵 州						
云 南					4	260.00
陕 西						
甘 肃	4	42 101.00	1	3 000.00		
青 海						
宁 夏						
新疆（兵团）	13	228 000.00	2	235 000.00	71	307 000.00
新疆（农业）					6	1 060.00
新疆（畜牧）	1	1 973.00			3	1 019.50
热科院						
广 州						
南 京						
西 藏						

3－4 续表 8

地区	非金属矿物制品业		黑色金属冶炼和压延加工业		有色金属冶炼和压延加工业	
	企业数（个）	工业总产值（现价）（万元）	企业数（个）	工业总产值（现价）（万元）	企业数（个）	工业总产值（现价）（万元）
全国农垦	**707**	**6 682 766.45**	**44**	**1 078 615.60**	**65**	**6 407 347.19**
北京	1	8 224.29				
天津	1	805.40				
河北	45	338 719.00	10	4 568.00	3	6 527.00
山西	24	14 090.00				
内蒙古	13	46 356.52				
辽宁	28	78 106.20	1	550.00	1	183 700.00
吉林	1	22 741.80	1	2 600.00	1	200.00
黑龙江						
上海						
江苏	23	56 420.00				
浙江	1	300.63			2	5 351.59
安徽	19	14 811.17				
福建	45	53 895.00	1	1 034.00	1	500.00
江西	60	555 957.00	2	564.00	6	112 644.00
山东						
河南						
湖北	116	1 423 872.44	16	73 608.60	9	55 633.60
湖南	45	190 472.00	1	10 651.00	12	28 691.00
广东	15	8 366.00			10	2 368.00
广西	37	99 145.00	1	22 040.00	3	22 732.00
海南	10	28 460.00				
重庆						
四川						
贵州						
云南	6	18 043.00				
陕西						
甘肃	3	16 343.00				
青海						
宁夏	6	4 874.80				
新疆（兵团）	206	3 694 000.00	11	963 000.00	17	5 989 000.00
新疆（农业）						
新疆（畜牧）	2	8 763.20				
热科院						
广州						
南京						
西藏						

3－4续表9

地区	金属制品业		通用设备制造业		专用设备制造业	
	企业数（个）	工业总产值（现价）（万元）	企业数（个）	工业总产值（现价）（万元）	企业数（个）	工业总产值（现价）（万元）
全国农垦	**549**	**2 745 608.22**	**174**	**1 238 245.12**	**145**	**854 047.78**
北京						
天津			1	20 579.10	1	
河北	176	355 926.00	59	165 551.00	31	156 702.00
山西	3	3 447.00				
内蒙古	4	2 552.50				
辽宁	21	16 087.80	3	1 838.00	10	40 255.00
吉林						
黑龙江					2	2 130.00
上海	6	49 619.20	2	36 497.80	1	
江苏			34	67 975.00	11	26 799.00
浙江	1	1 552.00				
安徽	6	38 194.89	2	7 060.70	3	3 498.20
福建	17	40 268.00			1	8.00
江西	15	81 408.00	8	377 149.00	12	64 967.00
山东						
河南			1	5 046.00		
湖北	186	1 533 873.58	46	438 712.32	36	327 829.98
湖南	14	174 718.00	10	105 062.20	13	90 440.60
广东	32	99 982.25			4	2 708.00
广西	29	66 533.00	1	324.00	3	2 406.00
海南						
重庆						
四川						
贵州						
云南	1	8 446.00			1	7 424.00
陕西						
甘肃					1	6 880.00
青海						
宁夏						
新疆（兵团）	38	273 000.00	3	4 000.00	15	122 000.00
新疆（农业）						
新疆（畜牧）						
热科院						
广州						
南京			4	8 450.00		
西藏						

3－4 续表 10

地区	汽车制造业		铁路、船舶、航空航天和其他运输设备制造业		电气机械和器材制造业	
	企业数（个）	工业总产值（现价）（万元）	企业数（个）	工业总产值（现价）（万元）	企业数（个）	工业总产值（现价）（万元）
全国农垦	**128**	**2 198 731.95**	**99**	**882 655.72**	**121**	**1 849 901.15**
北京						
天津						
河北	20	17 486.00	73	666 286.00	15	92 361.00
山西						
内蒙古						
辽宁	4	74.00			3	4 360.00
吉林						
黑龙江						
上海					1	
江苏						
浙江						
安徽	1	4 185.10	1	469.72	3	7 670.41
福建	1	2 457.00			5	6 846.80
江西	1	271.00	2	120 183.00	11	196 817.00
山东						
河南						
湖北	96	2 156 701.25	11	30 273.00	49	1 248 173.94
湖南	2	11 400.60	2	64 722.00	10	130 957.00
广东			6	508.00		
广西	1	2 520.00			2	2 715.00
海南			1	214.00		
重庆						
四川						
贵州						
云南	1	1 637.00				
陕西						
甘肃						
青海						
宁夏						
新疆（兵团）	1	2 000.00			22	160 000.00
新疆（农业）						
新疆（畜牧）						
热科院						
广州						
南京						
西藏						

3-4续表11

地区	计算机、通信和其他电子设备制造业		仪器仪表制造业		其他制造业	
	企业数（个）	工业总产值（现价）（万元）	企业数（个）	工业总产值（现价）（万元）	企业数（个）	工业总产值（现价）（万元）
全国农垦	**283**	**3 094 273.08**	**14**	**34 718.00**	**833**	**1 542 902.23**
北京					1	19 013.00
天津					5	6 449.50
河北	185	39 678.00	3	1 070.00	15	22 643.06
山西					13	4 006.00
内蒙古					7	1 636.00
辽宁			1	5 066.00	321	179 930.20
吉林						
黑龙江					2	372.00
上海						
江苏	27	83 976.00			61	241 492.00
浙江					2	4 542.28
安徽					6	33 659.89
福建			2	1 660.00	22	38 957.00
江西	14	314 435.00			45	136 112.00
山东					1	138.18
河南					2	300.00
湖北	18	2 201 219.40	6	23 796.00	179	256 991.40
湖南	14	22 164.00	2	3 126.00	18	38 911.00
广东	4	15 969.68			95	484 835.50
广西	4	4 831.00			3	27 047.00
海南						
重庆						
四川					1	310.32
贵州					1	843.00
云南					13	24 240.00
陕西						
甘肃					2	12 923.60
青海						
宁夏					8	3 306.30
新疆(兵团)	17	412 000.00				
新疆(农业)					5	860.00
新疆(畜牧)					5	3 383.00
热科院						
广州						
南京						
西藏						

3-4 续表 12

地区	废弃资源综合利用业		金属制品、机械和设备修理业		电力、热力生产和供应业	
	企业数（个）	工业总产值（现价）（万元）	企业数（个）	工业总产值（现价）（万元）	企业数（个）	工业总产值（现价）（万元）
全国农垦	**44**	**457 773.45**	**150**	**348 790.76**	**349**	**4 309 145.27**
北京						
天津						
河北	12	322 275.00	6	11 146.00	30	212 734.00
山西						
内蒙古	1	200.00	77	7 228.70	4	18 195.00
辽宁	5	142.00	5	64.60	10	93 201.10
吉林						
黑龙江					14	89 583.36
上海			1	2 724.50	2	6 628.30
江苏						
浙江						
安徽					1	4 041.13
福建	3	5 903.00	1	1 150.00	14	10 236.00
江西	3	2 708.00	1	4 946.31	42	34 684.30
山东						
河南						
湖北	11	78 013.00	2	307 656.00	17	62 558.47
湖南	2	18 250.00	3	1 081.60	23	106 518.10
广东	1	158.00	43	11 134.00	14	36 297.18
广西	1	3 380.00	1	485.00	14	52 814.00
海南					14	34 507.00
重庆						
四川						
贵州						
云南					9	39 594.00
陕西						
甘肃					1	6 087.00
青海					1	1 288.03
宁夏						
新疆（兵团）	4	20 000.00	1	1 000.00	137	3 497 000.00
新疆（农业）			7	92.00	1	790.00
新疆（畜牧）	1	6 744.45	2	82.05	1	2 388.30
热科院						
广州						
南京						
西藏						

3－4 续表 13

地　　区	燃气生产和供应业		水的生产和供应业	
	企业数（个）	工业总产值（现价）（万元）	企业数（个）	工业总产值（现价）（万元）
全国农垦	**52**	**341 158.08**	**100**	**204 519.94**
北　　京			1	323.00
天　　津				
河　　北	7	147 235.00	6	6 329.00
山　　西				
内 蒙 古			2	806.00
辽　　宁	2	2 542.00	5	1 994.00
吉　　林				
黑 龙 江			6	10 115.74
上　　海				
江　　苏				
浙　　江				
安　　徽	2	303.08	6	1 282.86
福　　建	1	3 710.00	2	794.00
江　　西	4	21 093.50	9	16 949.70
山　　东				
河　　南			1	238.04
湖　　北	17	7 026.50	36	81 524.00
湖　　南	2	25 478.00	7	15 343.00
广　　东	1	1 331.00	2	988.00
广　　西	4	7 439.00	3	1 826.00
海　　南				
重　　庆				
四　　川				
贵　　州				
云　　南				
陕　　西				
甘　　肃				
青　　海				
宁　　夏				
新疆（兵团）	11	125 000.00	10	66 000.00
新疆（农业）	1		1	
新疆（畜牧）			3	6.60
热 科 院				
广　　州				
南　　京				
西　　藏				

3－5 主要工业产品产量

地区	原煤（吨）	铁矿石原矿（吨）	原盐（吨）	小麦粉（吨）	大米（吨）
全国农垦	**24 602 351**	**1 258 000**	**155 200**	**1 012 060**	**7 623 957**
北京				240 082	64 587
天津					81 249
河北			28 800		341 997
山西					
内蒙古	14 835 215			9 957	7 373
辽宁					524 958
吉林					61 946
黑龙江				97 369	274 748
上海				290 852	159 804
江苏				2 580	306 158
浙江					
安徽				67 654	93 740
福建					4 480
江西	753 175	1 258 000		2 360	188 529
山东			2 400		
河南					
湖北				117 299	1 096 623
湖南			24 000		4 177 088
广东					28 119
广西					51 582
海南					4 067
重庆					
四川					
贵州					423
云南					
陕西	651 676				
甘肃				203	
青海			100 000		
宁夏					8 425
新疆（兵团）	8 362 285			183 526	135 734
新疆（农业）					
新疆（畜牧）				179	12 327
热科院					
广州					
南京					
西藏					

3－5续表1

地　　区	饲料（吨）			精制食用植物油（吨）	成品糖（吨）
		配合饲料	混合饲料		
全国农垦	**6 425 670**	**4 648 685**	**1 776 985**	**2 993 179**	**3 495 108**
北　　京	257 764	229 540	28 224	32 268	88 223
天　　津	18 954	18 954			
河　　北	374 298	283 177	91 121	1 065	
山　　西	21 000	21 000			
内 蒙 古	24 323	3 010	21 313	6 517	7 500
辽　　宁	172 022	85 360	86 662	214 838	
吉　　林					
黑 龙 江				1 545 495	
上　　海	263 354	176 268	87 086	74 233	1 517 619
江　　苏	79 451	49 245	30 206	180 005	
浙　　江					
安　　徽	62 286	31 453	30 833	8 975	
福　　建	24 756	23 952	804		
江　　西	91 973	45 990	45 983	30 860	
山　　东					
河　　南	200 000		200 000		
湖　　北	1 422 022	1 064 307	357 715	336 841	87 996
湖　　南	162 069	53 115	108 954	8 802	
广　　东	111 087	109 045	2 042	24 790	270 054
广　　西	134 571	122 768	11 803	28	1 143 445
海　　南					4 576
重　　庆	432 325	432 325			
四　　川				2	
贵　　州	93 299	93 299			
云　　南	37 378	37 378			180 392
陕　　西					
甘　　肃				216	228
青　　海					
宁　　夏	67 550		67 550		
新疆（兵团）	2 239 337	1 694 949	544 388	526 972	195 075
新疆（农业）	10	5	5	1 100	
新疆（畜牧）	62 841	545	62 296	174	
热 科 院					
广　　州	73 000	73 000			
南　　京					
西　　藏					

3－5续表2

地区	鲜、冷藏肉（吨）	乳制品（吨）			罐头（吨）	
			液体乳	乳粉		番茄酱罐头（吨）
全国农垦	**1 901 552**	**4 676 004**	**4 411 490**	**201 372**	**622 908**	**1 597**
北京	1 355 264	679 249	556 925	122 324		
天津		78 339	78 093	246		
河北	2 350	320 357	287 818	32 539		
山西		207	207			
内蒙古	6 103	2			1 250	1 250
辽宁	146	3 800	3 800			
吉林						
黑龙江		293 081	261 983	31 048		
上海	133 287	1 365 142	1 346 086	3 218	62 381	
江苏						
浙江						
安徽						
福建		294	294		20	10
江西		186			5 126	
山东						
河南		20 324	20 324			
湖北	92 735	638 723	594 229		28 833	
湖南	4 683	4 000	4 000		82 494	337
广东	3 678	219 186	219 186		1 217	
广西	20 877	4 220	4 220			
海南						
重庆	3 629	284 443	281 225	3 218	7 675	
四川		1 851	1 851			
贵州		138 337	138 337			
云南						
陕西						
甘肃		41 281	41 281			
青海						
宁夏	1 137	34 050	34 050			
新疆(兵团)	182 681	341 334	330 284	8 489	433 082	
新疆(农业)						
新疆(畜牧)		111 499	111 197	290	830	
热科院						
广州	94 982	96 099	96 099			
南京						
西藏						

3－5 续表 3

地　区	饮料酒（千升）	白酒（折 65 度，商品量）（千升）	啤酒（千升）	葡萄酒（千升）
全国农垦	**1 872 764**	**728 332**	**1 041 045**	**30 562**
北　京	1 395	1 395		
天　津	8 268			8 268
河　北	4 820	4 820		
山　西	600 000	600 000		
内蒙古	467	467		
辽　宁	52 904	1 980	50 924	
吉　林				
黑龙江				
上　海	76 587	7 436		
江　苏				
浙　江				
安　徽	4 586	2 044		
福　建	6 079	3 626		2 453
江　西	104 625	18 473	86 018	
山　东				
河　南	2 010			2 010
湖　北	670 907	12 773	658 015	
湖　南	13 227	8 654		4 400
广　东	1 423	1 374		
广　西	713	713		
海　南				
重　庆				
四　川				
贵　州				
云　南	7 200	7 200		
陕　西				
甘　肃	26 017	24 697		1 320
青　海				
宁　夏	212 794	305	210 096	2 393
新疆(兵团)	78 655	32 293	35 987	9 717
新疆(农业)	82	82		
新疆(畜牧)	5		5	
热科院				
广　州				
南　京				
西　藏				

3－5续表4

地区	软饮料（吨）	碳酸饮料类（汽水）（吨）	包装饮用水类（吨）	果汁和蔬菜汁饮料类（吨）
全国农垦	**3 370 887**	**366 553**	**1 051 460**	**78 161**
北京	9 005		5 824	3 181
天津	889		889	
河北				
山西				
内蒙古	8 362		8 362	
辽宁				
吉林				
黑龙江	47 017		10 269	15 936
上海	98 521			425
江苏				
浙江	305			305
安徽				
福建	8		4	4
江西	139 827		105 000	34 827
山东				
河南				
湖北	2 679 417	313 610	604 871	5 453
湖南				
广东	271			189
广西	118 054		118 054	
海南	503		503	
重庆				
四川				
贵州				
云南				
陕西				
甘肃				
青海				
宁夏				
新疆（兵团）	268 707	52 943	197 684	17 840
新疆（农业）				
新疆（畜牧）				
热科院				
广州				
南京				
西藏				

3－5续表5

地　区	精制茶（吨）	纱（吨）	布（万米）	服装（万件）	皮革鞋靴（万双）	家具（件）
全国农垦	**29 064**	**1 191 552**	**760 205 101**	**113 044 171**	**13 800 039**	**7 449 649**
北　京	188					
天　津						
河　北			870 000	683 000	620 000	3 993 989
山　西						595
内蒙古						21 000
辽　宁		1 590	2 905 425	1 143 500		27 530
吉　林						
黑龙江						
上　海						
江　苏		23 020		1 720 000		
浙　江	46					280
安　徽	5 992	6 203		1 604 210		
福　建	4 602		12 500 000	60 150	5 580 000	282 045
江　西	1 367	46 160	2 758 600	66 623 350	318 163	106 667
山　东						
河　南						
湖　北	1 338	150 566	468 617 414	19 246 309	151 069	719 358
湖　南	4 770	203 264	72 562 362	5 023 180	1 755 625	54 593
广　东	223	6 180		11 662 572	5 375 182	2 047 673
广　西	641			150 000		59 566
海　南	394					5 000
重　庆						
四　川						
贵　州	71					
云　南	9 412					
陕　西						
甘　肃						
青　海						
宁　夏						
新疆（兵团）	16	751 270	199 991 300	5 126 100		130 353
新疆（农业）		3 300				1 000
新疆（畜牧）				1 800		
热科院						
广　州						
南　京	5					
西　藏						

3－5 续表 6

地区	机制纸及纸板（外购原纸加工除外）（吨）	农用氮、磷、钾化学肥料总计（折纯）（吨）	氮肥（折含N 100%）（吨）	磷肥（折五氧化二磷 100%）（吨）	钾肥（折氧化钾100%）（吨）
全国农垦	**666 143**	**413 953**	**316 992**	**25 983**	**70 979**
北京					
天津	31 026				
河北	3				
山西					
内蒙古					
辽宁	51 311	19 655	2 155	1 605	15 895
吉林					
黑龙江					
上海					
江苏		742	102	492	148
浙江					
安徽					
福建	1 822				
江西	86 513	2 649	1 787	741	122
山东					
河南					
湖北	172 227	16 428	192	15 229	1 007
湖南	97 024				
广东	14 920	1 274	329	452	493
广西	33 335	4 193	1 787	1 203	1 203
海南		24 348	13 825	3 901	6 622
重庆					
四川					
贵州					
云南		5 206	5 206		
陕西					
甘肃	239	3 899	1 716	1 100	1 083
青海					
宁夏					
新疆（兵团）	176 162	332 069	287 848		44 221
新疆（农业）					
新疆（畜牧）	1 561	3 491	2 045	1 260	186
热科院					
广州					
南京					
西藏					

3－5 续表 7

地　　区	化学农药原药（折有效成分 100%）（吨）	杀虫剂原药（吨）	杀菌剂原药（吨）	除草剂原药（吨）	化学药品原药（吨）	中成药（吨）
全国农垦	**2 829**	**2 057**	**229**	**542**	**31 814**	**38 761**
北　　京					435	8 824
天　　津						
河　　北						
山　　西	260			260		
内 蒙 古						55
辽　　宁	24	3	5	16		61
吉　　林						652
黑 龙 江					1 245	
上　　海					110	
江　　苏	2 489	2 002	223	264	12 469	409
浙　　江						
安　　徽						554
福　　建						100
江　　西	47	47			12 802	16 910
山　　东						
河　　南						
湖　　北					4 743	6 584
湖　　南						95
广　　东					10	9
广　　西						
海　　南						
重　　庆						
四　　川						
贵　　州						
云　　南						
陕　　西						
甘　　肃						2 092
青　　海						
宁　　夏						
新疆(兵团)						2 016
新疆(农业)						
新疆(畜牧)	9	5	1	2		400
热 科 院						
广　　州						
南　　京						
西　　藏						

3－5续表8

地　　区	塑料制品（吨）	水泥（吨）	砖（块）	瓦（片）	发电量（千瓦·时）	自来水生产量（米³）
全国农垦	**1 831 892**	**16 110 495**	**5 751 356 468**	**183 605 552**	**111 775 931 341**	**499 485 217**
北　京						
天　津	3 812					
河　北	7 638	43 394			2 492 095 000	2 650 000
山　西						
内蒙古	945	473 443	87 863 505		129 312 073	700 000
辽　宁	1 018	508 261	77 230 000	2 077 800	30 230 000	2 120 000
吉　林	53	633 840				
黑龙江					341 090 000	24 681 000
上　海	11 342				15 959	
江　苏	1 849		202 460 000			
浙　江	853				62 000	4 985
安　徽	1 010		2 310 000		17 748 000	5 292 850
福　建	5 686		74 767 320	175 000	94 172 436	1 893 000
江　西	31 625	163 517	203 890 463	19 946 000	618 494 063	2 858 280
山　东						
河　南						683 114
湖　北	622 902	1 148 580	958 417 633	57 503 252	175 159 543	135 916 199
湖　南	34 912		277 031 852	4 462 500	454 290 027	11 347 711
广　东	34 329	131 185	386 834 620	16 721 000	801 380 957	628 950
广　西	26 342	70 200	54 875		93 298	7 845 328
海　南		700 000	48 510 000		188 840 000	
重　庆						
四　川						
贵　州						
云　南	159	335 826	66 120 000		430 532 300	
陕　西						
甘　肃	7 044	348 355			223 862 085	
青　海						
宁　夏			53 000 000			
新疆（兵团）	1 035 676	11 553 895	3 299 516 200	82 720 000	105 649 061 100	302 599 800
新疆（农业）	4 330		1 350 000		1 500	264 000
新疆（畜牧）	368		12 000 000		129 491 000	
热科院						
广　州						
南　京						
西　藏						

3－6 大中型工业

垦　　区	企业名称	大型或中型	行业类型
湖　　北	湖北中烟工业有限责任公司	大型	卷烟制造
新疆兵团	新疆农六师铝业有限公司	大型	铝压延加工
新疆兵团	新疆大全新能源股份有限公司	大型	其他非金属矿物制品制造
江　　苏	江苏正大天晴药业股份有限公司	大型	化学药品原料药制造
新疆兵团	新疆生产建设兵团第八师天山铝业有限公司	大型	铝冶炼
河　　北	中海石油中捷石化	大型	原油加工及石油制品制造
湖　　北	武汉京东方光电科技有限公司	大型	光电子器件制造
黑 龙 江	九三粮油工业集团有限公司	大型	食用植物油加工
新疆兵团	新疆西部合盛硅业有限公司	大型	硅冶炼
新疆兵团	新疆梅花氨基酸有限责任公司	大型	其他调味品、发酵制品制造
内 蒙 古	内蒙古锡林河煤化工有限责任	中型	褐煤开采洗选
新疆兵团	天能化工有限公司	大型	初级形态塑料及合成树脂制造
湖　　北	凌云科技集团有限责任公司	大型	金属门窗制造
新疆兵团	新疆农六师煤电有限公司	中型	热电联产
新疆兵团	石河子市天瑞能源有限公司	中型	火力发电
新疆兵团	新疆新业能源化工有限责任公司	大型	煤制液体燃料生产
广　　东	广东广垦糖业集团有限公司	大型	制糖业
新疆兵团	天伟化工有限公司	大型	初级形态塑料及合成树脂制造
江　　苏	南京正大天晴制药有限公司	中型	化学药品原料药制造
上　　海	光明乳业股份有限公司	大型	液体乳制造
新疆兵团	奎屯锦疆化工有限公司	中型	氮肥制造
上　　海	云南德宏英茂糖业有限公司	大型	制糖业
新疆兵团	新疆农六师碳素有限公司	中型	石墨及碳素制品制造
新疆兵团	天辰化工有限公司	大型	初级形态塑料及合成树脂制造
湖　　北	益海嘉里（武汉）粮油工业有限公司	中型	食用植物油加工
新疆兵团	新疆天富能源股份有限公司	大型	电力供应
新疆兵团	新疆天智辰业化工有限公司	大型	有机化学原料制造
河　　北	河北新启元能源技术开发股份有限公司	中型	原油加工及石油制品制造
广　　东	广东省广垦橡胶集团有限公司	大型	农产品初加工活动
河　　北	唐山曹妃甸通鑫再生资源回收利用有限公司	中型	金属废料和碎屑加工处理
新疆兵团	新疆伊力特实业股份有限公司	大型	白酒制造
黑 龙 江	北大荒完达山乳业股份有限公司	大型	乳粉制造
湖　　北	康宁显示科技（武汉）有限公司	中型	特种玻璃制造
广　　东	广东燕塘乳业股份有限公司	大型	液体乳制造
湖　　北	武汉航达航空科技发展有限公司	中型	航空航天器修理

企业一览表

增加值（万元）	排序	总产值（万元）	排序	销售产值（万元）	排序	年末资产总额（万元）	排序	所有者权益（万元）	排序	固定资产原值年末数（万元）	排序	年平均从业人员（人）	排序
7 220 757.00	1	7 512 232.00	1	7 632 661.00	1	5 840 304.00	1	3 964 909.00	1	1 146 768.00	5	6 131	2
911 115.90	2	2 878 268.90	3	2 887 246.70	3	2 024 480.30	6	426 120.70	13	1 151 492.80	4	1 662	27
877 411.07	3	1 358 836.00	8	1 082 970.50	8	2 246 715.30	4	1 646 743.20	4	813 400.50	8	2 129	20
773 183.00	4	1 607 536.00	7	1 607 536.00	7	1 884 775.00	7	1 325 829.00	5	494 798.00	19	4 709	4
544 639.63	5	1 895 271.90	5	2 651 933.50	4	3 966 193.90	3	1 933 135.00	3	1 898 289.90	2	3 435	7
432 945.00	6	2 164 728.00	4	2 160 025.00	5	785 315.00	18	290 015.00	22	437 662.00	22	1 180	43
394 096.00	7	1 799 524.00	6	1 672 801.00	6	4 644 745.00	2	2 582 334.00	2	2 477 931.00	1	2 156	18
304 759.00	8	3 319 209.00	2	3 341 111.00	2	2 212 652.80	5	499 456.90	12	506 422.20	18	2 375	16
281 683.37	9	764 419.40	11	1 024 181.90	9	847 995.30	16	346 399.90	18	521 578.30	16	3 174	8
255 995.86	10	726 343.00	12	741 568.50	12	685 614.90	22	318 851.20	20	880 473.70	7	3 603	6
199 489.00	11	327 030.00	28	327 058.00	28	947 853.00	13	316 012.00	21	223 582.00	33	640	92
185 883.50	12	477 887.80	17	473 770.70	19	503 819.40	31	392 099.60	15	568 161.70	15	2 488	13
182 010.00	13	823 414.00	10	816 787.00	11	771 579.00	19	123 529.00	42	242 884.00	31	2 701	11
172 388.87	14	480 871.40	16	486 637.80	18	1 355 837.00	10	506 962.80	11	1 003 467.70	6	639	93
167 968.93	15	366 441.30	25	367 523.60	25	699 257.10	21	554 980.30	9	645 070.20	12	912	63
166 786.30	16	283 661.90	31	283 755.80	30	860 790.30	15	285 673.40	23	590 034.00	14	1 453	32
147 949.20	17	186 366.00	44	169 053.00	52	914 935.25	14	593 646.72	7	665 095.05	11	3 639	5
140 000.10	18	391 730.00	24	401 425.30	24	578 393.60	28	360 813.90	17	621 040.40	13	2 432	15
136 226.00	19	340 417.00	27	327 554.00	27	255 909.00	50	90 755.00	57	105 768.00	60	3 011	9
127 654.40	20	653 692.80	14	651 642.70	14	1 439 902.90	9	777 304.20	6	200 072.20	36	2 897	10
125 521.92	21	237 564.20	35	233 650.90	34	353 537.40	39	166 102.20	30	446 070.80	21	872	69
121 367.90	22	171 393.50	51	200 453.00	42	155 867.60	75	85 893.90	63	134 062.00	48	1 860	22
121 169.23	23	363 679.50	26	365 094.80	26	679 674.80	23	147 393.20	35	367 488.70	25	715	82
120 874.86	24	425 030.00	23	406 454.60	23	490 203.50	32	186 473.00	28	734 277.20	9	2 462	14
116 841.00	25	715 188.00	13	711 937.00	13	266 052.00	48	124 426.00	41	101 208.00	66	930	61
109 900.84	26	526 976.80	15	547 200.10	16	1 878 997.90	8	573 163.50	8	1 658 677.50	3	1 667	26
102 885.14	27	231 712.70	37	227 116.70	37	749 384.00	20	75 357.20	71	432 315.10	23	1 105	50
102 530.00	28	456 046.00	19	452 032.00	20	334 765.00	41	157 230.00	31	193 625.00	37	520	122
98 738.00	29	961 442.00	9	900 122.00	10	1 161 914.00	11	401 911.00	14	22 793.00	178	6 329	1
93 843.00	30	307 527.00	30	261 317.00	32	9 855.00	243	3 154.30	212	9 672.00	219	338	225
80 586.55	31	123 899.90	67	123 899.90	67	482 530.40	33	385 415.40	16	167 677.90	42	1 767	23
79 959.00	32	430 954.00	22	439 357.00	21	360 111.50	38	217 667.20	26	276 710.80	27	4 896	3
72 810.00	33	220 236.00	39	220 236.00	39	633 914.00	25	149 827.00	33	374 038.00	24	383	190
71 842.20	34	204 258.70	43	209 494.71	41	164 763.31	72	120 899.35	44	112 907.40	57	1 627	28
70 095.00	35	239 971.00	34	210 150.00	40	212 392.00	59	94 270.00	55	59 263.00	97	795	70

垦　区	企业名称	大型或中型	行业类型
新疆兵团	新疆昆仑钢铁有限公司	中型	钢压延加工
湖　北	华润雪花啤酒（武汉）有限公司	大型	啤酒制造
湖　北	TCL 空调器（武汉）有限公司	大型	家用空气调节器制造
新疆兵团	新疆宣力环保能源有限公司	中型	其他原油制造
湖　北	武汉回盛生物科技股份有限公司	中型	兽用药品制造
江　苏	江苏正大丰海制药有限公司	中型	化学药品原料药制造
湖　北	武汉统一企业食品有限公司	大型	茶饮料及其他饮料制造
新疆兵团	新疆天业汇合新材料有限公司	大型	合成纤维单（聚合）体制造
湖　南	常德市伊康食品有限公司	中型	蔬菜、水果罐头制造
新疆兵团	天康生物制药有限公司	中型	兽用药品制造
上　海	黑龙江省光明松鹤乳品有限责任公司	大型	液体乳制造
新疆兵团	新疆西部合盛热电有限公司	中型	热电联产
湖　北	蒙牛乳制品武汉有限责任公司	中型	液体乳制造
新疆兵团	新疆新越丝路有限公司	大型	毛巾类制品制造
河　北	沧州临港三菱金属制品有限公司	中型	钢压延加工
湖　北	武汉斯坦雷电气有限公司	中型	汽车零部件及配件制造
湖　北	武汉第二电线电缆有限公司	中型	电线、电缆制造
湖　北	伟福科技工业（武汉）有限公司	中型	汽车零部件及配件制造
新疆兵团	新疆锦龙电力集团有限公司	中型	电力供应
新疆兵团	石河子市西部宁新碳素有限公司	中型	石墨及碳素制品制造
宁　夏	宁夏西夏嘉酿啤酒有限公司	大型	啤酒制造
新疆兵团	新疆大安特种钢有限责任公司	中型	钢压延加工
新疆兵团	石河子天域新实化工有限公司	中型	初级形态塑料及合成树脂制造
新疆兵团	中煤能源新疆天山煤电有限责任公司	中型	烟煤和无烟煤开采洗选
新疆兵团	新疆大黄山豫新煤业有限责任公司	中型	烟煤和无烟煤开采洗选
新疆兵团	新疆天山盈达碳素有限公司	中型	石墨及碳素制品制造
江　西	鸭鸭股份公司	大型	羽毛（绒）制品加工
新疆兵团	库尔勒金川矿业有限公司	中型	烟煤和无烟煤开采洗选
新疆兵团	新疆和兴恒石新型建材股份有限公司	中型	水泥制品制造
江　西	南昌双汇食品有限公司	中型	农产品初加工活动
上　海	广西凤糖生化股份有限公司	大型	制糖业
上　海	上海冠生园食品有限公司	中型	糖果、巧克力制造
湖　北	武汉径河化工有限公司	中型	合成橡胶制造
广　西	广西农垦明阳生化有限公司	大型	制糖业
贵　州	贵州南方乳业有限公司	大型	液体乳制造
新疆兵团	新疆中硅科技有限公司	中型	硅冶炼

3－6续表1

增加值（万元）	排序	总产值（万元）	排序	销售产值（万元）	排序	年末资产总额（万元）	排序	所有者权益（万元）	排序	固定资产原值年末数（万元）	排序	年平均从业人员（人）	排序
66 740.22	36	441 635.00	20	553 635.50	15	361 531.20	37	89 314.70	60	123 482.80	54	990	58
61 835.00	37	170 486.00	52	167 596.00	54	180 617.00	65	107 023.00	48	103 309.00	62	1 131	49
61 506.00	38	463 494.00	18	527 703.00	17	367 262.00	36	18 622.00	155	12 842.00	210	1 584	30
59 779.81	39	218 855.70	40	176 796.10	46	249 078.50	52	142 927.40	36	138 521.40	46	367	201
59 166.00	40	124 771.00	66	102 790.00	83	177 766.00	67	148 552.00	34	2 701.00	242	388	187
58 359.00	41	157 400.00	56	157 400.00	57	113 531.00	98	68 999.00	75	38 418.00	127	1 405	35
56 823.00	42	229 692.00	38	229 692.00	36	156 426.00	74	90 321.00	59	84 445.00	77	2 320	17
55 639.52	43	178 830.70	48	137 465.60	62	811 780.00	17	341 042.00	19	706 386.00	10	1 400	36
54 579.00	44	29 734.00	196	27 185.00	204	6 345.00	252	1 757.00	222	3 215.00	241	340	224
53 488.85	45	109 729.10	79	101 425.20	87	134 648.60	86	88 635.40	62	102 023.00	64	599	104
49 084.60	46	96 245.20	93	94 302.40	92	104 186.50	105	84 224.10	65	51 629.60	105	1 468	31
48 371.85	47	122 157.70	68	134 066.20	64	344 694.00	40	198 911.30	27	214 450.80	35	333	227
48 279.00	48	268 488.00	32	268 488.00	31	41 515.00	177	13 360.00	175	38 025.00	128	404	181
46 030.62	49	77 535.90	113	83 215.40	102	212 967.90	58	121 166.80	43	121 457.00	55	1 720	24
45 462.00	50	181 857.00	46	181 857.00	44	30 720.00	200	17 304.00	159	25 036.00	169	352	216
41 471.00	51	173 303.00	50	173 303.00	47	149 936.00	76	95 520.00	54	92 464.00	71	497	132
40 160.00	52	233 490.00	36	233 478.00	35	109 582.00	100	62 629.00	82	7 100.00	225	685	86
40 137.00	53	167 727.00	54	167 727.00	53	114 270.00	97	62 770.00	81	84 545.00	76	971	59
39 540.88	54	104 270.00	82	160 446.10	55	666 742.10	24	258 448.50	25	507 292.10	17	896	66
37 821.69	55	46 967.60	151	48 762.00	152	104 417.00	103	95 603.70	53	41 073.30	120	415	170
37 117.00	56	67 185.40	127	67 105.00	126	76 340.00	131	42 210.00	98	45 724.00	112	439	157
36 689.06	57	437 347.70	21	419 025.50	22	415 992.90	35	65 105.50	78	164 058.40	43	995	54
35 856.93	58	181 659.80	47	172 739.50	48	68 772.50	143	21 743.20	145	172 138.50	41	792	71
34 204.86	59	49 425.60	146	52 996.20	143	183 250.70	63	−28 030.40	248	127 457.50	51	488	137
32 948.92	60	52 657.90	142	51 405.60	149	83 695.80	127	−22 139.20	246	95 801.90	69	387	189
32 857.39	61	125 573.40	65	155 461.50	58	298 200.30	44	138 529.20	37	72 058.20	87	372	198
32 652.00	62	326 524.00	29	326 524.00	29	252 316.00	51	46 560.00	92	224 686.00	32	2 679	12
31 101.83	63	44 003.10	159	33 935.70	176	67 716.80	146	55 732.30	88	43 540.20	117	409	176
30 980.39	64	93 327.80	95	88 997.60	96	148 954.50	78	61 645.90	84	28 459.10	157	705	84
30 588.00	65	116 138.00	76	110 309.00	77	71 596.00	139	63 456.00	80	41 745.00	119	1 432	33
30 236.40	66	118 029.60	73	133 331.90	65	135 116.50	85	96 445.40	52	65 066.30	93	1 623	29
30 226.10	67	84 896.70	102	82 661.30	103	226 039.60	57	127 805.70	40	38 927.30	125	516	127
29 766.00	68	109 797.00	78	109 757.00	78	28 952.00	204	18 847.00	153	28 952.00	153	306	248
28 309.00	69	80 690.00	109	81 885.00	108	528 623.00	30	−86 926.00	253	190 290.00	38	1 147	46
28 140.19	70	137 648.78	60	132 135.29	66	189 612.42	62	136 381.57	38	80 577.79	82	1 161	45
27 840.66	71	100 563.20	88	77 984.50	110	56 153.40	156	35 706.20	109	29 393.10	149	430	161

垦　　区	企业名称	大型或中型	行业类型
新疆兵团	图木舒克市东湖兴纺织有限公司	大型	棉纺纱加工
湖　　北	联塑科技发展（武汉）有限公司	中型	塑料板、管、型材制造
新疆兵团	新疆东纯兴纺织有限公司	大型	棉纺纱加工
湖　　北	湖北福好医疗用品有限公司	中型	医药制造业
甘　　肃	兰州庄园牧场股份有限公司	大型	其他乳制品制造
广　　西	广西糖业集团红河制糖有限公司	中型	制糖业
湖　　北	武汉艾帕克汽车配件有限公司	中型	汽车零部件及配件制造
新疆兵团	新疆鑫立植物蛋白科技有限公司	中型	食用植物油加工
湖　　北	武汉虹之彩包装印刷有限公司	中型	包装装潢及其他印刷
江　　苏	江苏正大清江制药有限公司	中型	化学药品原料药制造
新疆兵团	新疆屯南煤业有限责任公司	中型	烟煤和无烟煤开采洗选
湖　　北	武汉森六汽车配件有限公司	中型	汽车零部件及配件制造
黑 龙 江	丰润生物科技股份有限公司	中型	生物药品制造
湖　　北	武汉百事可乐饮料有限公司	大型	碳酸饮料制造
新疆兵团	新疆青松建材化工（集团）股份有限公司	中型	水泥制造
湖　　北	湖北武汉双汇食品有限公司	中型	肉制品及副产品加工
新疆兵团	天能水泥有限公司	中型	水泥制造
新疆兵团	新疆上昵生物科技有限公司	中型	兽用药品制造
湖　　北	建华建材（湖北）有限公司	中型	水泥制品制造
新疆兵团	新疆天康饲料有限公司	中型	其他饲料加工
湖　　北	荷贝克电源系统（武汉）有限公司	中型	铅蓄电池制造
新疆兵团	新疆锦域纺织有限公司	大型	棉纺纱加工
新疆兵团	新疆天润生物科技股份有限公司	中型	液体乳制造
广　　西	广西糖业集团昌菱制糖有限公司	中型	制糖业
河　　北	雪川农业集团股份有限公司	中型	薯类种植
新疆兵团	新疆生产建设兵团塔什店联合矿业有限责任公司	中型	烟煤和无烟煤开采洗选
新疆兵团	新疆生产建设兵团第四师电力有限责任公司	中型	电力供应
新疆兵团	图木舒克市东恒兴纺织科技有限公司	大型	棉纺纱加工
湖　　北	武汉菱电汽车电控系统股份有限公司	中型	汽车车身、挂车制造
广　　西	广西糖业集团大新制糖有限公司	中型	制糖业
新疆兵团	新疆大黄山鸿基焦化有限责任公司	中型	炼焦
湖　　北	武汉市科达云石护理材料有限公司	中型	密封用填料及类似品制造
新疆兵团	天伟水泥有限公司	中型	水泥制造
河　　北	唐山市蓝欣玻璃有限公司	中型	技术玻璃制品制造
新疆兵团	新疆生产建设兵团第一师电力有限责任公司	中型	电力供应
上　　海	武汉光明乳品有限公司	中型	液体乳制造

3－6 续表 2

增加值（万元）	排序	总产值（万元）	排序	销售产值（万元）	排序	年末资产总额（万元）	排序	所有者权益（万元）	排序	固定资产原值年末数（万元）	排序	年平均从业人员（人）	排序
27 709.06	72	129 916.60	64	111 294.70	75	142 229.00	82	41 053.50	101	101 835.30	65	1 712	25
26 284.00	73	136 897.00	61	169 802.00	51	149 132.00	77	109 652.00	47	46 330.00	110	787	72
26 136.18	74	112 927.00	77	94 225.20	93	144 468.20	80	85 560.20	64	100 224.40	67	1 224	41
25 932.00	75	93 876.00	94	89 485.00	95	308 569.00	43	8 383.00	193	47 876.00	107	518	126
25 722.00	76	48 970.00	149	47 540.00	154	256 668.00	49	155 691.00	32	163 365.00	44	1 054	53
25 720.00	77	73 486.00	116	73 409.00	120	70 868.00	140	42 558.00	97	23 786.00	175	510	128
25 352.00	78	105 940.00	81	105 940.00	80	88 495.00	119	52 012.00	89	99 273.00	68	705	84
25 282.90	79	163 847.40	55	159 802.00	56	29 019.20	203	16 642.70	161	15 027.80	206	332	228
25 185.00	80	109 548.00	80	111 896.00	74	309 859.00	42	262 795.00	24	44 196.00	115	522	120
25 112.00	81	83 767.00	104	65 363.00	129	85 131.00	124	41 624.00	100	15 962.00	203	915	62
24 810.06	82	22 903.30	213	27 628.30	201	64 355.10	148	35 371.00	110	66 383.50	92	575	109
24 208.00	83	101 163.00	87	101 163.00	88	94 175.00	111	75 998.00	70	80 660.00	81	346	222
24 097.00	84	181 947.00	45	190 774.00	43	285 384.50	47	102 003.90	50	24 929.60	170	729	78
23 973.00	85	85 282.00	100	108 472.00	79	76 165.00	132	23 999.00	140	25 859.00	166	1 147	46
23 939.93	86	58 518.30	135	62 639.00	134	1 067 714.50	12	516 034.60	10	87 169.60	74	620	99
23 322.00	87	177 756.00	49	171 955.00	49	88 599.00	118	69 089.00	74	46 099.00	111	912	63
23 170.36	88	37 279.40	170	38 076.10	168	111 017.80	99	103 525.20	49	83 680.30	80	349	221
22 915.11	89	44 717.00	155	41 560.00	164	39 610.30	180	25 321.70	135	38 770.30	126	416	168
22 880.00	90	120 041.00	71	120 041.00	69	27 718.00	207	7 979.00	195	16 940.00	199	708	83
22 736.59	91	213 479.50	41	176 848.30	45	245 629.80	54	47 111.90	91	35 575.70	133	450	151
22 607.00	92	117 562.00	74	119 405.00	71	60 486.00	151	35 070.00	111	32 546.00	140	631	95
22 172.72	93	88 829.60	99	84 661.90	101	97 825.40	110	71 104.60	72	84 244.10	78	1 063	52
22 153.71	94	152 778.30	58	151 760.80	59	87 001.50	122	45 976.60	93	47 843.60	108	660	88
21 956.00	95	62 731.00	132	51 678.00	146	125 807.00	93	30 223.00	125	92 958.00	70	562	111
21 000.00	96	117 337.24	75	117 337.24	72	192 643.01	61	89 157.24	61	76 371.69	85	726	79
20 968.86	97	26 769.40	202	23 751.30	211	40 773.90	179	29 863.60	127	41 037.10	121	454	148
20 519.07	98	141 036.20	59	141 036.20	61	246 648.80	53	98 406.30	51	244 518.80	30	614	103
20 423.01	99	99 329.40	91	82 579.20	104	102 875.00	107	60 000.00	85	68 582.20	90	1 166	44
19 596.00	100	81 890.00	106	81 890.00	107	75 981.00	133	39 589.00	104	10 746.00	213	497	132
19 578.00	101	55 938.00	138	63 980.00	131	77 046.00	128	−6 923.00	240	28 515.00	156	414	172
19 479.21	102	67 481.60	126	69 147.20	122	138 645.70	83	−63 556.90	251	178 626.50	40	647	90
19 341.00	103	85 278.00	101	85 278.00	100	25 226.00	215	9 750.00	186	2 314.00	245	519	125
18 557.76	104	34 837.60	178	34 529.50	174	84 249.30	126	31 733.80	119	103 175.60	63	376	193
18 438.00	105	72 137.00	119	77 306.00	111	106 345.00	101	18 657.00	154	70 975.00	89	624	98
18 387.71	106	120 981.10	69	121 282.50	68	294 941.00	46	51 022.30	90	319 571.30	26	593	107
17 805.20	107	101 906.80	85	101 872.00	84	76 972.30	129	40 260.80	102	21 439.00	185	479	141

垦　区	企业名称	大型或中型	行业类型
湖北	武汉龙发包装有限公司	中型	包装装潢及其他印刷
河北	旗帜婴儿乳品股份有限公司	中型	乳粉制造
湖北	潜江市乐水林纸科技开发股份有限公司	中型	专用设备制造业
湖北	远大生命科学（武汉）有限公司	中型	化学药品制剂制造
新疆兵团	阿拉尔市中泰纺织科技有限公司	大型	人造纤维（纤维素纤维）制造
天津	天津海河乳业有限公司	中型	液体乳制造
湖北	本田制锁（武汉）有限公司	大型	汽车零部件及配件制造
新疆畜牧	新疆西域春乳业有限责任公司	中型	农产品初加工活动
湖北	武汉富拉司特汽车零部件有限公司	中型	汽车零部件及配件制造
新疆兵团	新疆兵团建工金石商品混凝土有限责任公司	中型	水泥制品制造
新疆兵团	哈密十三师水务管理有限公司	中型	电力供应
上海	云南西双版纳英茂糖业有限公司	中型	制糖业
湖北	湖北周黑鸭食品工业园有限公司	中型	肉制品及副产品加工
新疆兵团	奎屯锦孚纺织有限公司	大型	棉纺纱加工
江西	江西南昌济生制药有限责任公司	中型	中成药生产
广西	广西糖业集团柳兴制糖有限公司	中型	制糖业
新疆兵团	奎屯天北矿业投资有限责任公司	中型	烟煤和无烟煤开采洗选
新疆兵团	新疆天富天源燃气有限公司	中型	天然气生产和供应业
云南	云南农垦集团电力公司	中型	水力发电
广西	广西糖业集团廖平制糖有限公司	中型	制糖业
湖北	武汉光明乳品有限公司	中型	液体乳制造
上海	上海乳品四厂有限公司	中型	液体乳制造
新疆兵团	新疆如意纺织服装有限公司	大型	棉纺纱加工
江西	江西南昌桑海制药有限责任公司	中型	中成药生产
新疆兵团	阿拉尔市南疆碳素新材料有限公司	中型	石墨及碳素制品制造
湖北	武汉艾特纸塑包装有限公司	中型	包装装潢及其他印刷
新疆兵团	新疆新聚丰特种纱业有限公司	中型	棉纺纱加工
新疆兵团	新疆天富能源售电有限公司	中型	热电联产
上海	上海联豪食品有限公司	中型	速冻食品制造
广西	广西糖业集团金光制糖有限公司	中型	制糖业
新疆兵团	天辰水泥有限责任公司	中型	水泥制造
新疆兵团	新疆石河子花园乳业有限公司	中型	液体乳制造
江西	江西省亚华电子材料有限公司	大型	电子电路制造
上海	江苏淮安苏食肉品有限公司	中型	牲畜屠宰
湖北	际华三五零六纺织服装有限公司	中型	其他机织服装制造
广州	广州风行乳业股份有限公司	大型	液体乳制造

3－6 续表 3

增加值（万元）	排序	总产值（万元）	排序	销售产值（万元）	排序	年末资产总额（万元）	排序	所有者权益（万元）	排序	固定资产原值年末数（万元）	排序	年平均从业人员（人）	排序
17 422.00	108	76 511.00	114	76 511.00	114	26 951.00	212	5 291.00	206	10 041.00	215	334	226
17 421.09	109	120 915.05	70	111 092.07	76	104 355.34	104	31 973.39	118	46 549.84	109	680	87
17 091.00	110	65 735.00	130	63 106.00	133	230 072.00	55	2 263.00	215	33 525.00	137	303	250
16 884.00	111	42 658.00	161	38 443.00	167	34 838.00	188	14 569.00	166	12 221.00	211	363	204
16 877.84	112	208 210.30	42	220 683.50	38	615 498.40	26	166 365.90	29	492 520.40	20	2 141	19
16 866.20	113	57 486.40	136	57 055.00	138	26 154.50	213	－179.40	231	17 430.50	197	741	77
16 566.00	114	69 228.00	121	68 191.00	125	58 752.00	152	17 858.00	157	31 488.00	143	1 138	48
16 560.36	115	91 974.11	96	88 530.00	98	88 957.00	116	42 935.04	96	37 139.42	131	619	101
16 293.00	116	68 084.00	124	63 521.00	132	52 481.00	158	28 382.00	128	28 648.00	154	561	112
16 212.50	117	43 762.30	160	45 564.80	158	70 813.90	141	14 443.80	168	19 753.80	187	396	184
15 843.79	118	15 270.30	240	14 870.30	238	181 409.30	64	67 794.80	76	35 185.50	134	548	116
15 766.30	119	79 152.00	112	76 882.50	113	75 177.50	134	27 820.90	131	55 543.20	102	647	90
15 740.00	120	119 969.00	72	119 969.00	70	146 371.00	79	128 415.00	39	50 833.00	106	598	105
15 672.20	121	68 203.90	123	72 166.30	121	47 462.20	165	－2 818.00	238	73 519.20	86	1 084	51
15 440.00	122	32 569.00	185	30 676.00	190	49 614.00	161	37 785.00	107	10 378.00	214	636	94
15 282.00	123	46 522.00	152	46 502.00	156	87 506.00	120	31 539.00	121	59 485.00	96	536	117
14 891.50	124	35 840.80	173	28 602.30	194	196 152.40	60	14 362.80	169	84 962.50	75	467	145
14 835.20	125	49 693.40	145	51 721.10	145	87 105.50	121	33 625.10	113	87 778.90	73	521	121
14 736.00	126	35 306.00	174	31 020.00	186	142 304.00	81	58 069.00	86	126 269.00	53	487	138
14 717.00	127	42 049.00	164	49 724.00	151	26 023.00	214	20 353.00	149	32 634.00	139	330	230
14 597.00	128	101 907.00	84	101 872.00	84	62 526.00	149	39 357.00	105	21 499.00	184	358	210
14 440.50	129	82 483.10	105	82 498.30	105	32 724.50	195	15 371.30	163	23 490.50	176	531	119
14 432.56	130	67 168.70	128	88 606.40	97	584 215.60	27	90 504.40	58	30 370.90	147	1 995	21
14 421.00	131	35 188.00	175	34 254.00	175	44 763.00	168	34 551.00	112	9 990.00	216	442	155
14 401.38	132	79 588.20	111	74 489.90	116	229 491.00	56	33 136.80	114	128 899.40	50	450	151
14 315.00	133	62 264.00	133	62 264.00	135	50 223.00	159	32 183.00	116	13 809.00	209	445	154
14 017.42	134	73 357.10	117	65 094.00	130	62 406.60	150	24 922.60	137	39 049.50	123	628	96
13 950.77	135	99 363.80	90	101 827.20	86	159 358.10	73	120 325.80	45	223 246.70	34	532	118
13 939.70	136	50 117.90	144	51 674.90	147	19 958.20	222	13 633.10	173	2 661.40	243	317	243
13 931.00	137	39 802.00	167	51 423.00	148	70 410.00	142	2 062.00	217	44 115.00	116	483	139
13 865.24	138	27 334.50	200	27 196.90	203	71 687.50	137	64 517.50	79	89 519.80	72	353	214
13 678.98	139	68 901.80	122	68 416.30	123	33 613.30	192	19 451.90	151	24 546.90	173	388	187
13 650.00	140	136 491.00	62	136 491.00	63	9 486.00	244	2 750.00	214	3 862.00	239	1 250	38
13 314.80	141	250 515.10	33	244 224.60	33	85 423.40	123	28 165.70	129	37 325.00	130	900	65
13 292.00	142	58 615.00	134	43 960.00	160	73 656.00	135	31 696.00	120	17 050.00	198	787	72
13 209.00	143	84 027.00	103	82 168.00	106	133 075.00	87	78 030.00	66	24 186.00	174	1 338	37

垦　　区	企业名称	大型或中型	行业类型
广　　西	广西糖业集团防城精制糖有限公司	中型	制糖业
湖　　北	湖北航达科技有限公司	中型	航空航天器修理
新疆兵团	伊犁青松南岗建材有限责任公司	中型	水泥制造
湖　　北	武汉祥恒包装有限公司	中型	纸和纸板容器制造
上　　海	上海梅林正广和（绵阳）有限公司	中型	肉、禽类罐头制造
黑 龙 江	黑龙江省建三江农垦三江热电有限责任公司	中型	热电联产
新疆兵团	铁门关市新兴纺织有限公司	中型	棉纺纱加工
黑 龙 江	北大荒丰缘集团有限公司	中型	其他未列明农副食品加工
湖　　北	湖北天济药业有限公司	中型	中药饮片加工
甘　　肃	甘肃莫高实业发展股份有限公司	中型	葡萄酒制造
新疆兵团	新疆六孚纺织工业园有限公司	中型	棉纺纱加工
新疆兵团	伊犁南岗化工有限责任公司	中型	初级形态塑料及合成树脂制造
新疆兵团	华芳石河子纺织有限公司	大型	棉纺纱加工
广　　西	广西糖业集团良圻制糖有限公司	中型	制糖业
湖　　北	湖北东润木业有限公司	中型	胶合板制造
上　　海	上海梅林食品有限公司	中型	肉、禽类罐头制造
广　　东	广东广垦调丰糖业有限公司	中型	制糖业
上　　海	光明乳业（德州）有限公司	中型	液体乳制造
新疆兵团	新疆臻泰纺织有限公司	中型	棉印染精加工
新疆兵团	阿拉尔新农乳业有限责任公司	中型	液体乳制造
湖　　北	武汉和盛汽车零部件有限公司	中型	汽车零部件及配件制造
新疆兵团	图木舒克热电有限责任公司	中型	热电联产
广　　西	广西糖业集团露塘制糖有限公司	中型	制糖业
广　　东	广东广垦华丰糖业有限公司	中型	制糖业
上　　海	广西凤糖六塘制糖有限责任公司	中型	制糖业
湖　　北	武汉东海敏实汽车零部件有限公司	中型	汽车零部件及配件制造
新疆兵团	阿拉尔市鑫泰源棉业有限公司	中型	棉纺纱加工
湖　　北	武汉市东西湖自来水公司	中型	自来水生产和供应
新疆兵团	新疆鑫悦盛矿业有限公司	中型	烟煤和无烟煤开采洗选
黑 龙 江	黑龙江北大荒药业有限公司	中型	化学药品原料药制造
新疆兵团	石河子天富农电有限责任公司	中型	电力供应
天　　津	天津市利民调料有限公司	中型	酱油、食醋及类似制品制造
新疆兵团	阿拉尔盛源热电有限责任公司	中型	热电联产
湖　　北	武汉市玫隆皇冠食品有限公司	中型	糕点、面包制造
广　　东	广东省东方剑麻集团有限公司	中型	麻纤维纺前加工和纺纱
广　　西	广西糖业集团黔江制糖有限公司	中型	制糖业

3－6 续表 4

增加值（万元）	排序	总产值（万元）	排序	销售产值（万元）	排序	年末资产总额（万元）	排序	所有者权益（万元）	排序	固定资产原值年末数（万元）	排序	年平均从业人员（人）	排序
13 000.00	144	135 182.00	63	116 071.00	73	100 435.00	109	7 885.00	196	57 566.00	99	434	159
12 793.00	145	67 685.00	125	57 956.00	137	92 600.00	113	21 041.00	147	45 520.00	113	620	99
12 737.57	146	23 742.60	211	24 664.90	209	47 852.90	164	20 885.30	148	61 674.00	94	364	203
12 713.00	147	55 831.00	139	55 393.00	140	46 022.00	166	10 273.00	184	19 488.00	188	324	235
12 677.80	148	49 420.30	147	53 256.90	142	41 720.20	175	25 911.30	134	22 395.20	179	421	165
12 394.00	149	34 038.00	179	30 846.53	187	58 724.00	153	14 678.00	165	28 958.00	152	405	177
12 150.80	150	153 906.00	57	146 766.50	60	11 401.50	240	2 166.30	216	9 553.10	220	491	135
12 122.00	151	38 670.00	169	37 265.00	169	572 854.30	29	－20 286.50	245	119 358.90	56	776	74
11 858.00	152	48 719.00	150	48 719.00	153	129 055.00	90	77 935.00	67	4 880.00	233	482	140
11 800.00	153	20 000.00	222	20 000.00	224	123 200.00	95	112 400.00	46	110 000.00	58	456	147
11 739.81	154	44 542.00	156	45 371.70	159	93 455.90	112	69 278.70	73	43 130.40	118	952	60
11 654.55	155	79 676.40	110	73 975.30	118	124 186.80	94	－44 143.70	250	126 312.20	52	874	68
11 631.57	156	91 473.00	97	105 924.70	81	88 668.90	117	24 535.10	138	77 920.20	83	1 250	38
11 477.00	157	32 791.00	183	32 283.00	181	38 927.00	181	21 708.00	146	21 710.00	182	351	217
11 463.00	158	45 857.50	153	45 857.50	157	42 828.90	172	15 885.30	162	33 850.30	135	321	239
11 250.40	159	70 417.80	120	79 802.70	109	44 667.60	169	22 257.00	144	21 751.00	181	325	233
11 020.00	160	40 731.00	165	39 458.00	165	27 589.00	208	6 525.00	201	9 467.28	221	413	173
10 530.50	161	100 130.40	89	96 527.10	91	31 254.20	198	10 230.80	185	37 729.50	129	628	96
10 267.72	162	101 794.10	86	98 307.60	90	71 604.60	138	24 970.70	136	33 608.30	136	309	247
10 197.95	163	31 941.30	190	31 447.80	183	66 304.10	147	14 702.70	164	44 563.70	114	356	212
10 160.00	164	42 458.00	162	42 458.00	162	67 339.00	145	37 231.00	108	31 673.00	142	471	144
10 034.93	165	75 160.40	115	73 534.50	119	296 587.50	45	77 321.50	68	250 748.10	28	316	244
9 742.00	166	27 835.00	199	28 201.00	195	16 100.00	230	8 675.00	189	27 067.00	163	367	201
9 535.00	167	35 184.10	176	31 187.55	185	19 022.35	224	5 135.86	207	5 259.25	232	304	249
9 531.50	168	33 033.10	182	35 629.30	173	43 318.90	171	32 161.70	117	17 813.80	194	472	143
9 345.00	169	42 343.00	163	42 343.00	163	41 396.00	174	27 000.00	132	17 539.00	196	489	136
9 293.22	170	26 668.60	203	28 995.00	193	18 555.70	226	4 433.50	210	27 608.80	162	310	246
9 180.00	171	19 395.00	226	19 395.00	228	430 491.00	34	41 660.00	99	57 787.00	98	351	217
8 864.30	172	13 258.10	243	14 450.20	241	34 039.50	190	1 689.80	224	31 016.40	145	520	122
8 809.00	173	26 297.00	206	27 641.00	200	47 928.30	163	42 950.20	95	23 118.60	177	430	161
8 769.22	174	72 325.60	118	67 083.00	127	85 016.80	125	76 767.70	69	71 690.70	88	436	158
8 719.70	175	88 853.60	98	87 822.30	99	114 474.00	96	40 052.10	103	26 224.00	164	434	159
8 714.83	176	66 467.60	129	68 327.80	124	173 919.40	69	－812.70	236	249 712.00	29	415	170
8 673.00	177	36 500.00	172	35 731.00	172	27 493.00	209	11 009.00	183	17 751.00	195	1 205	42
8 632.00	178	16 150.00	238	14 798.00	239	76 512.70	130	1 839.50	220	30 961.10	146	595	106
8 618.00	179	24 624.00	208	27 465.00	202	33 963.00	191	－2 155.00	237	19 266.00	190	392	186

垦　　区	企业名称	大型或中型	行业类型
新疆兵团	铁门关市新恒立纺织有限公司	中型	棉纺纱加工
新疆兵团	新疆四方实业股份有限公司	中型	制糖业
广　　西	广西糖业集团星星制糖有限公司	中型	制糖业
湖　　北	武汉旭东食品有限公司	中型	水果和坚果加工
河　　北	蒙牛乳业（察北）有限公司	中型	液体乳制造
新疆兵团	乌鲁木齐西城热力有限公司	中型	热力生产和供应
新疆兵团	新疆华世丹药业股份有限公司	中型	化学药品制剂制造
江　　西	鸿奕实业（九江）有限公司	中型	皮鞋制造
新疆兵团	哈密屹利煤化工有限公司	中型	炼焦
云　　南	云南农垦陇川糖厂	中型	制糖业
新疆兵团	新疆一和生物有限责任公司	中型	淀粉及淀粉制品制造
新疆兵团	阿拉尔青松化工有限责任公司	中型	初级形态塑料及合成树脂制造
湖　　北	武汉日特固防音配件有限公司	中型	隔热和隔音材料制造
广　　东	湛江华资农垦糖业发展有限公司广丰分公司	中型	制糖业
新疆兵团	新疆天业股份有限公司	中型	塑料丝、绳及编织品制造
广　　西	广西糖业集团西江制糖有限公司	中型	制糖业
广　　东	广东半岛糖业有限公司	中型	制糖业
新疆兵团	新疆绿华糖业有限责任公司	中型	制糖业
新疆兵团	新疆华兴玻璃有限公司	中型	玻璃包装容器制造
广　　西	广西糖业集团平吉制糖有限公司	中型	制糖业
河　　北	现代牧业（察北）有限公司	中型	牛的饲养
新疆兵团	图木舒克市前海棉纺织有限责任公司	中型	棉纺纱加工
新疆兵团	新疆顶益食品有限公司	中型	其他方便食品制造
广　　西	广西扶绥县鑫源木业有限公司	中型	胶合板制造
新疆兵团	新疆秦天睿晟纺织有限公司	中型	棉纺纱加工
新疆兵团	新疆宣泰环保能源有限公司	中型	炼焦
上　　海	广西凤糖融水和睦制糖有限责任公司	中型	制糖业
上　　海	天津光明梦得乳品有限公司	中型	液体乳制造
上　　海	南京光明乳品有限公司	中型	液体乳制造
新疆兵团	新疆川棉纺织服装有限公司	中型	棉织造加工
湖　　南	爱可道生物科技有限公司	中型	茶饮料及其他饮料制造
广　　西	广西糖业集团达华制糖有限公司	中型	制糖业
新疆兵团	新疆天绮纺织有限公司	中型	棉纺纱加工
上　　海	广西凤糖罗城制糖有限责任公司	中型	制糖业
新疆兵团	新疆双能电力有限责任公司	中型	电力供应
湖　　北	武汉智迅创源科技发展股份有限公司	中型	卫生材料及医药用品制造

3－6 续表 5

增加值（万元）	排序	总产值（万元）	排序	销售产值（万元）	排序	年末资产总额（万元）	排序	所有者权益（万元）	排序	固定资产原值年末数（万元）	排序	年平均从业人员（人）	排序
8 613.58	180	56 978.70	137	56 978.70	139	45 456.00	167	27 829.80	130	39 000.10	124	520	122
8 379.85	181	18 355.40	228	36 400.60	171	31 705.20	197	1 995.80	218	36 721.20	132	495	134
8 335.00	182	23 814.00	210	31 188.00	184	41 653.00	176	－25 529.00	247	31 261.00	144	356	212
8 289.00	183	38 861.00	168	38 797.00	166	18 290.00	227	9 330.00	188	9 800.00	217	320	240
8 208.00	184	102 604.15	83	102 893.81	82	37 005.85	184	18 897.19	152	29 057.44	150	324	235
8 197.68	185	22 801.40	214	24 285.10	210	101 467.40	108	62 443.20	83	84 216.00	79	363	204
8 184.63	186	19 867.60	223	16 894.70	236	36 201.70	186	14 130.80	170	16 852.80	200	405	177
8 176.00	187	33 438.00	181	33 438.00	177	8 272.00	247	7 593.00	197	3 989.00	238	656	89
8 056.57	188	96 600.00	92	100 369.80	89	57 648.30	154	－36 423.50	249	59 672.30	95	370	199
7 957.00	189	28 784.00	197	27 835.00	199	29 047.00	202	26 321.00	133	5 283.00	231	350	219
7 906.62	190	32 422.70	186	33 185.20	178	38 102.90	183	23 077.20	141	27 894.90	161	376	193
7 852.24	191	49 062.80	148	46 701.90	155	127 645.80	92	－67 782.40	252	134 365.50	47	430	161
7 665.00	192	32 030.00	189	31 578.00	182	48 685.00	162	37 944.00	106	28 965.00	151	396	184
7 638.41	193	28 186.00	198	22 860.57	212	34 384.37	189	5 622.35	205	5 947.37	228	563	110
7 575.38	194	17 323.70	232	19 884.90	225	15 689.60	232	13 565.60	174	6 384.00	227	303	250
7 412.00	195	21 176.00	219	22 678.00	213	19 194.00	223	8 589.00	191	16 459.00	202	302	252
7 230.00	196	26 569.00	204	21 743.00	216	18 091.00	228	13 911.00	172	1 908.90	250	377	192
7 109.21	197	30 573.60	192	24 806.70	208	31 190.90	199	13 204.40	176	20 492.60	186	447	153
6 895.97	198	16 844.10	235	18 522.80	230	14 083.00	233	9 686.80	187	21 505.40	183	324	235
6 806.00	199	19 445.00	225	22 649.00	214	13 416.00	235	－7 961.00	242	12 071.00	212	325	233
6 624.00	200	54 017.95	141	65 975.61	128	130 428.29	88	12 555.35	177	68 224.81	91	416	168
6 436.32	201	30 078.80	195	74 693.20	115	92 343.70	114	30 306.40	124	52 040.10	104	421	165
6 330.63	202	40 148.50	166	43 451.40	161	22 998.60	219	3 061.90	213	24 804.60	171	451	150
6 305.00	203	18 013.00	229	17 408.00	233	10 032.00	242	3 251.00	211	2 450.00	244	410	174
6 263.57	204	45 358.80	154	55 205.50	141	73 289.90	136	17 577.90	158	53 063.20	103	717	81
6 089.46	205	44 492.10	157	27 981.20	197	128 587.20	91	24 535.10	138	106 202.40	59	315	245
6 027.60	206	18 653.60	227	20 609.60	220	21 991.30	220	13 983.10	171	16 783.50	201	453	149
5 979.20	207	81 393.50	107	77 097.40	112	53 183.60	157	11 737.10	182	56 804.00	100	509	129
5 953.10	208	36 886.60	171	37 184.20	170	15 941.20	231	6 678.20	200	15 259.80	205	398	183
5 942.32	209	17 986.00	230	17 842.30	231	40 783.40	178	12 114.10	180	32 932.90	138	373	196
5 939.00	210	23 233.00	212	21 011.00	219	3 932.00	253	1 507.00	226	1 782.00	252	619	101
5 799.00	211	16 569.00	237	20 209.00	222	49 965.00	160	－3 968.00	239	29 891.00	148	362	206
5 676.64	212	23 848.80	209	20 368.20	221	89 538.20	115	5 672.30	204	18 696.90	192	502	130
5 651.00	213	30 535.00	193	32 442.60	180	24 037.80	216	11 942.40	181	28 049.30	159	502	130
5 412.47	214	32 735.20	184	32 735.20	179	129 973.80	89	－496.90	232	56 515.20	101	405	177
5 401.00	215	20 199.00	221	19 727.00	226	33 448.00	193	30 080.00	126	14 741.00	207	479	141

垦　区	企业名称	大型或中型	行业类型
湖　北	湖北汇东农产品有限公司	中型	蔬菜加工
广　东	湛江市金丰糖业有限公司	中型	制糖业
黑龙江	北大荒薯业集团有限公司	中型	淀粉及淀粉制品制造
湖　北	武汉玛丽文化用品有限公司	中型	本册印制
湖　南	汇美农业科技有限公司	大型	蔬菜、水果罐头制造
湖　北	武汉蓝盾门业有限公司	中型	金属门窗制造
江　苏	江苏省金象传动设备股份有限公司	中型	其他金属加工机械制造
湖　北	武汉桃李面包有限公司	中型	糕点、面包制造
新疆兵团	新疆华茂阿拉尔纺织有限公司	中型	棉纺纱加工
上　海	广西凤糖鹿寨制糖有限责任公司	中型	制糖业
新疆兵团	巴音郭楞蒙古自治州红山矿业有限公司	中型	石棉、云母矿采选
新疆兵团	阿拉尔天丰纺织有限责任公司	中型	棉纺纱加工
上　海	上海思乐得不锈钢制品有限公司	中型	金属制餐具和器皿制造
湖　北	武汉昊诚能源科技有限公司	中型	锂离子电池制造
新疆兵团	新疆仁和纺织科技有限公司	中型	棉纺纱加工
辽　宁	辽宁振兴生态造纸有限公司	中型	机制纸及纸板制造
新疆兵团	新疆华桉纺织有限公司	中型	棉纺纱加工
湖　北	武汉源香食品有限公司	中型	肉制品及副产品加工
新疆兵团	克拉玛依市润泰纺织有限公司	中型	棉纺纱加工
新疆兵团	新疆汉帛纺织有限公司	中型	棉纺纱加工
湖　北	潜江市茂昌纱业工贸有限公司	中型	纺织业
河　南	孟州市华兴有限责任公司	中型	酒精制造
湖　北	湖北创想三维科技有限公司	中型	计算机外围设备制造
新疆兵团	新疆叶河源果业股份有限公司	中型	水果和坚果加工
新疆兵团	哈密市盛镁镁业有限公司	中型	镁冶炼
湖　北	武汉新世界制冷工业有限公司	中型	制冷、空调设备制造
上　海	广州光明乳品有限公司	大型	液体乳制造
湖　北	潜江市宝龙水产食品有限公司	中型	渔业
新疆畜牧	新疆阿勒泰地区国营第一牧场	中型	油料种植
湖　南	湖南港艺家居有限公司	中型	木质家具制造
湖　南	湖南楚荣家居科技有限公司	中型	木质家具制造
湖　南	广东溢莱家居有限公司	中型	木质家具制造
新疆兵团	新疆天业节水灌溉股份有限公司	中型	塑料板、管、型材制造
江　西	中氏木业	中型	木竹材林产品采集
新疆兵团	新疆燕京啤酒有限公司	中型	啤酒制造
广　西	广西兴桂纸业有限公司	中型	机制纸及纸板制造
新疆兵团	新疆唐成棉业有限公司	中型	棉纺纱加工
新疆兵团	新疆屯富热电有限责任公司	中型	热电联产
上　海	广西凤糖柳江制糖有限责任公司	中型	制糖业

3－6 续表 6

增加值（万元）	排序	总产值（万元）	排序	销售产值（万元）	排序	年末资产总额（万元）	排序	所有者权益（万元）	排序	固定资产原值年末数（万元）	排序	年平均从业人员（人）	排序
5 303.00	216	24 863.00	207	24 863.00	207	7 238.00	250	1 729.00	223	1 797.00	251	378	191
5 262.00	217	21 819.30	218	17 672.70	232	12 096.30	239	−6 978.20	241	3 838.34	240	368	200
5 163.70	218	51 482.00	143	74 253.00	117	176 191.10	68	33 000.70	115	140 810.50	45	880	67
5 133.00	219	22 329.00	215	20 139.00	223	169 539.00	71	31 347.00	122	15 389.00	204	328	232
5 112.00	220	17 834.00	231	17 121.00	235	43 502.00	170	12 417.00	178	17 983.00	193	560	113
4 907.00	221	26 396.00	205	26 396.00	206	23 338.00	218	8 581.00	192	2 119.00	246	583	108
4 711.00	222	15 474.00	239	1 474.00	253	28 824.00	205	1 896.00	219	28 569.00	155	360	207
4 642.00	223	19 535.00	224	19 535.00	227	27 321.00	210	22 731.00	143	22 206.00	180	723	80
4 639.19	224	21 116.30	220	21 371.80	218	16 814.50	229	1 822.30	221	25 087.80	167	374	195
4 500.60	225	21 905.80	216	21 555.30	217	27 249.90	211	17 914.70	156	24 777.50	172	551	115
4 384.48	226	16 675.00	236	17 227.50	234	8 603.50	246	4 648.30	209	18 783.20	191	405	177
4 341.27	227	16 940.30	234	14 383.00	242	6 789.30	251	−557.20	233	9 387.40	222	324	235
4 211.10	228	32 341.20	187	30 832.00	188	13 984.90	234	4 997.00	208	5 745.70	229	360	207
4 201.00	229	21 848.00	217	21 848.00	215	18 662.00	225	14 468.00	167	6 608.00	226	360	207
4 174.06	230	33 921.00	180	28 020.90	196	30 230.20	201	6 888.10	199	19 468.80	189	403	182
4 042.30	231	44 100.00	158	51 293.70	150	173 420.90	70	31 283.10	123	132 240.20	49	770	75
3 846.40	232	34 923.90	177	29 665.30	192	20 404.10	221	6 471.90	202	8 801.20	223	418	167
3 556.00	233	27 102.00	201	27 136.00	205	7 317.00	249	1 321.00	227	4 614.00	234	345	223
3 428.29	234	55 040.10	140	52 041.90	144	28 001.40	206	7 996.20	194	28 042.50	160	552	114
3 203.92	235	17 127.90	233	19 352.00	229	13 317.20	236	−571.90	234	99.40	253	320	240
3 052.00	236	10 898.00	244	10 462.00	244	38 279.00	182	1 243.00	228	5 450.00	230	302	252
3 000.00	237	170 000.00	53	171 665.00	50	135 251.00	84	67 040.00	77	104 591.00	61	320	240
2 976.00	238	31 663.00	191	27 947.00	198							353	214
2 901.39	239	81 373.70	108	91 983.80	94	105 967.10	102	−9 903.50	243	28 241.80	158	350	219
2 897.83	240	13 966.70	242	14 265.70	243	9 361.60	245	1 583.70	225	4 041.90	237	410	174
2 877.00	241	14 414.00	241	14 723.00	240	42 425.00	173	20 274.00	150	26 037.00	165	331	229
2 726.00	242	63 089.30	131	62 086.70	136	36 591.30	185	−14 045.10	244	25 065.20	168	1 247	40
2 348.00	243	8 695.00	245	8 347.00	247	31 904.00	196	1 131.00	229	4 434.00	235	430	161
1 641.00	244	958.00	254	83.00	254	10 263.00	241	5 885.00	203	7 503.00	224	1 424	34
1 170.43	245	5 000.00	250	9 000.00	246	35 000.00	187	23 000.00	142	2 093.00	247	995	54
1 170.43	246	5 000.00	250	5 000.00	250	13 000.00	237	7 000.00	198	2 093.00	247	995	54
1 170.43	247	5 000.00	250	5 000.00	250	33 000.00	194	17 000.00	160	2 093.00	247	995	54
1 066.61	248	8 069.80	248	16 607.00	237	68 278.10	144	57 430.40	87	9 692.20	218	357	211
556.00	249	8 200.00	247	8 010.00	248	8 200.00	248	1 000.00	230	4 050.00	236		
546.72	250	6 033.00	249	7 012.30	249	56 851.00	155	43 733.60	94	40 735.30	122	373	196
520.00	251	3 467.00	253	2 804.00	252	103 137.00	106	91 646.00	56	77 862.00	84	442	155
464.23	252	30 512.70	194	30 824.40	189	23 690.30	217	−657.70	235	31 950.10	141	744	76
319.02	253	32 174.00	188	29 842.30	191	179 786.30	66	12 355.90	179	182 836.90	39	329	231
265.20	254	8 210.50	246	10 428.40	245	12 177.20	238	8 616.60	190	14 330.60	208	457	146

建运服部分

4－1 建筑业基本情况

地　　区	年末单位个数（个）	年末从业人员（人）	全年从业人员工资总额（万元）	年末固定资产原值（万元）
全国农垦	**3 044**	**366 286**	**3 041 366.94**	**2 411 877.24**
北　京	2	58	975.00	6 030.00
天　津	1	105	1 832.40	189.90
河　北	667	10 487	49 544.00	59 608.35
山　西				
内蒙古	20	327	707.00	1 175.00
辽　宁	173	8 658	24 904.30	40 071.00
吉　林	13	162	361.05	746.00
黑龙江	3	1 849	12 817.27	28 041.72
上　海	12	523	6 257.70	4 544.40
江　苏	58	3 218	33 319.00	60 591.00
浙　江				
安　徽	127	4 692	21 207.78	2 108.79
福　建	110	1 709	8 379.00	1 920.20
江　西	79	6 209	21 305.06	26 682.70
山　东				
河　南	3	340	1 250.00	872.00
湖　北	667	142 105	886 267.34	669 730.90
湖　南	59	12 577	41 845.70	26 307.40
广　东	219	5 909	48 692.37	37 707.03
广　西	135	5 924	41 927.00	214 289.00
海　南	211	8 287	35 697.00	225 749.00
重　庆				
四　川				
贵　州				
云　南	64	702	5 040.00	10 560.00
陕　西	1	4 710	1 976.78	24.86
甘　肃	2	64	449.00	4 632.30
青　海				
宁　夏	17	1 608	4 438.00	1 304.00
新疆（兵团）	326	143 252	1 785 863.00	942 638.00
新疆（农业）	20	405	1 025.00	2 658.59
新疆（畜牧）	36	2 387	5 085.19	21 613.01
热科院				
广　州				
南　京				
西　藏	19	19	201.00	22 082.09

4－1续表

地　　区	年末拥有机械设备总台数（台）	全年施工房屋建筑面积（米²）	房屋建筑竣工面积（米²）	建筑业总产值（万元）
全国农垦	**77 206**	**197 367 638.57**	**85 330 535.96**	**27 449 524.00**
北　　京	55	2 000.00	2 000.00	19 638.00
天　　津	12			173 237.70
河　　北	4 333	594 168.00	201 540.00	873 278.88
山　　西				
内 蒙 古	35	4 300.00	4 300.00	3 721.00
辽　　宁	846	553 812.70	343 528.00	277 762.00
吉　　林	40	7 839.80	7 839.80	812.56
黑 龙 江	1 130	2 760 657.35	50 138.78	448 294.83
上　　海	35	3 318 946.00	126 427.00	158 170.90
江　　苏	750	29.84	13.81	212 466.00
浙　　江				
安　　徽	138	367 328.00	194 583.00	111 349.49
福　　建	123	445 310.00	130 694.00	30 527.00
江　　西	4 372	1 933 415.15	1 529 523.15	266 624.85
山　　东				
河　　南	73	5 300.23	5 100.23	5 601.00
湖　　北	40 490	144 795 392.70	71 371 507.80	12 416 364.52
湖　　南	12 218	1 066 244.30	726 544.10	206 592.10
广　　东	942	562 302.70	506 309.70	231 566.90
广　　西	2 106	1 610 706.00	535 928.00	270 400.00
海　　南	681	972 277.00	506 363.00	506 086.00
重　　庆				
四　　川				
贵　　州				
云　　南	185	37 401.00	27 485.00	16 436.00
陕　　西	23	2 513.00	2 513.00	5 111.00
甘　　肃		12 285.21	5 672.00	33 651.00
青　　海				
宁　　夏	336	120 000.00	30 000.00	16 245.53
新疆（兵团）	7 730	38 033 934.00	8 865 400.00	10 796 054.00
新疆（农业）	27	18 128.00	18 128.00	335 246.59
新疆（畜牧）	526	143 347.59	138 997.59	33 849.15
热 科 院				
广　　州				
南　　京				
西　　藏				437.00

4－2　国有及国有控股建筑业基本情况

地　区	年末单位个数（个）	年末从业人员（人）	全年从业人员工资总额（万元）	年末固定资产原值（万元）
全国农垦	**198**	**161 232**	**1 767 737.14**	**1 051 389.88**
北　京	2	58	975.00	6 030.00
天　津	1	105	1 832.40	189.90
河　北	2	32	34.50	490.00
山　西				
内蒙古	1	10	76.00	10.00
辽　宁	5	303	474.00	205.00
吉　林				
黑龙江	3	1 849	12 817.27	28 041.72
上　海	12	523	6 257.70	4 544.40
江　苏	4	383	2 989.00	753.00
浙　江				
安　徽	4	3 567	18 078.00	410.00
福　建	1	50	205.00	
江　西	9	285	1 044.36	921.70
山　东				
河　南	1	55	200.00	672.00
湖　北	17	60 093	408 283.63	193 774.00
湖　南	1	728	60.00	560.00
广　东	4	260	15 768.50	7 947.00
广　西	18	819	5 400.00	32 475.00
海　南	11	79	841.00	2 876.00
重　庆				
四　川				
贵　州				
云　南	3	18	70.00	66.00
陕　西	1	4 710	1 976.78	24.86
甘　肃	2	64	449.00	4 632.30
青　海				
宁　夏	2	480	2 736.00	471.00
新疆(兵团)	80	86 668	1 286 973.00	766 169.00
新疆(农业)	7	13	36.00	127.00
新疆(畜牧)	7	80	160.00	
热科院				
广　州				
南　京				
西　藏				

4－2续表

地　　区	年末拥有机械设备总台数（台）	全年施工房屋建筑面积（米^2）	房屋建筑竣工面积（米^2）	建筑业总产值（万元）
全国农垦	**2 332**	**143 837 283.76**	**64 681 620.40**	**16 303 253.06**
北　　京	55	2 000.00	2 000.00	19 638.00
天　　津	12			173 237.70
河　　北	5			50.00
山　　西				
内 蒙 古				334.00
辽　　宁	20			1 110.00
吉　　林				
黑 龙 江	1 130	2 760 657.35	50 138.78	448 294.83
上　　海	35	3 318 946.00	126 427.00	158 170.90
江　　苏	25	4.60	2.02	11 453.00
浙　　江				
安　　徽	1	339 928.00	176 813.00	95 442.00
福　　建				200.00
江　　西	76	23 160.00	22 280.00	4 360.00
山　　东				
河　　南	18	3 300.00	3 100.00	4 151.00
湖　　北	506	114 727 242.60	58 765 656.60	7 411 554.10
湖　　南	11	408.00	280.00	5 782.00
广　　东	27	62 584.00	62 584.00	47 202.00
广　　西	223	728 031.00	195 088.00	75 327.00
海　　南	2	366 329.00	155 136.00	45 602.00
重　　庆				
四　　川				
贵　　州				
云　　南	4	3 680.00	3 680.00	965.00
陕　　西	23	2 513.00	2 513.00	5 111.00
甘　　肃		12 285.21	5 672.00	33 651.00
青　　海				
宁　　夏	147	120 000.00	30 000.00	16 245.53
新疆（兵团）		21 349 415.00	5 063 450.00	7 745 142.00
新疆（农业）	12			
新疆（畜牧）		16 800.00	16 800.00	230.00
热 科 院				
广　　州				
南　　京				
西　　藏				

4-3　交通运输业基本情况

地　　区	年末单位个数（个）	年末从业人员（人）	全年从业人员工资总额（万元）	年末固定资产原值（万元）	年末拥有主要运输工具（台）
全国农垦	**33 687**	**124 180**	**747 890.67**	**3 618 276.69**	**126 083**
北　京	4	1 736	7 732.99	25 683.89	1 651
天　津					
河　北	7 055	15 574	85 462.20	167 762.43	11 919
山　西	38	97	293.00	623.70	41
内蒙古	437	1 878	6 576.62	64 893.10	1 243
辽　宁	3 011	6 916	21 194.93	45 629.00	4 916
吉　林	103	201	699.80	1 778.25	113
黑龙江	35	2 577	13 007.80	419 423.77	434
上　海	41	5 988	43 750.30	106 317.60	728
江　苏	28	2 407	26 198.00	26 409.00	768
浙　江	2	2	10.40		2
安　徽	482	852	4 334.81	7 218.80	565
福　建	708	1 486	7 924.46	5 543.15	922
江　西	385	2 282	7 217.90	16 043.50	1 172
山　东					
河　南		33	64.30	122.00	7
湖　北	14 126	59 234	423 831.16	2 519 867.31	53 760
湖　南	110	3 226	11 340.22	24 085.00	22 997
广　东	874	4 404	22 761.83	35 585.79	2 607
广　西	1 854	3 135	18 667.00	28 872.00	2 250
海　南	1 530	6 344	22 473.00	32 514.00	10 659
重　庆	2	421	3 460.00	987.00	295
四　川					
贵　州					
云　南	1 154	2 091	8 931.00	69 344.00	7 070
陕　西					
甘　肃	24	30	153.68	553.27	23
青　海					
宁　夏	673	1 096	4 011.00	7 497.00	684
新疆（兵团）					
新疆（农业）	378	565	2 132.00	5 796.00	488
新疆（畜牧）	632	1 593	5 622.27	5 607.13	757
热科院					
广　州					
南　京	1	12	40.00	120.00	12
西　藏					

4－3续表

地　　区	全年客货运输量		营业总收入（万元）	
	货运量（吨）	客运量（万人）		货运及装卸收入
全国农垦	**635 901 901**	**18 379 030**	**2 875 397.08**	**2 216 822.82**
北　　京	660 407	447	39 069.87	24 053.15
天　　津				
河　　北	317 274 723	3 151 063	264 046.86	76 119.68
山　　西	21	5	641.00	381.40
内 蒙 古	5 529 671	621 205	32 661.84	26 256.58
辽　　宁	17 884 563	3 171 637	100 034.32	59 667.20
吉　　林	62 394	35 129	2 314.98	519.95
黑 龙 江	1 703 500	139	219 306.51	40 102.00
上　　海	2 904 322	3 395	393 206.20	357 119.80
江　　苏	185	111	86 918.00	65 329.00
浙　　江			22.00	
安　　徽	983 290	280 348	9 971.62	6 769.52
福　　建	3 213 169	4 416 304	16 569.00	14 763.00
江　　西	462 448	68 284	25 644.17	19 167.27
山　　东				
河　　南		8 542	98.00	30.00
湖　　北	15 330 250	406 177	1 327 038.14	1 287 129.78
湖　　南	1 485 173	604 582	69 419.16	34 442.63
广　　东	5 789 553	973	71 693.59	48 537.89
广　　西	6 686 415	1 010	60 278.00	43 494.00
海　　南	10 163 192	4 572 548	70 983.00	56 755.00
重　　庆	423 124		18 146.00	18 146.00
四　　川				
贵　　州				
云　　南	242 458 400	823	40 680.00	24 656.00
陕　　西				
甘　　肃	97 812	10 355	871.96	820.96
青　　海				
宁　　夏	173	272	9 400.00	6 380.00
新疆（兵团）				
新疆（农业）	933 161	99 410	4 458.00	2 446.00
新疆（畜牧）	1 707 954	926 261	11 789.86	3 661.01
热 科 院				
广　　州				
南　　京	148 000	4	135.00	75.00
西　　藏				

4－4　国有及国有控股交通运输业基本情况

地　　区	年末单位个数（个）	年末从业人员（人）	全年从业人员工资总额（万元）	年末固定资产原值（万元）	年末拥有主要运输工具（台）
全国农垦	**391**	**12 739**	**76 297.24**	**580 677.88**	**4 608**
北　　京	4	1 736	7 732.99	25 683.89	1 651
天　　津					
河　　北	2	16	67.00	135.00	
山　　西					
内 蒙 古	2	236	1 121.00	4 568.00	9
辽　　宁					
吉　　林					
黑 龙 江	35	2 577	13 007.80	419 423.77	434
上　　海	41	5 988	43 750.30	106 317.60	728
江　　苏					
浙　　江					
安　　徽					
福　　建	9	9			
江　　西	6	247	604.40	951.00	86
山　　东					
河　　南		18			
湖　　北	5	54	216.00	1 442.00	35
湖　　南	2	8	33.00	172.00	31
广　　东	9	1 021	4 767.78	8 452.60	771
广　　西	2	64	323.00	2 973.00	116
海　　南	243			290.00	
重　　庆	2	421	3 460.00	987.00	295
四　　川					
贵　　州					
云　　南	25	125	713.00	8 317.00	427
陕　　西					
甘　　肃	1	4	28.68	2.27	
青　　海					
宁　　夏	1	23	268.00	768.00	15
新疆（兵团）					
新疆（农业）	1	24	126.00	32.00	1
新疆（畜牧）	1	168	78.29	162.75	9
热 科 院					
广　　州					
南　　京					
西　　藏					

4-4续表

地区	全年客货运输量		营业总收入（万元）	
	货运量（吨）	客运量（万人）		货运及装卸收入
全国农垦	**5 955 508**	**84 046**	**690 023.46**	**446 002.03**
北京	660 407	447	39 069.87	24 053.15
天津				
河北	25 000	11 000	2 130.00	1 910.00
山西				
内蒙古	20 000		2 386.00	180.00
辽宁				
吉林				
黑龙江	1 703 500	139	219 306.51	40 102.00
上海	2 904 322	3 396	393 206.20	357 119.80
江苏				
浙江				
安徽				
福建			49.00	
江西	6 566	68 246	1 371.52	192.52
山东				
河南				
湖北	48 500	41	4 135.00	1 320.00
湖南	5		70.10	70.10
广东	64 827	653	6 469.30	902.00
广西	26 902	114	1 445.00	478.00
海南				
重庆	423 124		18 146.00	18 146.00
四川				
贵州				
云南	3 500	10	334.00	27.00
陕西				
甘肃	50 000		504.96	504.96
青海				
宁夏	4		988.00	988.00
新疆（兵团）				
新疆（农业）			264.00	
新疆（畜牧）	18 850		148.00	8.50
热科院				
广州				
南京				
西藏				

4－5 批发零售业基本情况

地 区	年末单位个数（个）	年末从业人员（人）	全年从业人员工资总额（万元）	营业网点个数（个）
全 国	**124 835**	**398 895**	**2 128 004.03**	**87 738**
北 京	85	4 281	60 652.90	160
天 津	28	4 558	32 607.30	
河 北	6 268	22 133	83 989.40	8 250
山 西	1 013	3 321	7 102.90	1 105
内 蒙 古	2 311	5 618	19 360.94	1 675
辽 宁	6 880	23 049	74 793.75	5 338
吉 林	743	1 717	3 395.50	618
黑 龙 江	52	7 806	62 181.00	509
上 海	202	23 257	297 641.30	2 466
江 苏	3 864	12 821	95 032.00	2 938
浙 江	51	95	323.20	52
安 徽	1 743	6 115	14 171.50	2 296
福 建	1 417	5 098	12 947.50	916
江 西	3 016	14 989	40 738.15	6 708
山 东	12	36	172.30	11
河 南	183	854	2 526.01	337
湖 北	74 118	128 890	346 243.68	23 508
湖 南	2 374	8 178	32 719.50	2 013
广 东	3 591	11 554	69 576.68	3 704
广 西	4 341	13 630	67 952.00	4 426
海 南	2 820	51 754	263 593.00	11 300
重 庆	2	45	647.00	
四 川				
贵 州	2	79	276 319.08	
云 南	5 162	10 025	34 801.00	6 154
陕 西	30	142	648.20	28
甘 肃	126	407	2 957.56	86
青 海				
宁 夏	1 170	2 440	6 135.00	1 213
新疆（兵团）	818	32 198	204 494.45	
新疆（农业）	1 235	2 031	3 669.30	1 152
新疆（畜牧）	1 131	1 376	5 709.63	720
热 科 院		14	90.30	2
广 州	12	309	4 605.00	18
南 京	35	75	207.00	35
西 藏				

4－5续表

地　　区	年末固定资产原值（万元）	年末营业用房面积（$米^2$）	销售总额或营业收入（万元）
全　　国	**5 250 457.40**	**9 895 395**	**73 129 092.16**
北　　京	327 238.03	272 604	9 640 795.17
天　　津	206 736.30		2 224 823.60
河　　北	189 689.00	696 032	3 585 762.20
山　　西	3 131.82	30 521	395 998.47
内 蒙 古	73 155.20	209 615	231 179.93
辽　　宁	90 150.50	453 901	388 677.42
吉　　林	7 374.42	62 271	7 225.29
黑 龙 江	602 934.00	476 607	7 205 980.00
上　　海	836 010.60	817 363	6 707 538.50
江　　苏	73 460.00	168 893	985 139.00
浙　　江	313.00	2 368	1 715.50
安　　徽	19 250.18	172 192	138 797.38
福　　建	42 869.00	98 836	130 795.73
江　　西	51 438.20	334 802	377 909.35
山　　东	77.00	2 355	2 338.30
河　　南	10 464.96	37 257	20 617.04
湖　　北	575 131.00	1 204 161	14 224 745.00
湖　　南	28 037.00	495 619	346 369.92
广　　东	147 759.46	247 198	1 358 809.85
广　　西	92 754.00	422 256	1 198 541.00
海　　南	153 353.00	517 598	1 487 190.00
重　　庆	4 500.00	6 700	20 618.00
四　　川			
贵　　州	2 171.00	12 584	11 665.58
云　　南	88 047.00	320 645	3 337 519.00
陕　　西	5 432.10	4 099	1 142.80
甘　　肃	2 965.92	14 082	127 201.54
青　　海			
宁　　夏	12 570.00	46 185	31 913.00
新疆（兵团）	1 570 375.89	2 615 546	18 705 510.88
新疆（农业）	24 690.50	74 489	13 924.40
新疆（畜牧）	4 270.34	56 897	8 716.71
热 科 院	21.98	330	566.60
广　　州	3 766.00	18 339	207 365.00
南　　京	320.00	3 050	2 000.00
西　　藏			

4－6 国有及国有控股批发零售业基本情况

地　区	年末单位个数（个）	年末从业人员（人）	全年从业人员工资总额（万元）	营业网点个数（个）
全　国	**937**	**90 239**	**862 520.12**	**4 040**
北　京	84	3 972	57 614.79	134
天　津	28	4 558	32 607.30	
河　北	14	204	276.00	14
山　西	3	42	179.09	3
内蒙古	18	462	3 406.00	42
辽　宁	2	576	1 077.25	
吉　林	14	26	35.20	12
黑龙江	52	7 806	62 181.00	509
上　海	202	23 257	297 641.30	2 466
江　苏	3	518	2 639.00	3
浙　江				
安　徽	6	84	604.16	7
福　建	5	41	346.50	1
江　西	100	1 331	4 412.00	375
山　东	2	4	27.00	
河　南	9	182	963.11	162
湖　北	11	2 170	36 563.00	21
湖　南				
广　东	27	1 875	17 664.26	110
广　西	37	429	3 990.00	37
海　南	70	27 053	192 078.00	41
重　庆	2	45	647.00	
四　川				
贵　州	2	74	319.08	
云　南	21	626	11 056.00	23
陕　西	2	87	437.70	3
甘　肃	10	265	2 613.56	5
青　海				
宁　夏	4	111	708.00	52
新疆（兵团）	195	14 117	127 780.82	
新疆（农业）	2	15	48.00	2
新疆（畜牧）				
热科院				
广　州	12	309	4 605.00	18
南　京				
西　藏				

4-6续表

地　　区	年末固定资产原值（万元）	年末营业用房面积（米²）	销售总额或营业收入（万元）
全　　国	**3 455 926.52**	**1 991 482.09**	**47 684 672.11**
北　　京	314 355.68	256 999.41	9 525 546.25
天　　津	206 736.30		2 224 823.60
河　　北	47.80	365.00	6 140.00
山　　西	103.82	1 780.00	2 082.64
内 蒙 古	35 556.00	26 761.00	157 916.00
辽　　宁	369.00	1 955.00	2 900.92
吉　　林	61.67	1 700.00	49.00
黑 龙 江	602 934.00	476 607.00	7 205 980.00
上　　海	836 010.60	817 363.00	6 707 538.50
江　　苏	15 028.00	6 900.00	40 128.00
浙　　江			
安　　徽	453.38	8 939.75	9 236.38
福　　建	480.00	950.00	7 672.00
江　　西	2 576.00	11 252.00	15 451.00
山　　东	52.00	375.00	240.00
河　　南	9 595.96	24 037.45	6 581.67
湖　　北	144 270.00	41 039.00	1 779 273.00
湖　　南			
广　　东	70 669.75	24 744.13	884 544.36
广　　西	13 661.00	39 297.00	484 974.00
海　　南	86 098.00	82 000.00	1 219 085.00
重　　庆	4 500.00	6 700.00	20 618.00
四　　川			
贵　　州	2 171.00	12 584.06	11 665.58
云　　南	19 976.00	42 533.00	3 180 830.00
陕　　西	5 035.00	700.00	667.00
甘　　肃	2 396.92	6 513.08	126 617.04
青　　海			
宁　　夏	4 599.00	3 667.00	15 005.00
新疆（兵团）	1 074 391.64	76 881.21	13 840 613.17
新疆（农业）	32.00	500.00	1 089.00
新疆（畜牧）			40.00
热 科 院			
广　　州	3 766.00	18 339.00	207 365.00
南　　京			
西　　藏			

4－7 餐饮业基本情况

地区	年末单位个数（个）	年末从业人员（人）	全年从业人员工资总额（万元）	营业网点个数（个）
全国	**23 429**	**104 505**	**330 366.57**	**21 423**
北京	6	284	2 868.40	7
天津	3	40	277.40	
河北	1 300	9 972	38 650.20	1 325
山西	32	301	1 059.72	40
内蒙古	1 114	2 842	11 641.40	872
辽宁	1 319	12 600	24 770.24	1 241
吉林	121	419	1 202.04	90
黑龙江	8	272	960.07	12
上海	6	129	1 609.20	4
江苏	593	2 998	14 916.00	292
浙江	18	52	205.60	18
安徽	526	2 263	7 449.14	732
福建	394	1 481	4 880.10	308
江西	830	6 715	17 380.80	1 034
山东	1	22	98.36	
河南	31	237	405.00	29
湖北	10 878	32 610	100 065.00	5 411
湖南	1 055	3 240	3 114.60	2 702
广东	727	4 998	25 209.65	731
广西	600	3 166	13 393.00	622
海南	413	8 725	26 164.00	2 385
重庆	2	270	2 168.00	2
四川				
贵州				
云南	1 923	5 992	18 545.00	2 305
陕西	17	86	221.30	16
甘肃	36	78	249.93	30
青海	1	6	39.00	1
宁夏	394	1 913	3 140.00	384
新疆（兵团）	33	354	4 458.51	
新疆（农业）	510	970	2 338.82	411
新疆（畜牧）	516	1 430	2 791.09	397
热科院				
广州				
南京	22	40	95.00	22
西藏				

4-7续表

地　　区	年末固定资产原值（万元）	年末营业用房面积（米²）	销售总额或营业收入（万元）
全　　国	**987 048.59**	**2 954 412**	**1 579 214.73**
北　　京	38 167.87	44 712	10 961.16
天　　津	873.30		1 501.00
河　　北	41 861.50	148 455	206 924.50
山　　西	491.80	3 578	2 730.76
内 蒙 古	21 681.20	115 692	30 409.60
辽　　宁	35 955.87	105 927	68 622.50
吉　　林	2 108.83	17 977	2 149.40
黑 龙 江	35 028.00	58 778	2 271.00
上　　海	33 021.00	14 205	130 323.00
江　　苏	25 871.00	40 256	67 140.00
浙　　江	615.20	1 838	864.12
安　　徽	49 109.50	92 711	27 076.85
福　　建	20 512.80	54 226	16 175.80
江　　西	36 258.00	151 051	192 343.50
山　　东		4 525	557.80
河　　南	1 000.00	9 770	5 823.00
湖　　北	111 626.00	577 463	416 718.30
湖　　南	31 871.00	84 559	22 147.35
广　　东	35 473.37	244 657	110 646.79
广　　西	27 988.00	107 540	69 716.00
海　　南	96 586.00	304 766	64 710.00
重　　庆	5 530.00	31 200	5 620.00
四　　川			
贵　　州			
云　　南	253 734.00	418 777	74 057.00
陕　　西	384.70	24 062	569.20
甘　　肃	2 791.81	5 559	591.94
青　　海	150.00	13 878	120.00
宁　　夏	19 506.00	50 790	9 965.00
新疆（兵团）	49 728.90	87 910	27 935.10
新疆（农业）	5 606.00	90 081	4 839.00
新疆（畜牧）	3 318.94	47 419	4 805.06
热 科 院			
广　　州			
南　　京	198.00	2 050	900.00
西　　藏			

4-8 国有及国有控股餐饮业基本情况

地　区	年末单位个数（个）	年末从业人员（人）	全年从业人员工资总额（万元）	营业网点个数（个）
全　国	**116**	**4 339**	**22 672.45**	**168**
北　京	6	284	2 868.40	7
天　津	3	40	277.40	
河　北	3	40	97.00	2
山　西				
内蒙古	1	60	205.00	1
辽　宁	1	54	393.74	
吉　林				
黑龙江	8	272	960.07	12
上　海	6	129	1 609.20	4
江　苏	2	140	600.00	1
浙　江				
安　徽	3	254	1 278.00	3
福　建	3	10	43.50	
江　西	17	649	2 036.00	64
山　东				
河　南				
湖　北	2	13	65.00	2
湖　南				
广　东	16	453	1 790.38	15
广　西	3	21	105.00	3
海　南	5	600	3 706.00	8
重　庆	2	270	2 168.00	2
四　川				
贵　州				
云　南	25	496	2 395.00	38
陕　西				
甘　肃	1	8	28.63	1
青　海	1	6	39.00	1
宁　夏	4	415	639.00	4
新疆（兵团）	4	87	1 368.13	
新疆（农业）		38		
新疆（畜牧）				
热科院				
广　州				
南　京				
西　藏				

4－8 续表

地　　区	年末固定资产原值 （万元）	年末营业用房面积 （米²）	销售总额或营业收入 （万元）
全　　国	**222 383.09**	**398 053**	**208 096.74**
北　　京	38 167.87	44 712	10 961.16
天　　津	873.30		1 501.00
河　　北	1 519.00	1 439	884.00
山　　西			
内 蒙 古	387.00	730	763.00
辽　　宁	344.90	1 955	2 430.00
吉　　林			
黑 龙 江	35 028.00	58 778	2 271.00
上　　海	33 021.00	14 205	130 323.00
江　　苏	1 900.00	3 728	4 429.00
浙　　江			
安　　徽	38 890.00	42 532	9 223.00
福　　建			49.00
江　　西	2 709.00	15 205	5 343.00
山　　东			
河　　南			
湖　　北	313.00	2 439	407.00
湖　　南			
广　　东	1 274.21	10 185	8 263.04
广　　西	130.00	4 040	508.00
海　　南	30 664.00	70 379	7 809.00
重　　庆	5 530.00	31 200	5 620.00
四　　川			
贵　　州			
云　　南	7 303.00	55 754	6 200.00
陕　　西			
甘　　肃	2 396.81	120	219.74
青　　海	150.00	13 878	120.00
宁　　夏	15 524.00	15 189	2 148.00
新疆（兵团）	6 258.00	11 585	8 532.80
新疆（农业）			92.00
新疆（畜牧）			
热 科 院			
广　　州			
南　　京			
西　　藏			

4－9　服务业基本情况

地　区	年末单位个数（个）	年末从业人员（人）	全年从业人员工资总额（万元）	营业网点个数（个）
全　国	**28 120**	**195 136**	**1 379 607.17**	**32 440**
北　京	176	11 018	111 342.92	124
天　津	29	936	18 362.20	
河　北	7 072	19 758	94 950.60	7 600
山　西	39	328	1 425.40	87
内蒙古	538	1 414	3 853.20	468
辽　宁	2 869	12 013	56 256.50	2 904
吉　林	123	286	681.00	128
黑龙江	101	6 158	39 955.90	
上　海	125	4 372	87 372.40	67
江　苏	2 195	10 764	98 816.00	1 020
浙　江	24	67	330.50	24
安　徽	770	2 485	8 392.05	1 014
福　建	524	1 518	5 131.50	508
江　西	276	3 440	13 050.70	1 829
山　东	2	3	15.00	
河　南	23	417	2 853.74	40
湖　北	4 502	59 837	516 858.50	4 579
湖　南	1 028	10 849	16 673.50	232
广　东	1 672	14 791	134 935.77	1 953
广　西	1 222	7 433	64 713.00	1 236
海　南	1 064	9 555	21 427.00	3 211
重　庆	2	157	1 780.00	2
四　川	2	8	111.31	5
贵　州	1	88	1 813.00	
云　南	2 382	11 225	46 467.00	4 126
陕　西	20	142	564.50	20
甘　肃	43	507	2 769.48	31
青　海				
宁　夏	571	2 545	9 155.00	571
新疆（兵团）				
新疆（农业）	279	682	1 663.80	314
新疆（畜牧）	303	1 448	2 073.65	268
热科院				
广　州	62	603	12 493.00	
南　京	81	289	3 319.05	79
西　藏				

4－9 续表

地　区	年末固定资产原值（万元）	年末营业用房面积（米²）	销售总额或营业收入（万元）
全　国	**4 091 625.19**	**5 631 050**	**10 161 129.40**
北　京	751 413.91	985 389	1 649 715.04
天　津	80 996.20		119 227.70
河　北	146 205.00	285 976	754 735.00
山　西	2 209.80	2 339	23 787.48
内蒙古	11 994.30	43 521	58 284.90
辽　宁	64 539.60	118 352	86 154.60
吉　林	1 163.00	8 507	1 323.85
黑龙江	284 205.82	326 045	130 241.59
上　海	882 806.40	102 208	457 125.90
江　苏	166 538.00	256 038	530 337.00
浙　江	185.00	6 760	1 584.50
安　徽	27 436.40	62 354	23 411.21
福　建	16 969.20	22 349	9 958.10
江　西	11 179.00	84 212	623 788.00
山　东	5.00	120	38.00
河　南	9 956.74	24 695	21 391.96
湖　北	73 154.50	269 437	4 189 166.00
湖　南	40 583.70	53 691	318 310.00
广　东	391 357.83	1 142 029	385 468.73
广　西	373 905.00	1 034 633	442 778.00
海　南	69 276.00	175 666	72 058.00
重　庆	9 360.00	65 900	6 032.00
四　川	309.24	619	253.91
贵　州	24 793.90	22 000	843.00
云　南	450 640.00	405 407	84 169.00
陕　西	6 802.00	9 787	43 639.00
甘　肃	18 336.89	17 489	23 046.14
青　海			
宁　夏	87 293.00	47 622	18 303.00
新疆（兵团）			
新疆（农业）	5 144.00	12 177	3 790.70
新疆（畜牧）	2 719.85	25 197	1 952.14
热科院			
广　州	76 079.00		21 079.00
南　京	4 066.91	20 533	59 135.95
西　藏			

4－10 国有及国有控股服务业基本情况

地　区	年末单位个数（个）	年末从业人员（人）	全年从业人员工资总额（万元）	营业网点个数（个）
全　国	**1 000**	**44 616**	**480 477.62**	**709**
北　京	176	11 018	111 342.92	124
天　津	29	936	18 362.20	
河　北	14	195	1 073.00	13
山　西	2	122	362.72	2
内蒙古	21	160	757.00	18
辽　宁				
吉　林				
黑龙江	101	6 158	39 955.90	
上　海	125	4 372	87 372.40	67
江　苏	6	3 001	3 980.00	3
浙　江		6	75.90	
安　徽	10	413	2 619.63	3
福　建	3	53	365.00	3
江　西	19	745	1 972.00	17
山　东				
河　南	5	320	2 703.74	21
湖　北	60	1 961	20 378.00	57
湖　南				
广　东	94	8 073	104 228.26	105
广　西	64	2 247	34 067.00	64
海　南	28	908	4 909.00	17
重　庆	2	157	1 780.00	2
四　川	1	8	111.31	1
贵　州	1	88	1 813.00	
云　南	149	1 606	20 807.00	159
陕　西	1	52	286.00	1
甘　肃	11	458	2 682.78	6
青　海				
宁　夏	8	757	4 099.00	6
新疆（兵团）				
新疆（农业）				
新疆（畜牧）	3	42	254.70	
热科院				
广　州	62	603	12 493.00	
南　京	5	157	1 626.16	20
西　藏				

4－10续表

地　　区	年末固定资产原值（万元）	年末营业用房面积（米²）	销售总额或营业收入（万元）
全　　国	**3 121 613.88**	**3 662 841**	**3 207 094.54**
北　　京	744 213.91	985 389	1 649 715.04
天　　津	80 996.20		119 227.70
河　　北	2 230.00	810	1 225.00
山　　西	1 846.62	816	1 029.92
内 蒙 古	5 255.00	12 690	26 438.00
辽　　宁			
吉　　林			
黑 龙 江	284 205.82	326 045	130 241.59
上　　海	882 806.40	102 208	457 125.90
江　　苏	23 009.00	101 224	37 200.00
浙　　江		5 124	207.00
安　　徽	19 246.24	36 510	10 363.61
福　　建	5 990.00	1 694	578.00
江　　西	935.00	5 420	2 755.00
山　　东			
河　　南	7 959.74	13 914	20 906.96
湖　　北	17 742.00	50 662	57 450.00
湖　　南			
广　　东	349 219.85	899 962	252 598.74
广　　西	305 526.00	771 280	170 546.00
海　　南	49 513.00	15 666	38 761.00
重　　庆	9 360.00	65 900	6 032.00
四　　川	304.24	530	253.91
贵　　州	24 793.90	22 000	843.00
云　　南	119 025.00	184 747	71 858.00
陕　　西	6 017.00	5	41 107.00
甘　　肃	18 210.89	15 399	22 844.14
青　　海			
宁　　夏	81 422.00	26 164	9 357.00
新疆（兵团）			
新疆（农业）			
新疆（畜牧）	1 940.16	300	365.08
热 科 院			
广　　州	76 079.00		21 079.00
南　　京	3 766.91	18 383	56 985.95
西　　藏			

固定资产投资、外贸出口及科研情况

5－1　固定资产投资完成情况

计量单位：万元

地　　区	本年完成投资总额（按工程用途分）				资金来源合计
		第一产业	第二产业	第三产业	
全　　国	**37 825 662.57**	**4 193 959.69**	**16 705 709.78**	**16 925 993.10**	**35 145 768.58**
北　　京	361 272.99	208 890.95	103 251.40	49 130.64	354 689.32
天　　津	231 836.40	178 771.70	43 462.80	9 601.90	231 836.40
河　　北	4 189 080.30	187 708.00	2 853 730.05	1 147 642.25	4 132 216.30
山　　西	1 566.49	1 487.61	1.16	77.72	1 566.49
内 蒙 古	348 923.73	120 832.49	200 547.71	27 543.53	353 975.04
辽　　宁	894 258.44	153 781.83	368 241.29	372 235.32	894 258.44
吉　　林	4 012.44	3 756.93	180.00	75.51	3 977.44
黑 龙 江	920 664.00	445 361.00	140 614.00	334 689.00	910 338.59
上　　海	392 285.20	63 620.60	162 175.90	166 488.70	392 285.20
江　　苏	380 965.00	57 336.00	106 237.00	217 392.00	380 965.00
浙　　江	7 054.23	6 987.55		66.68	8 911.93
安　　徽	61 138.80	45 642.47	12 063.68	3 432.65	69 541.19
福　　建	46 910.82	10 832.82	23 865.00	12 213.00	47 097.82
江　　西	2 702 000.38	71 310.98	1 879 662.68	751 026.72	2 716 606.48
山　　东	1 808.44	1 352.44	456.00		1 808.44
河　　南	20 561.52	7 069.65	8 695.26	4 796.61	14 725.27
湖　　北	9 065 145.00	491 646.00	4 518 521.00	4 054 978.00	7 115 259.00
湖　　南	831 769.07	58 854.07	542 018.00	230 897.00	1 419 391.57
广　　东	519 236.69	129 614.63	265 247.01	124 375.05	519 236.69
广　　西	481 066.00	180 271.00	77 934.00	222 861.00	481 066.00
海　　南	630 631.00	92 808.00	26 934.00	510 889.00	626 359.00
重　　庆	45 920.00	5 720.00	26 770.00	13 430.00	38 000.00
四　　川	3 712.27	3 142.27		570.00	3 661.97
贵　　州	40 891.89	29 829.31	5 685.05	5 377.53	40 815.37
云　　南	116 829.00	41 029.00	21 336.00	54 464.00	116 829.00
陕　　西	28 707.00	6 613.00	1 465.00	20 629.00	28 707.00
甘　　肃	113 804.09	43 483.30	67 218.46	3 102.33	113 804.29
青　　海	10 814.96	10 592.98	221.98		1 146.96
宁　　夏	133 749.30	102 157.20	28 577.20	3 014.90	133 749.30
新疆(兵团)	14 856 293.00	1 193 599.00	5 142 738.00	8 519 956.00	13 744 486.00
新疆(农业)	107 784.93	97 685.57	5 141.48	4 957.88	7 829.93
新疆(畜牧)	132 566.05	79 140.34	39 325.67	14 100.04	98 162.39
热 科 院	43 617.14			43 617.14	43 678.76
广　　州	93 064.00	60 597.00	30 184.00	2 283.00	93 064.00
南　　京	374.00	295.00		79.00	374.00
西　　藏	5 348.00	2 139.00	3 209.00		5 348.00

5-1续表

地　区	国家预算资金	国内贷款	利用外资	自筹资金	其他资金	当年新增固定资产
全　国	**6 340 203.98**	**1 183 974.73**	**333 950.38**	**22 668 218.46**	**4 619 421.03**	**17 388 971.36**
北　京	23 156.67	4 373.35		317 181.36	9 977.94	229 174.95
天　津	4 807.70	118 388.00		106 679.70	1 961.00	21 359.90
河　北	135 403.00	63 200.00		3 869 314.30	64 299.00	1 963 203.30
山　西	264.66			654.49	647.34	1 107.25
内蒙古	37 668.17	5 921.11		300 545.44	9 840.32	122 486.52
辽　宁	18 080.11	4 780.00		736 464.33	134 934.00	277 877.92
吉　林	1 370.14			2 351.04	256.26	2 289.44
黑龙江	349 509.67	12 101.44	382.78	421 690.22	126 654.48	611 231.65
上　海	20 578.60	16 713.50		347 354.30	7 638.80	299 249.60
江　苏	24 016.00			347 427.00	9 522.00	200 087.00
浙　江	3 549.10			5 129.33	233.50	6 211.13
安　徽	23 065.69	8 326.77		35 384.94	2 763.79	41 341.19
福　建	5 011.00		660.00	40 754.58	672.24	31 554.82
江　西	327 524.60	3 660.00	147 094.60	1 936 121.04	302 206.24	424 384.24
山　东	1 301.28			507.16		1 735.44
河　南	177.00			14 506.27	42.00	8 136.02
湖　北	484 411.00	257 291.00		4 757 671.00	1 615 886.00	3 932 081.00
湖　南	518 921.00	46 675.00	185 670.00	621 976.57	46 149.00	636 392.07
广　东	72 080.29	2 000.00		254 390.23	190 766.17	344 551.77
广　西	3 266.00	78 111.00	141.00	381 641.00	17 907.00	234 187.00
海　南	13 435.00	58 399.00		136 687.00	417 838.00	478 798.00
重　庆				38 000.00		39 000.00
四　川	1 234.20			1 432.77	995.00	1 916.35
贵　州	100.00	15 649.56		5 428.60	19 637.21	7 728.33
云　南	23 104.00	15 000.00		77 297.00	1 428.00	59 053.00
陕　西	3 429.00			25 180.00	98.00	6 598.00
甘　肃	8 166.41	21 745.00		82 713.99	1 178.89	72 627.08
青　海	569.59			435.37	142.00	723.37
宁　夏	11 526.50			122 222.80		31 175.70
新疆（兵团）	4 142 025.00	445 615.00		7 537 764.00	1 619 082.00	7 131 000.00
新疆（农业）	5 258.28	500.00		1 896.65	175.00	8 006.19
新疆（畜牧）	30 442.79	5 525.00		47 506.90	14 687.70	75 640.04
热科院	41 804.53			283.08	1 591.15	32 971.09
广　州			2.00	93 062.00		52 579.00
南　京				163.00	211.00	374.00
西　藏	4 947.00			401.00		2 139.00

5－2 国有单位固定资产投资完成情况

计量单位：万元

地区	本年完成投资总额（按工程用途分）	第一产业	第二产业	第三产业	资金来源合计
全国	**13 623 662.52**	**2 380 340.51**	**2 236 171.29**	**9 007 150.72**	**14 045 016.83**
北京	347 741.67	203 126.95	97 958.90	46 655.82	341 170.00
天津	231 836.40	178 771.70	43 462.80	9 601.90	226 836.40
河北	391 908.80	12 756.40	138 384.00	240 768.40	337 367.80
山西	1 566.49	1 487.61	1.16	77.72	1 566.49
内蒙古	297 568.89	85 713.78	195 286.01	16 569.10	299 561.20
辽宁	46 567.48	14 941.89	4 198.80	27 426.79	46 567.48
吉林	1 725.85	1 650.34		75.51	1 717.85
黑龙江	920 664.00	445 361.00	140 614.00	334 689.00	910 338.59
上海	392 285.20	63 620.60	162 175.90	166 488.70	392 285.20
江苏	364 410.00	52 994.00	98 214.00	213 202.00	364 410.00
浙江	5 336.58	5 269.90		66.68	7 194.28
安徽	49 933.80	37 844.67	9 154.61	2 934.52	55 358.47
福建	15 785.82	1 378.82	7 946.00	6 461.00	17 955.82
江西	385 874.68	20 205.18	34 604.18	331 065.32	379 187.58
山东	1 352.44	1 352.44			1 352.44
河南	10 294.52	5 984.65	665.26	3 644.61	6 710.27
湖北	2 432 596.00	76 491.00	235 719.00	2 120 386.00	1 375 995.00
湖南	245 577.07	6 800.07	119 647.00	119 130.00	612 009.07
广东	184 405.02	97 959.19	32 647.34	53 798.49	184 405.02
广西	350 195.00	179 565.00	19 918.00	150 712.00	350 195.00
海南	187 260.00	65 264.00	17 232.00	104 764.00	182 988.00
重庆	38 480.00	4 820.00	23 860.00	9 800.00	32 500.00
四川	3 123.89	2 853.89		270.00	3 073.59
贵州	40 891.89	29 829.31	5 685.05	5 377.53	40 815.37
云南	81 148.00	26 694.00	21 122.00	33 332.00	81 148.00
陕西	27 357.00	6 613.00	115.00	20 629.00	27 357.00
甘肃	113 804.09	43 483.30	67 218.46	3 102.33	113 804.29
青海	10 672.96	10 450.98	221.98		1 004.96
宁夏	132 139.10	102 157.20	27 086.80	2 895.10	132 109.10
新疆（兵团）	5 989 859.00	387 571.00	674 008.00	4 928 280.00	7 332 054.00
新疆（农业）	105 057.82	97 652.57	2 693.00	4 712.25	6 327.82
新疆（畜牧）	80 032.72	46 645.07	26 148.04	7 239.61	43 444.18
热科院	40 633.34			40 633.34	40 629.56
广州	93 064.00	60 597.00	30 184.00	2 283.00	93 064.00
南京	374.00	295.00		79.00	374.00
西藏	2 139.00	2 139.00			2 139.00

5－2续表

地　区	国家预算资金	国内贷款	利用外资	自筹资金	其他资金	当年新增固定资产
全　国	**5 701 135.97**	**671 377.61**	**1 487.78**	**5 544 988.14**	**2 126 027.33**	**6 773 941.27**
北　京	23 112.97	4 373.35		303 705.74	9 977.94	219 285.28
天　津	4 807.70	113 388.00		106 679.70	1 961.00	21 359.90
河　北	135 403.00			195 346.80	6 618.00	187 003.80
山　西	264.66			654.49	647.34	1 107.25
内蒙古	30 762.85	5 019.11		260 116.24	3 663.00	79 131.68
辽　宁	9 186.21	2 980.00		12 946.27	21 455.00	3 827.96
吉　林	1 370.14			300.20	47.51	1 725.85
黑龙江	349 509.67	12 101.44	382.78	421 690.22	126 654.48	611 231.65
上　海	20 578.60	16 713.50		347 354.30	7 638.80	299 249.60
江　苏	24 016.00			330 872.00	9 522.00	192 860.00
浙　江	3 549.10			3 411.68	233.50	4 493.48
安　徽	22 765.69	4 246.65		27 208.58	1 137.55	38 445.05
福　建	4 981.00		660.00	11 642.58	672.24	12 364.82
江　西	302 087.70		302.00	44 318.34	32 479.54	62 571.36
山　东	1 301.28			51.16		1 279.44
河　南	177.00			6 491.27	42.00	3 121.02
湖　北	350 035.00	60 471.00		422 368.00	543 121.00	1 410 659.00
湖　南	449 534.00			162 450.07	25.00	88 167.07
广　东	68 060.44	2 000.00		104 944.38	9 400.20	132 198.45
广　西	3 266.00	78 111.00	141.00	258 378.00	10 299.00	132 745.00
海　南	11 053.00	58 399.00		111 508.00	2 028.00	70 516.00
重　庆				32 500.00		36 500.00
四　川	1 155.82			922.77	995.00	1 046.97
贵　州	100.00	15 649.56		5 428.60	19 637.21	7 728.33
云　南	22 321.00	13 545.00		43 973.00	1 309.00	43 628.00
陕　西	3 429.00			23 830.00	98.00	6 598.00
甘　肃	8 166.41	21 745.00		82 713.99	1 178.89	72 627.08
青　海	569.59			435.37		581.37
宁　夏	11 526.50			120 582.60		29 655.30
新疆（兵团）	3 763 295.00	262 135.00		1 993 597.00	1 313 027.00	2 875 644.00
新疆（农业）	4 291.80	500.00		1 366.02	170.00	4 442.08
新疆（畜牧）	29 701.79			13 291.69	450.70	35 351.83
热科院	39 019.05			283.08	1 327.43	31 702.65
广　州			2.00	93 062.00		52 579.00
南　京				163.00	211.00	374.00
西　藏	1 738.00			401.00		2 139.00

5－3 外贸出口供货商品金额

计量单位：万元

地　区	外贸出口供货商品金额	农产品	林产品	畜产品	水产品
全　国	**1 252 399.22**	**86 541.37**	**300.00**	**75 379.29**	**119 609.80**
北　京	34 853.62			23 441.49	
天　津	12 504.50				
河　北	286 597.80				4 780.80
山　西					
内蒙古					
辽　宁	17 453.00				8 072.00
吉　林					
黑龙江	40 096.05	14 494.27		22 424.80	
上　海	75 319.50	20 548.10			
江　苏	20 899.00	2 130.00			
浙　江	110.00	110.00			
安　徽					
福　建	1 140.00	302.00			
江　西	34 298.28		300.00		
山　东					
河　南					
湖　北	170 387.00	10 069.00		4 838.00	57 477.00
湖　南	35 380.00	5 258.00			
广　东	441 801.92	360.00			49 280.00
广　西	35 265.00	178.00		24 675.00	
海　南	8 904.00	8 904.00			
重　庆	4 330.00				
四　川					
贵　州					
云　南	2 278.00	2 278.00			
陕　西					
甘　肃	14 706.05	11 375.00			
青　海					
宁　夏	10 535.00	10 535.00			
新疆（兵团）					
新疆（农业）					
新疆（畜牧）	5 540.50				
热科院					
广　州					
南　京					
西　藏					

5－3续表

地区	工业品	医药	食品	纺织品
全国	**970 568.76**	**3 626.05**	**76 117.07**	**18 742.79**
北京	11 412.13		11 412.13	
天津	12 504.50		7 869.00	2 787.00
河北	281 817.00		15 246.00	150.00
山西				
内蒙古				
辽宁	9 381.00	400.00		2 208.00
吉林				
黑龙江	3 176.98		1 646.44	1 530.54
上海	54 771.40			
江苏	18 769.00	135.00	1 528.00	560.00
浙江				
安徽				
福建	838.00			42.00
江西	33 998.28			
山东				
河南				
湖北	98 003.00	253.00	7 056.00	7 600.00
湖南	30 122.00		20 996.00	
广东	392 161.92			2 778.25
广西	10 412.00			1 087.00
海南				
重庆	4 330.00		4 330.00	
四川				
贵州				
云南				
陕西				
甘肃	3 331.05	2 838.05	493.00	
青海				
宁夏				
新疆(兵团)				
新疆(农业)				
新疆(畜牧)	5 540.50		5 540.50	
热科院				
广州				
南京				
西藏				

5－4 外贸出口供货商品量情况

品种	垦区	计量单位	出口供货商品量	品种	垦区	计量单位	出口供货商品量
大豆	全国	吨	3 371		河北		1 195
	黑龙江		3 371		上海		11 208
玉米	全国	吨	676		湖北		30
	黑龙江		147		广东		2 270
	甘肃		529	虾类	全国	吨	8 845
蔬菜	全国	吨	43 143		湖北		2 288
	上海		202		广东		6 557
	黑龙江		141	对虾	全国	吨	6 229
	江苏		3 428		广东		6 229
	湖北		3 870	原料药	全国	吨	14 047
	云南		504		湖北		7 474
	甘肃		10 595		甘肃		6 573
	宁夏		24 403	大米	全国	吨	22 397
水果	全国	吨	22 758		黑龙江		22 397
	湖南		22 512	乳制品	全国	吨	18 105
	广西		189		河北		18 105
	海南		57	罐头	全国	吨	3 358
猪	全国	头	118 342		重庆		3 358
	黑龙江		3 231	茶叶	全国	吨	491
	湖北		18 776		浙江		46
	广西		96 335		福建		445
家禽	全国	只	3 779 300	服装	全国	件	3 434 942
	北京		3 779 300		河北		154 412
家禽肉	全国	吨	9 416		江苏		190 000
	北京		9 416		广东		3 090 530
蛋类	全国	吨	990	棉纱	全国	件	3 890 572
	湖北		990		黑龙江		572
鱼类	全国	吨	14 703		广东		3 890 000

5－5 农垦科研基本情况

地区	科研单位情况				
	科研单位个数（个）	职工合计（人）	科技人员（人）	其中：本科及以上（人）	其他人员（人）
全国	**131**	**13 475**	**7 894**	**6 149**	**5 380**
北京	11	539	158	103	273
天津					
河北	3	33	19	11	12
山西	1	6	3		
内蒙古	5	80	37	28	41
辽宁					
吉林	1	180	58	23	
黑龙江	9	2 862	1 843	795	1 019
上海	17	1 181	1 029	926	152
江苏	24	1 947	1 654	1 650	293
浙江					
安徽	1	12	12	9	
福建					
江西	3	178	117	29	61
山东	1	17	10	3	
河南	3	156	39	13	117
湖北	5	816	404	372	414
湖南	4	84	72	36	17
广东	5	175	123	91	52
广西					
海南	1	152	38		114
重庆	3	89	78	72	11
四川	4	58	26	3	32
贵州	1	86	47	34	39
云南	8	625	436	396	189
陕西					
甘肃	3	51	47	47	3
青海	4	945	85	80	856
宁夏	1	7	6		1
新疆（兵团）					
新疆（农业）		6			
新疆（畜牧）	1	20	10	8	12
热科院	12	3 120	1 538	1 420	1 672
广州					
南京					
西藏		50	5		

5－5续表1

地　　区	科研单位情况			
	科研经费合计（万元）	＃政府拨款（万元）	企业自筹（万元）	实验地面积（公顷）
全　　国	**509 744.82**	**77 401.75**	**422 545.92**	**15 955**
北　　京	19 269.38	35.00	19 234.38	1
天　　津				
河　　北	6.00		6.00	23
山　　西	44.10		44.10	7
内 蒙 古	721.00	360.00	361.00	151
辽　　宁				
吉　　林	290.00		290.00	1 186
黑 龙 江	31 195.36	12 872.68	18 322.68	4 187
上　　海	30 337.50	1 745.00	28 592.50	
江　　苏	342 082.00		342 082.00	848
浙　　江				
安　　徽	241.69	8.70	232.99	53
福　　建				
江　　西	2 458.00		2 458.00	6
山　　东	12.70		12.70	7
河　　南	266.00	221.00	45.00	1 008
湖　　北	23 061.00	21 207.00	1 854.00	294
湖　　南	738.50	15.50	723.00	135
广　　东	2 608.99	2 045.02	563.97	104
广　　西				
海　　南	295.00	280.00	15.00	301
重　　庆	3 600.00	750.00	750.00	15
四　　川	249.82	249.82		8
贵　　州	1 244.00	19.00	1 214.00	
云　　南	7 874.00	3 734.00	4 100.00	4 909
陕　　西				
甘　　肃	870.65		870.65	3
青　　海	373.04	240.00	133.04	1 193
宁　　夏				
新疆（兵团）				
新疆（农业）				
新疆（畜牧）	50.00		50.00	
热 科 院	41 556.09	33 319.03	590.91	1 517
广　　州				
南　　京				
西　　藏	300.00	300.00		

5－5续表2

地　　区	企业科技创新情况			
	科技人员（人）	科研经费合计（万元）	其中：财政经费（万元）	企业自筹（万元）
全　　国	**6 128**	**128 387.03**	**17 515.25**	**110 745.78**
北　　京	526	23 379.76	142.19	23 237.57
天　　津				
河　　北	738	15 466.00	374.00	14 966.00
山　　西				
内 蒙 古	19	145.00	145.00	
辽　　宁				
吉　　林				
黑 龙 江	3 452	61 760.87	14 532.86	47 228.01
上　　海				
江　　苏				
浙　　江	3	42.50		42.50
安　　徽	124	2 701.06	425.00	2 276.06
福　　建				
江　　西	15	2 293.00		2 293.00
山　　东				
河　　南	2	3.00		3.00
湖　　北	98	1 465.00	250.00	1 215.00
湖　　南	5	5.20	5.20	
广　　东	317	6 360.39	336.00	6 024.39
广　　西	313	1 613.00	364.00	1 249.00
海　　南				
重　　庆				
四　　川	3	30.00		30.00
贵　　州				
云　　南				
陕　　西				
甘　　肃	325	5 202.25		5 202.25
青　　海				
宁　　夏		2 199.00	686.00	1 513.00
新疆（兵团）				
新疆（农业）				
新疆（畜牧）				
热 科 院				
广　　州	188	5 721.00	255.00	5 466.00
南　　京				
西　　藏				

附　录

附录一　中华人民共和国 2021 年国民经济和社会发展统计公报

中华人民共和国 2021 年国民经济和社会发展统计公报[1]

国家统计局

2022 年 2 月 28 日

2021 年是党和国家历史上具有里程碑意义的一年。在以习近平同志为核心的党中央坚强领导下，各地区各部门坚持以习近平新时代中国特色社会主义思想为指导，全面贯彻党的十九大和十九届历次全会精神，弘扬伟大建党精神，按照党中央、国务院决策部署，坚持稳中求进工作总基调，完整、准确、全面贯彻新发展理念，加快构建新发展格局，全面深化改革开放，坚持创新驱动发展，推动高质量发展。我们隆重庆祝中国共产党成立一百周年，实现第一个百年奋斗目标，开启向第二个百年奋斗目标进军新征程，沉着应对百年变局和世纪疫情，构建新发展格局迈出新步伐，高质量发展取得新成效，实现了“十四五”良好开局。我国经济发展和疫情防控保持全球领先地位，国家战略科技力量加快壮大，产业链韧性得到提升，改革开放向纵深推进，民生保障有力有效，生态文明建设持续推进。这些成绩的取得，是以习近平同志为核心的党中央坚强领导的结果，是全党全国各族人民勠力同心、艰苦奋斗的结果。

一、综合

初步核算，全年国内生产总值[2] 1 143 670 亿元，比上年增长 8.1%，两年平均增长[3] 5.1%（图 1）。其中，第一产业增加值 83 086 亿元，比上年增长 7.1%；第二产业增加值 450 904 亿元，增长 8.2%；第三产业增加值 609 680 亿元，增长 8.2%。第一产业增加值占国内生产总值比重为 7.3%，第二产业增加值比重为 39.4%，第三产业增加值比重为 53.3%（图 2）。全年最终消费支出拉动国内生产总值增长 5.3 个百分点，资本形成总额拉动国内生产总值增长 1.1 个百分点，货物和服务净出口拉动国内生产总值增长 1.7 个百分点。全年人均国内生产总值 80 976 元，比上年增长 8.0%。国民总收入[4] 1 133 518 亿元，比上年增长 7.9%。全员劳动生产率[5] 为 146 380 元/人，比上年提高 8.7%（图 3）。

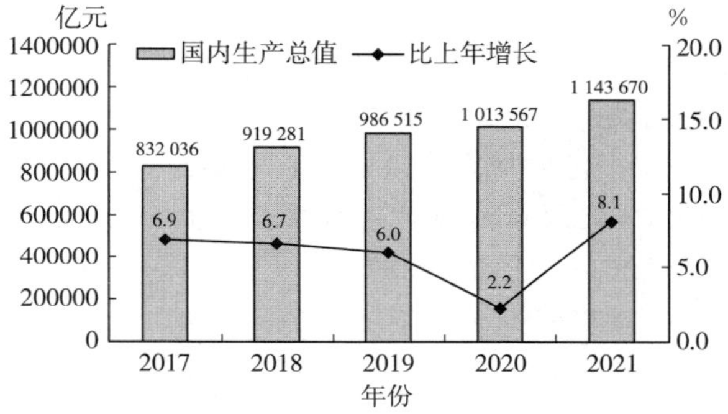

图 1　2017—2021 年国内生产总值及其增长速度

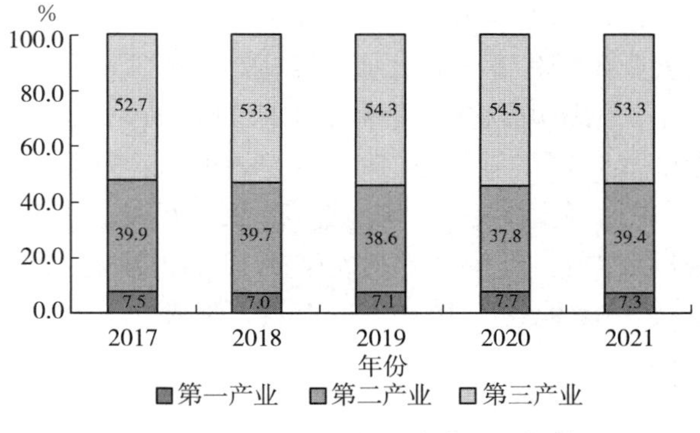

图 2　2017—2021 年三次产业增加值占国内生产总值比重

年末全国人口[6] 141 260 万人，比上年末增加 48 万人，其中，城镇常住人口 91 425 万人（表 1）。全年出生人口 1 062 万人，出生率为 7.52‰；死亡人口 1 014 万人，死亡率为 7.18‰；自然增长率为 0.34‰。全国人户分离的人口[7] 5.04 亿人，

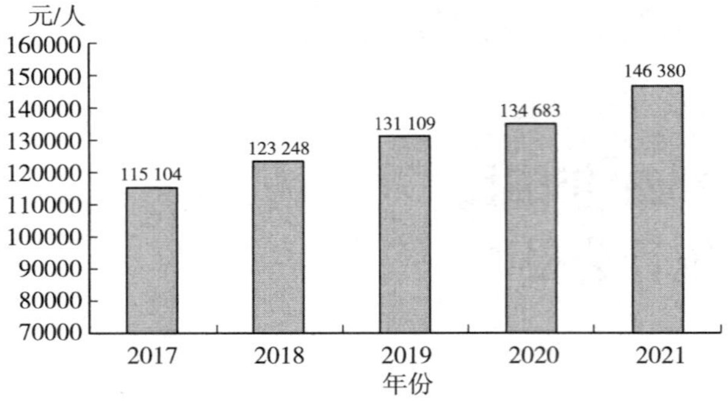

图 3　2017—2021 年全员劳动生产率[8]

其中流动人口[9]3.85 亿人。

表 1　2021 年年末人口数及其构成

指标	年末数（万人）	比重（%）
全国人口	141 260	100.0
其中：城镇	91 425	64.7
乡村	49 835	35.3
其中：男性	72 311	51.2
女性	68 949	48.8
其中：0～15 岁（含不满 16 周岁）[10]	26 302	18.6
16～59 岁（含不满 60 周岁）	88 222	62.5
60 周岁及以上	26 736	18.9
其中：65 周岁及以上	20 056	14.2

年末全国就业人员 74 652 万人，其中，城镇就业人员 46 773 万人，占全国就业人员比重为 62.7%，比上年末上升 1.1 个百分点。全年城镇新增就业 1 269 万人，比上年多增 83 万人（图 4）。全年全国城镇调查失业率平均值为 5.1%。年末全国城镇调查失业率为 5.1%，城镇登记失业率为 3.96%。全国农民工[11]总量 29 251 万人，比上年增长 2.4%。其中，外出农民工 17 172 万人，增长 1.3%；本地农民工 12 079 万人，增长 4.1%。

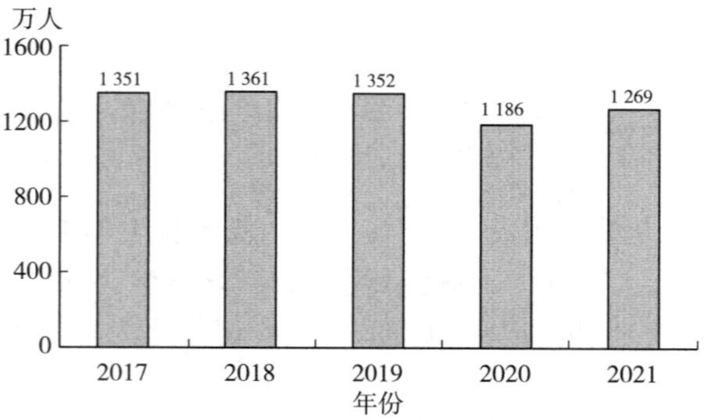

图 4　2017—2021 年城镇新增就业人数

全年居民消费价格比上年上涨 0.9%（表 2、图 5）。工业生产者出厂价格上涨 8.1%。工业生产者购进价格上涨 11.0%。农产品生产者价格[12]下降 2.2%。12 月份，70 个大中城市中，新建商品住宅销售价格同比上涨的城市个数为 53 个，下降的为 17 个；二手住宅销售价格同比上涨的城市个数为 43 个，持平的为 1 个，下降的为 26 个。

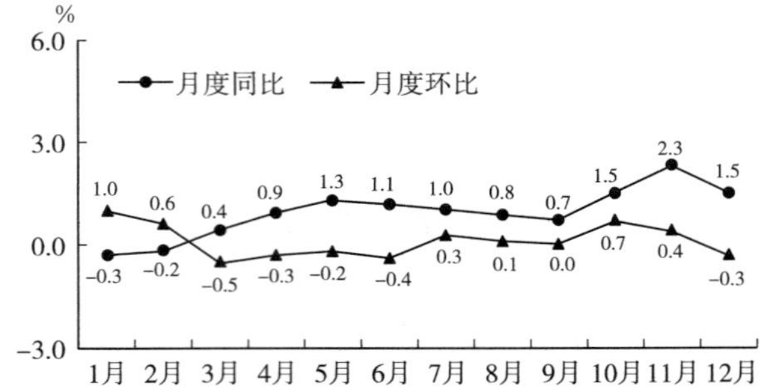

图 5　2021 年居民消费价格月度涨跌幅度

表 2　2021 年居民消费价格比上年涨跌幅度

单位：%

指　　标	全国	城市	农村
居民消费价格	0.9	1.0	0.7
其中：食品烟酒	−0.3	0.0	−1.2
衣着	0.3	0.3	0.0
居住[13]	0.8	0.8	1.1
生活用品及服务	0.4	0.4	0.4
交通通信	4.1	4.2	3.9
教育文化娱乐	1.9	2.0	1.7
医疗保健	0.4	0.3	0.7
其他用品及服务	−1.3	−1.4	−1.2

年末国家外汇储备 32 502 亿美元，比上年末增加 336 亿美元（图 6）。全年人民币平均汇率为 1 美元兑 6.451 5 元人民币，比上年升值 6.9%。

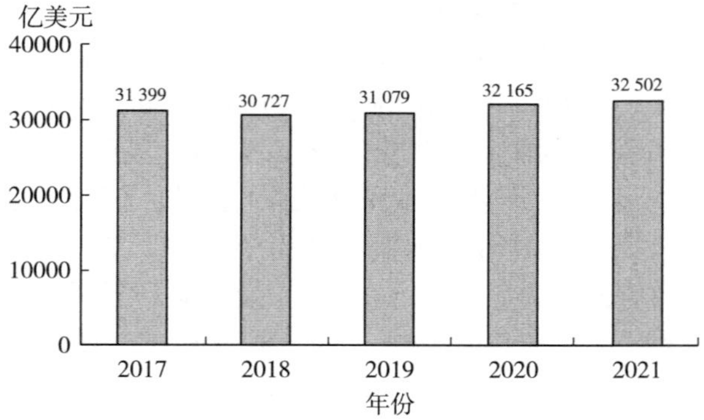

图 6　2017—2021 年年末国家外汇储备

新产业新业态新模式加速成长。全年规模以上工业中，高技术制造业[14]增加值比上年增长18.2%，占规模以上工业增加值的比重为15.1%；装备制造业[15]增加值增长12.9%，占规模以上工业增加值的比重为32.4%。全年规模以上服务业[16]中，战略性新兴服务业[17]企业营业收入比上年增长16.0%。全年高技术产业投资[18]比上年增长17.1%。全年新能源汽车产量367.7万辆，比上年增长152.5%；集成电路产量3 594.3亿块，增长37.5%。全年网上零售额[19] 130 884亿元，按可比口径计算，比上年增长14.1%。全年新登记市场主体2 887万户，日均新登记企业2.5万户，年末市场主体总数达1.5亿户。

城乡区域协调发展扎实推进。年末全国常住人口城镇化率为64.72%，比上年末提高0.83个百分点（图7）。分区域看[20]，全年东部地区生产总值592 202亿元，比上年增长8.1%；中部地区生产总值250 132亿元，增长8.7%；西部地区生产总值239 710亿元，增长7.4%；东北地区生产总值55 699亿元，增长6.1%。全年京津冀地区生产总值96 356亿元，比上年增长7.3%；长江经济带地区生产总值530 228亿元，增长8.7%；长江三角洲地区生产总值276 054亿元，增长8.4%。粤港澳大湾区建设、黄河流域生态保护和高质量发展等区域重大战略深入实施。

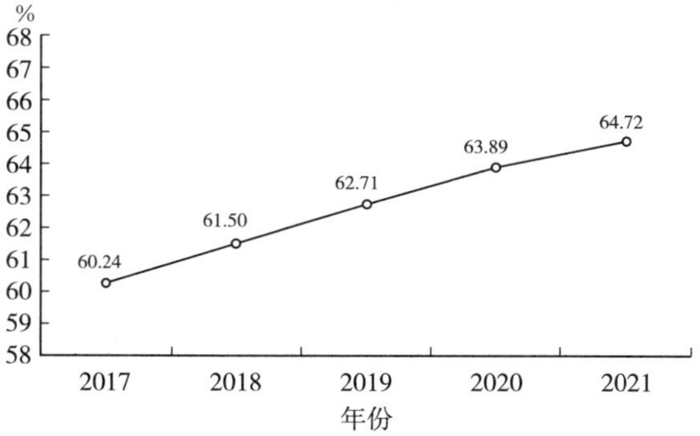

图7 2017—2021年年末常住人口城镇化率[21]

生态环境保护取得新成效。全年全国万元国内生产总值能耗[22]比上年下降2.7%。在监测的339个地级及以上城市中，全年空气质量达标的城市占64.3%，未达标的城市占35.7%；细颗粒物（PM2.5）年平均浓度30微克/米^3，比上年下降9.1%。3 641个国家地表水考核断面中，全年水质优良（Ⅰ～Ⅲ类）断面比例为84.9%，Ⅳ类断面比例为11.8%，Ⅴ类断面比例为2.2%，劣Ⅴ类断面比例为1.2%。

二、农业

全年粮食种植面积11 763万公顷，比上年增加86万公顷。其中，稻谷种植面积2 992万公顷，减少15万公顷；小麦种植面积2 357万公顷，增加19万公顷；玉米种植面积4 332万公顷，增加206万公顷。棉花种植面积303万公顷，减少14万公顷。油料种植面积1 310万公顷，减少3万公顷。糖料种植面积146万公顷，减少11万公顷。

全年粮食产量68 285万吨，比上年增加1 336万吨，增产2.0%（图8）。其中，夏粮产量14 596万吨，增产2.2%；早稻产量2 802万吨，增产2.7%；秋粮产量50 888万吨，增产1.9%。全年谷物产量63 276万吨，比上年增产2.6%。其中，稻谷产量21 284万吨，增产0.5%；小麦产量13 695万吨，增产2.0%；玉米产量27 255万吨，增产4.6%。

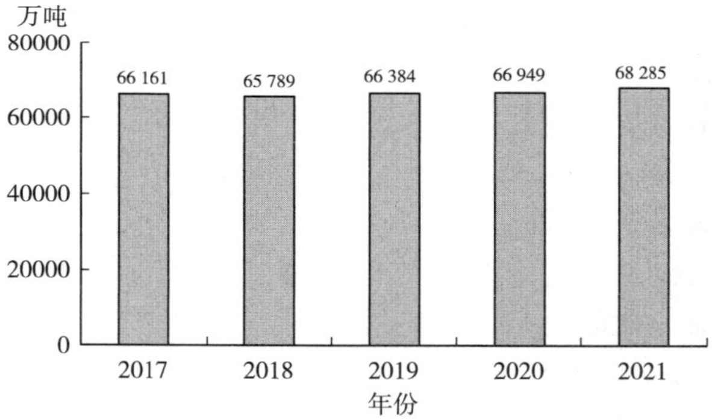

图8 2017—2021年粮食产量

全年棉花产量573万吨，比上年减产3.0%。油料产量3 613万吨，增产0.8%。糖料产量11 451万吨，减产4.7%。茶叶产量318万吨，增产8.3%。

全年猪牛羊禽肉产量8 887万吨，比上年增长16.3%。其中，猪肉产量5 296万吨，增长28.8%；牛肉产量698万吨，增长3.7%；羊肉产量514万吨，增长4.4%；禽肉产量2 380万吨，增长0.8%。禽蛋产量3 409万吨，下降1.7%。牛奶产量3 683万吨，增长7.1%。年末生猪存栏44 922万头，比上年末增长10.5%；全年生猪出栏67 128万头，比上年增长27.4%。

全年水产品产量6 693万吨，比上年增长

2.2%。其中，养殖水产品产量 5 388 万吨，增长 3.1%；捕捞水产品产量 1 305 万吨，下降 1.5%。

全年木材产量 9 888 万米^3，比上年下降 3.6%。

全年新增耕地灌溉面积 46 万公顷，新增高效节水灌溉面积 188 万公顷。

三、工业和建筑业

全年全部工业增加值 372 575 亿元，比上年增长 9.6%（图 9）。规模以上工业增加值增长 9.6%。在规模以上工业中，分经济类型看，国有控股企业增加值增长 8.0%；股份制企业增长 9.8%，外商及港澳台商投资企业增长 8.9%；私营企业增长 10.2%。分门类看，采矿业增长 5.3%，制造业增长 9.8%，电力、热力、燃气及水生产和供应业增长 11.4%。

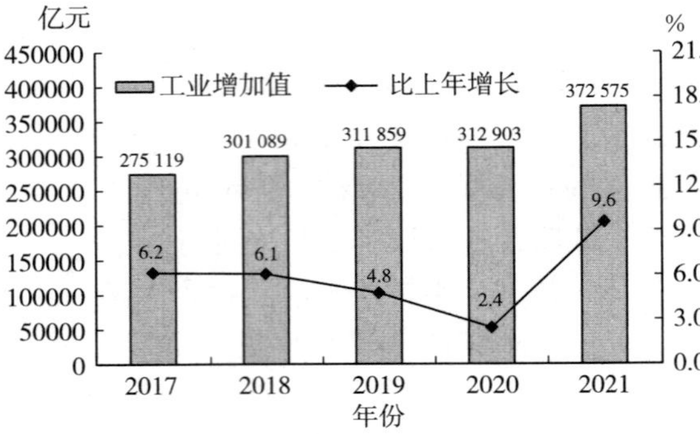

图 9　2017—2021 年全部工业增加值及其增长速度

全年规模以上工业中，农副食品加工工业增加值比上年增长 7.7%，纺织业增长 1.4%，化学原料和化学制品制造业增长 7.7%，非金属矿物制品业增长 8.0%，黑色金属冶炼和压延加工业增长 1.2%，通用设备制造业增长 12.4%，专用设备制造业增长 12.6%，汽车制造业增长 5.5%，电气机械和器材制造业增长 16.8%，计算机、通信和其他电子设备制造业增长 15.7%，电力、热力生产和供应业增长 10.9%（表 3）。

表 3　2021 年主要工业产品产量及其增长速度[23]

产品名称	单位	产量	比上年增长（%）
纱	万吨	2 873.7	9.8
布	亿米	502.0	9.3
化学纤维	万吨	6 708.5	9.5
成品糖	万吨	1 482.3	3.6
卷烟	亿支	24 182.4	1.3
彩色电视机	万台	18 496.5	−5.8
其中：液晶电视机	万台	17 424.3	−9.5
家用电冰箱	万台	8 992.1	−0.3
房间空气调节器	万台	21 835.7	3.8
一次能源生产总量	亿吨标准煤	43.3	6.2
原煤	亿吨	41.3	5.7
原油	万吨	19 888.1	2.1
天然气	亿米^3	2 075.8	7.8
发电量	亿千瓦·时	85 342.5	9.7
其中：火电[24]	亿千瓦·时	58 058.7	8.9
水电	亿千瓦·时	13 390.0	−1.2
核电	亿千瓦·时	4 075.2	11.3
粗钢	万吨	103 524.3	−2.8
钢材[25]	万吨	133 666.8	0.9
十种有色金属	万吨	6 477.1	4.7
其中：精炼铜（电解铜）	万吨	1 048.7	4.6

（续）

产品名称	单位	产量	比上年增长（%）
原铝（电解铝）	万吨	3 850.3	3.8
水泥	亿吨	23.8	−0.4
硫酸（折100%）	万吨	9 382.7	1.6
烧碱（折100%）	万吨	3 891.3	5.9
乙烯	万吨	2 825.7	30.8
化肥（折100%）	万吨	5 543.6	0.9
发电机组（发电设备）	万千瓦	15 954.6	19.2
汽车	万辆	2 652.8	4.8
其中：基本型乘用车（轿车）	万辆	976.5	5.7
运动型多用途乘用车（SUV）	万辆	973.6	7.6
大中型拖拉机	万台	41.2	19.4
集成电路	亿块	3 594.3	37.5
程控交换机	万线	699.6	−0.4
移动通信手持机	万台	166 151.6	13.1
微型计算机设备	万台	46 692.0	23.5
工业机器人	万台（套）	36.6	67.9

年末全国发电装机容量237 692万千瓦，比上年末增长7.9%。其中[26]，火电装机容量129 678万千瓦，增长4.1%；水电装机容量39 092万千瓦，增长5.6%；核电装机容量5 326万千瓦，增长6.8%；并网风电装机容量32 848万千瓦，增长16.6%；并网太阳能发电装机容量30 656万千瓦，增长20.9%。

全年规模以上工业企业利润87 092亿元，比上年增长[27]34.3%。分经济类型看，国有控股企业利润22 770亿元，比上年增长56.0%；股份制企业62 702亿元，增长40.2%，外商及港澳台商投资企业22 846亿元，增长21.1%；私营企业29 150亿元，增长27.6%。分门类看，采矿业利润10 391亿元，比上年增长190.7%；制造业73 612亿元，增长31.6%；电力、热力、燃气及水生产和供应业3 089亿元，下降41.9%。全年规模以上工业企业每百元营业收入中的成本为83.74元，比上年减少0.23元；营业收入利润率为6.81%，提高0.76个百分点。年末规模以上工业企业资产负债率为56.1%，比上年末下降0.1个百分点。全年全国工业产能利用率[28]为77.5%。

全年建筑业增加值80 138亿元，比上年增长2.1%（图10）。全国具有资质等级的总承包和专业承包建筑业企业利润8 554亿元，比上年增长1.3%，其中国有控股企业3 620亿元，增长8.0%。

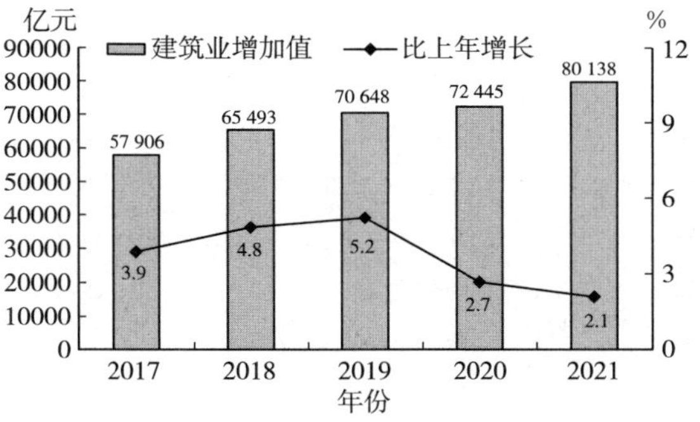

图10　2017—2021年建筑业增加值及其增长速度

四、服务业

全年批发和零售业增加值110 493亿元，比上年增长11.3%；交通运输、仓储和邮政业增加值47 061亿元，增长12.1%；住宿和餐饮业增加值17 853亿元，增长14.5%；金融业增加值91 206亿元，增长4.8%；房地产业增加值77 561亿元，增长5.2%；信息传输、软件和信息技术服务业增加值43 956亿元，增长17.2%；租赁和商务服务业增加值35 350亿元，增长6.2%。全年规模以上服务业企业营业收入比上年增长18.7%，利润总额增长 13.4%（图 11）。

图 11　2017—2021 年服务业增加值及其增长速度

全年货物运输总量[29] 530 亿吨，货物运输周转量 223 574 亿吨公里（表 4）。全年港口完成货物吞吐量 155 亿吨，比上年增长 6.8%，其中，外贸货物吞吐量 47 亿吨，增长 4.5%。港口集装箱吞吐量 28 272 万标准箱，增长 7.0%。

表 4　2021 年各种运输方式完成货物运输量及其增长速度

指　标	单位	绝对数	比上年增长（%）
货物运输总量	亿吨	529.7	12.3
铁路	亿吨	47.2	5.9
公路	亿吨	391.4	14.2
水路	亿吨	82.4	8.2
民航	万吨	731.8	8.2
管道	亿吨	8.7	5.7
货物运输周转量	亿吨公里	223 574.4	13.7
铁路	亿吨公里	33 190.7	9.3
公路	亿吨公里	69 087.7	14.8
水路	亿吨公里	115 577.5	9.2
民航	亿吨公里	278.2	15.8
管道	亿吨公里	5 440.3	4.9

全年旅客运输总量 83 亿人次，比上年下降 14.1%。旅客运输周转量 19 758 亿人公里，增长 2.6%（表 5）。

年末全国民用汽车保有量 30 151 万辆（包括三轮汽车和低速货车 732 万辆），比上年末增加 2 064万辆，其中私人汽车保有量 26 246 万辆，增加 1 852 万辆。民用轿车保有量 16 739 万辆，增加 1 099 万辆，其中私人轿车保有量 15 732 万辆，增加 1 059 万辆。

全年完成邮政行业业务总量[30] 13 698 亿元，比上年增长 25.1%。邮政业全年完成邮政函件业

表 5　2021 年各种运输方式完成旅客运输量及其增长速度

指　标	单位	绝对数	比上年增长（%）
旅客运输总量	亿人次	83.0	−14.1
铁路	亿人次	26.1	18.5
公路	亿人次	50.9	−26.2
水路	亿人次	1.6	9.0
民航	亿人次	4.4	5.5
旅客运输周转量	亿人公里	19 758.2	2.6
铁路	亿人公里	9 567.8	15.7
公路	亿人公里	3 627.5	−21.8
水路	亿人公里	33.1	0.4
民航	亿人公里	6 529.7	3.5

务 10.9 亿件，包裹业务 0.2 亿件，快递业务量 1 083.0亿件，快递业务收入 10 332 亿元（图 12）。全年完成电信业务总量[31] 16 960 亿元，比上年增长 27.8%。年末移动电话基站数[32] 996 万个，其中 4G 基站 590 万个，5G 基站 143 万个。全国电话用户总数 182 353 万户，其中移动电话用户 164 283万户。移动电话普及率为 116.3 部/百人。固定互联网宽带接入用户[33] 53 579 万户，比上年末增加 5 224 万户，其中固定互联网光纤宽带接入用户[34] 50 551 万户，增加 5 136 万户（图 13）。蜂窝物联网终端用户[35] 13.99 亿户，增加 2.64 亿户。互联网上网人数 10.32 亿人，其中手机上网人数[36] 10.29 亿人。互联网普及率为 73.0%，其中农村地区互联网普及率为 57.6%。全年移动互联网用户接入流量 2 216 亿 GB，比上年增长 33.9%。全年软件和信息技术服务业[37] 完成软件业务收入 94 994 亿元，按可比口径计算，比上年增长 17.7%。

图 12　2017—2021 年快递业务量及其增长速度

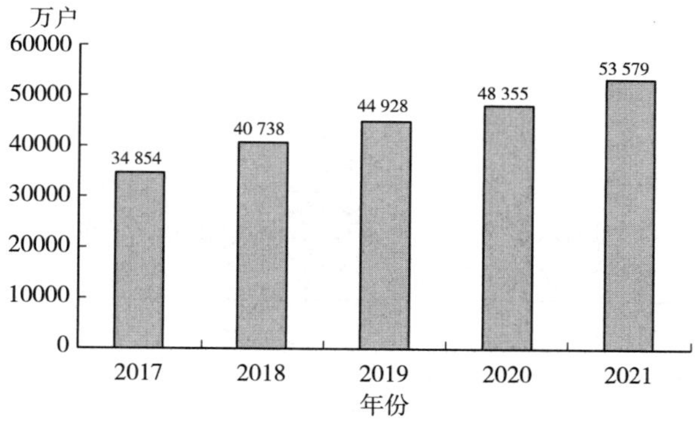

图 13　2017—2021 年年末固定互联网宽带接入用户数

五、国内贸易

全年社会消费品零售总额 440 823 亿元，比上年增长 12.5%（图 14）。按经营地统计，城镇消费品零售额 381 558 亿元，增长 12.5%；乡村消费品零售额 59 265 亿元，增长 12.1%。按消费类型统计，商品零售额 393 928 亿元，增长 11.8%；餐饮收入额 46 895 亿元，增长 18.6%。

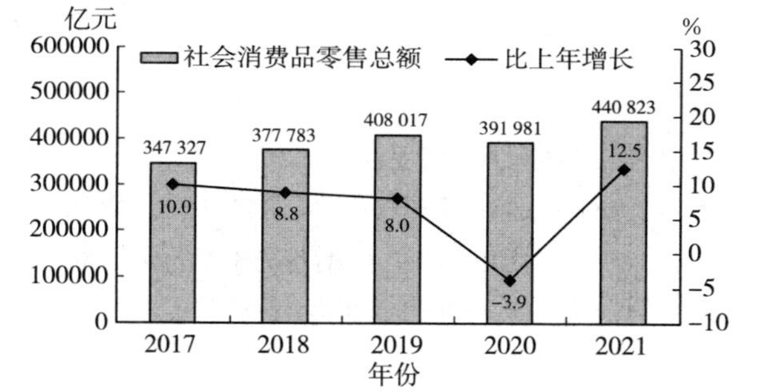

图 14　2017—2021 年社会消费品零售总额及其增长速度

全年限额以上单位商品零售额中，粮油、食品类零售额比上年增长 10.8%，饮料类增长 20.4%，烟酒类增长 21.2%，服装、鞋帽、针纺织品类增长 12.7%，化妆品类增长 14.0%，金银珠宝类增长 29.8%，日用品类增长 14.4%，家用电器和音像器材类增长 10.0%，中西药品类增长 9.9%，文化办公用品类增长 18.8%，家具类增长 14.5%，通讯器材类增长 14.6%，建筑及装潢材料类增长 20.4%，石油及制品类增长 21.2%，汽车类增长 7.6%。

全年实物商品网上零售额 108 042 亿元，按可比口径计算，比上年增长 12.0%，占社会消费品零售总额的比重为 24.5%。

六、固定资产投资

全年全社会固定资产投资[38] 552 884 亿元，比上年增长 4.9%。固定资产投资（不含农户）544 547亿元，增长 4.9%。在固定资产投资（不含农户）中，分区域看[39]，东部地区投资增长 6.4%，中部地区投资增长 10.2%，西部地区投资增长 3.9%，东北地区投资增长 5.7%。

在固定资产投资（不含农户）中，第一产业投资 14 275 亿元，比上年增长 9.1%；第二产业投资 167 395 亿元，增长 11.3%；第三产业投资362 877 亿元，增长 2.1%。民间固定资产投资[40] 307 659 亿元，增长 7.0%（图 15）。基础设施投资[41] 增长 0.4%。社会领域投资[42]增长 10.7%（表 6、表 7）。

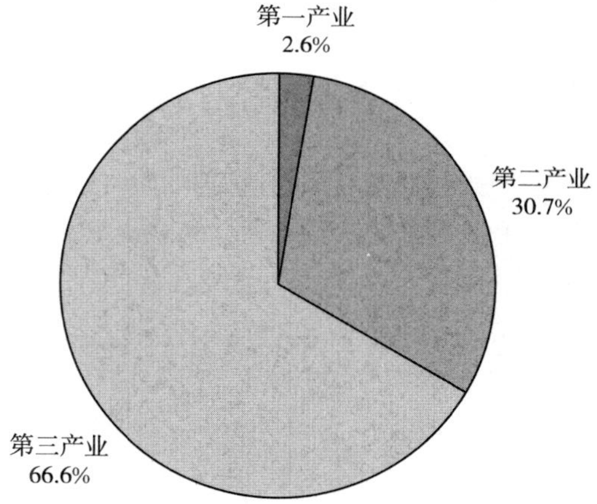

图 15　2021 年三次产业投资占固定资产投资（不含农户）比重

全年房地产开发投资 147 602 亿元，比上年增长 4.4%。其中，住宅投资 111 173 亿元，增长 6.4%；办公楼投资 5 974 亿元，下降 8.0%；商业

表 6　2021 年分行业固定资产投资（不含农户）增长速度

行　业	比上年增长（%）	行　业	比上年增长（%）
总计	4.9	金融业	1.9
农林牧渔业	9.3	房地产业[43]	5.0
采矿业	10.9	租赁和商务服务业	13.6
制造业	13.5	科学研究和技术服务业	14.5
电力、热力、燃气及水生产和供应业	1.1	水利、环境和公共设施管理业	−1.2

（续）

行　　业	比上年增长（%）	行　　业	比上年增长（%）
建筑业	1.6	居民服务、修理和其他服务业	−10.3
批发和零售业	−5.9	教育	11.7
交通运输、仓储和邮政业	1.6	卫生和社会工作	19.5
住宿和餐饮业	6.6	文化、体育和娱乐业	1.6
信息传输、软件和信息技术服务业	−12.1	公共管理、社会保障和社会组织	−38.2

表7　2021年固定资产投资新增主要生产与运营能力

指　　标	单位	绝对数
新增220千伏及以上变电设备	万千伏安	24 334
新建铁路投产里程	公里	4 208
其中：高速铁路	公里	2 168
增、新建铁路复线投产里程	公里	2 769
电气化铁路投产里程	公里	4 189
新改建高速公路里程	公里	9 028
港口万吨级码头泊位新增通过能力	万吨/年	25 368
新增民用运输机场	个	7
新增光缆线路长度	万公里	319

营业用房投资12 445亿元，下降4.8%。年末商品房待售面积51 023万米^2，比上年末增加1 173万米^2，其中商品住宅待售面积22 761万米^2，增加381万米^2（表8）。

全年全国各类棚户区改造开工165万套，基本建成205万套；全国保障性租赁住房开工建设和筹集94万套。

表8　2021年房地产开发和销售主要指标及其增长速度

指　标	单位	绝对数	比上年增长（%）
投资额	亿元	147 602	4.4
其中：住宅	亿元	111 173	6.4
房屋施工面积	万米^2	975 387	5.2
其中：住宅	万米^2	690 319	5.3
房屋新开工面积	万米^2	198 895	−11.4
其中：住宅	万米^2	146 379	−10.9
房屋竣工面积	万米^2	101 412	11.2
其中：住宅	万米^2	73 016	10.8
商品房销售面积	万米^2	179 433	1.9
其中：住宅	万米^2	156 532	1.1
本年到位资金	亿元	201 132	4.2
其中：国内贷款	亿元	23 296	−12.7
个人按揭贷款	亿元	32 388	8.0

七、对外经济

全年货物进出口总额391 009亿元，比上年增长21.4%。其中，出口217 348亿元，增长21.2%；进口173 661亿元，增长21.5%（图16）。货物进出口顺差43 687亿元，比上年增加7 344亿元。对“一带一路”[44]沿线国家进出口总额115 979亿元，比上年增长23.6%。其中，出口65 924亿元，增长21.5%；进口50 055亿元，增长26.4%。（具体情况见表9～12）。

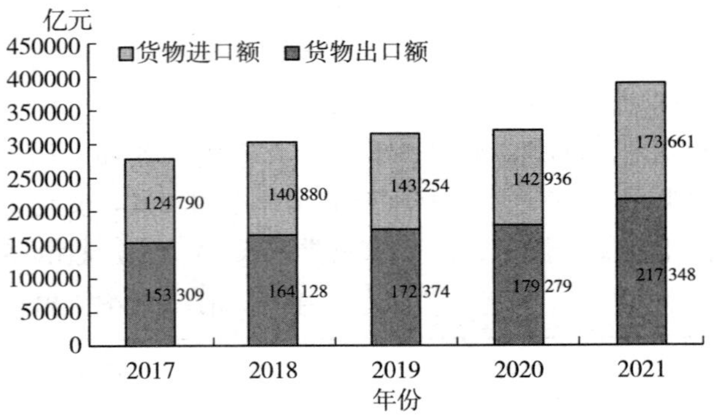

图16　2017—2021年货物进出口总额

表 9　2021 年货物进出口总额及其增长速度

指　　标	金额（亿元）	比上年增长（%）
货物进出口总额	391 009	21.4
货物出口额	217 348	21.2
其中：一般贸易	132 445	24.4
加工贸易	53 378	9.9
其中：机电产品	128 286	20.4
高新技术产品	63 266	17.9
货物进口额	173 661	21.5
其中：一般贸易	108 395	25.0
加工贸易	31 601	13.3
其中：机电产品	73 657	12.2
高新技术产品	54 088	14.7
货物进出口顺差	43 687	20.2

表 10　2021 年主要商品出口数量、金额及其增长速度

商品名称	单位	数量	比上年增长（%）	金额（亿元）	比上年增长（%）
钢材	万吨	6 690	24.6	5 289	67.9
纺织纱线、织物及制品	—	—	—	9 384	−12.2
服装及衣着附件	—	—	—	11 000	15.6
鞋靴	万双	873 231	18.1	3 097	26.2
家具及其零件	—	—	—	4 772	18.2
箱包及类似容器	万吨	244	21.4	1 800	26.1
玩具	—	—	—	2 980	28.6
塑料制品	—	—	—	6 397	20.5
集成电路	亿个	3 107	19.6	9 930	23.4
自动数据处理设备及其零部件	—	—	—	16 488	12.9
手机	万台	95 420	−1.2	9 447	9.3
集装箱	万个	484	144.0	1 514	198.3
液晶显示板	万个	142 439	12.4	1 788	30.5
汽车（包括底盘）	万辆	212	95.9	2 227	104.6

表 11　2021 年主要商品进口数量、金额及其增长速度

商品名称	单位	数量	比上年增长（%）	金额（亿元）	比上年增长（%）
大豆	万吨	9 652	−3.8	3 459	26.1
食用植物油	万吨	1 039	−3.7	706	24.0
铁矿砂及其精矿	万吨	112 432	−3.9	11 942	39.6
煤及褐煤	万吨	32 322	6.6	2 319	64.1
原油	万吨	51 298	−5.4	16 618	34.4

（续）

商品名称	单位	数量	比上年增长（%）	金额（亿元）	比上年增长（%）
成品油	万吨	2 712	−4.0	1 078	31.6
天然气	万吨	12 136	19.9	3 601	56.3
初级形状的塑料	万吨	3 397	−16.4	3 950	8.8
纸浆	万吨	2 969	−2.7	1 296	19.5
钢材	万吨	1 427	−29.5	1 210	3.9
未锻轧铜及铜材	万吨	553	−17.2	3 387	12.5
集成电路	亿个	6 355	16.9	27 935	15.4
汽车（包括底盘）	万辆	94	0.6	3 489	7.6

表12　2021年对主要国家和地区货物进出口金额、增长速度及其比重

国家和地区	出口额（亿元）	比上年增长（%）	占全部出口比重（%）	进口额（亿元）	比上年增长（%）	占全部进口比重（%）
东盟	31 255	17.7	14.4	25 489	22.2	14.7
欧盟	33 483	23.7	15.4	20 028	12.1	11.5
美国	37 224	19.0	17.1	11 603	24.2	6.7
日本	10 722	8.5	4.9	13 298	10.1	7.7
韩国	9 617	23.5	4.4	13 791	15.1	7.9
中国香港	22 641	20.3	10.4	627	30.2	0.4
中国台湾	5 063	21.7	2.3	16 146	16.5	9.3
巴西	3 464	43.4	1.6	7 138	20.3	4.1
俄罗斯	4 364	24.7	2.0	5 122	28.2	2.9
印度	6 302	36.6	2.9	1 819	25.1	1.0
南非	1 365	29.4	0.6	2 147	49.4	1.2

全年服务进出口总额52 983亿元，比上年增长16.1%。其中，服务出口25 435亿元，增长31.4%；服务进口27 548亿元，增长4.8%。服务进出口逆差2 113亿元。

全年外商直接投资（不含银行、证券、保险领域）新设立企业47 643家，比上年增长23.5%（表13）。实际使用外商直接投资金额11 494亿元，增长14.9%，折1 735亿美元，增长20.2%。其中，“一带一路”沿线国家对华直接投资（含通过部分自由港对华投资）新设立企业5 336家，增长24.3%；对华直接投资金额743亿元，增长29.4%，折112亿美元，增长36.0%。全年高技术产业实际使用外资3 469亿元，增长17.1%，折522亿美元，增长22.1%。

表13　2021年外商直接投资（不含银行、证券、保险领域）及其增长速度

行　业	企业数（家）	比上年增长（%）	实际使用金额（亿元）	比上年增长（%）
总计	47 643	23.5	11 494	14.9
其中：农林牧渔业	491	−0.4	55	38.4
制造业	4 455	19.4	2 216	2.8
电力、热力、燃气及水生产和供应业	465	78.9	249	14.9

（续）

行　　业	企业数（家）	比上年增长（%）	实际使用金额（亿元）	比上年增长（%）
交通运输、仓储和邮政业	693	17.1	351	1.3
信息传输、软件和信息技术服务业	4 053	15.1	1 345	18.8
批发和零售业	13 379	23.7	1 098	34.1
房地产业	1 125	−5.5	1 571	11.7
租赁和商务服务业	9 290	23.7	2 193	19.3
居民服务、修理和其他服务业	522	16.8	31	44.6

全年对外非金融类直接投资额 7 332 亿元，比上年下降 3.5%，折 1 136 亿美元，增长 3.2%（表 14）。其中，对“一带一路”沿线国家非金融类直接投资额 203 亿美元，增长 14.1%。

表 14　2021 年对外非金融类直接投资额及其增长速度

行　　业	金额（亿美元）	比上年增长（%）
总计	1 136.4	3.2
其中：农林牧渔业	11.3	−18.7
采矿业	49.8	−2.2
制造业	184.0	−7.9
电力、热力、燃气及水生产和供应业	48.9	75.9
建筑业	55.7	7.9
批发和零售业	176.5	9.8
交通运输、仓储和邮政业	51.0	92.5
信息传输、软件和信息技术服务业	75.3	12.2
房地产业	24.9	−8.8
租赁和商务服务业	366.2	−12.4

全年对外承包工程完成营业额 9 996 亿元，比上年下降 7.1%，折 1 549 亿美元，下降 0.6%。其中，对“一带一路”沿线国家完成营业额 897 亿美元，下降 1.6%，占对外承包工程完成营业额比重为 57.9%。对外劳务合作派出各类劳务人员 32 万人。

八、财政金融

全年全国一般公共预算收入 202 539 亿元，比上年增长 10.7%，其中税收收入 172 731 亿元，增长 11.9%（图 17）。全国一般公共预算支出 246 322亿元，比上年增长 0.3%。全年新增减税降费约 1.1 万亿元。

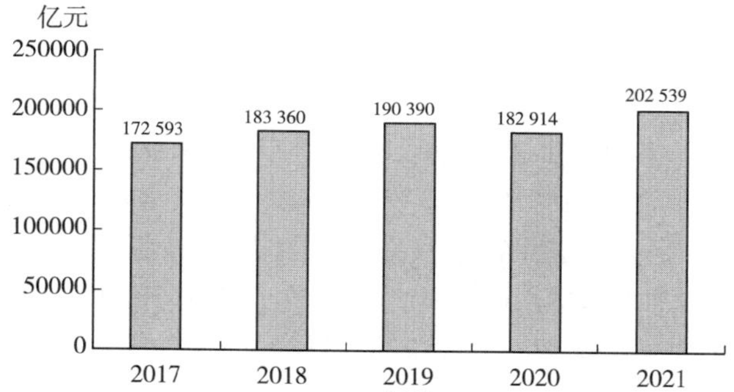

图 17　2017—2021 年全国一般公共预算收入

注：图中 2017 年至 2020 年数据为全国一般公共预算收入决算数，2021 年为执行数。

年末广义货币供应量（M2）余额 238.3 万亿元，比上年末增长 9.0%；狭义货币供应量（M1）余额 64.7 万亿元，增长 3.5%；流通中货币（M0）余额 9.1 万亿元，增长 7.7%。

全年社会融资规模增量[45] 31.4 万亿元，按可比口径计算，比上年少 3.4 万亿元。年末社会融资规模存量[46]314.1万亿元，按可比口径计算，比上年末增长10.3%，其中，对实体经济发放的人民币贷款余额191.5万亿元，增长11.6%。年末全部金融机构本外币各项存款余额238.6万亿元，比年初增加20.2万亿元，其中，人民币各项存款余额232.3万亿元，增加19.7万亿元（表15）。全部金融机构本外币各项贷款余额198.5万亿元，增加20.1万亿元，其中人民币各项贷款余额192.7万亿元，增加19.9万亿元。人民币普惠金融贷款[47]余额26.5万亿元，增加5.0万亿元。

表15 2021年年末全部金融机构本外币存贷款余额及其增长速度

指　标	年末数（亿元）	比上年末增长（%）
各项存款	2 386 062	9.3
其中：境内住户存款	1 033 118	10.6
其中：人民币	1 025 012	10.7
境内非金融企业存款	730 137	6.1
各项贷款	1 985 108	11.3
其中：境内短期贷款	520 506	5.7
境内中长期贷款	1 291 149	13.5

年末主要农村金融机构（农村信用社、农村合作银行、农村商业银行）人民币贷款余额242 496亿元，比年初增加26 607亿元。全部金融机构人民币消费贷款余额548 849亿元，增加53 181亿元。其中，个人短期消费贷款余额93 558亿元，增加6 080亿元；个人中长期消费贷款余额455 292亿元，增加47 101亿元。

全年沪深交易所A股累计筹资[48]16 743亿元，比上年增加1 326亿元。沪深交易所首次公开发行上市A股481只，筹资5 351亿元，比上年增加609亿元，其中科创板股票162只，筹资2 029亿元；沪深交易所A股再融资（包括公开增发、定向增发、配股、优先股、可转债转股）11 391亿元，增加717亿元。北京证券交易所公开发行股票11只，筹资[49]21亿元。全年各类主体通过沪深交易所发行债券（包括公司债、可转债、可交换债、政策性金融债、地方政府债和企业资产支持证券）筹资86 553亿元，比上年增加1 776亿元。全国中小企业股份转让系统[50]挂牌公司6 932家，全年挂牌公司累计股票筹资260亿元。

全年发行公司信用类债券[51]14.7万亿元，比上年增加0.5万亿元。

全年保险公司原保险保费收入[52]44 900亿元，按可比口径计算，比上年增长4.0%。其中，寿险业务原保险保费收入23 572亿元，健康险和意外伤害险业务原保险保费收入9 657亿元，财产险业务原保险保费收入11 671亿元。支付各类赔款及给付15 609亿元。其中，寿险业务给付3 540亿元，健康险和意外伤害险业务赔款及给付4 381亿元，财产险业务赔款7 687亿元。

九、居民收入消费和社会保障

全年全国居民人均可支配收入35 128元，比上年增长9.1%，扣除价格因素，实际增长8.1%（图18）。全国居民人均可支配收入中位数[53]29 975元，增长8.8%。按常住地分，城镇居民人均可支配收入47 412元，比上年增长8.2%，扣除价格因素，实际增长7.1%。城镇居民人均可支配收入中位数43 504元，增长7.7%。农村居民人均可支配收入18 931元，比上年增长10.5%，扣除价格因素，实际增长9.7%。农村居民人均可支配收入中位数16 902元，增长11.2%。城乡居民人均可支配收入比值为2.50，比上年缩小0.06。按全国居民五等份收入分组[54]，低收入组人均可支配收入8 333元，中间偏下收入组人均可支配收入18 445元，中间收入组人均可支配收入29 053元，中间偏上收入组人均可支配收入44 949元，高收入组人均可支配收入85 836元。全国农民工人均月收入4 432元，比上年增长8.8%。全年脱贫县[55]农村居民人均可支配收入14 051元，比上年增长11.6%，扣除价格因素，实际增长10.8%。

全年全国居民人均消费支出24 100元，比上年增长13.6%，扣除价格因素，实际增长12.6%。其中，人均服务性消费支出[56]10 645元，比上年增长17.8%，占居民人均消费支出的比重为44.2%（图19）。按常住地分，城镇居民人均消费支出30 307元，增长12.2%，扣除价格因素，实际增长11.1%；农村居民人均消费支出15 916元，增长16.1%，扣除价格因素，实际增长15.3%。全国居民恩格尔系数为29.8%，其中城镇为28.6%，农村为32.7%。

年末全国参加城镇职工基本养老保险人数48 075万人，比上年末增加2 454万人。参加城乡居民基本养老保险人数54 797万人，增加554万

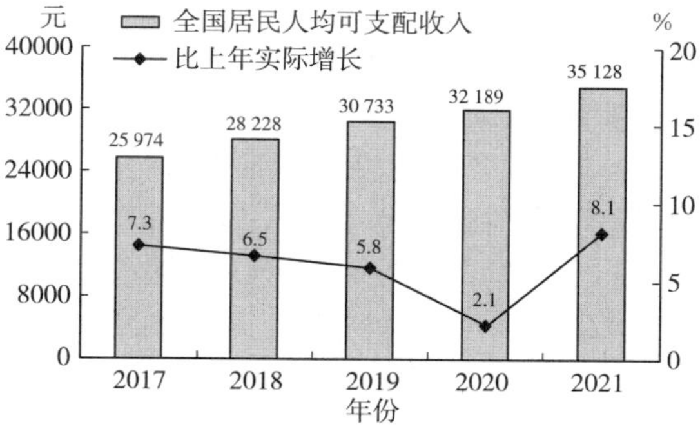

图 18　2017—2021 年全国居民人均可支配收入及其增长速度

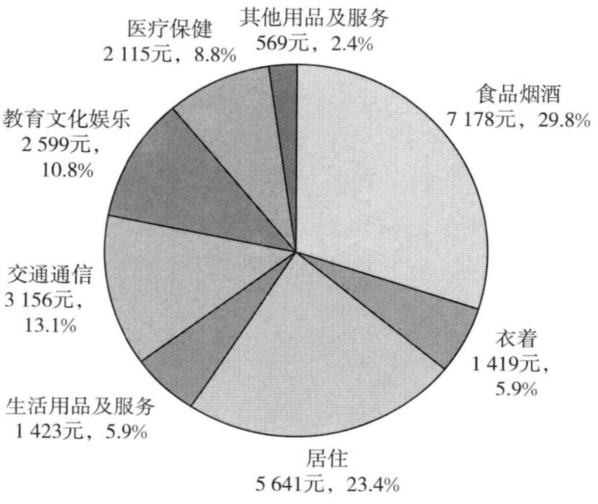

图 19　2021 年全国居民人均消费支出及其构成

人。参加基本医疗保险人数 136 424 万人，增加 293 万人。其中，参加职工基本医疗保险人数 35 422万人，增加 967 万人；参加城乡居民基本医疗保险人数 101 002 万人。参加失业保险人数 22 958万人，增加 1 268 万人。年末全国领取失业保险金人数 259 万人。参加工伤保险人数 28 284 万人，增加 1 521 万人，其中，参加工伤保险的农民工 9 086 万人，增加 152 万人。参加生育保险人数 23 851 万人，增加 283 万人。年末全国共有 738 万人享受城市最低生活保障，3 474 万人享受农村最低生活保障，438 万人享受农村特困人员[57]救助供养，全年临时救助[58]1 089 万人次。全年国家抚恤、补助退役军人和其他优抚对象 817 万人。

年末全国共有各类提供住宿的民政服务机构 4.3 万个，其中，养老机构 4.0 万个，儿童福利和救助保护机构 801 个。民政服务床位[59]840.2 万张，其中，养老服务床位 813.5 万张，儿童福利和救助保护机构床位 9.6 万张。年末共有社区服务中心 2.9 万个，社区服务站 47.2 万个。

十、科学技术和教育

全年研究与试验发展（R&D）经费支出27 864 亿元，比上年增长 14.2%，与国内生产总值之比为 2.44%，其中，基础研究经费 1 696 亿元（图 20）。国家自然科学基金共资助 4.87 万个项目。截至年末，正在运行的国家重点实验室 533 个，纳入新序列管理的国家工程研究中心 191 个，国家企业技术中心 1 636 家，大众创业万众创新示范基地 212 家。国家科技成果转化引导基金累计设立 36 支子基金，资金总规模 624 亿元。国家级科技企业孵化器[60]1 287家，国家备案众创空间[61]2 551家。全年授予专利权 460.1 万件，比上年增长 26.4%；PCT 专利申请受理量[62]7.3 万件。截至年末，有效专利 1 542.1万件，其中境内有效发明专利 270.4 万件。每万人口高价值发明专利拥有量[63]7.5 件（表 16）。全年商标注册 773.9 万件，比上年增长 34.3%。全年共签订技术合同 67 万项，技术合同成交金额 37 294 亿元，比上年增长 32.0%。

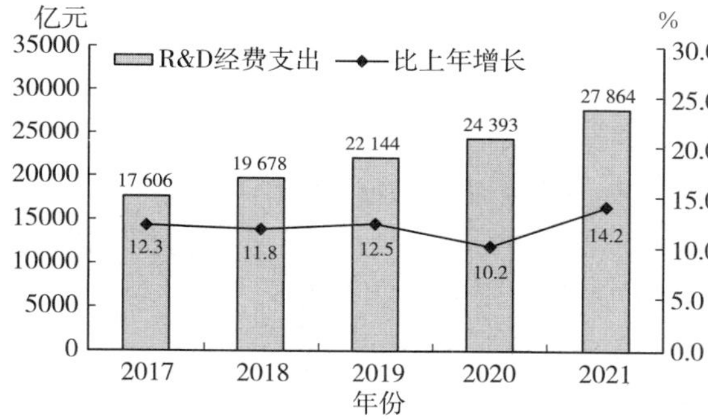

图 20　2017—2021 年研究与试验发展（R&D）经费支出及其增长速度

表 16　2021 年专利授权和有效专利情况

指　　标	专利数（万件）	比上年增长（%）
专利授权数	460.1	26.4
其中：境内专利授权	445.1	27.0
其中：发明专利授权	69.6	31.3
其中：境内发明专利	57.8	33.2
年末有效专利数	1 542.1	26.5
其中：境内有效专利	1 429.5	28.6
其中：有效发明专利	359.7	17.6
其中：境内有效发明专利	270.4	22.2

全年成功完成52次宇航发射。天问一号探测器成功着陆火星，祝融号火星车驶上火星表面。天和核心舱发射成功，神舟十二号、神舟十三号等任务相继实施，中国人首次进入自己的空间站。羲和号探日卫星成功发射运行。祖冲之二号、九章二号成功研制，我国在超导量子和光量子两种物理体系上实现量子计算优越性。海斗一号全海深无人潜水器打破多项世界纪录。华龙一号自主三代核电机组投入商业运行。

年末全国共有国家质检中心869家。全国现有产品质量、体系和服务认证机构932个，累计完成对87万家企业的认证。全年制定、修订国家标准2 815项，其中新制定1 900项。全年制造业产品质量合格率[64]为93.08%。

全年研究生教育招生117.7万人，在学研究生333.2万人，毕业生77.3万人。普通、职业本专科[65]招生1 001.3万人，在校生3 496.1万人，毕业生826.5万人。中等职业教育[66]招生656.2万人，在校生1 738.5万人，毕业生484.1万人。普通高中招生905.0万人，在校生2 605.0万人，毕业生780.2万人（图21）。初中招生1 705.4万人，在校生5 018.4万人，毕业生1 587.1万人。普通小学招生1 782.6万人，在校生10 779.9万人，毕业生1 718.0万人。特殊教育招生14.9万人，在校生92.0万人，毕业生14.6万人。学前教育在园幼儿4 805.2万人。九年义务教育巩固率为95.4%，高中阶段毛入学率为91.4%。

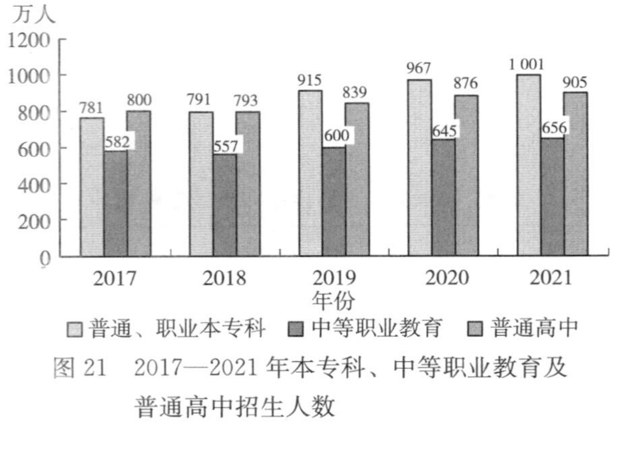

图21　2017—2021年本专科、中等职业教育及普通高中招生人数

十一、文化旅游、卫生健康和体育

年末全国文化和旅游系统共有艺术表演团体2 044个，博物馆3 671个。全国共有公共图书馆3 217个，总流通[67]72 898万人次；文化馆3 317个。有线电视实际用户2.01亿户，其中，有线数字电视实际用户1.95亿户。年末广播节目综合人口覆盖率为99.5%，电视节目综合人口覆盖率为99.7%。全年生产电视剧194部6 736集，电视动画片78 372分钟。全年生产故事影片565部，科教、纪录、动画和特种影片[68]175部。出版各类报纸276亿份，各类期刊20亿册，图书110亿册（张），人均图书拥有量[69]7.76册（张）。年末全国共有档案馆4 233个，已开放各类档案18 931万卷（件）。全年全国规模以上文化及相关产业企业营业收入119 064亿元，按可比口径计算，比上年增长16.0%。

全年国内游客32.5亿人次，比上年增长12.8%（图22）。其中，城镇居民游客23.4亿人次，增长13.4%；农村居民游客9.0亿人次，增长11.1%。国内旅游收入29 191亿元，增长31.0%。其中，城镇居民游客花费23 644亿元，增长31.6%；农村居民游客花费5 547亿元，增长28.4%。

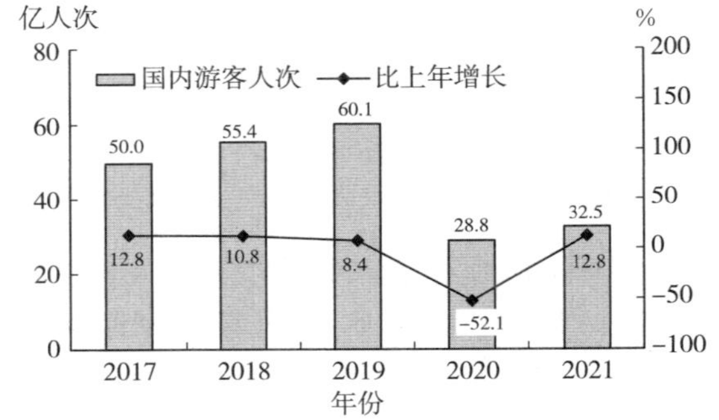

图22　2017—2021年国内游客人次及其增长速度

年末全国共有医疗卫生机构103.1万个，其中，医院3.7万个，在医院中有公立医院1.2万个，民营医院2.5万个；基层医疗卫生机构97.7万个，其中，乡镇卫生院3.5万个，社区卫生服务中心（站）3.6万个，门诊部（所）30.7万个，村卫生室59.9万个；专业公共卫生机构1.3万个，其中疾病预防控制中心3 380个，卫生监督所（中心）2 790个。年末卫生技术人员1 123万人，其中执业医师和执业助理医师427万人，注册护士502万人（图23）。医疗卫生机构床位957万张，其中医院748万张，乡镇卫生院144万张。全年总诊疗人次[70]85.3亿人次，出院人数[71]2.4亿人。截至年末，全国累计报告新型冠状病毒肺炎确诊病

例 102 314 例，累计治愈出院病例 94 792 例，累计死亡 4 636 人。全国累计报告接种新型冠状病毒疫苗 283 533 万剂次。全国共有 11 937 家医疗卫生机构提供新型冠状病毒核酸检测服务，总检测能力达到 4 168 万份/天。

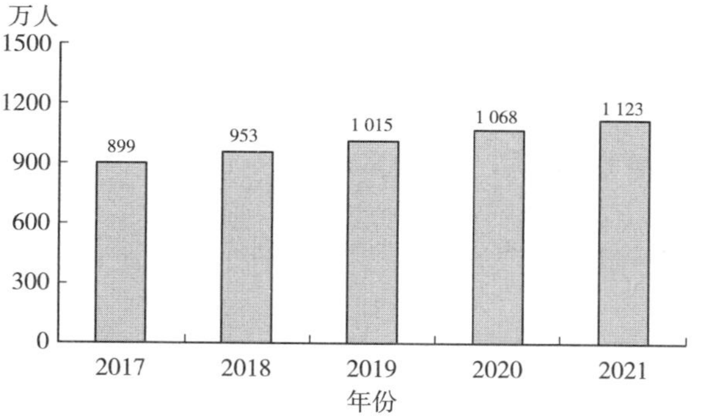

图 23　2017—2021 年年末卫生技术人员人数

年末全国共有体育场地[72] 397.1 万个，体育场地面积[73] 34.1 亿米²，人均体育场地面积 2.41 米²。全年我国运动员在 16 个运动大项中获得 67 个世界冠军，共创 12 项世界纪录。在第 32 届奥运会上，我国运动员共获得 38 枚金牌，奖牌总数 88 枚，位列奥运会金牌榜和奖牌榜第二位。全年我国残疾人运动员在 5 项国际赛事中获得 110 个世界冠军。在第 16 届残奥会上，我国运动员共获得 96 枚金牌，奖牌总数 207 枚，第五次蝉联金牌榜和奖牌榜第一位。

十二、资源、环境和应急管理

全年全国国有建设用地供应总量[74] 69.0 万公顷，比上年增长 4.8%。其中，工矿仓储用地 17.5 万公顷，增长 4.9%；房地产用地[75] 13.6 万公顷，减少 12.2%；基础设施用地 37.9 万公顷，增长 12.7%。

全年水资源总量 29 520 亿米³。全年总用水量 5 921 亿米³，比上年增长 1.9%。其中，生活用水增长 5.3%，工业用水增长 2.0%，农业用水增长 0.9%，人工生态环境补水增长 2.9%。万元国内生产总值用水量[76] 54 米³，下降 5.8%。万元工业增加值用水量 31 米³，下降 7.0%。人均用水量 419 米³，增长 1.8%。

全年完成造林面积 360 万公顷，其中人工造林面积 134 万公顷，占全部造林面积的 37.1%。种草改良面积[77] 307 万公顷。截至年末，国家级自然保护区 474 个，国家公园 5 个。新增水土流失治理面积 6.2 万平方公里。

初步核算，全年能源消费总量 52.4 亿吨标准煤，比上年增长 5.2%。煤炭消费量增长 4.6%，原油消费量增长 4.1%，天然气消费量增长 12.5%，电力消费量增长 10.3%。煤炭消费量占能源消费总量的 56.0%，比上年下降 0.9 个百分点；天然气、水电、核电、风电、太阳能发电等清洁能源消费量占能源消费总量的 25.5%，上升 1.2 个百分点（图 24）。重点耗能工业企业单位电石综合能耗下降 5.3%，单位合成氨综合能耗与上年持平，吨钢综合能耗下降 0.4%，单位电解铝综合能耗下降 2.1%，每千瓦时火力发电标准煤耗下降 0.5%。全国万元国内生产总值二氧化碳排放[78]下降 3.8%。

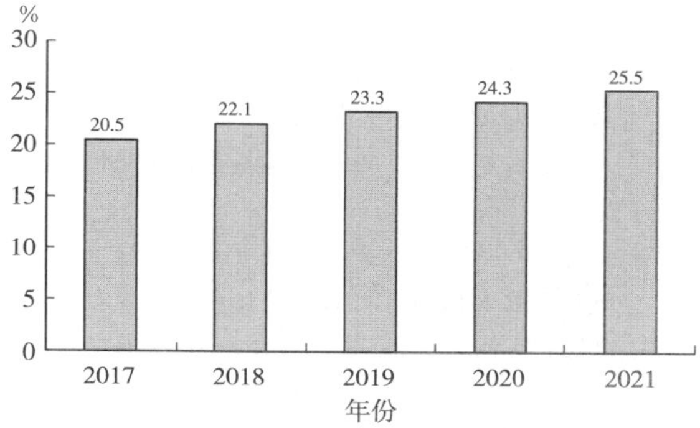

图 24　2017—2021 年清洁能源消费量占能源消费总量的比重

全年近岸海域海水水质[79]达到国家一、二类海水水质标准的面积占 81.3%，三类海水占 5.2%，四类、劣四类海水占 13.5%。

在开展城市区域声环境监测的 324 个城市中，全年昼间声环境质量好的城市占 4.9%，较好的占 61.7%，一般的占 31.5%，较差的占 1.9%。

全年平均气温为 10.53℃，比上年上升 0.28℃。共有 5 个台风登陆。

全年农作物受灾面积 1 174 万公顷，其中，绝收 163 万公顷。全年因洪涝和地质灾害造成直接经济损失 2 477 亿元，因干旱灾害造成直接经济损失 201 亿元，因低温冷冻和雪灾造成直接经济损失 133 亿元，因海洋灾害造成直接经济损失 30 亿元。全年大陆地区共发生 5.0 级以上地震 20 次，造成直接经济损失 107 亿元。全年共发生森林火灾 616 起，受害森林面积约 0.4 万公顷。

全年各类生产安全事故共死亡 26 307 人。工矿商贸企业就业人员 10 万人生产安全事故死亡人数 1.374 人，比上年上升 5.6%；煤矿百万吨死亡人数 0.045 人，下降 23.7%。道路交通事故万车死亡人数 1.57 人，下降 5.4%。

注释：

[1] 本公报中数据均为初步统计数。各项统计数据均未包括香港特别行政区、澳门特别行政区和台湾省。部分数据因四舍五入的原因，存在总计与分项合计不等的情况。

[2] 国内生产总值、三次产业及相关行业增加值、地区生产总值、人均国内生产总值和国民总收入绝对数按现价计算，增长速度按不变价格计算。

[3] 两年平均增速是指以 2019 年同期数为基数，采用几何平均的方法计算的增速。

[4] 国民总收入，原称国民生产总值，是指一个国家或地区所有常住单位在一定时期内所获得的初次分配收入总额，等于国内生产总值加上来自国外的初次分配收入净额。

[5] 全员劳动生产率为国内生产总值（按 2020 年价格计算）与全部就业人员的比率，根据第七次全国人口普查结果对历史数据进行了修订。

[6] 全国人口是指我国大陆 31 个省、自治区、直辖市和现役军人的人口，不包括居住在 31 个省、自治区、直辖市的港澳台居民和外籍人员。

[7] 人户分离的人口是指居住地与户口登记地所在的乡镇街道不一致且离开户口登记地半年及以上的人口。

[8] 见注释 [5]。

[9] 流动人口是指人户分离人口中扣除市辖区内人户分离的人口。市辖区内人户分离的人口是指一个直辖市或地级市所辖区内和区与区之间，居住地和户口登记地不在同一乡镇街道的人口。

[10] 2021 年年末，0～14 岁（含不满 15 周岁）人口为 24 678 万人，15～59 岁（含不满 60 周岁）人口为 89 846 万人。

[11] 年度农民工数量包括年内在本乡镇以外从业 6 个月及以上的外出农民工和在本乡镇内从事非农产业 6 个月及以上的本地农民工。

[12] 农产品生产者价格是指农产品生产者直接出售其产品时的价格。

[13] 居住类价格包括租赁房房租、住房保养维修及管理、水电燃料等价格。

[14] 高技术制造业包括医药制造业，航空、航天器及设备制造业，电子及通信设备制造业，计算机及办公设备制造业，医疗仪器设备及仪器仪表制造业，信息化学品制造业。

[15] 装备制造业包括金属制品业，通用设备制造业，专用设备制造业，汽车制造业，铁路、船舶、航空航天和其他运输设备制造业，电气机械和器材制造业，计算机、通信和其他电子设备制造业，仪器仪表制造业。

[16] 规模以上服务业统计范围包括：年营业收入 2 000 万元及以上的交通运输、仓储和邮政业，信息传输、软件和信息技术服务业，水利、环境和公共设施管理业，卫生行业法人单位；年营业收入 1 000 万元及以上的房地产业（不含房地产开发经营），租赁和商务服务业，科学研究和技术服务业，教育行业法人单位；以及年营业收入 500 万元及以上的居民服务、修理和其他服务业，文化、体育和娱乐业，社会工作行业法人单位。

[17] 战略性新兴服务业包括新一代信息技术产业、高端装备制造产业、新材料产业、生物产业、新能源汽车产业、新能源产业、节能环保产业和数字创意产业等八大产业中的服务业相关行业，以及新技术与创新创业等相关服务业。2021 年战略性新兴服务业企业营业收入增速按可比口径计算。

[18] 高技术产业投资包括医药制造、航空航天器及设备制造等六大类高技术制造业投资和信息服务、电子商务服务等九大类高技术服务业投资。

[19] 网上零售额是指通过公共网络交易平台（主要从事实物商品交易的网上平台，包括自建网站和第三方平台）实现的商品和服务零售额。

[20] 东部地区是指北京、天津、河北、上海、江苏、浙江、福建、山东、广东和海南 10 省（直辖市）；中部地区是指山西、安徽、江西、河南、湖北和湖南 6 省；西部地区是指内蒙古、广西、重庆、四川、贵州、云南、西藏、陕西、甘肃、青海、宁夏和新疆 12 省（自治区、直辖市）；东北地区是指辽宁、吉林和黑龙江 3 省。

[21] 根据第七次全国人口普查结果，对 2017—2019 年年末常住人口城镇化率数据进行了修订。

[22] 万元国内生产总值能耗按 2020 年价格计算。

[23] 2020 年部分产品产量数据进行了核实调整，2021 年产量增速按可比口径计算。

[24] 火电包括燃煤发电量，燃油发电量，燃气发电量，余热、余压、余气发电量，垃圾焚烧发电量，生物质发电量。

[25] 钢材产量数据中含企业之间重复加工钢材。

[26] 少量发电装机容量（如地热等）公报中未列出。

[27] 由于统计调查制度规定的调查范围变动、统计执法、剔除重复数据等因素，2021 年规模以上工业企业财务指标增速及变化按可比口径计算。

[28] 产能利用率是指实际产出与生产能力（均以价值量计量）的比率。企业的实际产出是指企业报告期内的工业总产值；企业的生产能力是指报告期内，在劳动力、原材料、燃料、运输等保证供给的情况下，生产设备（机械）保持正常运行，企业可实现并能长期维持的产品产出。

[29] 货物运输总量及周转量包括铁路、公路、水路、民航和管道五种运输方式完成量，2021 年增速按可比口径计算。

[30] 邮政行业业务总量按 2020 年价格计算。

[31] 电信业务总量按 2020 年价格计算。

[32] 移动电话基站数是指报告期末为小区服务的无线收发信设备，处理基站与移动台之间的无线通信，在移动交换机与移动台之间起中继作用，监视无线传输质量的全套设备数。

[33] 固定互联网宽带接入用户是指报告期末在电信企业登记注册，通过 xDSL、FTTx＋LAN、FTTH/O 以及其他宽带接入方式和普通专线接入公众互联网的用户。

[34] 固定互联网光纤宽带接入用户是指报告期末在电信企业登记注册，通过 FTTH 或 FTTO 方式接入公众互联网的用户。

[35] 蜂窝物联网终端用户是指报告期末接入移动通信网络并开通物联网业务的用户。物联网终端即连接传感网络层和传输网络层，实现远程采集数据及向网络层发送数据的物联网设备。

[36] 手机上网人数是指过去半年通过手机接入并使用互联网的人数。

[37] 软件和信息技术服务业包括软件开发、集成电路设计、信息系统集成和物联网技术服务、运行维护服务、信息处理和存储支持服务、信息技术咨询服务、数字内容服务和其他信息技术服务等行业。

[38] 根据统计调查方法改革和制度规定，对 2020 年固定资产投资相关数据进行修订，2021 年相关指标增速按可比口径计算。

[39] 见注释 [20]。

[40] 民间固定资产投资是指具有集体、私营、个人性质的内资调查单位以及由其控股（包括绝对控股和相对控股）的调查单位建造或购置固定资产的投资。

[41] 基础设施投资包括交通运输、邮政业，电信、广播电视和卫星传输服务业，互联网和相关服务业，水利、环境和公共设施管理业投资。

[42] 社会领域投资包括教育，卫生和社会工作，文化、体育和娱乐业投资。

[43] 房地产业投资除房地产开发投资外，还包括建设单位自建房屋以及物业管理、中介服务和其他房地产投资。

[44] “一带一路”是指“丝绸之路经济带”和“21 世纪海上丝绸之路”。

[45] 社会融资规模增量是指一定时期内实体经济从金融体系获得的资金总额。

[46] 社会融资规模存量是指一定时期末（月末、季末或年末）实体经济从金融体系获得的资金余额。

[47] 普惠金融贷款包括单户授信小于 1 000 万元的小微型企业贷款、个体工商户经营性贷款、小微企业主经营性贷款、农户生产经营贷款、建档立卡贫困人口消费贷款、创业担保贷款和助学贷款。

[48] 沪深交易所股票筹资额按上市日统计，筹资额包括了可转债实际转股金额，2020 年、2021 年可转债实际转股金额分别为 1 195 亿元、1 342 亿元。

[49] 北京证券交易所股票筹资额按上市日统计，筹资额只计入北京证券交易所开市日起新上市公司，精选层平移公司历史筹资数据保留在原全国中小企业股份转让系统统计报表中。

[50] 全国中小企业股份转让系统是 2012 年经国务院批准的全国性证券交易场所。全年全国中小企业股份转让系统挂牌公司累计筹资不含优先股，股票筹资按新增股分挂牌日统计。

[51] 公司信用类债券包括非金融企业债务融资工具、企业债券以及公司债、可转债等。

[52] 原保险保费收入是指保险企业确认的原保险合同保费收入。

[53] 人均收入中位数是指将所有调查户按人均收入水平从低到高（或从高到低）顺序排列，处于最中间位置调查户的人均收入。

[54] 全国居民五等份收入分组是指将所有调查户按人均收入水平从低到高顺序排列，平均分为五个等份，处于最低20%的收入家庭为低收入组，依此类推依次为中间偏下收入组、中间收入组、中间偏上收入组、高收入组。

[55] 脱贫县包括原832个国家扶贫开发工作重点县和集中连片特困地区县，以及新疆阿克苏地区7个市县。

[56] 服务性消费支出是指住户用于餐饮服务、教育文化娱乐服务和医疗服务等各种生活服务的消费支出。

[57] 农村特困人员是指无劳动能力，无生活来源，无法定赡养、抚养、扶养义务人或者其法定义务人无履行义务能力的农村老年人、残疾人以及未满16周岁的未成年人。

[58] 临时救助是指国家对遭遇突发事件、意外伤害、重大疾病或其他特殊原因导致基本生活陷入困境，其他社会救助制度暂时无法覆盖或救助之后基本生活暂时仍有严重困难的家庭或个人给予的应急性、过渡性的救助。

[59] 民政服务床位除收养性机构外，还包括救助类机构、社区类机构的床位。

[60] 国家级科技企业孵化器是指符合《科技企业孵化器管理办法》规定的，以促进科技成果转化、培育科技企业和企业家精神为宗旨，提供物理空间、共享设施和专业化服务的科技创业服务机构，且经过科学技术部批准确定的科技企业孵化器。

[61] 国家备案众创空间是指符合《发展众创空间工作指引》规定的新型创新创业服务平台，且按照《国家众创空间备案暂行规定》经科学技术部审核备案的众创空间。

[62] PCT专利申请受理量是指国家知识产权局作为PCT专利申请受理局受理的PCT专利申请数量。PCT（Patent Cooperation Treaty）即专利合作条约，是专利领域的一项国际合作条约。

[63] 每万人口高价值发明专利拥有量是指每万人口本国居民拥有的经国家知识产权局授权的符合下列任一条件的有效发明专利数量：战略性新兴产业的发明专利；在海外有同族专利权的发明专利；维持年限超过10年的发明专利；实现较高质押融资金额的发明专利；获得国家科学技术奖、中国专利奖的发明专利。

[64] 制造业产品质量合格率是指以产品质量检验为手段，按照规定的方法、程序和标准实施质量抽样检测，判定为质量合格的样品数占全部抽样样品数的百分比，统计调查样本覆盖制造业的29个行业。

[65] 普通、职业本专科包括普通本科、职业本科、高职（专科）。2021年高职（专科）招生人数统计口径发生变化，包含五年制高职转入专科招生人数。

[66] 中等职业教育包括普通中专、成人中专、职业高中和技工学校。

[67] 总流通人次是指本年度内到图书馆场馆接受图书馆服务的总人次，包括借阅书刊、咨询问题以及参加各类读者活动等。

[68] 特种影片是指采用与常规影院放映在技术、设备、节目方面不同的电影展示方式，如巨幕电影、立体电影、立体特效（4D）电影、动感电影、球幕电影等。

[69] 人均图书拥有量是指在一年内全国平均每人能拥有的当年出版图书册数。

[70] 总诊疗人次是指所有诊疗工作的总人次数，包括门诊、急诊、出诊、预约诊疗、单项健康检查、健康咨询指导（不含健康讲座、核酸检测）人次。

[71] 出院人数是指报告期内所有住院后出院的人数，包括医嘱离院、医嘱转其他医疗机构、非医嘱离院、死亡及其他人数，不含家庭病床撤床人数。

[72] 体育场地调查对象不包括军队、铁路系统所属体育场地。

[73] 体育场地面积是指体育训练、比赛、健身场地的有效面积。

[74] 国有建设用地供应总量是指报告期内市、县人民政府根据年度土地供应计划依法以出让、划拨、租赁等方式与用地单位或个人签订出让合同或签发划拨决定书、完成交易的国有建设用地总量。

[75] 房地产用地是指商服用地和住宅用地的总和。

[76] 万元国内生产总值用水量、万元工业增加值用水量按2020年价格计算。

[77] 种草改良面积是指通过实施播种、栽种等措施增加牧草数量的面积以及通过压盐压碱压沙、土壤改良、围栏封育等措施使草原原生植被、生态得到改善的面积之和。

[78] 万元国内生产总值二氧化碳排放按2020年价格计算。

[79] 近岸海域海水水质采用面积法进行评价。

资料来源：

本公报中城镇新增就业、城镇登记失业率、养老保险、失业保险、工伤保险、技工学校数据来自人力资源和社会保障部；外汇储备、汇率数据来自国家外汇管理局；市场主体、质量检验、国家标准制定修订、制造业产品质量合格率数据来自国家市场监督管理总局；环境监测等数据来自生态环境部；水产品产量、新增高效节水灌溉面积数据来自农业农村部；木材产量、造林面积、种草改良面积、国家级自然保护区、国家公园数据来自国家林业和草原局；新增耕地灌溉面积、水资源总量、用水量、新增水土流失治理面积数据来自水利部；发电装机容量、新增220千伏及以上变电设备、电力消费量数据来自中国电力企业联合会；港口货物吞吐量、港口集装箱吞吐量、公路运输、水路运输、新改建高速公路里程、港口万吨级码头泊位新增通过能力数据来自交通运输部；铁路运输、新建铁路投产里程、增新建铁路复线投产里程、电气化铁路投产里程数据来自中国国家铁路集团有限公司；民航运输、新增民用运输机场数据来自中国民用航空局；管道运输数据来自中国石油天然气集团有限公司、中国石油化工集团有限公司、中国海洋石油集团有限公司、国家石油天然气管网集团有限公司；民用汽车保有量、道路交通事故数据来自公安部；邮政业务数据来自国家邮政局；通信业、软件业务收入、新增光缆线路长度等数据来自工业和信息化部；互联网上网人数、互联网普及率数据来自中国互联网络信息中心；棚户区改造、保障性租赁住房数据来自住房和城乡建设部；货物进出口数据来自海关总署；服务进出口、外商直接投资、对外直接投资、对外承包工程、对外劳务合作等数据来自商务部；财政数据来自财政部；新增减税降费数据来自国家税务总局；货币金融、公司信用类债券数据来自中国人民银行；境内交易场所筹资数据来自中国证券监督管理委员会；保险业数据来自中国银行保险监督管理委员会；医疗保险、生育保险数据来自国家医疗保障局；城乡低保、农村特困人员救助供养、临时救助、民政服务数据来自民政部；优抚对象数据来自退役军人事务部；国家自然科学基金资助项目数据来自国家自然科学基金委员会；国家重点实验室、国家科技成果转化引导基金、国家级科技企业孵化器、国家备案众创空间、技术合同等数据来自科学技术部；国家工程研究中心、国家企业技术中心、大众创业万众创新示范基地等数据来自国家发展和改革委员会；专利、商标数据来自国家知识产权局；宇航发射数据来自国家国防科技工业局；教育数据来自教育部；艺术表演团体、博物馆、公共图书馆、文化馆、旅游数据来自文化和旅游部；电视、广播数据来自国家广播电视总局；电影数据来自国家电影局；报纸、期刊、图书数据来自国家新闻出版署；档案数据来自国家档案局；医疗卫生数据来自国家卫生健康委员会；体育数据来自国家体育总局；残疾人运动员数据来自中国残疾人联合会；国有建设用地供应、海洋灾害造成直接经济损失数据来自自然资源部；平均气温、台风登陆数据来自中国气象局；农作物受灾面积、洪涝和地质灾害造成直接经济损失、干旱灾害造成直接经济损失、低温冷冻和雪灾造成直接经济损失、地震次数、地震灾害造成直接经济损失、森林火灾、受害森林面积、生产安全事故数据来自应急管理部；其他数据均来自国家统计局。

附录二　2021年农垦大事记

2021年农垦大事记

一　月

2日　海南省副省长苻彩香到海南农垦旅游集团旗下海南莲花山文化景区检查指导节日期间疫情防控工作。

7日　海南省委书记、省人大常委会党组书记沈晓明到海南农垦投资控股集团听取国有企业党建工作情况汇报。

11日　农业农村部原部长韩长赋、广东省委常委叶贞琴一行到广垦（茂名）国家热带农业公园考察调研。

13日　农业农村部副部长张桃林一行到首农食品集团所属北京市华都峪口禽业有限责任公司考察调研智能蛋鸡孵化生产车间和中国蛋鸡大数据中心。

13日　江苏省副省长马欣到江苏省农垦集团调研。

15日　中央农村工作领导小组原副组长袁纯清一行到海南农垦投资控股集团调研海南农垦天然橡胶产业发展和天然橡胶保险开展情况。

18日　广西壮族自治区人民政府印发《关于授权自治区国资委对广西农垦集团有限责任公司和广西农垦经济技术开发有限公司履行出资人职责等有关事项的批复》，明确自2021年1月1日起，授权广西壮族自治区国资委依法对广西农垦集团履行出资人职责，广西农垦集团按自治区直属企业管理体制进行管理，不再加挂自治区农垦局牌子，原授予自治区农垦局在农垦管区行使的建设规划管理等职能，按属地管理原则交由农垦企业所在地政府职能部门行使。

19日　北京市副市长卢彦一行到首农食品集团所属西郊农场调研高效设施农业项目建设情况。

26日　广西壮族自治区副主席方春明在自治区农垦工委、农垦局上报的《关于报送农垦改革发展决策部署落实情况的报告》上批示："农垦三年改革任务繁重，极其不易，攻坚克难，成效显著，应当充分肯定。"

26日　海南省委副书记、省深化海南农垦管理体制改革领导小组组长李军在《工作信息》（第7期）上批示："海垦要运用好这个评级成果，进一步加强经营管理，稳控风险、健康发展。"

二　月

5日　中央农村工作领导小组成员兼办公室主任，农业农村部党组书记、部长唐仁健到国家现代农业产业园核心企业北京市华都峪口禽业有限责任公司调研畜禽种业情况。农业农村部总经济师、办公厅（对台湾农业事务办公室）主任魏百刚，北京市副市长卢彦等陪同调研。

6日　青海省副省长刘超一行到青海省牦牛繁育推广服务中心看望慰问全国劳模和坚守岗位一线的干部职工。

8日　张戈任宁夏农垦集团有限公司党委书记，被提名为集团董事长人选。

9日　《天津食品集团有限公司和中国—中东欧国家农业合作促进联合会关于推动在中国天津建立中国—中东欧国家现代农业合作示范区的联合声明》被纳入政府间合作成果和商业合作成果。

10日　海南省委副书记、省长冯飞在海南农垦投资控股集团呈报的《关于2020年主要工作情况和"十四五"时期发展思路及2021年工作的报告》上批示："充分肯定2020年的工作成效。望持续深化农垦集团改革，提升核心竞争力，努力成为我省农业现代化的引擎性、支撑性龙头企业。"

12日 中央政治局委员、天津市委书记李鸿忠到天津食品集团天明放心菜市场和利达粮油公司粮食储备库调研检查春节期间市场供应和物资储运情况。

19日 北京市委副书记张延昆到首农食品集团所属北京市华都峪口禽业有限责任公司调研。

20日 海南省委副书记、省深化海南农垦管理体制改革领导小组组长李军在海南农垦投资控股集团呈报的《关于2020年主要工作情况和"十四五"时期发展思路及2021年工作的报告》上批示："在去年各方面不利因素增多情况下，海垦改革和发展工作取得了新的进展，特别是实现利润总额6.84亿元，获信用最高评级，难能可贵。'十四五'发展思路和2021年工作计划务实可行。望加大改革力度，实现风险可控的较快发展，在海南自贸港建设中担当作为、多做贡献。"

23日 北京市副市长王红到首农食品集团旗下企业检查全国两会供应服务保障工作，并慰问职守一线员工。

27日 农业农村部办公厅致函财政部办公厅，商请由财政部代表国务院履行广东省农垦集团出资人职责，正式启动广东省农垦集团公司制工作。

2月 广西壮族自治区国资委批复确定广西农垦集团为商业二类企业，主业为食品产业及其他特色农业产业化投资运营、垦区土地综合开发利用、农业产业链综合服务。

三 月

3日和9日 广西壮族自治区人大常委会副主任、崇左市委书记刘有明一行到广西山圩产业园、广西桂垦龙北牧业公司在龙州县筹建的龙北养猪场及配套建设项目平岭母猪场调研，协调解决项目建设发展中存在的困难和问题。

4日 北京市副市长杨晋柏到首农食品集团旗下企业检查全国两会供应服务保障工作，并慰问职守一线员工。

5日 云南省副省长王显刚到云南省农垦局调研，主持召开工作座谈会。

10日 广西壮族自治区党委常委、宣传部部长范晓莉到广西职业技术学院就党史学习教育和意识形态工作责任制落实情况进行深入调研。

12日 北大荒农垦集团与中国储备粮管理集团有限公司在北京签署战略合作协议。

13日 首农食品集团受邀参加吉林省—北京市知名国企合作框架协议暨合作项目签约活动。首农食品集团与吉林省人民政府签署合作框架协议。

15日 甘肃省委副书记孙伟在《农垦集团关于"甘味"品牌推广运营体系建设情况汇报》上批示："感谢农垦集团的工作，要充分发挥承接主体作用，彰显省属国有农业龙头企业的担当、请农业农村厅等部门继续支持农垦集团推进'甘味'品牌推广运营体系建设等工作。有关工作按省上'甘味'品牌建设方案内容、要求抓紧向前推进。请旺泽同志阅示。请农业农村厅抓紧协调，及时解决有关问题，不断开创'甘味'品牌建设新局面。"

17日 中央农村工作领导小组成员兼办公室主任，农业农村部党组书记、部长唐仁健致信全国人大农业与农村委员会主任委员陈锡文，建议明确"国有农用地使用权"法律性质。

20日 广东省委常委叶贞琴一行到广东垦区调研菠萝产业发展情况并召开座谈会。

22日 中国种子大会农垦种业论坛在海南省三亚市召开，明确农垦种业"十四五"发展思路和工作重点，并就海南自贸港政策运用、南繁科研基地建设、科技成果转化应用、农垦种业团体标准制定以及农垦种业商业化育种体系构建等开展研讨交流。

24日 乌拉圭驻华大使费尔南多·卢格里斯、乌拉圭驻重庆总领事馆代总领事琪娜一行作为首批国外新鲜见证官到重庆农投集团控股的天友乳业公司实地参观考察。

26日 中国农垦经贸流通协会发布《农垦水稻种植技术规程 黑龙江农垦优质粳稻》（T/SFLA 007.1—2021)、《农垦水稻种植技术规程 辽宁农垦优质粳稻》（T/SFLA 007.2—2021）和《农垦水稻种植技术规程 江苏农垦优质粳稻》（T/SFLA 007.3—2021）三项团体标准。

31日 北大荒农垦集团与中国建设银行通过"云"签约方式举行战略合作签约仪式。

四 月

1日 广东省委副书记、省长马兴瑞到广东省农垦集团调研，听取广东省农垦集团关于深化农垦改革发展、垦区拆旧复垦、垦造水田、发挥现代农业示范引领作用、助力全省乡村振兴等工作汇报。广东省委常委叶贞琴、广东省副省长许瑞生等参加调研。

1—3日 黑龙江省委副书记、省长胡昌升到佳木斯、双鸭山及北大荒农垦集团建三江分公司调研。

2日 农业农村部副部长张桃林一行到江苏省农垦集团所属白马湖农场公司调研改革、社区和春耕生产工作。

2日 河北省委常委、唐山市委书记张古江一行到首农食品集团调研。

2日 黑龙江省副省长沈莹到北大荒农垦集团，就企业财务体系和财务管理制度建设及财务公司筹建等工作进行调研。

2日 陕西省农垦集团与西安市市政建设（集团）有限公司签署战略合作框架协议。

7日 北京市副市长杨晋柏一行到首农食品集团考察调研，参观“首农食品大集”展卖会，并召开现场调研会。

7日 宁夏回族自治区副主席吴秀章一行到西夏区怀远路街道农牧场社区调研农垦国有农场办社会职能改革及退休人员社会化管理移交工作。

12日 海南省委常委、三亚市委书记周红波到南新居等地调研，主持召开农垦改革工作座谈会，听取三亚市新一轮农垦改革、垦地融合，以及在改革中推进南繁产业发展等情况的汇报。

14日 江苏省副省长潘贤掌到江苏省农垦集团中德示范园展区视察。

15日 上海市原副市长、市政协原副主席周太彤一行到海南农垦南繁产业集团，就双方在种业安全与发展方面的合作空间与路径等问题进行调研。

15日 南泥湾被联合国环境规划署评为首批国际可持续发展示范城镇（SUC）银奖。

16日 北京市委副书记张延昆一行到首农食品集团旗下北京水产有限责任公司调研指导安全工作。

16日 云南省人大常委会副主任纳杰一行到云南农垦镇雄天使食品公司调研。

16日 中捷友谊农场书记、场长熊俊杰在北京斯洛伐克驻华使馆与斯洛伐克驻华大使杜尚·贝拉和捷克驻华大使佟福德就2021年农场与斯洛伐克和捷克两国之间多领域合作、第三届中国—中东欧国家（沧州）中小企业合作论坛等方面进行会谈，并与斯洛伐克驻华大使杜尚·贝拉签署2021年中斯合作备忘录。

17日 西藏自治区党委副书记、自治区主席，拉萨市委书记严金海到西藏自治区易贡茶场调研。

21日 北京市副市长杨晋柏到首农食品集团旗下北京市南郊粮食收储有限公司（青云店分库）、北京粮油食品应急保障中心调研。

21日 万守朋任天津食品集团党委书记、董事长。

22日 全国政协常委、民盟中央副主席、南京农业大学智慧农业研究院院长、教授曹卫星一行到海南农垦南繁产业集团就南繁土地用地、土地开发整理项目（一期）进行调研。

23日 黑龙江省政协副主席、绥化市委书记曲敏一行到首农食品集团考察。

24日 内蒙古自治区党委常委、包头市委书记孟凡利一行到首农食品集团招商，并进行座谈。

26日 全国政协常委、民盟中央副主席、南京农业大学智慧农业研究院院长、教授曹卫星一行到北大荒农垦集团就智慧农业进行调研，就科技创新、人才培养等内容进行座谈交流。

27日 广东省农垦集团与广东金元新能源有限公司、华能新能源股份有限公司、中广核新能源投资（深圳）有限公司、中国能源建设集团投资有限公司南方分公司、中国能源建设集团西北电力建设工程有限公司、中核汇能有限公司就新能源开发项目分别签署合作框架协议。

28日 全国政协经济委员会副主任、农业农村部原部长韩长赋到京瓦农业科技创新中心、北京市华都峪口禽业有限责任公司调研。

29日 海南农垦投资控股集团与中国能源建设股份有限公司签署战略合作协议。

五 月

7日 中央政治局委员、国务院副总理胡春华在海南省考察种业工作期间，到海南农垦天然橡胶基地，调研天然橡胶种质资源保护利用和生产等情况。

8日 北京市委常委、秘书长张家明到首农食品集团所属巨山农场进行调研，现场检查巨山基地检验化验、蔬菜种植、奶牛饲养、车辆运输、供应保障等情况。

9日　海南省委副书记、省深化海南农垦管理体制改革领导小组组长李军，海南省委常委、三亚市委书记周红波到三亚市调研垦地融合发展工作。

10日　云南农垦（老挝）有限责任公司向老挝丰沙里省政府捐赠防疫物资。老挝丰沙里省副省长康莱·在衣桑代表省政府接受捐赠，并表示衷心感谢。

14日　北京市人大常委会原党组副书记、原副主任牛有成一行到北京市消费扶贫产业双创中心及紫谷伊甸园考察交流。

14日　波兰共和国驻华使馆副馆长福若德一行到中捷友谊农场考察。

15日　天津市副市长李树起到天津食品集团调研指导工作，实地考察津农精品展示中心项目建设情况，听取项目有关汇报。

17日　北大荒农垦集团与大连商品交易所签署战略合作协议。

18日　全国人大农业与农村委员会委员王超英一行到海南农垦南繁产业集团调研，并深入国家南繁科研育种基地生物育种专区了解专区建设等情况。

18日　首农食品集团参加2021年中国·廊坊国际经济贸易洽谈会，与廊坊市人民政府签署战略合作协议。

19日　广西壮族自治区人大常委会副主任张秀隆到广西农垦桂北农场考察调研茶产业发展情况。

19日　重庆市委副书记吴存荣到重庆市农业投资集团调研。

19日　首农食品集团与乌拉圭国家肉类协会（INAC）在中国国际食品和饮料展览会（SIAL China）现场举行战略合作签约仪式。

20日　中国荔枝产业大会在广东省茂名市举办。

20日　云南农垦云橡投资有限公司向老挝万象省政府捐赠总价值4167万基普的防疫物资，用于支持老挝当地开展疫情防控工作。万象省副省长、省疫情防控委员会主席普翁·本苏代表省政府出席捐赠仪式。

21日　农业农村部农垦局会同中国农垦经济发展中心在浙江省杭州市推动成立中国农垦茶产业联盟。

21日　北大荒农垦集团与中国一拖集团有限公司、国家农机装备创新中心在河南洛阳举行战略合作协议签约仪式。

24日　中央政治局委员、北京市委书记蔡奇，市委副书记、市长陈吉宁，内蒙古自治区党委书记、自治区人大常委会主任石泰峰到北京二商肉类食品集团所属呼伦贝尔大红门公司调研。

24日　黑龙江省政协主席黄建盛到北大荒博物馆参观，了解黑龙江垦区历史。

24日　中国气象局党组书记、局长庄国泰一行到新疆生产建设兵团第六师五家渠市调研兵团气象事业发展情况。

26日　北京市政协副主席林抚生一行到首农食品集团所属北京市华都峪口禽业有限责任公司调研。

27日　广东省农垦总局在揭阳市农业产业链“链长制”合作平台签约仪式上与揭阳市人民政府签署合作框架协议。

28日　西藏自治区副主席坚参到西藏自治区易贡茶场开展茶产业发展情况调研。

28日　陕西省农垦集团分别与陕西省杂交油菜研究中心、渭南市农业科学研究院就农业技术合作服务签署科技合作战略协议。

30日　全国人大农业与农村委员会主任委员陈锡文到海南农垦调研座谈，了解海南农垦改革、天然橡胶产业发展等情况。

31日　全国人大农业与农村委员会副主任委员王宪魁一行到北大荒农垦集团建三江分公司就黑土地保护立法工作进行调研。

5月　中央农村工作领导小组办公室副主任，农业农村部党组副书记、副部长刘焕鑫到新疆生产建设兵团调研。

六　月

4日　海南省委副书记、省长冯飞主持召开省政府专题会议，研究海南省橡胶产业发展工作。

5日　陕西省委副书记、省长赵一德到渭南市大荔县调研“三夏”工作，在陕西农垦朝邑农场查看小麦机收、玉米机播和秸秆综合利用情况。

6日　西藏自治区副主席坚参一行到青海省牦牛繁育推广服务中心就良种培育工作进行考察调研。青海省副省长才让太等陪同调研。

6 日 甘肃省副省长，省公安厅党委书记、厅长余建一行到甘肃农垦永昌农场调研特药基地安全管理情况。

7 日 农业农村部申请 2021 年农垦国有农场办社会职能改革中央财政补助资金共 20 亿元。财政部已如期下达。

7 日 北京市委副书记张延昆一行到首农食品集团总部检查工作，视察“首农·美好生活市集”，了解活动组织举办情况和首农食品集团旗下品牌产品。

9 日 农业农村部农垦局公布第二批 50 家中国农垦农场志编纂农场名单，中国农垦农场志编纂农场增加到 103 家。

11 日 中共中央办公厅、国务院办公厅印发《全民所有自然资源资产所有权委托代理机制试点方案》，将黑龙江、广东、海南、宁夏列入国有垦区土地资源所有者职责履行改革试点。

11 日 农业农村部农垦局会同财政部、国务院国资委有关司局，组织评估推介一批具有较强竞争力的农垦集团和产业集团。

15 日 海南农垦投资控股集团与山东省港口集团有限公司在青岛签署战略合作协议。

17 日 河北省委常委、石家庄市委书记张超超到首农食品集团所属河北三元食品有限公司考察调研。

17 日 黑龙江省委常委、省纪委书记、省监察委员会主任张巍到省纪委监委驻北大荒农垦集团纪检监察组调研。

17 日 广西农垦集团与国家开发银行广西分行在南宁举行“十四五”金融战略合作签约仪式。

20 日 全国人大常委会副委员长武维华到青海省牦牛繁育推广服务中心，就牦牛产业发展和《中华人民共和国畜牧法》《中华人民共和国动物防疫法》执行等情况进行调研检查。青海省人大常委会副主任、党组书记张光荣，青海省人大常委会副主任乌成云，青海省副省长刘超等陪同调研。

20 日 黑龙江省委副书记、省长胡昌升到北大荒五大连池矿泉水公司调研企业生产和销售情况。

22 日 黑龙江省委书记、省人大常委会主任张庆伟一行到北大荒博物馆参观学习。

30 日 青海省委副书记吴晓军到青海省牦牛繁育推广服务中心调研牦牛产业发展工作。

30 日 海南农垦投资控股集团与三亚市人民政府举行垦地产业融合工作座谈会并签署战略合作协议。

七　月

1 日 首农食品集团圆满完成庆祝中国共产党成立 100 周年庆祝大会的食品供应服务保障任务。

7 日 全国人大常委会副委员长万鄂湘一行到呼伦贝尔农垦集团谢尔塔拉农牧场有限公司就三河牛品种保护、育种创新情况、核心群扩繁培育情况和民族奶制品生产加工情况进行调研。

7 日 广东省农垦集团与深圳市现代农业装备研究院签署战略合作协议。

8 日 安徽农垦集团与安徽古井集团有限责任公司签署战略合作协议。

9—10 日 首农食品集团与唐山市人民政府签署战略合作框架协议。

11 日 甘肃省委书记、省人大常委会主任尹弘到武威市调研甘肃农垦农场生产经营和特药种植情况。

13 日 新西兰初级产业部副部长高天、新西兰驻华使馆动植物检疫参赞孔伊凡、商务参赞白安祖一行到北京大红门京深海鲜批发市场有限公司考察。

13 日 内蒙古自治区副主席包钢一行到呼伦贝尔农垦集团谢尔塔拉农牧场有限公司调研。

13 日 北大荒农垦集团与佳木斯市人民政府签署战略合作共建协议。

14 日 海南省委副书记、省长冯飞在海南天然橡胶产业集团股份有限公司橡胶工艺首席专家王婷呈报的《海南天然橡胶的发展前景和实施方案》上批示：“请工信厅、农业农村厅阅研。解决天然橡胶的根本出路在于延伸产业链，开发出有市场竞争力的产品，值得探讨，最好有企业愿意试，政府予以支持。抄平治、倪强同志。”

19 日 首届中国芒果产业大会在广西壮族自治区百色市举办。

21 日 中共农业农村部党组、农业农村部向中共中央、国务院报送全国农垦改革发展五年情况的报告。

21 日 天津市委常委、宣传部部长、市人大常委会副主任陈浙闽一行到天津食品集团嘉立荷第七奶牛场进行立法调研。

26日　中央政治局委员、北京市委书记蔡奇到首农食品集团所属北京市华都峪口禽业有限责任公司和北京平谷中关村农业科技园创新工场（京瓦中心）调研。

26日　商务部副部长王炳南一行到首农食品集团所属北京市北水嘉伦水产品市场有限责任公司、北京西南郊肉类水产品市场有限公司调研，并听取企业日常安全管理和食品供应保障等相关情况介绍。

30日　云南农垦集团与中国科学院昆明植物研究所签署战略科技合作协议。

八　月

3日　黑龙江省委常委、副省长王永康到北大荒博物馆参观学习，开展党史学习教育、重温北大荒精神。

3日　广西壮族自治区人大常委会副主任、党组副书记张秀隆一行到广西农垦源头农场就柑橘黄龙病防控工作进行调研。

3日　新疆维吾尔自治区党委常委、自治区副主席艾尔肯·吐尼亚孜主持召开自治区国有农牧渔场改革领导小组会议，研究推进国有农牧场改革发展工作。

6日　农业农村部联合国家发展改革委印发《"十四五"天然橡胶生产能力建设规划》，在天然橡胶生产保护区实施生产基地提升、初加工和产地仓储能力建设、产业链重点支撑等工程建设。

9日　天津市副市长王旭在《天津食品集团奶牛产业情况汇报》上批示："呈请国勋、顺清、树起同志阅示，我们自己育种，自己养牛，掌握奶源，心中不慌。"

11日　广西农垦集团与广西北部湾国际港务集团举行战略合作协议签约仪式。

16日　海南省人大常委会副主任、省总工会主席陆志远率海南省总工会调研组到海南农垦投资控股集团调研。

23日　北大荒农垦集团与黑龙江省测绘地理信息局举行战略合作签约仪式。

24日　北大荒农垦集团与黑河市人民政府在北大荒农垦集团总部举行垦地合作共建恳谈会暨战略合作签约仪式。

25日　甘肃省副省长刘长根到甘肃条山农场调研。

27日　左常升任农业农村部农垦局局长。

28日　黑龙江省副省长，省公安厅党委书记、厅长李毅一行到北大荒博物馆进行参观。

31日　赵国荣任天津食品集团党委委员、常委、副书记，职业经理人总经理聘任人选。

8月　天津市深化国有企业改革领导小组书面表扬天津食品集团提前完成国有企业公司制改革任务，指出天津食品集团为全市国有企业公司制改革工作树榜样、立标杆。

九　月

1日　宁夏回族自治区副主席陈春平到宁夏农垦贺兰山奶业第六奶牛场调研。

3日　首农食品集团与中国通用技术（集团）控股有限责任公司在2021中国总部经济国际高峰论坛签署合作协议。

6日　农业农村部副部长张桃林一行到西藏自治区米林农场调研农垦改革和产业发展情况。

6日　江苏省人大常委会副主任、省总工会主席魏国强一行到江苏省农垦集团所属东辛农场公司调研。

9日　江苏省农垦集团与江苏省环保集团有限公司签署战略合作协议。

13日　广西壮族自治区党委副书记、自治区主席蓝天立听取广西农垦集团工作汇报。

14日　海南农垦投资控股集团与文昌市人民政府签署战略合作框架协议。

15日　北大荒农垦集团与齐齐哈尔市人民政府、中国一拖集团有限公司在齐齐哈尔市举行"国家级高端智能农机装备产业园"战略合作签约仪式。

16—17日　由农业农村部农垦局指导，北大荒农垦集团、中国农垦经济发展中心主办的2021年农垦"庆丰收　颂党恩启新程"活动暨首届北大荒文化旅游节在北大荒农垦集团红兴隆分公司和友谊农场举办，其间，开展了农垦黑土地保护与利用研讨活动，交流垦区黑土地保护经验。

22日　海南农垦投资控股集团与京东集团在北京签署战略合作协议。

27日　全国政协教科卫体委员会主任袁贵仁

一行到海南农垦西联农场百年胶园开展党史国史学习教育。

27日 海南农垦投资控股集团完成收购海南银行2.7亿股，占股19%，成为海南银行第一大股东。

29日 南泥湾精神、北大荒精神入选中国共产党人精神谱系第一批伟大精神。

30日 北大荒农垦集团与国家电力投资集团有限公司通过远程视频连线方式签署战略合作协议。

十 月

2日 河南省副省长武国定一行到河南省黄泛区农场调研。

5日 西藏自治区原党委书记吴英杰到西藏自治区易贡茶场调研。

11—13日 农业农村部农垦局、陕西省农业农村厅、延安市人民政府共同主办的"南泥湾大生产80周年纪念大会"在南泥湾召开。会议以"弘扬南泥湾精神，绽放新时代光芒"为主题，聚焦弘扬传承南泥湾精神和农垦精神，进一步引导农垦系统，凝聚改革发展共识，汲取新时代新起点奋斗力量。农业农村部总农艺师、发展规划司司长曾衍德出席会议并讲话，陕西省委常委、延安市委书记赵刚出席会议。

11日 农业农村部农垦局在南泥湾大生产80周年纪念大会举办《中国农垦农场志丛》首发仪式。农垦局局长左常升宣布《陕西南泥湾农场志》《北京双桥农场志》《黑龙江八五〇农场志》等全国农垦第一批20家重点农场志正式对外发布，标志着我国第一部较为系统地记录农场形成发展脉络、改革发展历程的大型丛书正式面世。

12日 云南农垦集团联合老挝丰沙里省政府在丰沙里省约乌县勐乌乡小寨村举行"中老（丰沙里省）罂粟替代发展综合示范项目"开工奠基仪式，标志着中老两国罂粟替代发展综合示范项目正式启动建设。

19日 广西壮族自治区副主席方春明听取广西农垦集团工作汇报。

20日 中国驻保加利亚大使董晓军到天津食品集团保加利亚公司生产基地调研指导。

25日 北京市副市长杨晋柏一行就首农食品集团旗下北京菜篮子集团流通中心项目建设运营情况开展调研。

26日 斯洛伐克驻华大使馆联合捷克驻华大使馆共同举办庆祝中捷斯友谊农场成立六十五周年书画展和音乐会。

26日 "感党恩 跟党走 强农垦"广西农垦建垦70周年表彰大会在南宁召开。

27日 北京市副市长杨晋柏以"四不两直"方式，到首农发展公司所属龙德广场检查指导工作。

28日 第四届全国农业行业职业技能大赛橡胶割胶工技能竞赛在广东省茂名市举办。

29日 中央政治局委员、天津市委书记李鸿忠在天津食品集团呈报的《保供应 稳价格 惠民生 天津食品集团保障城市"菜篮子"》上批示："天津食品集团从去年疫情突发到现在，为保障天津市民的菜篮子价稳量足做出了特殊的巨大的贡献，充分体现了国有企业在关键时刻发挥民生保证稳定器的作用，表现的是讲政治讲大局的高政治站位和国有企业担当作为职责定位。"

30日 天津市副市长康义在天津食品集团呈报的《保供应 稳价格 惠民生 天津食品集团保障城市"菜篮子"》上批示："食品集团要以鸿忠书记的批示为鞭策，继续做好菜篮子稳价保量工作，不负民生保证稳定器之责，充分展现国企的担当和作为。"

30日 黑龙江省副省长李玉刚到北大荒农垦集团，就党史学习教育、改革发展、环保督察整改等情况进行调研并座谈。

10月 经过5年技术攻关，农业农村部剑麻及制品质量监督检验测试中心（广东农垦热带农业研究院有限公司剑麻研究所）作为第一起草单位完成国家标准《剑麻钢丝绳芯》（GB/T 15030—2021）并发布。

十一月

2日 天津市委副书记、市长廖国勋在天津食品集团呈报的《食品集团关于认真贯彻市委市政府部署全力保障我市蔬菜市场平稳供应的报告》上批示："此措施有利于平抑菜价。"

2日 陕西省委副书记胡衡华一行到渭南华阴调研渭南区域落实农垦改革，推动农垦粮食规模化生产经营、高标准农田建设、灾后恢复生产和秋收秋播等有关工作情况。

3日　天津市副市长李树起在天津食品集团呈报的《保供应 稳价格 惠民生　天津食品集团保障城市“菜篮子”》上批示：“鸿忠书记的批示是对天津食品集团，巨大鼓舞和工作鞭策。望再接再厉为全市设施农业发展，和市民的‘菜篮子、米袋子’稳价保供工作做出更大贡献。”

3日　青海省委副书记吴晓军在省委农办呈报的《青海省农垦企业发展情况调研》的报告（工作专报）上批示：“我省地处高原，地广人稀，农垦经济特色明显，潜力巨大。建议请才让太同志专题研究，理顺体制、出台政策、培育特色、创新经营模式，将我省农垦经济打造成特色有机农产品输出地新板块。”

6日　青海省副省长才让太在省委农办呈报的《青海省农垦企业发展情况调研》的报告（工作专报）上批示：“请办公厅会同农业农村厅安排专题调研事宜。通过实地查看、开座谈会等办法，最终形成比较可行的发展意见。”

13日　河北省委常委、唐山市委书记张古江到天津食品集团嘉立荷唐山牧业有限公司调研指导工作。

15日　农业农村部农垦局会同财政部农业农村司按照支持对象和数量大稳定小调整、同等条件下边境农场和生态脆弱区农场优先原则，经过垦区按条件标准评估、本垦区范围内公示、省级农垦和财政部门联合报备等程序，确定“十四五”支持欠发达国有农场290个。

22日　郭平任呼伦贝尔农垦集团有限公司总经理。

24日　农业农村部在京召开全国种业企业扶优工作推进会。首农食品集团与国家开发银行签署《推动种业高质量发展合作协议》。

28日　纪念广东农垦创建70周年大会在广州举行。

十二月

6日　湖北农业发展集团有限公司正式成立，与湖北农垦集团有限公司两块牌子、一套班子，一体化管理。湖北省委书记应勇为集团揭牌。朱万奎任湖北农业发展集团（湖北农垦集团）党委书记、董事长，陈华志任湖北农业发展集团（湖北农垦集团）党委副书记、总经理。

8日　国家应急管理部副部长刘伟一行到北京首农东方供应链管理集团西郊食品冷冻厂进行安全生产及隐患治理落实情况调研检查。

8日　广西壮族自治区人大常委会副主任、党组书记王跃飞一行到广西农垦集团调研。

9日　农业农村部召开全国农垦改革发展工作视频会，总结“十三五”农垦工作，分析新形势新要求，研究部署“十四五”进一步深化农垦改革发展、全面提升农垦内生动力发展活力整体实力、更好服务国家战略需要的重点工作。农业农村部副部长张桃林出席会议并讲话。

9日　美国江苏总商会副会长王富国一行到江苏省农垦集团考察交流。

16日　经广西壮族自治区人民政府同意，根据《自治区国资委监管企业科研院所优化整合方案》，广西化工研究院有限公司、广西轻工业科学技术研究院有限公司、广西化学纤维研究所有限公司、广西壮族自治区电子研究所有限公司、广西塑料研究所有限公司划入广西农垦集团。

20日　云南农垦集团以“辉煌七十年、奋进新征程”为主题开展云南农垦开创70周年庆祝活动。

21日　中共农业农村部党组向中共中央报送《关于将农垦精神纳入中国共产党人精神谱系的请示》。

21日　海南农垦投资控股集团与五指山市人民政府签署战略合作框架协议。

23日　西藏自治区副主席坚参在自治区农业农村厅呈报的《关于林芝市农垦企业发展情况的报告》上批示：“同意潘旭春同志意见。重点要突出，改革要见成效。”

27日　经广西壮族自治区人民政府同意，自治区政府办公厅印发《关于支持广西农垦集团打造现代一流食品企业的实施意见》。

27日　张懿笃任甘肃省农垦集团有限责任公司党委书记、董事长，甘肃省农垦事业办公室主任。

28—29日　全国政协文化文史和学习委员会副主任陈际瓦一行到广西农垦集团调研。

29日　海南省委副书记、省深化海南农垦管理体制改革领导小组组长李军主持召开领导小组第21次全体会议，审议《关于进一步推进垦地融合发展的若干措施》，研究相关农场改革工作。

对2020年有关数据修订的说明

原2020年农垦职均工资、淡水养殖量、海水养殖量、布产量等数值修订如下。

1. 2020年农垦职均工资为48 233元。

2. 2020年农垦淡水养殖量为131.92万吨，海水养殖量为41.55万吨。其中，上海垦区将淡水养殖量修订为4.82万吨，海水养殖量修订为15.07万吨。

3. 2020年农垦布产量为7.75亿米。其中，湖北垦区将布的产量修订为5.10亿米。

图书在版编目（CIP）数据

2022中国农垦统计年鉴 / 中华人民共和国农业农村部农垦局，中国农垦经济发展中心编．—北京：中国农业出版社，2022.9
ISBN 978-7-109-30076-7

Ⅰ.①2… Ⅱ.①中… ②中… Ⅲ.①农垦地区—统计资料—中国—2022—年鉴 Ⅳ.①C832-54

中国版本图书馆CIP数据核字（2022）第174963号

2022中国农垦统计年鉴
2022 ZHONGGUO NONGKEN TONGJI NIANJIAN

中国农业出版社出版
地址：北京市朝阳区麦子店街18号楼
邮编：100125
策划编辑：李昕昱
责任编辑：陈　亭　　文字编辑：黄璟冰
版式设计：王　怡　　责任校对：刘丽香
印刷：北京通州皇家印刷厂
版次：2022年9月第1版
印次：2022年9月北京第1次印刷
发行：新华书店北京发行所
开本：889mm×1194mm　1/16
印张：21.75
字数：665千字
定价：298.00元